全国政法院校"十四五"规划教材
基于"课程思政"的高等教育系列教材

全媒时代的警察公共关系

主编
孔 雯

副主编
郑璀宇 卫兰兰 刘海中
王 琴 许树艳

编委
音卫东 陈 超 王萍丽
洪 桦 高 航

上海交通大学出版社
SHANGHAI JIAO TONG UNIVERSITY PRESS

内容提要

随着全媒时代的来临，警察组织内外环境发生了深刻变化，警察公共关系建设面临着严峻的挑战。公安机关应予以高度重视，主动顺应时代发展的脉搏，更新警务理念与思维，立足自身从组织内部开始适应性变革，围绕“全心全意为人民服务”的根本宗旨，按照“把群众呼声作为第一信号，把群众需要作为第一选择，把群众满意作为第一标准”的基本原则，增强服务意识，创新警务沟通工作机制与运行模式，运用现代公共关系理论研究成果与新方法新技术深化公安工作群众路线，积极应用全媒时代丰富的信息传播平台拓宽与社会公众沟通的渠道，通过广泛对话与有效传播，增进警民之间的相互认知与理解。

本书不仅可以作为政法院校教材和公安干警培训用书，而且适合对警察公共关系感兴趣的读者。

图书在版编目(CIP)数据

全媒时代的警察公共关系 / 孔雯主编 . —上海：上海交通大学出版社，2015 (2025重印)

ISBN 978-7-313-13053-2

Ⅰ. ①全… Ⅱ. ①孔… Ⅲ. ①警察—公共关系学—高等学校—教材 Ⅳ. ①D035.3

中国版本图书馆 CIP 数据核字 (2015) 第 163784 号

全媒时代的警察公共关系

主　　编：孔　雯
出版发行：上海交通大学出版社　　地　　址：上海市番禺路951号
邮政编码：200030　　电　　话：021-64071208
印　　制：常熟市大宏印刷有限公司　　经　　销：全国新华书店
开　　本：787mm×1092mm 1/16　　印　　张：16.5
字　　数：362千字
版　　次：2015年11月第1版　　印　　次：2025年9月第3次印刷
书　　号：ISBN 978-7-313-13053-2
定　　价：48.00元

前　言

随着全媒时代的来临，社会公共生活的场域与形态日益复杂，人们的思想观念、价值取向、行为方式亦愈来愈多元化，公安工作中的新情况、新问题、新矛盾层出不穷，警察组织内外环境发生了深刻变化，警察公共关系建设面临严峻的挑战。

从组织外部环境看，首先，社会转型期特有的社会人群结构利益分化导致的社会矛盾冲突不断，因其社会角色定位，警察常常处于这些矛盾冲突的风口浪尖，很容易从矛盾冲突的调处者演化成为被相关利益群体袭击冲突的对象，暴力袭警案件时有发生；其次，微博、微信等自媒体的蓬勃发展促进普通群众参与社会公共事务的监督管理意识与能力快速增强，社会公众对公安工作的期望与要求也越来越高，其中对警务执法的知情权诉求尤其突出，涉警网络热点事件频频出现，警察和公安工作成为网络舆论的焦点，社会舆论压力指数近年来常居政府职能部门之首；第三，随着社会管理日益复杂化，现行警务管理机制与模式未能全面适应社会发展对公共安全的多元化、精细化需求，传统的警务工作方法和执法方式亦受到前所未有的多元价值观念的挑战。

从组织内部环境看，首先，面对严峻的社会治安形势，警力不足依然是困挠基层警务工作的难题，基层一线民警超负荷工作、疲于应战的状态相当普遍，高风险、高压力的执法环境使许多民警的身心处于亚健康状态，影响了警察队伍的战斗力；其次，从社会各领域招考加入到警队的青年民警的比例在公安队伍中越来越大，警队日趋年轻化。由于青年民警多数是独生子女，文化素质较高，思想活跃，入警动机与价值观念亦多元化、复杂化，传统的说教式的政治思想教育方式难以满足当前青年民警健康成长的思想教育需求；此外，青年民警对职业发展的价值追求更加多元化，职业成长需求亦更加强烈。相比其他政府职能部门，警队职业上升空间非常有限的现实，使警队的人才流失问题逐渐凸显起来，青年民警对警察职业的认同感与归属感亟待提高。

公安工作不仅是专业的执法工作，更是面向公众的社会管理工作，它需要全社会的理解、支持和配合。面对社会发展给警察公共关系建设带来的问题与挑战，公安机关应予以高度重视，主动顺应时代发展的要求，更新警务理念与思维，立足自身从组织内部开始适应性变革，围绕“全心全意为人民服务”的根本宗旨，按照“把群众呼声作为第一信号，把群众需要作为第一选择，把群众满意作为第一标准”的基本原则，增强服务意识，创新警务沟通工作机制与运行模式，运用现代公共关系理论、研究成果与新方法、新技术深化公安工作群众路线，积极应用全媒时代丰富的信息传播平台，拓宽与社会公众沟通的渠道，通过广泛对话与有效传播，增进警民之间的相互认知与理解：一方面使民众能够正确认知、理解和支持警察的工作，另一方面使警察能够更好地回应社会需求，在警务决策与行动中尊重民意，吸纳民意，挖掘、整合社会资源力量，建构以公安机关为主导、社会多部门协同共治的社会公共安全网络，实现警务民主化与社会化，增强人民群众的满意度与支持度，进而提升公安工作的社会服务效能与公信力。

适应新变化，加快公安工作从传统的单向度行政管理向现代的多维度合作治理的创新变革，掌握时代发展的主动权，开创警察公共关系建设新局面，需要一支信念坚定、敬业为民、执法公正、专业高效的高素质公安队伍。坚持政治建警、素质强警、从严治警、从优待警，大力推进公安队伍正规化建设，加强以现实问题为导向，以增强传播沟通能力为重点的公共关系学习与训练，是公安机关及其民警适应全媒时代发展要求、提升服务公众的专业能力、获取公众认同与支持的必然选择。

本书由孔雯教授主持编写，确定整体框架，并负责全书统稿。参加本书编写的有广东警官学院孔雯、郑璀宇、刘海中，广西警察学院王琴、许树艳，安徽公安学院卫兰兰、音卫东等。另外，浙江警察学院陈超、贵州警察学院洪桦、宁夏警官职业学院王萍丽、四川警察学院高航等也提供了宝贵意见。

本书在编写过程中，参考了一些文献和网上资料，难以一一致谢，在此向原作者表示衷心的感谢。本教材虽经同仁协力编写，但限于水平，书中存在的不足之处，恳请使用者和学习者批评指正。

目　录

本章核心问题？

警察公共关系从何而来？有着怎样的内涵与要素？在警察组织发展运行过程中扮演着怎样的角色？它倡导哪些新的理念与方法推动警察组织顺应全媒体时代的环境变迁，更为高效地向社会提供公共安全服务？

第一章　警察公共关系概述

第一节　警察公共关系的内涵与特征

一、公共关系与警察公共关系

（一）公共关系的内涵理解

要了解警察公共关系从何而来，有着怎样的内涵与要素，我们首先需要认识什么是公共关系。一说起公共关系，人们的脑海中都会不约而同地出现“PR”的英文 LOGO，“PR”是英文的 Public Relations 的缩写，直译成中文就是“公众关系”。顾名思义，公共关系讲的就是组织与公众之间的关系。对于这种“关系”的理解，我们可以从关系建构的过程与结果来加以认识。首先，它是组织与公众籍着某种利益目标而采取的各种交往行动；其次，它是这些交往行动的相互作用累加产生的结果，即组织与社会公众相互之间关系联结的客观状态。因此，从关系建构的行动维度，公共关系是组织为了树立良好的公共形象，创建和谐的组织发展环境，有意识、有计划、有系统地运用传播沟通的技术和手段展开与公众之间的交往实践活动；从关系状态的维度看，公共关系是组织通过各种自觉与不自觉的行动在公众心目中投射产生出的形象认知与态度取向的总和。例如，公众对组织的态度是支持还是反对，它既是客观的，又是无形的，影响着组织的环境质量，对组织生存发展有着重大意义。

公共关系因组织而出现，其内涵随着社会的发展变化亦在不断地丰富，从组织的状态、活动到观念意识、发展战略到学科、职业，从海报时代的“公共关系就是宣传”到网络时代的“公共关系就是价值共建”，人们在不同的时期从不同的角度对公共关系进行了不同的解读，

对其含义的理解和定义的表述是多角度、多层面的。目前,公关业界比较有代表性的定义解读包括以下几种:

(1)关系说。公共关系是一个社会组织与其社会公众之间建立的全部关系的总和。它是组织每一个成员从事的各种活动、所发生的各种关系的统称。关系说强调组织与公众关系的建立、调整和适应,认为正确认识、处理公众关系是开展公共关系的出发点和归宿。

(2)传播说。公共关系是由各种计划性的沟通、交往所构成,是对组织与公众间的沟通交往进行控制的过程与方式。传播说强调在组织与公众关系的构建过程中,组织通过双向的信息沟通,运用有说服力的传播去影响重要的公众,争取社会公众的谅解、支持与爱戴,通过参与、协商和共识来谋求组织与公众双方的利益得以实现。

(3)管理说。公共关系是组织一种独特的管理职能,它对组织所处的内外关系环境进行监测、预警、调整、反应,是促进组织内部的凝聚力、组织与外部公众的和谐关系、提升组织行动成效的管理活动。管理说强调组织与公众关系管理、监测、调整和效能,其目标就是维护组织利益、促进组织发展。

(4)舆论说。公共关系是建立舆论的行为,它通过向公众报告组织的活动、政策等新闻宣传与一般公众建立关系,通过设置新闻宣传议程建立有利于组织利益的舆论。舆论说强调组织应把握向公众发布信息的主动权,通过舆论宣传来说服、影响公众的态度和期望,以便公众对组织产生认同。

(5)艺术与科学说。公共关系是一门艺术和科学,是组织为了塑造良好的公共形象,增进与公众之间的相互了解、相互合作,采取传播、沟通手段争取公众支持的科学与艺术。它强调公共关系是有规律可循的,应从整体上来把握公共关系及其工作;在具体运作中则要不落俗套,讲究创造性,追求能有效与公众沟通的新颖艺术构思。

从这些对公共关系内涵多维度的解读当中,我们可以看到公共关系已经成为社会组织谋求发展的重要手段,是社会组织处理好各种复杂社会关系的有效方法。它首先被视为组织管理的一部分,是组织对其内外环境进行关系调整的过程;其次,获取社会公众的认同和信任,实现组织与公众的利益共赢是公共关系追求的目标。形象声誉的构建与管理是公共关系的核心内容;再者,公共关系作为践行组织功能的一种方式,传播沟通是其主要手段,随着传播媒介的发展,新闻发布、网络直播访谈、微博微信互动等各种信息传播、沟通行动已经成为实现公共关系管理目标的重要方式。

(二)警察公共关系的界定

从组织管理的层面看,无论是其职能内容还是方法技术,公共关系一面世就是为改善组织与公众的关系而存在。作为政府公共关系的重要部分,警察公共关系直接体现着国家与社会的关系,警察与社会公众的关系状态直接影响社会的稳定与发展,社会公众的信任、支持是公安机关更好地履行社会职责、维护公共安全与秩序、保护公民人身与财产安全的前提与基础。然而,全媒时代的来临,警察与公众的关系迎来了前所未有的严峻挑战。自媒体的出现使互联网网络空间信息传播零门槛、低成本,而即时开放与匿名交互的传播特点使人们超越了文化程度、地域、阶层的限制,对公共事务的参与意识不断增高,网络舆论可谓“众声喧闹”。公安工作因其政治性、司法行政的特殊性、与民众利益的高关联度，非常容易成为公众舆论关注的焦点，民警的一言一行都有可能陷入舆论漩涡，成为街头巷尾的热议话题，社会公众对公安工作的监督力度远远超过大众传媒时代。公众的意见与态度，对公安工作发展和警察组织运行的影响突出。现实生活中，一些涉警的负面事件常常因当事人的利益关联、网民的价值、情感偏好而在网络空间被有意放大、传播，形成对警察公共形象破坏力巨大的负面舆论，这些负面舆论极易扭曲警察在公众心目中的正面形象，削减人们对警察的信任度与支持度。因此，在众声喧哗的全媒时代警察组织加强与社会公众的沟通交流就格外重要了，从改善组织与公众的关系、争取社会公众的认同出发，警察公共关系就组织外部关系协调而言需要公安机关通过各种有效的传播沟通途径与方式，与社会公众建立广泛的双向互动，藉此了解公众意见与安全需求，在此基础上制订合乎法律及民意的社会安全管理政策措施，吸纳公众力量共同治理社会治安，创新以“沟通合作”为核心的多元警务共建模式；就组织内部关系协调而言，警察公共关系则需要公安机关在组织内部建立正式与非正式、纵向与横向的意见收集与沟通管道，依据公众意见研判分析民警执法与警务运行中存在的问题与不足，并据此调整警务内部管理的制度规范与运行机制，不断更新完善警队的价值观、政策、工作机制与规范要求，对民警的行为、情感、心理活动进行不间断、有意识的引导和调节，适应不断变化发展的社会需要，形成以“适应学习”为核心的新型警队管理模式，通过激励促进每一个民警个体的自我完善来实现警队整体的适应性发展与进步，增强警队的凝聚力和战斗力，不断提升警务工作效率，更好地为公众服务。

无论是组织外部还是组织内部的关系调整，从建构和谐的公共关系的行动维度来看，关键是公安机关对社会公众的需求与意见的体察与响应，警察公共关系是围绕这一关键要核而展开的一系列协调社会利益、提升警务工作效能与服务品质的管理活动。鉴于此，我们认为警察公共关系是指公安机关以“服务公众”为导向，积极建构、创新与公众良性互动的传播沟通路径与方式，促进警队内部及其与社会公众之间双向的沟通，体察社会各阶层、公众对警务工作多层面、多元化需求，并以满足公众需求、顺应形势发展需要、提升警务成效为核心，制订、调整警务工作战略、政策、机制与方法措施，争取社会公众信任支持，树立良好的公共形象，维护社会和谐，优化警察组织内外环境的组织行为和活动过程。

二、警察公共关系的结构要素

警察公共关系是由公关主体（警察组织）、客体（相关公众）、公关介体（传播媒介）三个基本要素构成的动态系统。

（一）警察公共关系主体

所谓公关主体是指在公关活动过程中居于主导地位的角色，是公共关系活动的发起者、策划者、实施者。警察公共关系是公安机关立足于社会发展需要，依据组织环境变化主动对警务工作战略、政策、运行机制与方法措施以及警察行为作出适应性、动态性、持续性调整的一种管理职能活动，它不仅涉及战略层面的规划管理，还涉及个体层面的民警行为。因此，警察公共关系的主体既包含了各级公安机关、警务单位，又包含了专门的公关部门和机构，既包含了专业的公共关系人员，又包含了警队中每一位民警。他们在组织的各个层面与公众进行着有意识、有计划的沟通互动，体察公众的态度、意见与需求，并据此主动做出相关的响应行动以期赢得公众的信任与支持，达到树立良好形象、提升组织信誉、改善组织环境的目标。

（二）警察公共关系客体

所谓公关客体是指在公关活动过程中居于对象地位的相关公众，是与公关主体发生联系并相互作用的个人、群体或组织的总和，他们构成了组织赖以生存的内外环境，可以说，失去了公众，组织也无从存在。警察组织属于政府公共部门，公安机关是武装性质的国家治安行政力量，同时具有刑事侦查、执行刑罚等职能，是国家刑事执法力量。警察组织因这一特殊属性，与其发生联系、产生互动的公众具有非常大的广泛性与多样性，几乎每一个公民在其生命历程中都需要与警察打交道。警察的相关公众涉及社会的方方面面，除了个体公民，也有诸多行业单位，其性质、形式、数量、范围等会随着警队情况、警务政策、警务运行状况等方面的变化而变化。相较其他政府职能部门，警察组织的相关公众不仅构成复杂，而且关联性、动态变化性亦非常突出，是不易把握的公关客体。

（三）警察公共关系介体

所谓公关介体是指将警察公共关系主体与客体连接起来的传播媒介，它是公共关系不可缺少的构成要素。公共关系是由公关主体发起的各种有意识、计划性的沟通、交往所构成，公关主体会根据其对公关对象的判断以及要实现的公关目标，选择与公关客体发生联结互动的传播沟通管道。随着时代的发展变迁，公关介体已从物质信息载体走向虚拟信息载体，信息传播管道越来越多样化，公关主体与公关客体沟通的方式方法亦越来越多元化、复合化。警察公共关系客体的多样性决定了警察公关介体的丰富性，要实现对复杂多样的相关公众的意见收集、需求体察及价值引导，除了人际传播、群体传播、组织传播、大众传播等传统的传播沟通管道与方式，还需要运用微博、微信、QQ 等新型网络社交媒体，建立指向明确、公众细分、点对点双向互动、即时高效的现代传播沟通管道。面对互联网的信息海洋和网络舆论的“众声喧闹”，警察组织唯有积极开拓网络空间的传播沟通管道、创新互动方式促进警察组织与公众之间的有效沟通，才能获取全媒时代信息竞争的主动权；唯有以更细致、更精确的信息服务促进相关公众利益需求的满足，才能赢得社会公众对警察组织的信任与支持，实现组织环境的和谐。

警察公共关系的三个要素之间是相互依存、相互影响、相互作用的关系。其中，警察组织发挥着主导作用，它在沟通互动对象的确定、传播沟通的目标与互动内容的定制、传播沟通的方法路径选择以及付诸实践的具体实施等整个公共关系活动过程都居于主导地位。公共关系活动是警察组织去主动影响相关公众的过程，但是警察组织并不能将其价值判断、期望传送的内容信息强加于相关公众，相关公众会依据其自身的利益取向、价值立场、观念及经验认识去评判警察组织释放的信息、去选择是否接受警察组织意图施加的影响，并做出认同还是反对的行动回应；面对相关公众回应的意见或行动，警察组织会据此进一步调整互动的目标、策略、内容、方法等，由此我们可以看出相关公众在双方的关系建构中发挥着能动作用，他们的意见、观点、态度和行为对警察组织亦具有潜在或显性的制约及影响。当相关公众的回应行动与警察组织的预期目标一致时，两者的关系就是和谐的；如若相反，警察组织的工作将举步维艰。所以，从整个公共关系过程看，公共关系中的警察组织与相关公众缺一不可，它们既是矛盾对立的，又是统一的，寻求公众行为与预期目标高度统一是警察组织展开公共关系活动的最高目标。

在警察组织与相关公众的互动关系中，公关介体是连接二者的不可或缺的桥梁。尽管公关介体多数时候扮演着传播沟通的基础硬件和平台技术的角色，但其本身是独立于主客体之外的社会组织，有着自己的组织目标与价值立场。因此，也有人将之称为媒介公众，它的价值判断与传播偏好会直接影响警察组织与相关公众之间的沟通互动，给警察公共关系的发展走向带来不确定性。

公关主体（警察组织）、客体（相关公众）、介体（传播媒介）是警察公共关系的三个基本结构要素，它们相互之间的联系是动态多变的，警察组织作为公关主体，其任务就是要在这种动态多变中寻找到与各种公众进行沟通联结的最佳相关点，以多样的形式和角度来影响公众，力求形成警察组织——传播媒介——相关公众良性循环的互动关系。

三、警察公共关系特征

从警察公共关系的内涵界定与结构要素中，我们可以看到它有着以下公共关系的基本特征：

（一）以公众利益为先

建设与公众之间的和谐关系，营造和谐的组织内外环境，是公共关系的使命所在。维护社会稳定与秩序，保护人民群众的生命财产安全，增进社会福祉，是警察组织存于社会的合法性基础与源泉。作为政府的职能组织，其非营利性与管理的公共性决定它的一切活动都须以公众利益、社会利益为先，服务公众应成为组织行动的出发点与落脚点，警察公共关系必须始终坚持公众利益导向。

（二）以美誉为目标

“形象”和“声誉”是相关公众对组织的总体认知与评价，“信任”则是相关公众对组织持有的态度，两者密不可分。只有当组织或其成员拥有良好的公共形象，美誉度提升时，人们对组织的信任才会加强，反之，则会下降。因此，良好的形象是组织最大的财富，建立维护良好的警察形象，追求公众心目中的“美誉”，争取获得社会公众的信任和支持，推动公安工作发展是警察公共关系的核心目标。以美誉为目标，包含内外两个维度的追求，对内就是要在组织内部寻求警营文化的认同，提升民警的满意度，增加警队的凝聚力；对外就是要将警队的价值观、警务政策、治安状况及安全服务等及时准确地传达给相关公众，寻求公众的理解。

（三）以传播沟通为核心

公共关系是组织运用各种信息传播媒介去建立和维持与公众之间的有效沟通，它通过双向的信息交流和分享，增进组织与公众的相互了解、相互影响，最终达成共识，实现组织与公众之间的利益共赢。

传播沟通贯穿警察公共关系活动的整个过程：为了使人们对警察及其行为形成正确的认识，警察组织首先是有计划、有步骤、有策略地运用符号和媒介将警务信息传递给相关公众；在运用有说服力的传播去影响重要的公众的同时，又对公众接受信息后回馈的意见、态度和行为进行研判分析，并据此向相关公众发出反馈信息，产生新的认知影响……如此循环反复多个来回，最终通过参与、协商和共识来进一步协调、改进警务工作，更好地满足公众的需要。

公共关系是组织的一种独特的管理职能，以传播沟通为管理手段是公共关系与组织其他的管理活动的不同之处。与法律、道德和行政、经济等社会关系调整手段不同，公共关系是运用平等双向的沟通交流来协调组织与公众的关系，而非应用强制力来赢得公众的认同与支持。

（四）以互惠互利为原则

相关公众是公共关系的客体，是与组织发生联系并相互作用、相互影响的个人、群体或组织的总和。组织与相关公众的关系协调，实际上就是双方利益的平衡过程：既要实现组织预期的目标，又要让公众得益。只有让公众在与组织的互动过程中满足了利益需求，组织才能得到相关公众长久的支持与合作，才能与公众之间形成长久、稳定的和谐关系。

警察组织虽然是非营利的政府组织，但其自身亦有自己的组织发展目标和价值追求。警察公共关系活动最重要的就是寻找到与公众利益的最佳相关点，如此才能从组织与公众的共同利益出发，实现有效沟通，做到互惠互利，形成良性循环的互动关系。

除了具有公共关系的基本特征，与企业等一般社会组织相比，警察公共关系因公安机关特殊的组织属性与组织功能而具有以下不同的特点：

第一，相关公众的广泛性与复杂性。警察组织的根本职责任务是维护国家安全，维护社会治安秩序，保护公民的人身安全、人身自由和合法财产，保护公共财产，预防、制止和惩治违法犯罪活动。从公共安全与秩序管理的角度来看，警察服务的对象包括所有社会成员，无论是个人还是社会组织、群体都是公安机关服务的对象，警察公共关系中的相关公众范围极其广泛而复杂：从户籍管理来看，从出生到死亡的时间纵轴每一个公民都会因身份而产生的各种事项的登记与公安机关发生互动，产生利益关联；从社会治安秩序的维护治理来看，公安机关对社区的安全与秩序负有主要责任，其发布实施的警务政策、措施关乎到社区，公安机关肩负着对各行业、各领域的安全风险防范与控制，进行指导、监督的社会责任，日常管理的事项既涉及诸多政府组织或部门，又涉及各类性质、规模的企事业单位和社会团体；从刑事办案的过程来看，公安机关既要与嫌疑人、受害人及其家属打交道，还要与包括证人、取证单位、检察院、媒体等个人、单位互动沟通，警察组织的相关公众随其业务工作内容的多样性与动态性而复杂多变。相关公众的广泛性与复杂性使得警察公共关系呈现出多元叠加的复合型关系形态。

第二，主体的特殊性与形象的凸显性。警察组织是政府职能部门中具有武装性质的治安行政力量与刑事司法力量，也是分布于街头巷尾、居民社区，向公众提供安全与秩序管理与服务的24小时全日制运转的政府公共服务机构。警察组织肩负着打击犯罪、预防犯罪的重任，为维护公共安全与秩序而被赋予控制执法相对人的人身自由的法定职权，是国家权力派生出来的一种特殊的权力，它相对于政府其他公权力而言具有突出的强制性，是对公民权利具有重大影响的公权力。而另一方面因警察执法的对象和范围涉及维护社会治安秩序和公共安全的广阔领域，警察法定职权的影响力辐射到人们日常生活的各个角落。因此，为保障自身合法权利，预防控制警察权力膨胀扩张、越位滥用的风险，社会公众格外关注警察执法工作，警察组织无需广告就成为公共舆论关注的重点对象，全媒时代每个人都能成为公共信息的发出者，警察日常工作的一言一行随时都可能被公众关注并记录发布、传播讨论，成为社会公共话题的中心。警察组织因其特殊的法定职权而受到公众的持续关注，其公共形象亦在这样的观察、传播、讨论当中不断凸显。

第三，关系效益的政治性与社会性。“国家安危，公安系于一半。”公安机关是维系国家安全与社会稳定、具有武装性质的国家暴力机器，它是依据广大人民群众的意志建立的，是我国人民民主专政的重要工具。警察组织的基本属性，决定了警察公共关系状态和活动效益具有典型的政治性与社会性，透过它能够测量公众对社会公共安全与秩序治理的满意程度，是国家政权是否稳定、政府是否具有公信力的风向标。警察公共关系状态和活动效益是警察组织与社会公众相互联系、相互影响、相互作用自然形成的结果，人民警察的根本任务是维护国家安全，维护社会治安秩序，保护公民的人身安全、人身自由和合法财产，保护公共财产，预防、制止和惩治违法犯罪活动，其职责履行状况关乎每个社会成员的安全与权利保障，警察公共关系的运行状态直接影响着警察组织的效能的发挥，进而影响社会公众的根本利益。因此，警察公共关系的关系效益最终指向每一个社会成员，相较于其他社会组织，警察与公众之间是一种联系更为密切的共生关系，具有广泛的社会性。

四、警察公共关系的管理目标与基本理念

（一）警察公共关系管理目标

改善组织与公众的关系、争取社会公众的认同理解，为组织的发展创造良好的运行环境，是社会组织开展公共关系的基本目标。通过警察公共关系管理，增强公众对警察及其工作的认同与支持，建设和谐警民关系，促进警务工作更加高效地满足社会公众的公共安全需求，是公安机关开展警察公共关系一系列工作的初衷。对于警察组织而言，公众环境的多变性与复杂性是影响其警务政策、行动措施成效的最大亦是最不确定的关键因素，公安机关必须敏锐观察公众的意见、观点、态度，全面、系统地分析组织环境变化及其带给警察工作的影响，进而制订、调适警务政策及行动，以更好地满足社会公众多元化、差异化需求，促进警察组织社会功能的实现。警察公共关系就是要帮助警队建立和维持与社会公众之间的相互依存的利益共生关系，因此其管理包含着战略价值与战术应用两个层面的目标，建立和谐的警民关系，为警察组织创造良好的运行环境是警察公共关系的战略价值目标，公共关系管理就是要通过对输入组织的信息进行分析研判，帮助领导决策层对警务环境进行意义建构和认

知，使之能够体认警务环境的变迁进而制订出适应性发展决策，推动警民关系的协调发展；而战术应用层面则以提升警察组织的信息传播及组织沟通的有效性为目标，对警察组织的信息传播建立相关管理的制度规范，依据传播对象和实际情境对传播沟通的路径内容、形式进行创意策划与策略指导，促进警队内部及其与社会公众相互之间的沟通理解，增强公众对警察及其工作的认同与支持，为警务工作的开展营造和谐的关系环境，进而提升警务工作的效能和服务社会公众安全的水平。

（二）警察公共关系的基本理念

要实现上述目标，警察组织及其成员在警务工作中必须始终秉持警察公共关系的基本理念。这些基本理念包括：

第一，尊重公众。公众是由一个个具体的人和组织构成的。警察在执法执勤等工作中需要与各种各样的人打交道，发生人际互动。在人际互动的交往中“尊重”两字看似轻于鸿毛，实则重于泰山。人的内心里都渴望得到他人的尊重，人们在互动过程中只有相互尊重才能将彼此的交往顺利延续发展下去，因此，尊重公众是构建和谐警民关系的基础，是警方顺利开展警务工作的基石。尊重公众，要求警察对人民群众真诚相待，在工作中尊重群众的权利和需求，尊重群众的价值观和文化习俗，尊重群众的不同意见和建议，坚持对人民实行民主，保护人民群众的合法权益。

第二，尊重事实。实事求是是公安工作的基本原则。正视社会环境变迁带给警察组织的挑战，客观看待警务工作中遇到的新问题，尊重群众对公安工作的新需求、新期待，警察组织才能与时俱进，顺应时代的发展要求，为社会提供更加高效的警务服务。开展公共关系宣传、危机公关等与社会公众互动的传播沟通工作，都必须建立在客观事实的基础上，向社会公众传递真实、准确的信息。

第三，全员公关。警察组织是与社会公众互动最为频繁的政府组织，无论是警务政策的制订推行，还是执法执勤的警务活动，都与社会公众的利益密切相关，由此警察组织和民警的言行一直是社会公众关注的焦点和舆论监督的重点。在当今自媒体尤为发达的互联网时代，每一项警务工作、每一位警察的言行举止都可能被公众关注并做出评价，进而影响警察组织的公共形象。因此，警察组织每一个部门、每一位民警都应具备现代公共关系意识，并将其渗透到警察日常的行政、业务工作的各个环节，为树立维护良好的警察形象奠定坚实的基础。

第四，传播沟通。移动互联网和自媒体的普及发展使得社会信息传播更加快速便捷的同时，亦更加开放、多元，警察工作常常受到不实的网络传言、谣言的困扰，来自社会公共舆论的组织环境压力越来越大。因此，全媒时代公安机关在正确履行警察职责的同时，还要具备传播沟通的意识和为公众主动提供信息服务的工作理念，要善于应用新的传播技术与方法，通过各种传播媒介将组织信息快速准确地传递给社会公众，争取获取信息传播的优势，使社会公众认知了解警察的工作，认同理解进而支持警察的工作。

第五，合作共赢。在社会结构日益多元化发展的社会环境下，预防打击违法犯罪、维护社会公共安全与秩序已经成为一项需要全社会通力协作、综合治理的系统工程，过去主要依靠公安机关单打独斗的一元行政控制的传统警务模式,已经难以满足社会发展对公安工作提出的新需求、新期待。因此,公安机关必须秉承“合作共赢”的基本理念,在警务工作中要善于寻找发现相关利益群体的利益共同点与平衡点,积极促动社会参与警务工作的积极性,深度挖掘蕴于社会之中丰富的警务治理资源,与政府其他职能部门、企事业单位等社会组织及公民个体展开广泛的多元协作,互惠互利,共同治理好社会安全问题。

第二节　警察公共关系的历史发展与现状

一、西方警察公共关系的发端

警察公共关系的概念和提法虽然出现较晚,但其内核精神与基本理念在警察这一职业组织建立之初就已彰显于建警章程之中。1829 年,英国内政大臣罗伯特·皮尔游说英国议会通过了《大伦敦警察法》,创建有别于军队的现代制服警察制度,组建了世界上最早的一支现代职业警察队伍——“大伦敦警察厅”。根据《大伦敦警察法》,整个伦敦地区建立自上而下垂直领导的单一制警察系统,罗伯特·皮尔在法案中对建立新警察的基本原则作了明确说明,俗称《建警十二条》。

罗伯特·皮尔的《建警十二条》

(1)警察应以军队为榜样,建成一支稳定的行之有效的队伍。

(2)警察必须在政府的控制之下。

(3)减少犯罪以证明警察的效率与效益。

(4)发布犯罪统计(以辅导公众防范)是警察的基本工作。

(5)以时间和地域科学分配警力。

(6)制怒、宁静、有礼是警察质量的根本保障。

(7)警察以自身形象赢得尊重。

(8)招募、训练适当人选是有效执法之本。

(9)公众安全需要每个警察挂牌服务。

(10)警察及其首脑机关必须接近公众。

(11)警察需先见习,后上岗。

(12)以警察掌握的犯罪记录作为分配警力的依据。

从《建警十二条》的内容中我们可以看到,它既规范了警察组织与政府间的关系,又规范了警察与社会公众之间的关系。其中第 4 条要求警察组织向社会公众定期发布违法犯罪信息,便于社会公众有针对性地开展安全防范;第6、7、9条对警察公共形象及其建设提出了具体要求;第10条则明确了警察组织必须接近公众,必须与公众保持密切的联系。这些建警原则都蕴含着警察公共关系倡导的"尊重公众""服务公众""向公众开放""传播沟通"等基本理念和思想。

在《建警十二条》之后,大伦敦警察厅又发布了《警察训令》,这是世界历史上第一部有关警察行为准则和警务活动原则的专项警察法令,罗伯特·皮尔在训令中进一步提出了"九项警务原则",以规范警察组织的管理,确保警察职责的正确履行。这九项警务原则分别是:

(1)警察存在的基本使命是预防犯罪和无序状态,而不是用军事力量和严厉的法律惩罚来镇压犯罪和骚乱。

(2)警察履行其职责的能力,有赖于公众对警察的存在、行动、行为以及警察获得并保持公众尊重能力的认可。

(3)警察必须获得公众心甘情愿的合作,让他们自愿地遵守法律,以便能得到和保持公众的尊重。

(4)警察预期公众配合程度的高低,与警察为实现警务目标而采用的武力与强制的程度成反比。

(5)警察不能靠迎合公众意见,而只能靠自己对法律绝对公正的忠诚来寻求和保持公众的喜爱。他们要靠乐于不分种族与社会地位地为所有社会成员提供个人服务与友谊;要靠礼貌和友谊等良好秉性;靠乐于牺牲个人以捍卫和保护生命等,来获得公众的喜欢和支持。

(6)只有在说服、建议和警告都不足以实现警务目标的情况下,警察才能使用所需要程度的武力,以确保法律得到遵守和秩序得到恢复。并且,警察应该在任何情况下都仅仅使用最低限度的武力以实现警务目的。

(7)任何时候警察都应该和公众保持这样一种关系,以实现警察是公众和公众是警察的历史传统。警察仅仅是这样一种公众,他们专职就社区的福利向每个市民负责并由此获得报酬。

(8)警察应该一直为实现其功能而行动,而绝不用为个人和国家报仇或武断地审判犯罪和惩罚罪犯的方式篡夺审判权。

(9)警察效率的判断标准是没有犯罪和骚乱,而不是警察为对付它们而采取的行动之类人们容易看见的证据。

罗伯特·皮尔的"九项警务原则",明确指出要实现"预防犯罪与无序"这一警察组织的使命,警察工作离不开社会公众的理解与支持。获得公众的尊重与认同,是顺利开展警察工作的基础条件。奉行公平正义、正直诚实、勇敢奉献等履职信条,贯彻执行公平执法、最小使用武力等警务行为准则,保持客观、公正、亲民的社会秩序维持者的形象,是警察获得公众尊重与满意的基本路径。警察与社会公众保持良好关系的完美境界就是"警察是公众""公众皆警察”的这种“你中有我，我中有你”相互融合的状态。

英国建警初期的警务实践中，《建警十二条》及《警务训令》的贯彻执行使巡逻警察良好的素质赢得了居民的认同，提升了居民的安全感，警察工作得到公众的支持和理解。警察打击犯罪的能力得以提升的同时，也很好地发挥了预防犯罪和公众安全服务的职能，社会治安状况得到了显著改善。

罗伯特·皮尔将“公众的支持认同”视为警察组织安身立命的基点，将“寻求与公众的合作”视为警察组织履行社会职责的基本途径，他关于警察组织及其与公众的关系协调的观点与论述深刻体现了英国警察的本质，成为英国警察与公众关系发展的重要基石，亦对世界各国警察组织的发展产生了深远的影响，是现代警察公共关系的历史发端。

二、国外警察公共关系的实践发展

（一）第一次警务革命

警察公共关系的实践发展，与警察组织及其警务工作的历史变革有着紧密的关联。西方警察史将英国正式警察（职业制服警察）的建立与罗伯特·皮尔在《大伦敦警察法》中提出的《建警十二条》以及在《警务训令》中提出的“九项警务原则”视为新旧警察的分水岭，是现代职业警察制度的开端，称之为“第一次警务革命”。新警察组织强调警务工作以预防为主，强调警察公共形象建设，重视与民众的关系协调，它为警察公共关系的实践发展提供了极其重要的思想理念储备。

（二）第二次警务革命

19 世纪末到 20 世纪初，多数西方国家的警察组织尚处于初创阶段，美国率先开展了警察专业化运动，史上称为“第二次警务革命”。警察专业化变革的核心就是要使警察摆脱地方政治集团的控制，建设一支仅向法律负责的、独立高效的警察队伍。

美国警察专业化运动的代表人物是理查德·西尔威斯特和奥古斯特·沃尔默。他们认为执行法律和控制犯罪是警察存在的缘由和目的，平等、有效地保护群众，为群众服务，打击犯罪是警察组织的使命和责任，警察应从诸如向无家可归的人提供临时住所等非警务活动中脱离出来，成为专门打击犯罪、认真执法的专家。高效的警察队伍应该由受过专业训练的大学毕业生等优秀人才组成。为此，奥古斯特·沃尔默于 1908 年创办了美国第一所警察学校——伯克利警察学校，1916 年在加州州立大学建立了警察训练学院，开设了大学警察学课程并出版了《警察与现代社会》一书，吸纳大学毕业生进入警队。

1931 年，美国国家法律遵守和执行调查委员会通过对警务和刑事司法的调查，正式建议对美国警务进行全面改革，主导思想是提高警员素质和强化机构管理能力，建立严格的警官选拔和教育培训制度，对警察机构进行大规模重组，依据执法任务的类别设置刑事警察、交通警察、巡逻警察、防暴警察等不同警种，使警察组织成为高度专业化的职业执法机构。期间，联邦调查局局长埃德加·胡佛针对犯罪活动猖獗和公众对此感到恐惧的心理，制订并实施了一系列打击各种严重犯罪的对策和措施。在警界内部灌输“警察就是打击犯罪的战士”

的使命感和职业信念,增强警员对自己工作的责任感与自豪感。在提升打击犯罪效能的同时,通过报纸、广播电台等媒体向社会公众加大宣传,警察的社会角色是"揭露和证实犯罪的专家、打击犯罪的斗士",使警察执法专业化得到了美国社会广泛的认同。联邦调查局的声誉由此不断提高,并且成为世界警察史上职业执法机构的典范。

警察专业化变革给警察工作重新定位,将建警之初确立的以公众为核心的"公共服务和维护秩序"变革为专业的"执行法律和打击犯罪",它在加强警察执法力量和提升打击犯罪效能的同时,亦将过去很多警察履行的社会服务职责进行了分流,削弱了警察与公众日常生活间的互动联系;这一时期的警察组织更多地依靠执行法律来树立自己的权威,而且已经开始运用报纸、广播电台等大众传播媒体向社会公众进行警察执法职业形象宣传,拉开了警察公共关系宣传的大幕。

(三)第三次警务革命

20 世纪 30 年代后,西方资本主义国家开始从传统工业社会向后工业社会转型发展,无线电通信、计算机等信息技术被应用于巡逻指挥、罪案侦破等警务工作,警察工作方式、警务装备由此发生了一系列现代化变革,史称"第三次警务革命"。

这次警务变革突出地表现为车巡代替步巡、指挥通讯现代化、计算机革命、个人装备现代化四个方面,旨在提升对警情反应处置的速度与效率,增强打击犯罪的力度。藉由此次警务变革,欧美各国的警察组织编制和预算投入都大幅度提升,警察的社会角色依然被定位为打击犯罪的战士,只不过警察形象被描述得更为理想和完美:坚毅、果断、"武装到牙齿"的强大"战警"。

科学发展、技术革新促进工业效率的快速提高,创造出了商品生产远远高于需求的消费社会,在此背景下公共关系活动蓬勃发展,不仅在工商企业界发挥了巨大效能,而且被引入政府部门,法国、美国、加拿大等国家的警察部门开始设置新闻办公室等公共关系机构和公共关系事务官(公共关系专业人员),负责警察组织及其工作的新闻发布以及警方与相关公众的互动联系。

20 世纪 60 年代,西方社会隐藏在经济繁荣、生活富足的表象下各种复杂的社会问题开始浮现。面对欧美各地频频爆发的反战、反文化等各种大规模抗议运动和公众骚乱,警方的处置未能遏制社会紊乱失序的现象。与此同时,人们发现警察装备现代化使警察远离公众,而犯罪率并未随着警力的增长和财政投入的加大而有所下降,反而出现了上升的趋势。警察完美的战警形象被打击犯罪的惨淡的绩效现实打破,警察工作受到了社会公众诸多的批评和指责,片面追求增加警力、提升警务技术与装备并不能实现高效打击犯罪的目标,第三次警务变革遭受了严重的挫败,亦使警察与社会公众的关系陷入到了前所未有的信任困境之中。

(四)第四次警务革命

20 世纪 70 年代,英美警方开始检讨、反思警务现代化运动,英国警察学家约翰·安德逊提出社会是产生犯罪的地方,抑制犯罪的主力军也应是整个社会,警察只是其中一支重要力量。警务工作好比一棵大树,它植根于社会,学校、工厂、商铺、居民区是警务这棵大树得以生存、汲取营养的土壤,树干是警察机关,树枝、枝叶是警察组织的各个警种和部门,树上的果实是警察工作的成效。因此,警察工作离不开社区,警务成效依赖于社会公众的理解与支持,警察组织应重新认识罗伯特・皮尔在建警之初确立的一系列“以公众为核心”的警务原则的价值,从“单打独斗”的打击犯罪职能回归到“寻求与公众的合作”的预防犯罪和服务公众安全的职能。在此理论基础上,欧美等国警察组织普遍接受了警察应当扩大社会职能的观念,美国芝加哥警察局率先开启了“芝加哥社区管理与替代警务战略”,鼓励社区与警察合作,参与警务活动,寻求与政府其他职能部门、机构的支持配合,共同预防和控制犯罪。从此,用以矫正过去专业化警务不足的社区警务运动逐渐兴起,开始了世界警察史上的“第四次警务革命”,即社区警务革命。

社区警务革命将警察组织服务公众的社会职能重新回归到与警察安全执法职能同样重要的地位,它着眼于从违法犯罪的社会成因去寻找减少违法犯罪的思路,强调以预防为主,从根本上减少犯罪的社会根源。改善警民关系、加强与公众合作,与之共同发现社区存在的可能造成犯罪的隐患问题,并依托社区力量对症下药共同治理,成为此次警务变革的核心。

越来越多的国家将警察工作重点转移到社区警务方面,增加步巡深入社区、接近公众了解情况、调解家庭纠纷、标刻重要财产防止偷盗、召开社区公众会议、建立咨询协商委员会,处理机动车乱停乱放、建筑物乱涂画、不良人员聚集吵闹等社区秩序问题,推动制订落实邻里守望计划、未成年人保护计划。通过宣传教育来增强个体防范意识和家庭安全观念是英美等国展开社区警务的主要举措,警察既是社区安全的守护者、督导者、宣传者,又是社区公众安全需求的服务者、社区和谐关系的协调者、社区治理行动的发起者、主导者。其多重性的角色要求警察不仅需要具备执法等警务专业能力,更需要具备人际互动交往和组织传播、动员、协调能力,如此方能实现社区警务变革立足社区,以服务公众为先导,改善警民关系,进而促进警民协作,共同发现和解决社区治安问题,实现预防犯罪的目标。

警察与民众的关系是实现社区警务活动目标的重要条件,警察公共关系建设在这样的背景下开始蓬勃发展。警务人员是警察组织的形象代表,欧美各国首先在警察组织内部推行警察形象建设工作,警务人员的录用、考核都以道德品质和品性修养作为考核评价的重要项目,日常工作中非常注重警察价值观、法纪、服务态度、礼仪举止的培训教育,提升警务人员的职业素养。强化警队严明的纪律观念和崇高的职业使命感与责任感,以此形成强大的组织凝聚力,为改善警察与公众的关系创造良好的基础和前提。此外,每年度针对警察工作的公众满意度和公共形象在社区中不同种族、阶层、性别、年龄、教育程度的人群中展开民意调查,调查内容主要包括警察执法是否公平、有无不恰当的粗暴行为、对社区警察的观感是否满意、警察的社区工作成效等。通过对调查结果的统计分析,了解民众对警察的形象评判,并据此提出针对性的改善建议,进而提升警察的素质能力和警务工作成效,不断改善与公众的关系。

社区警务变革使警务工作重点从对违法犯罪的快速反应转向预防违法犯罪的发生,特别注重社区预防、控制犯罪机制的建设。整合社会资源减少犯罪,唤起社会与公众的参与,是实现社区警务变革目标的首要工作。英美等西方国家要求各地警局普遍增设社区警察公共关系部门，将树立警察良好的公共形象和为公众提供优质的警勤服务作为首要任务，负责实施和监督警民关系计划；各警区成立公民咨询委员会，与社区公众建立伙伴关系，听取社区公众对警察工作的意见，与社区公众共同寻找、分析滋生犯罪的环境因素和解决这些问题的方法，维护社区安宁。

警察公共关系外部建设由此广泛开展，如美国纽约警察局设置了警察博物馆、市民警察学校等一系列承担警察公共关系职能、促进公众了解警察工作的附属机构，并与学校、医院、宗教组织等组织和公益机构展开合作，实施了青少年警训营、市民观察巡逻、驾驶警车观摩、警察兴趣者志愿服务等诸多公众参与性的公共关系活动。这可以增加公众对警察工作的了解，增进警察与公众之间的互信与理解，吸引公众参与诸如身份查验、邻里守望和家庭及汽车防盗等需要得到社区居民支持的犯罪预防计划，对密切警民关系，实现警民协作治理社区安全都起到了非常重要的推动作用。

英国警民关系也在实施社区警务的过程中获得了显著发展。英国警察机构亦与社区公众共同组成社区警务工作小组，旨在通过强有力的社区参与来打击犯罪和反社会行为。在英格兰，社区警务工作小组被称为“维护治安伙伴关系组织”，在威尔士则被称为“社区安全伙伴关系组织”，这些组织在英国已多达370个。各地警队根据社区实际情况自主决定社区警务工作小组的架构与成员数量，但其成员基本由宣誓警察、辅警、社区支援官、社区监察员等组成。它们在加强社区团体的联系和降低社区犯罪率方面发挥了重要作用。其中，校园安全伙伴关系组织在加强警方与青少年的联系、减少校园犯罪、促进学校安全方面发挥着重要作用。英国警方鼓励所有的学校都加入到该组织中来。警方会向这些学校派遣联络官，与学校定期联络，讨论和应对青少年犯罪的变化趋势，并在学校内给学生开设相关讲座以配合警方在社区推行的青少年公益服务活动。此外，英国内政部资助了一项名为“征求意见”的公共关系活动项目，旨在鼓励民众为警务工作组出谋划策，借民众之智慧提高警察服务质量。经过此项征求意见活动，各地警察机构都就如何回应民众请求、如何区分紧急报警和非紧急报警、如何计算警务活动的时间和成本等问题制订了明确的工作标准。依据公众意见制订的警务工作新标准在执行半年后就取得了显著的成效：兰开夏地区民众对警务工作的满意率达到95%，柴郡警察局预约服务实现率达到了100%，其中，80%的预约服务是警察机构在一天内完成的。① 英国警察以其日常勤务中彬彬有礼的文明形象和优质的公众服务而闻名世界。

随着社区警务革命风靡全球，新加坡、日本、香港等亚洲国家和地区也掀起了警察公共关系建设的热潮。新加坡警方设有专司警察公共关系职责的专门机构“公共事务局”，负责维护和发展警队与社区及其他政府机关之间的关系。

新加坡警方高度关注与社区的合作，并将此作为他们完成警察使命的重要途径之一。他们实行的是邻里警岗制，要求社区警察进行住家访问，实现警察和公众一对一的交流；鼓

---

① 《国外的警方公共关系》，《人民公安》2010年第3期，第52页。

励警员积极参加义务工作和社区活动，并组织一年一度的警察周捐款活动以及其他慈善活动，增进与社区公众的情感交流；通过展览、讲座、研讨会、年度运动会、邻里相望、捐助等各种公共关系活动形式，实现与公众的良性互动；推行警方主导的邻里守望、社区安全、道路安全等社区警务计划。

在其古老的交番制度的基础上，日本警方在各层次警察机关都设置生活安全局（部）地域课负责指导社区警务工作，开展社区警务的主体是日本的交番和驻在所，它依据人口、面积、行政区划、治安状况等因素设立，其基本理念就是将警察组织及其人员广泛分布于社区公众之间，使公众有警务需求时能够及时、便利地得到警方服务，警方通过周到细致的安全服务来接近公众，获取社会认同。因此，日本城区交番、乡村驻在所数量庞大，社区警察人数占比高达警察队伍总量的四成；交番、驻在所实行 24 小时勤务制度，通过巡逻、入户走访、门口守望、所内守望等勤务方式履行预防犯罪、查获犯罪分子、维护交通秩序、教导违法青少年、走访独居老人、保护走失儿童和醉酒者、为当地居民提供防范犯罪和交通安全方面的指导以及对案（事）件的先期处置等职责。社区警察会在每日工作中注意收集社区交通状况、住房安全状况、居民遇到的困难、居民的想法和要求以及其他需要特别关注、与社区治安有关的信息，并对这些信息进行进一步调查研究。然后针对发现的问题组织交番和驻在所联络协议会，一起开会讨论解决问题的策略并展开相应行动。在交番发行的小报或设置在社区显著位置的板报上发布警示信息，亦利用计算机、传真机、可视电话等通讯工具向居民传达信息，加强宣传防范，预防犯罪问题的发生。日本警方对交番和驻在所的设置管理非常强调社区适应性。例如，人口偏少的乡村地区驻在所常常只有一名警察，驻在所既是警务室又是这名警察与其家人的住宅，白天警察外出巡逻，其留守家中的家属则会代理一些指路、失物招领登记等简单的警务工作，共同的邻里生活使警察与其工作的乡村社区真正融为一体，成为日本警方独有的社区融合公共关系模式。

香港是全世界最早成立警方公共关系机构的城市之一，1968 年香港警方设置警察新闻课，后改称“警察公共关系科”，1972 年增设警民关系组推行警察派出所计划，最终形成“社区关系课”与“新闻及宣传课”两条支线的警察公共关系工作系统，前者专司社区关系的协调，后者则专门负责与大众传媒的沟通工作。香港警方认为公共关系是组织管理不可或缺的一部分，透过沟通可以帮助警方适应、维持、改变环境，进而达到公共安全之目的。警察与公众之间的关系协调是一个双向沟通过程：一方面警方需要了解社会的诉求并对其作出适当的回应，另一方面社会公众亦有必要了解，警方的工作及其成效会受到诸多来自于法律、财政及实际工作环境上的制约。为此，香港警方以社区为本，在其警区设置了二十个警民关系办事处，与警察公共关系科连结成一个高效的信息交流网络，将警方政策及重要信息透过警民关系办事处传递到全港各社区内的相关人士，与政府其他部门和社区组织代表保持紧密联系。警民关系办事处亦为社区提供了一个迅捷有效的渠道来反映意见，使警方能够对香港市民的安全需求及意见作出及时的反应和回馈。香港警方通过警民关系办事处及其活动主动融入社区，让警民关系不断发展改善。其中最具代表性的是少年警讯及中学联络主任计划，二者架起了警方与青少年之间的桥梁，它们最初是警方针对青少年犯罪问题而开展的预防教育计划，经过几十年的发展，成为香港社会各界积极参与的重要青少年活动，对培养公众认同、密切警民关系起到了非常重要的作用。

（五）第五次警务革命

社区警务变革使“服务公众”“与公众合作”的公共关系理念更深地融入警察组织文化当中，亦成为警察行动的基本准则。随着信息传播等科学技术的发展，人类社会在20世纪90年代开始步入信息时代，互联网的普及发展与运用极大地改变了社会生活的形态，人流、物流、信息流的流量激增，流速加快。人们在享受时代发展带来便利的同时亦面临着更高的安全风险，这对警察工作提出了更高的期望与要求。然而，经过多年的社区警务实践，人们发现大量的时间和精力花费在一次又一次的协商过程中，警方解决问题的行动力远远不能达到预期，社区警务的工作效率亟需提升。为解决这一难题，英国率先在警察组织内部引入企业化运营管理模式来提升警务工作的绩效质量，减少无效警力和负效警力的浪费现象。

其中伦敦警方将其名称“伦敦警察厅”（Metropolitan Police Force）变更为“伦敦警察服务”（Metropolitan Police Service），意在表达警察组织是为公众提供安全服务的专业机构，全面实施以改进服务质量为核心的系统工程。在警察组织外部引进市场竞争机制，将属于国家警察权范畴的强制措施和执法活动之外的管理、保护、服务等职能从警察组织中分离，打破警察服务的国家垄断地位，允许社会其他组织包括私营组织介入，使过去由警察提供的社区巡逻守护、监控、押送等服务进入良性的市场竞争状态，公众由此得到选择更好治安服务的机会。私人保安业由此如雨后春笋般在英美蓬勃发展。2002年颁布的英国《警察改革法》进一步明确了警务市场化的合法性，并扩充了私营警务范围，加深了警方与私营部门的合作程度。此外，现代科学技术的飞速发展亦给警务变革注入了新的力量，大数据信息技术的警务应用改变了许多传统的警务运行方式，情报信息主导警务战略的实施增强了警务工作的精确性、便捷性，使警察组织能够为公众提供更高质量的警勤服务。这些变化被人们称为“第五次警务革命”。

面对警务环境的新变化，许多国家和地区都加强了警队的内部公共关系建设与外部公共关系建设，使警队及其成员能够胜任第五次警务变革的要求。香港警方以“服务为本，精益求精”为标准对内加强警队的价值观塑造，注重警队服务素质的提升，每两年都会举办一次实践价值观工作坊，深化警员维持良好的警察公共关系的职责意识；与此同时，设立警察工作改善小组，推行警署改善计划及警队建议计划，加强警队内部沟通，商讨解决警务工作中遇到的难题，从警务政策、警队的自身建设管理与行动来响应公众的意见，顺应警务环境的变化。美国警方则将警察内部公共关系建设的重点放在对警员身心健康的关爱与对警察职业的认同培育方面。美国警局一般都设有心理医生，当出现警员受伤、殉职等突发事件时会抽调人员组成安抚小组，负责联络医院救护、家属抚慰等一系列善后工作。1991年美国政府规定每年5月10日到17日为“美国警察周”，美国各地警察局、警察协会以及关心警察的公益组织在全国范围开展悼念殉职警察、关爱他们的家属的各项活动。社会捐献的公益基金主要用于帮助因公致残的警员、殉职警察的家属安抚及其子女的学习就业。此外，美国警察局大厅都陈列着用以纪念殉职警察的照片、美国国旗、警局警旗，展示诸如忠诚、正直、专业、服务等组织信条。这些关爱、纪念活动让警员及其家属感受到集体的力量和温暖，塑造了警察的英雄形象，强化了警员的职业认同和组织归属感，在警队内聚力建设上发挥了重要作用。

随着互联网的普及应用与公众舆论的社会影响力不断增强，英美、法德、香港等资讯发达国家和地区警察都非常重视警媒关系和公众关系。在警队外部公共关系建设上，一是普遍设立警方新闻媒介资讯中心，实行 24 小时轮值为传媒提供警务信息服务，并主动通过各种社交活动与传播媒介建立良好的工作关系，借助媒体来实现警方的传播目标，比如呼吁公众提供犯罪线索，协助警方侦破案件；宣传安全防范知识；将突发事件与交通安全信息等涉及公众的所有信息及时传达给公众，指引公众行动；等等。为避免不适宜或不实报道误导公众，英美警方还专门制订向公众发布信息的工作规则、程序、内容禁项等，规范警方与媒体的互动界限，既开放又负责任地进行警务信息传播。法国则立法规定新闻媒体不得对尚未最终判决的案(事)件作出结论性、倾向性的评论。香港警方注重警员培训，邀请传媒新闻资深人员，专门开设媒体应对技巧的训练工作坊，模拟记者采访场景，对遇到或可能遇到的问题进行事前演练，帮助警员掌握与传媒互动的方法技巧，达到警队正确应对负面批评、树立警察客观公正的正面形象的成效。

二是在一如既往开展社区公共关系建设的同时，更加重视公众对警察工作的态度和意见，各国警方普遍建立了警察投诉工作机制，以增强社会公众对警察执法行事公正、公平的信心。如，2004 年英国正式成立“独立警察投诉委员会”，负责处理针对所有警察违法行为的投诉。为确保独立性与公正性，投诉委员会委员来自律师、议员、医生、学者等各行各业，以独立公正、公开透明的调查程序处理投诉案件，公平地对待投诉人与被投诉警察，以此来改善警察风纪与形象，并增进公众对警察的信心。You Tube 等网络自媒体的出现，使警方进一步扩大了警务投诉的网络渠道，并建立网络舆情监测机制，对公众意见作出更迅捷的反应。与此同时，警方亦开始应用网络自媒体主动向公众发布信息，解释警务政策，及时消除公众误解以维护警察形象。

纵观国外及我国香港地区警察组织的警务变革历史，构建和谐警民关系、建设平安社区始终都是世界各国警察组织致力追求的组织目标，警察与社会公众的关系协调自警察组织成立之初就一直是警务变革探讨的重要命题。从公共安全的守夜人到专业执法者再到社区安全服务者的警察角色的发展演变，警察公共关系意识及其工作也经历了重视——淡化——重视的曲折发展，警察公共关系业已成为现代警务机制的重要组成部分。运用公共关系的方法和技术改善公众态度，密切警民关系，实现警民关系伙伴化、警务工作社会化，已经成为当今许多国家和地区警察组织履行预防控制犯罪、维护社会正常秩序的基本职能、不断改善警务工作绩效的重要路径。

三、我国警察公共关系的思想与实践

(一)新中国建立初期：奠定警察公共关系建设的思想基础

早在新中国组建成立公安机关时，警察公共关系的思想就已经以“公安工作必须坚持群众路线”的形式显现出来。毛泽东同志指出:“一切工作都要走群众路线,公安工作也要走群众路线。”1949 年 10 月 25 日召开的第一届全国公安工作会议上,第一任公安部部长罗瑞卿同志就公安队伍建设问题明确提出“公安人员要为老百姓当好勤务员”,确定了公安工作要积极贯彻群众路线精神,密切公安人员与人民群众的关系,以全心全意为人民服务为公安工作的根本宗旨。

1952 年公安部发布实施《治安保卫委员会条例》,全国各基层单位(城市以机关、工厂、企业、学校、街道为单位,农村以行政村为单位)民主选举成立群众自治性治安保卫组织“治安保卫委员会”(以下简称“治保会”)。“治保会”在基层政府和公安保卫机关领导下负责宣传发动广大人民群众参加街区(单位) 防奸、防谍、防火、防盗的治安巡逻,协助监督、帮教思想落后人员等活动,维护国家安全与社会安定。“治保会”可以根据街区(单位)的人数规模下设治保小组,将维护社会安全秩序的义务巡逻任务落实到每家每户,真正做到了“人人皆警”,公安工作与群众路线的深度结合使社会治安在 20 世纪 50 ~60 年代达到了“夜不闭户”的状态。“治保会”是贯彻执行公安工作、坚持群众路线的重要体现,是公安机关联系发动群众的桥梁与纽带,它不仅要向群众宣传教育治安防范等知识,发动群众积极维护社会治安,而且还需定期向当地群众报告工作,征求群众的意见,接受群众的批评。从公共关系的角度看这是我国公安机关最早开展的社区公共关系活动,“治保会”是我国最早的社区警察公共关系组织。“一切为了群众,一切依靠群众,从群众中来,到群众中去”的群众路线,蕴含着尊重公众、告知公众、双向沟通等诸多现代公共关系核心理念,为我国警察公共关系建设奠定了深厚的思想基础。

(二)20 世纪八九十年代:新时期警察公共关系的起步

“文革”期间,我国公检法系统受到冲击,很多警勤业务难以正常运转,警察公共关系建设基本处于停滞状态。1976 年“文革”结束后,大量知青从乡村返城处于无业状态,社会闲散人员骤增,寻衅滋事、聚众斗殴、侮辱妇女、聚众淫乱等扰乱社会秩序和强奸杀人、劫机劫船、纵火爆炸等恶性案件频发,严重威胁人民群众生命财产安全和社会安宁。为适应这一时期公安工作的需要,增强公安队伍打击犯罪的战斗力,1984 年公安部第五次全国公安政治工作会议提出了“从严治警”的方针,革命化、军事化、专业化、年轻化和正规化成为公安队伍建设的基本要求,“内强素质、外树形象”成为各级公安机关加强队伍建设的基本理念。同年《人民公安报》创刊,开启了公安新闻宣传的窗口,是公安机关对外宣传公安工作和警队建设的重要阵地。

20 世纪 90 年代,我国开始建立社会主义市场经济体制。为确保改革开放和社会主义现代化建设的顺利进行,1991 年第七届全国人大常委会第十八次会议通过《关于加强社会治安综合治理的决定》,提出社会治安综合治理是解决中国社会治安问题的根本出路,社会治安综合治理必须坚持打击和防范并举、治标和治本兼顾、重在治本的方针,在打击各种危害社会的违法犯罪活动的同时,要加强公民的思想政治和法治教育,严密社会管理制度,加强治安防范工作,缓解社会矛盾,消除不安定因素,从根本上解决治安问题。中共中央成立社会治安综合治理委员会(以下简称“综治委”),指导和协调全国社会治安综合治理工作,由此社会治安综合治理在全国各地普遍推开。公安机关与教育、文化、卫生、交通等政府其他职能部门加强了相互间的沟通协作,共同解决社会经济转型期间出现的社会治安问题。1992 年各地公安机关统一设置宣传部门,加强公安宣传工作。《人民公安报》报社在全国各省(地区)设立通讯分站,公安部原内刊《人民公安》开始对外公开发行,各地公安机关宣传部门也纷纷组织创办本地区公安报刊,公安机关的思想理论宣传工作和精神文明创建活动开展得如火如荼,公安新闻宣传报道的影响力和覆盖面不断扩大,公安宣传工作迈上历史新台阶,为社会治安综合治理的深入推进和社会主义物质文明与精神文明建设创造了强大的宣传攻势。1996 年,中共中央进一步提出社会治安综合治理应在各级党委和政府的统一领导下,各部门协调一致,齐抓共管,依靠广大人民群众,运用政治的、经济的、行政的、法律的、文化的、教育的等多种手段,整治社会治安,打击犯罪和预防犯罪,保障社会稳定,为社会主义现代化建设和改革开放创造良好的社会环境。

1997 年,公安部针对实施"严打"政策以来基层公安工作出现的"重打轻防"的倾向,对刑侦、派出所工作进行了调整,要求刑侦部门成为名副其实的侦查破案的主力军,进行"侦审一体化"改革,建立侦防协作机制。派出所不再承担案件侦破任务,其工作必须以治安防范和管理为重心,按"一区一警"的警力配置深入开展社区警务,扎根群众做实治安基础工作,"发案少、秩序好、群众满意"成为衡量派出所工作的绩效标准。与此同时,公安机关对户籍管理、出入境管理简化手续,方便群众办事,服务于经济建设和开放交流的改革;建立巡警巡逻体制和 110 报警快速反应指挥机制及联动服务机制,提升街面见警率与出警率,增强社会公众安全感;建立民警基本素质考试考核竞争上岗制度、警务督查制度,进一步贯彻落实从严治警的方针,严格队伍管理,提高警队的政治业务素质和战斗力。

在这些改革中,公安机关从机构设置与职能设置上加大了与社会其他部门合作、服务群众、接受社会监督、改进警务工作的力度,使公安工作以社区警务、街面巡逻、快速反应、警务督察等新的方式回归到群众路线的本原;以人民群众的满意度作为衡量警队工作成绩的尺子,凸显了"全心全意为人民服务"的宗旨意识,亦进一步促动了警队工作以公众为本的价值取向;公安外宣部门的成立及其专业化传播活动促进了社会公众对公安工作的认识,弘扬了"人民公安为人民"的公安精神,树立了人民警察的良好形象。虽然这一时期警察公共关系一词尚未在国内提出,但我国的警务实践已经在践行尊重事实、尊重公众、服务公众、传播沟通、合作共赢、调整组织行为顺应环境变化等公共关系理念和思想。

(三)21 世纪初:警察公共关系的专业引入与发展

进入 21 世纪后,我国改革开放进入深水区,社会利益多元分化,个人诉求日益多样,因拆迁纠纷、上访维权、环境污染、劳资纠纷等社会矛盾引发的暴力冲突、群体性事件开始增多,警察执法环境越来越复杂。各类阻碍警察执法、妨碍公务、暴力袭警现象大量增加,因公负伤、牺牲的警察人数持续在高位态势,警察执法安全风险骤升。另一方面,警察执法过程中屡屡出现不履行职责、违反办案规定和程序、滥用职权、粗暴执法等不作为、乱作为现象。2003 年因警察渎职引发的"孙志刚死亡事件"是其中一起典型的执法过错案件,而"佘祥林案"与"赵作海案"则是这一时期出现的因办案警察刑讯逼供、滥用职权而造成的冤假错案,这些警察违法办案、违法执法的现象受到了社会舆论的严重质疑，警察的公共形象和执法权威陷入历史低谷。为了扭转这种状况，公安机关首先从警队内部建设入手，在加强思想理念、制度规范、纪律要求、教育训练等方面来提高公安队伍整体素质和战斗力，确保警察执法做到严格、公正、文明。1999 年到 2001 年公安部制定发布了《公安机关内部执法监督工作规定》《公安机关人民警察执法过错责任追究规定》《公安机关人民警察内务条令》《公安机关人民警察训练条令》等公安执法管理规范和队伍建设规范。2000 年在全警开展“三项教育”：全心全意为人民服务的宗旨教育，实事求是的思想路线教育，严格、公正、文明执法的法治教育。强化警队内部监督，严格执行错案责任追究和领导干部责任追究制度。

2003 年初，公安部发布加强公安机关内部管理的“五条禁令”，进一步严明警队纪律，明确指出巩固共产党执政地位、维护国家长治久安、保障人民安居乐业是公安机关必须履行的三大政治和社会责任。2005 年公安部颁发了《全国公安派出所建筑外观形象设计规范》，统一公安派出所建筑外观形象设计标识。通过上述一系列严格教育、严格纪律、严格管理、严格训练的重大举措和制度建设，全面提升了警察队伍管理的规范化、标准化、科学化水平，促进了公安队伍整体执法水平和战斗力的提高，为树立人民警察秉公执法、清正廉洁的良好形象，改善警察执法环境、提升警察执法权威奠定了基础。

在加强警队内部建设，提升警察执法素质能力的同时，公安机关主动打开警队大门，采取“迎进来走出去”的双向交流模式，密切警民关系，了解人民群众所需所想，从解决突出问题入手提高群众满意度，改善警务执法环境。2005 年公安机关开展了第一次集中处理群众信访问题的活动，全国 3000 多个县（市、区）的公安局局长面对面接待信访群众，坚持“问题不查清不放过、问题不解决不放过、信访人不停访息诉不放过”的原则，亲自协调解决群众反映的问题，史称“公安机关开门大接访”。通过“大接访”，一大批久拖不决的“老大难”问题得到了依法处理，有力地维护了人民群众的合法权益。各地公安机关根据大接访反映出来的问题，深入检讨在执法活动、内部管理、工作作风、警民关系等方面存在的突出问题，发现、归纳和梳理公安业务工作中存在的薄弱环节，健全完善各执法领域和环节的制度和程序，出台了“执法告知制度”“刑事案件办案公开制度”“民警执法办案终身责任制”等警务公开措施和监督制约制度，增强社会公众对警务工作的了解、认知和监督，更好地维护自身的合法权益。

2006 年，公安部通过对“大接访”的认真总结，进一步明确了加强和改进公安工作的着力点，决定在全国基层警务单位进行“抓基层、打基础、苦练基本功”的“三基”工程建设，切实提高基层民警的综合素质。其中“苦练基本功”，要求民警经过学习训练做到“三懂四会”[①]，除了掌握法律政策、警务业务知识与技能，还需学会做群众工作，将管理与服务融为一体。2008 年底，公安部将公安信息化建设、执法规范化建设、和谐警民关系建设（史称“三项建设”）作为进一步深化“三基”工程建设、夯实公安工作根基的重要载体，部署全国公安机关开展全国公安民警“大走访”爱民实践活动。各级公安机关领导干部带头深入基层，组织民警深入群众家庭和企业单位，征求各级党委政府和人民群众对公安工作的意见、建议。

---

① “三懂”：懂方针政策、懂法律法规、懂业务知识；“四会”：会擒敌自卫、会执法执勤、会管理服务、会群众工作。

"大走访"爱民实践活动引导民警自觉地把群众最期盼、最迫切要求解决的问题作为工作的切入点和着力点,维护人民群众的合法利益,警民关系也在民警的一次次走访中日渐改善。2011 年全国公安机关进一步深化"大走访"活动,年初公安部组织开展"大走访"开门评警活动,年尾继续开展以访问民情、访察民意、访排民忧和评议工作、评查问题、评选先进为主要内容的"三访三评"深化"大走访"活动,将民警走访和群众评议、反馈整改纳入到警队考评管理当中。

从公安机关开门"大接访"到"大走访"爱民实践活动再到"大走访"开门评警及"三访三评"深化"大走访"活动,我们可以看到和谐警民关系建设是我国社会转型期公安工作的重中之重,公安机关始终坚持党的群众路线,广泛听取群众意见,以民意主导警务,敢于正视问题,勇于纠正错误,积极化解矛盾纠纷,努力解决实际问题,用真诚、真心、真情和实际行动赢得了人民群众的理解、谅解和支持,拉近了警民关系,逐步改善了警务运行环境。

知识拓展……

依照《人民警察法》第四十四条的规定,在全国公安机关普遍实行警务公开制度。公安机关的执法办案和行政管理工作,除法律法规规定不能公开的事项外,都要予以公开。公开的内容包括:

(一)执法依据和制度、程序

1. 公安机关的性质、任务、职责和权限;

2. 人民警察的职责、权利和义务;

3. 公安机关和人民警察执法活动的原则、执法依据、办案程序、执法制度、工作制度和要求;

4. 公安机关受理举报、控告、申诉、行政复议、国家赔偿等的制度规范。

(二)刑事执法

1. 公安机关管辖刑事案件的范围、执法职权、办案程序和立案标准;

2. 犯罪嫌疑人、被害人、证人、鉴定人、翻译人员依法享有的权利和义务;

3. 律师在侦查阶段参与刑事诉讼的权利、义务。

(三)行政执法

1. 公安机关行政执法的范围和职权;

2. 办理户口、居民身份证、车辆牌证和机动车驾驶证、边境通行证和出入境证件等有关制度、程序、时限、收费依据、收费标准、投诉方式;

3. 治安处罚、交通违章处罚、交通事故处理、消防监督管理中当事人依法享有的权利;

4. 公安机关依法适用公开听证的程序、要求。

(四)警务工作纪律

1. 公安机关和人民警察的执法、管理、服务的纪律规范、要求;

2. 对公安机关和人民警察违法违纪行为进行举报、控告的途径、方法等。

(《公安部关于在全国公安机关普遍实行警务公开制度的通知》,资源来源于公安部网站)

社会经济变革带来社会结构及其关系形态的巨大变化，社会利益群体日益分化、多元，警务工作的传统理念、方式方法、机制已经不能适应组织环境的变化，满足不了不同人群对警察工作多元化、多层面的期许和要求。社会环境变迁带来的警务运行掣肘、警务实效与社会公众期许之间的落差造成的警民关系紧张，严重影响了公安机关正常发挥维护社会安定和谐的职能作用。这是促动公安机关十来年持续不断加强提升警队素质能力、严格纪律管理、密切警民互动的环境动因，其实质是公安机关为适应社会环境的发展变化而主动进行的战略性组织变革，这种适应性变革不仅体现在警务管理的内容与方式上的转变，更体现在工作理念与角色定位的更新。在这一变革过程中，警察公共关系作为帮助组织建立并维持与公众之间相互依赖的良性关系，保持组织有效性的现代管理理念与方法被广泛应用于社区警务、交通安全宣传、警务公开等警务实践之中，给传统的公安群众工作注入了新的活力，在和谐警民关系建设中发挥了重大作用。

这一时期的警察公共关系的专业引入与发展经历了以下三个阶段：

一是引入初建阶段。进入 21 世纪后，面对复杂的社会治安形势和权利意识愈来愈强的多元化利益群体，传统的入户式说教、灌输式宣传等群众工作模式已经很难得到群众的认可。如何在新时期有效地开展公安宣传和群众工作，树立警察良好的公共形象，改善警民关系，是社会转型发展带来的挑战与难题。公安部宣传局 2000 年在南京举办了“建立新型的警方公共关系”研讨会，开始从理论和实践上对警察公共关系进行探索。2002 年第一届警察公共关系国际论坛在北京举行，重点研讨公安机关的警察形象建设。同年广东珠海市公安局率先成立宣传及公共关系科，推出“珠海警察形象宣传片”，向公众展示了警察的专业素质和为民服务的理念，树立了良好的警察形象。2003 年广东省公安厅宣传处成立了公共关系科，在推行警察公共关系理念和指导各地开展警察公共关系建设上发挥了重大作用。广东各地公安机关在省公安厅的统一领导下，陆续举办警察开放日、警民心连心活动、建设警察文化、创办警察刊物、开播警讯节目等公共关系活动，取得了显著的宣传成效。对广东警方的公共关系实践，公安部宣传局予以高度认可，在全国公安宣传处长会议上明确提出公安宣传与现代警察公共关系相结合的理念。同年第二届警察公共关系国际论坛在深圳举行，会议以警察持续改进和公众满意为主题，重点研讨警察公共关系理念、警察与公众的互动、警察形象建设、警察服务质量管理等四个方面的问题。2004 年公安部政治部在全国建立了 32 个警察公共关系实践基地，湖北武汉市公安局，广东梅州、佛山、肇庆市公安局，安徽芜湖交警部门等公安机关相继成立警察公共关系科，公共关系工作开始了卓有成效的专业探索。

二是专业发展阶段。随着各地公安机关专业公共关系机构的设置和人员的配备，警察公共关系专题活动如雨后春笋般在各地蓬勃开展，“警察开放日”“警察文化节”“一日义务警察”“警民心连心”等一系列卓有成效的专题公关活动，应用独特的创意和策划将社会公众请进警营走近警察，将警察工作的真实形态展现给社会，提升社会公众对警察工作的认知度和理解度。广东等地公安机关在派出所等基层警务单位设置“警察公共关系联络员”，由上级公安机关公共关系部门专线联系和指导，推动警察公共关系理念与方法落地,将警务宣传与便民利民的社区警务服务融为一体。“大走访”爱民实践活动的持续开展使警察公共关系理念不断深入基层,社区警察公共关系活动内容越来越贴近人民群众的实际生活,形式亦越来越丰富,吸引了社区公众的广泛参与和关注。此外,这一时期的警察公共关系部门着力加强与大众传播媒介的合作,打造了公安部春节晚会“万家灯火平安夜”、“我最喜爱的人民警察”评选颁奖、“警视”等颇有社会影响力的影视活动,有力地宣传了公安机关和人民警察维护稳定、打击犯罪、服务群众、抢险救灾等工作中付出的艰辛、取得的成就以及不断涌现的英雄模范人物,提升了警察形象的美誉度,使社会公众更加理解、关心和支持公安工作。

知识拓展…

社区警察公共关系活动是开展社区警务工作的重要媒介和载体,各地公安机关在实践中不断创新发展它的活动形式。例如,制作社区民警联系卡和居家安全提示送到居民家中;组织警民恳谈会,征求社区群众意见;设计防盗、防骗、防火、防毒等安全防范宣传车定期送教进社区;组织交警、消防、刑侦、治安等警种开展送法进社区、进校园活动,与学校、社区组建“小小交警队”“义务消防队”“义务巡逻队”,培养青少年的安全意识、社会责任意识和公益意识;发动联络社区企业、商业单位建立联防互助组织,共同维护社区安全。这些活动之所以受到社区公众的欢迎和认同,究其实质是社区民警深入到了社区之中,想群众之所想。设计策划公共关系专题活动的最终目标是维护社区居民的根本利益。

三是融合发展阶段。除了负责宣传策划上述各类专题警察公共关系活动,警察公共关系部门还要负责公安机关与社区、新闻媒介的外部联络,通过运用传播、沟通、协调等方式向社会发布警方信息,在强化警务宣传的同时亦为公众行使知情权、参与权和监督权提供平台。随着警察公共关系活动的开展,各地逐渐意识到现代公共关系理念及其方法在警队形象建设、密切警民关系方面起到的巨大作用。尽管各地开展的警察公共关系专题活动都取得了明显的社会成效,但云南“躲猫猫”、杭州“七十码”①等涉警舆论危机事件严重影响了警察的形象和声誉,亦促使人们认识到,仅仅依靠专业公共关系部门及其工作人员不足以预防处置公共关系危机,必须将警察公共关系理念方法输送到每一个民警、融合到每一项警务工作,方能真正实现警民和谐。

2008 年底,公安部将和谐警民关系建设上升到组织战略层面的重点工作,进行全国动员和部署,并以“大走访”爱民实践活动为载体推行警察公共关系的理念与方法,贯彻落实党的群众路线。2009 年初,公安部成立和谐警民关系建设协调领导小组,开办“全国公安机关和谐警民关系建设网”工作内网,在各级警察训练中设置警察公共关系培训课

① “躲猫猫”事件是指 2009 年云南晋宁县看守所发生的在押人员李乔明被同仓其他在押人员殴打致死,却被当地警方辩称是在押人员玩“躲猫猫”游戏发生意外致死引发舆论质疑的事件。杭州“七十码”事件是 2009 年浙江杭州发生一起超速驾驶致人死亡的交通肇事案件,警方对记者提问的回应被舆论质疑袒护肇事者的公关危机事件。

程，强化警察服务理念和人文关怀精神，提升民警的公关意识与素养，使尊重公众、服务公众、真诚沟通、合作共赢等公共关系基本理念根植在警务思维之中，并体现到各警种、各部门的警务行动中。

2010年7月北京市公安局成立“公共关系领导小组”，统筹新闻发布、警民互动与社会宣传，将公安工作涉及社会利益和群众权益的事项上升到组织领导管理层面，汇集起来统一管理，以保持北京警方政策与警方声音的一致性。同年8月深圳市公安局宣传处正式更名为“深圳市公安局警察公共关系处”，其职能由公安宣传增加到警察公共关系建设、舆情处置、构建警民和谐关系，标志着深圳警队从传统公安宣传工作模式到现代警察公共关系建设的全面转变。公安机关领导层面设立警察公共关系机构，意味着警察公共关系建设已从传播沟通的专业技术层面扩展到了组织公众环境的战略管理层面，公共关系理念方法已内化运用到警务运行的各个层面与领域。警察公共关系建设与公安机关的各项警务工作融合发展，无论是广度还是深度都取得了长足的进步。

知识拓展…

“推动警察公共关系建设，树立亲民爱民的职业形象”是和谐警民关系建设的基本内容和要求。2011年“大走访”开门评警活动拉开序幕，公安部领导、各地公安厅局党委成员、各市县局班子成员，纷纷走出办公室，走出机关大院，采取局长接待日、定期走访、网络访谈等多种形式，访民情察民意；春节期间全国治安、户政民警走到返乡群众身边，为他们换发居民身份证156万余张，送证上门40万余张。广东、广西、浙江、湖南等地的交警为以十万计的摩托车返乡大军护航，提供休息、热茶、药品和修车等服务……深入群众，真诚沟通，平等交流，热情服务是新时期公安机关密切警民关系、实现和谐警民关系的重要路径。

四、全媒时代的警察公共关系建设

2011年后，随着互联网络和通信技术的快速发展，互联网网络空间在我国已经成为社会公众发表意见、表达立场的公共生活空间，微博、微信等网络传播平台因其即时性与开放性已成为大众舆论主阵地，网络传媒成为继报纸、广播、电视之后的“第四媒体”，四者合一被称为“全媒体”。全媒时代的到来，给警察公共关系建设既带来了机遇，也带来了挑战。微博、微信等网络自媒体的出现，使公安机关拥有了可以及时发布信息的自主传播平台，为公安机关与社会公众的互动提供了更为便捷的沟通管道。同样它们亦使社会公众拥有了网络话语权，海量公众意见的汇集便形成了影响巨大的社会舆论风暴。移动互联网的普及应用则使社会公众的监督随时随地遍布社会的各个角落，公安机关与民警的一言一行亦由此受到了极为广泛的社会监督①。

① 中国互联网络信息中心（CNNIC）第39次《中国互联网络发展状况统计报告》：截止到2016年12月我国网民规模达7.31亿，手机网民规模达6.95亿，互联网普及率为53.2%，中国网民规模已经相当于欧洲人口总量。

公安机关是国家政权的重要组成部分，是我国国家政权中具有武装性质的治安行政力量和刑事司法专门机关，与此同时它还是与社会公众联系最密切、24小时全天候提供安全服务的政府部门。这两种组织特性使得它成为社会舆论关注的焦点，公安机关的出警处警、执法办案、警队管理常常受到“舆论审判”，给公安机关及民警带来极大的工作压力。由于缺乏有效的甄别过滤机制，网络信息传播容易出现信源失真、“以讹传讹”、流言谣言盛行的现象。深圳“5·12”交通事故、庆安枪击案、四川泸州初中生自杀案等案件发生后，网络流言、谣言满天飞，社会舆论充斥着对公安机关执法办案的合法性与公平性的质疑，极易造成公众对警察执法产生不信任、不认同的心理定势。虽然最终澄清了事实，但其产生的社会负面效应难以快速消除，严重损害了警察执法的公信力。网络已经成为组织外部环境的重要构成因子，来自网络舆论的组织环境压力越来越大，是影响警察公共关系建设不可忽视的重要力量。正因如此，加强舆论引导、增强公安机关网络话语权，营造和谐的网络舆论环境是全媒时代警察公共关系建设的重要主题。

针对涉警舆论危机，在加强警队队伍正规化和执法规范化建设的同时，各地公安机关加强以下三个方面的工作来改善警察组织的网络舆论环境：一是加强涉警舆情监测处置工作的队伍与机制的建设。建立新闻发言人、网评员等专业队伍，借助互联网大数据分析技术监测涉警舆情，对涉警舆情热点进行研判预警，必要时启动相关应对处置措施，对公众信息诉求第一时间作出回应，掌控网络话语权，引导舆论。二是加强公关培训，着力提升民警的媒介素养。民警是公安机关面向公众的第一线，他们与群众、新闻媒体的沟通是否顺畅关乎到警队的形象。依据涉警舆论危机反映出的问题，对民警展开有针对性的公关知识和技能培训，使之懂得如何与群众、记者沟通，具备危机公关意识和现场媒介管理的技能，掌握涉警网络舆情引导的方法和对策，是减少舆论危机，维护好警察形象的基本路径。三是加强警务自媒体平台建设，获取网络信息传播竞争优势。从广东省公安厅建立第一个全省公安微博群开始，全国各地公安微博群迅速发展壮大，成为警务信息发布、警务宣传、公众网络问政、舆论引导的重要平台。“平安肇庆”“平安北京”等公安微博都是我国政务微博的佼佼者。作为公安机关主动发声的信息传播平台，公安微博在出现敏感性涉警舆情时发挥着第一时间发布准确信息、澄清事实、消除流言谣言、引导公众的重要作用，是当前公安机关进行有效的网络舆论引导必不可少的利器。

公共舆论是社会意识形态的特殊表现形式，它是社会公众对某一问题的共同倾向性看法或意见，往往反映着人们的利益、愿望和诉求。因此，除了从传播沟通的技术层面做好舆论引导的工作外，面对网络舆论映射出的社会公众对公安工作的意见、要求和期待，公安机关应该牢记“人民公安为人民”的宗旨，以服务民生、保障群众合法利益为根本，进一步健全完善以人民满意为导向的警务工作新机制；应抓住全媒时代信息科技发展带来的机遇开拓创新，以提高警务管理效能和服务水平来获取社会公众的认同和支持，推动警民关系和谐发展。实践中，各地公安机关也正是如此践行的，他们依托互联网、110报警服务台、手机短信等现代科技手段积极开拓创新警民沟通渠道，关注民意，畅通诉求，线上线下协作联动，从群众最关心的事情办起，从群众最不满意的地方改起，不断提升公安机关和人民警察综合素质、执法水平以及警务服务质量与效率，获取公众的满意和支持。

在移动互联网和微信平台出现之后，各地公安机关紧跟时代步伐依托信息科技的发展走上了“互联网+”智慧公安的高速路：设计开通手机APP公安服务终端，打造网上警务室、网上服务大厅、微信服务号，推出异地办理居民身份证、驾驶人自主预约考试、异地考试、异地处理交通违法、异地机动车检验、异地办理出入境证件、群众办事一次告知制、窗口单位弹性工作制等一批便民、利民、惠民工作措施，为社会公众提供便捷高效的警务服务，赢得了社会的广泛赞许。

“便民利民”+“简政放权”，做百姓贴心人

公安行政管理工作与经济社会发展密切相关，与群众生产生活息息相关，只有从政策上、制度上推出更多惠民利民便民新举措，才能切实提高人民群众的满意度。

2014年12月16日，家住广东深圳的湖北武汉姑娘小卫接到了快递件，打开后，她发现里面是武汉警方邮寄给她的户口市外迁出证明。原来，小卫已在深圳工作并符合当地落户条件，为方便工作生活，她想把户口从武汉迁到深圳。通过手机登录到“武汉公安”界面，提出了办理户口市外迁出业务的申请，按照流程提交相关材料后没过几天，她就收到了来自武汉警方的操作提示短信。

“真没想到这么方便，不仅相关手续不用回武汉办，就连寄证件的快递都是通过客户端在线预约、在线付款。”在工作人员对这次业务办理进行回访时，小卫表示，“要为武汉警方的‘互联网+服务’点个赞”。

“以往，当事人来回奔波办理异地身份证，不仅跑断腿，还要磨破嘴，现在实行身份证异地受理制度，真是方便了不少！这是实打实的便民服务！”今年1月1日，吉林省正式实施异地办理居民身份证制度，享受了快捷服务的李先生高兴地说。

向科技要警力、向互联网要服务不再是梦想。同样源于对“互联网+”的嫁接，互联网交通安全综合服务管理平台的构建也让群众享受了更多的便捷服务。这个平台以网页、手机客户端、短信、语音电话等多种方式，提供十大类一百三十余项在线服务。其中，“网上车管所”涵盖网上办事大厅、在线服务、公告提醒、交通安全讲堂、快速查询、短信定制等六大板块，具有网上预约、网上互动、网上办事、网上服务、网上咨询、网上查询、网上宣教七大功能。在手机APP应用方面，群众通过注册登录即可获取信息查询告知、申领和补换机动车号牌、电子监控记录违法行为等多项在线服务，让广大群众足不出户就可以感受到“互联网+交通管理创新”带来的便捷服务。

出入境管理部门亦是我国最早打造“互联网+”智慧警务服务的公安部门之一，他们认真倾听群众需求，主动创新管理服务措施，先后建立“QQ警务室”，开通“公安出入境”新浪、腾讯微博和微信服务平台，将“二维码”引入出入境管理工作，制作二维码官方名片，公布官方微博、微信等平台。群众只需用手机“扫一扫”，即可收听收看便民提醒、警务新闻信息，在线提出意见建议、咨询办证事宜，逐步将“公安出入境”打造成全天候的“人本”服务窗口。

“只要能最大限度地方便群众，再大的利益也得剥离，再多的麻烦也得自己承担，再难的堡垒也得攻坚下来。”北京、辽宁、上海、江苏、浙江、福建、江西、山东、湖北、重庆、四川等地公安机关积极推进简政放权，取消了非行政许可审批并下放了一批行政审批权限，全面建立行政权力清单和责任清单。同时，最大限度优化审批流程，方便群众办事。

“便民利民”与“简政放权”，成为公安机关优化行政服务管理机制、提升公安机关管理社会、服务群众的水平、构建和谐警民关系的亮眼“拳法”。全国公安机关正在用实际行动兑现改革诺言。一系列接地气的改革举措，得到的是人民群众的热烈拥护，收获的是民众对公安改革的由衷认可。

（资源来源于《人民公安报》，王文硕、霍志坚，2016 年 1 月 21 日）

公安机关的宗旨是全心全意为人民服务，警察公共关系建设必须始终围绕它来展开。无论时代发生怎样的变迁，坚持以民为本的群众路线，始终把社会公众的利益和需要放在第一位，把保护人民群众生命和财产安全、维护人民的合法权益作为最高目标，是构建和谐警民关系的基石。紧紧抓住时代发展的战略机遇，不断丰富和发展群众路线的内涵，创新开拓警察公共关系的新方法新形式，为社会公众提供更高效、更完善的安全服务，促动社会公众对警察工作的认同、支持和配合，进而实现警民协作共同治理社会的共赢局面。

本章小结…

警察公共关系与警务的变革发展相伴相生，警察组织与社会公众的关系问题是它永恒的主题。全媒时代社会发展的多元开放向公安机关提出了更高的工作期许和要求，公安机关及民警唯有将公共关系理念和方法融入每一项警务工作，始终将服务公众摆在警务工作的首位，警民和谐之路才能越走越宽。

课程思路…

通过对警察公共关系的内涵理解和警察公共关系发展的历史回顾，从思想上深刻认识公安机关的权力是人民赋予的，公安机关和人民警察必须执行人民的意志，维护人民的利益。唯有牢固树立“全心全意为人民服务”的宗旨和意识，坚持依靠人民群众，保持同人民的密切联系，倾听人民的意见和建议，接受人民的监督，坚持人民利益至上，坚持服务人民至上，警察组织才能不辜负人民的期望和重托。

思考与练习…

1. 公众的认同与支持，对于警察组织有着怎样的意义？
2. 警察公共关系在警察组织与公众之间扮演着什么样的角色？
3. 你认为警察在工作中应如何平衡司法执法与服务公众的关系？

本章核心问题？

警察公共关系在警察组织运行发展中应该履行哪些基本职能？其工作包括哪些基本内容？对警务人员提出了哪些基本要求？它是如何应用科学的方法来发挥其对组织关系环境的改善作用，并以此增强它对组织的有效性？

第二章　警察公共关系工作内容与程序

第一节　警察公共关系的工作职能与要求

一、警察公共关系的工作职能

在多元开放的社会环境中，组织信息传播、公众沟通等公共关系工作对于组织而言越发重要，公共关系在组织运行及管理当中应当发挥哪些职能作用呢？尽管不同的社会组织特性各异，但其公共关系工作都有共性，无论是企业、第三部门还是政府机关，它们的公共关系工作都具备以下两方面基本职能：

（一）传播性职能

传播是人类基本的社会行为之一，是人们传递交流消息、观点、感情或与此有关的活动。传播是架起组织与公众之间相互联系的纽带和桥梁，组织与公众的沟通很大程度上依靠信息传播，离开了传播，公众无从了解组织，组织也无从了解公众。公共关系是组织以传播沟通为手段来进行“宣传——说服——价值共建”的过程。因此，传播性职能是公共关系的基本职能，它通过对组织的各种信息进行筛选、传递来帮助组织建立形象和信誉，扩大社会影响力。具体而言，传播性职能包含以下四个方面的内容：

1. 采集信息，监测环境

任何组织的公共关系工作和活动，都离不开信息的支撑。收集信息能够为组织提供环境要素的变迁，是检测环境的重要手段。只有了解环境才能够明晰组织的决策方向，才能够根据环境的变化灵活调整组织的公众政策和方法措施，才能及时发现组织环境中存在的风险问题,做到防患于未然。

2. 组织宣传,营造气氛

和谐的公共关系环境需要组织主动制造传播信息,宣扬组织的文化,营造一种有利于自身的氛围,让公众能够更好地接受来自组织的观念,为组织实施决策奠定基础。全媒时代是一个信息传播裂变爆棚的时代,社会组织应充分发挥各类媒体尤其是微博、微信等自媒体传播平台的作用,主动向社会发出组织的声音,展示组织工作的实践和创新成果,树立组织良好的公共形象,为组织各项工作的顺利实施创造和谐的舆论氛围。

3. 教育引导,服务社会

要获得公众的支持与配合,营造和谐的组织环境,就需要对组织的公众加强教育引导,需要以服务社会来提升组织的美誉度与和谐度。

对公众的教育引导分内、外两个方面。对内,主要是传播公关意识、公共关系的思想和技巧,进行知识更新。不仅教育引导普通的组织成员,也要说服组织领导接受新的公共关系思想。对外,通过各种公共关系专题活动、公共关系广告、新闻信息发布等形式对公众进行教育引导,使之了解组织的政策、运行情况等,进而认同组织的文化和理念。人们常说"顾客永远是对的",这只是从服务的角度将"正确"让给公众,但事实上公众不可能永远都是正确的。这就需要组织通过沟通、宣传、教育来加以引导,使公众对组织有正确的认知。

教育引导能够帮助组织创造和谐的公关氛围,服务社会也有着同样的功效。无论是哪一类型的社会组织,最终都要通过发挥服务社会的功能才能够得到人们的认可,才能够长久地生存与发展,才能实现组织效益和社会效益双赢的局面。

4. 交往沟通,协调关系

社会组织的发展离不开与社会公众间的交往沟通,公共关系是组织与社会环境之间的一种协调沟通机制,公关人员开展与社会公众的交往沟通推动了组织与公众之间的关系协调。公共关系交往沟通包括人际沟通与组织沟通,其内容既有信息的传递分享、反馈调节,又有情感的交流与疏通。它通过广交朋友、发展关系、化解敌意、调解冲突、设立渠道供公众提供建议,为组织发展创造和谐的环境。协调关系的目的就在于保持组织管理系统的整体平衡,使组织内部各个局部能步调一致,以利于发挥总体优势,确保组织各项工作计划的落实和目标的实现。

组织作为一个开放系统,其关系协调不仅包括组织内部诸如上下级之间、各个职能部门之间的协调,还包括组织与政府、社区、媒介等外部关系的协调。关系协调的本质就是平衡组织与公众之间的利益关系。要想为组织创造一个和谐的内外环境,就必须正视这些利益所在,本着公平对等、真诚互惠的原则去协调、平衡这些利益需求,努力实现组织与公众互惠互利的和谐发展。

(二)决策性职能

传播性职能本质上是对信息的传递过程进行控制协调管理,不论是采集信息、组织宣传、教育引导还是交往沟通,最终都是为了组织对相关事项作出正确的决策而服务。公共关系通过对重大活动的策划、管理、决策等工作所能发挥出的促进组织发展的效用就是公共关系决策性职能。具体而言,其主要内容包括以下三个方面:

1. 咨询建议,决策参谋

组织决策必须建立在信息充分的基础上才能确保科学性,公共关系是组织了解环境和公众需求的重要路径。公共关系人员在收集信息的基础上,运用统计学、社会学、传播学等学科的科学研究方法对相关信息和组织需要决策的问题进行分析研究,重点考查组织的决策和行为将要或者已经在公众中产生的效应及影响程度,预测组织决策和行为与公众意向之间的相符程度,并及时、准确地向组织决策者提供并提出合理而可行的建议,为组织的领导者和决策者提供咨询。

2. 发现问题,加强管理

由于环境随时都会发生变化,组织面临着适应性调整变革的挑战。组织因此需不断收集信息,研判分析组织环境的变化,及时发现问题并予以处理。问题分为外部问题和内部问题,外部问题指的是外界环境中存在的问题,需要组织灵活调整自身公关政策;内部问题指的是组织内部管理运行中暴露出的问题,一般来说内部问题往往会干扰组织的决策及其施行,会给组织造成损失。但从另外一方面看,内部问题亦暴露了组织管理中的不足,使人们能够看到组织存在的短板,有利于组织调整内部结构,加强管理。

3. 防患未然,危机处理

当今社会日益复杂,组织环境的动态性与复杂性非常突出,环境变化过程中最不确定的因素之一就是危机的发生。危机的紧急性和多变性使之一旦发生必然需要消耗众多的人力物力才能处理。因此,要预防组织发生危机事件,需要收集足够多的信息,才能够对环境的变化适时作出调整,尽可能从危机的苗头一出现就开始处理,将隐患消灭于未然。危机处理是组织在危机发生时为及时控制危机、减少损失、维护和恢复组织形象而采取的一系列措施。

(三)传播性职能与决策性职能在警察组织中的具体表现

在社会组织的运行中,公共关系的积极作用就在于发挥其有效的职能,这些职能的发挥既可以保证公共关系活动的顺畅运行,又可以推动社会组织公共关系目标的实现。由于公安工作的特殊性,公共关系的传播性职能与决策性职能在警察组织中具体表现为以下四个方面:

1. 收集与警务工作相关的各种信息

随着现代社会不断开放,经济不断发展,公安部门与其他社会组织的沟通越来越频繁,因此不得不面临着更加繁杂的内外环境,这些变化都会影响着公安机关的组织管理与警务运行。随着民主化、法治化进程的不断推进,人民生活水平日益提高,公众对于警务服务质量的要求越来越高,人们越来越关注警察的执法及服务状况,并从不同层面对警察组织施加影响,这些都会影响公安机关的组织运行和发展。因此,公安机关必须主动收集信息,关注组织内外环境中的各种社会信息,了解和掌控社会公众的动态,关注各类与公安组织形象有关的信息。通过收集上述各类信息来监测舆情,了解社情民意,为组织改善与各类公众的关系提供决策依据和建议，帮助组织制订适宜的警务目标，对组织环境的变化作出及时的反应，提升警务工作的针对性与适应性。

2. 为领导决策及公安业务工作提供咨询意见

全媒时代的任何组织都处于信息海洋之中。公安工作涉及的领域范围非常广泛，采集到的信息非常繁杂，其中存在不少虚假、不实的无效信息。这就要求警察公共关系人员对收集回来的信息进行处理、分析，去粗取精，归纳总结出对组织有用的信息，为各项公安业务工作提供咨询并辅助决策，进而帮助公安业务部门更好地实现警务目标。

组织信息的态势分析法（SWOT）

SWOT 分析是通过对组织内外部条件进行优势（Strength）、劣势（Weakness）、机会（Opportunity）、威胁（Threats）四个方面的综合与概括，进而分析组织运行中存在的优劣势、面临的机会和威胁的一种组织分析方法。警察组织自身的优势、劣势，组织发展的机会和面临的风险时时处于快速的动态变化之中，这就需要公共关系人员积极采用 SWOT 分析法，对组织信息加以归类、整理，全面分析并正确认知组织面临的环境，并寻找相关应对策略和方法。

3. 教育公众，引导公众

开展宣传教育，增强社会公众的法治意识和安全防范意识，提高公众自我防护能力，影响和引导社会公众遵守社会主义法律和道德规范，是警察公共关系的基本职能。公安机关应牢牢把握时代的脉搏，紧紧围绕公安中心工作和社会的需要，结合公众关注的热点和焦点，从公众利益需求入手精细划分宣传教育的群体对象，依据不同群体的构成特点、思维模式、行为方式，有的放矢地编写宣传内容、制订宣传计划、确立宣传形式、组织宣传活动，增强针对性、实效性。

全媒时代传播技术的发展丰富了宣传工作的手段和形式，公安机关除了使用走访、恳谈、咨询等人际沟通形式进行面对面的互动宣传之外，应主动顺应媒体发展趋势，不仅要重视电视台、电台、报刊等传统媒体宣传，还应积极拓展新兴媒体、网络媒体、自媒体等新平台，利用网络媒体宣传，促进警民互动，形成多层次、大范围、全方位的公安宣传模式。

此外，教育引导公众还应树立服务理念，把服务意识始终贯穿于公安宣传教育工作中，宣传教育活动的内容须以社会公众的实际需求为导向，真正贴近实际、贴近生活、贴近公众，让活动受众真正体会到公安机关的宣传教育都是为了人民群众的切身利益和生命财产的安全，以此增强宣传教育活动的吸引力、感染力，促使活动受众接受影响调整行为。

案例分析...

漳州边防支队组织群众开展安全防范宣传教育活动

为有效防范“两抢一盗”和电信诈骗等突出违法犯罪活动，确保辖区年终岁末安全稳定，福建漳州边防支队组织群众开展安全防范宣传教育活动。边防官兵走进社区、工厂、校园等地，并通过警务微博、QQ、微信等新媒体平台，积极向群众介绍如何防范盗窃、两抢、诈骗等知识，受到了辖区群众的一致好评。

（资源来源于《福建法治报》，陈木河，2016 年 11 月 11 日）

安全防范宣传教育从小抓起

2013 年 10 月，浙江省台州市公安局开发区分局区西派出所组织民警深入辖区中小学校、幼儿园，开展防火、防拐、防骗等安全防范教育，通过讲解安全小常识、发放安全宣传资料、传唱安全拍手歌等方式，让学生及幼儿园小朋友了解相关安全防范知识。

（资源来源于《台州晚报》，何文斌，2012 年 4 月 25 日）

图 2-1　民警在常青藤幼儿园教小朋友认识 110

评析：针对不同公众群体的安全需求，根据他们的年龄、文化程度、职业等不同，选择与之相关的安全防范内容，展开安全防范教育，能够取得较好的宣传效果。

4. 向社会公众提供便捷高效的公共服务

执法为民、全心全意为人民服务是公安工作的出发点和落脚点。随着社会的不断发展，人民生活水平越来越高，民主化、法治化建设日益完善，公众对于公安机关的公共服务质量要求越来越高。公安机关必须坚持“民生警务”，想群众之所想，做群众之所需，使公安工作真正满足公众需要，维护公众利益，这样才能获得社会公众的认可和支持。全媒时代公安机关要善于应用互联网、微博、微信等信息传播平台，开辟警民联系新渠道，建立互联网公安服务高速路，推进便民服务改革，为广大群众和社会企业等组织提供法律咨询、网上求助、网上办事等电子政务服务，不断简化办事程序，优化公安服务，提升社会公众的安全感和对公安工作的满意率。

5. 预防处置公共关系危机

任何一个组织在发展过程中都可能会由于各种原因而与外部公众发生矛盾和冲突。一旦出现这些现象，公共关系部门就要及时了解情况，进行协调，妥善处理各种矛盾和冲突，预防公共关系危机再度恶化。作为执法机构，公安机关与民警常常需要面对、处理各种社会矛盾引发的纠纷冲突，很容易成为当事人冲突情绪指向的目标，公共关系危机爆发的风险远远高于其他社会组织。因此，预防处置公共关系危机是警察公共关系的重要任务，是实现警民关系良性互动、密切警民关系、有效增强公安工作效能的重要条件。

二、警察公共关系的工作类型

按照公共关系工作的业务类别和任务目标，公共关系工作通常可以分为宣传型、交际型、服务型、社会型、征询型等五种公共关系业务工作类型；从要完成的任务目标来看，公共关系工作则可以分为建设型、维系型、进攻型、防御型、矫正型等五个公共关系任务工作类型。警察公共关系同样包含着这些公共关系工作类型。

（一）警察公共关系的工作业务类型

1. 宣传型公共关系

宣传型公共关系是指利用大众传媒和内部沟通方法，多渠道开展宣传工作，以此来树立良好的公共关系活动模式。在实践活动中，警察公关人员会充分利用传播媒介，进行内外交流，让公众简单轻松地了解警队的运作，从而获取公众的支持，达成公关目的。举个简单的例子，广东省公安厅在新浪微博创建名为“平安南粤”官方微博，用于实现信息传播和传递。“平安南粤”的创建不但为公安厅宣传政策、方针、法规提供了广阔的平台，还更新了公众对广东公安的认知，拓宽了民主参与、民主监督的渠道，为广东省公安厅树立了良好的口碑。

宣传型工作的主要方式有：发布新闻、公关广告、印发刊物、出版宣传手册或视听资料、开展演讲或表演等。

2. 交际型公共关系

交际型公共关系是指在人际交往中开展公共关系工作的一种模式。其目的是通过建立人与人之间情感上的联络，为组织建立广泛的社会关系网络，运用人际交往和沟通艺术与公众交流信息、情感，以协调关系、化解冲突、缓和矛盾，为组织创造“人和”环境的公关工作。

交际型工作的主要方式有：面谈、电话或信函沟通、慰问、专访、座谈、谈判、宴会、开放日、招待会等。

3. 服务型公共关系

服务型公共关系是一种以提供优质服务为重要手段的公共关系活动模式。其目的在于以实际行动来获取社会公众的好评，以此来树立自身良好的形象。服务型公共关系的优点在于它能够给公众一种“看得见、摸得着”的实在感，是一种最实在的公共关系。例如，公安机关组织基层干警到学校宣传防骗知识以及在大型社会活动举办时维持秩序等。

服务型工作主要方式有：向社会公众提供各种便利服务、教育、培训、服务、接待公众、访问公众等。

4. 社会型公共关系

社会型公共关系是组织利用举办各种社会性、公益性、赞助性的活动，塑造良好的组织形象的模式。其出发点在于通过积极参与社会活动，提高组织的知名度和美誉度，以获取公众的支持。

社会型工作的主要方式有：警队自行承办公益活动、举办有意义的大型庆典活动、支持社区福利和建设、赞助社会福利、慈善事业等、资助有条件的单位举办公益活动等。

5. 征询型公共关系

征询型公共关系是指以采集社会信息为主的公共关系活动模式。其目的在于通过收集信息、分析舆论、检验民意等方式，分析定位公众对组织的态度和公关环境的变化，并在此基础之上对自身行为进行反省和调整。其主要特点是以信息输入为主，具备较强的研究型、参谋性。

征询型工作的主要方式有：民意调查、访问公众、开通投诉热线、公众咨询、接待公众来信来访、举办各种信息交流活动、进行舆论分析等。

（二）警察公共关系的工作任务类型

1. 建设型公共关系

建设型公共关系指的是组织为了建设良好的社会形象，开展广泛的社会联系，强调让组织进入公众视野之中，并通过各种宣传手段传递组织的理念和正面形象。建设型公共关系适用于某项新的警务管理模式、新的警务法制的初始推广阶段。

建设型工作的主要方式有：举办开业典礼、落成典礼、剪彩活动、发布广告、召开新闻发布会等。

2. 维系型公共关系

维系型公共关系是指社会组织在稳定发展之际用来巩固良好形象的公共关系活动模式。其做法是通过各种渠道和采用各种方式持续不断地向社会公众传递组织的各种信息，使公众在不知不觉中成为组织的顺意公众。根据公众心理特征的不同，维系型公共关系的开展应采取不同的维系方式。具体的维系方式可分为硬维系、软维系和强化维系三种。

维系型工作的主要方式有：与公众保持长期交流和联系、向公众表示节日慰问、提供奖励表彰等。

3. 进攻型公共关系

进攻型公共关系是在组织与环境之间出现冲突、摩擦等关系不协调的情况时主动发布信息，扭转不利局面，维护组织形象声誉的公共关系工作模式。提高组织在公众中的美誉度，是进攻型公共关系的工作目标，它需要公共关系人员以攻为守，主动采取信息传播等公共关系手段去影响、改变公众对组织的态度与认知，为组织运行创造新局面。因此，当公共关系人员监测到负面涉警舆情或者警务执法过程中出现不配合甚至阻扰等冲突时，公安机关应主动出击，快速调查了解事实，制订公共关系传播策略，及时干预处理，控制冲突事态的发展，消除流言谣言，维护公安机关的形象和声誉。

进攻型工作的主要方式有：主动改变公关决策、迅速调整策略、传播信息、说服引导相关利益人、主动澄清事实、制止流言谣言等。

案例分析…

深圳"5.26"飙车案

2012年5月26日凌晨3时8分许，侯培庆驾驶的红色小车在广东省深圳市滨海大道由东往西方向行驶至侨城东路段时，与同方向行驶的两辆出租车发生碰撞，造成其中一辆出租车起火，导致该车内3人当场死亡。侯培庆以涉嫌危险驾驶罪、交通肇事罪被刑事拘留。

肇事人侯培庆在事故发生后逃离现场，直至事发7小时后才到交警部门自首。媒体在事故发生后一直追踪报道，发现一名男子与红色跑车上3名女子前往事发地附近的华侨城医院挂号就诊，该名男子与投案自首的侯培庆相貌特征不符，事故死者家属就此提出肇事人系"顶包"的质疑。在警方通报案情后，案件中的各种疑点引发了公众的注意力，"顶包"舆论风波骤起。

深圳警方针对家属与媒体提出的质疑，立即组织调查并召开新闻发布会播放相关视频澄清事实真相：当晚就诊男子与此桩交通事故无关，肇事人侯培庆逃离事故现场后被其朋友车载至大梅沙游艇会所休息，尔后到交警队自首。

新闻发布会后，一些媒体和公众继续发问：为何缺失事发现场视频？为何没有DNA鉴定等决定性证据？与此同时，有网友在警方公布侯培庆进入游艇会所休息的视频中发现侯培庆头顶"白色佛光"，并且之后的3分钟内监控屏幕画面竟然一直没变，由此断定警方发布的视频作假。

面对公众的疑问，警方抓紧时间进行更深入的调查，并根据案件调查进展又先后召开了三次新闻发布会，阐明公众疑惑的案件事实：新闻发布会展示的视频是经过剪切制作的，但未做PS处理，并承诺任何公民都可持身份证件前往深圳交警部门去查阅原始视频；血液DNA鉴定检查证明肇事人确实是侯培庆；警方在第四次新闻发布会上展示了肇事人侯培庆坐在肇事车辆驾驶位的图片，用证据事实消除了公众的误会，重树了公安机关的公信力，维护了公安机关的声誉。

评析：深圳"5.26"飙车案舆论危机的突发性和破坏性均超出了公安机关的想象，但是深圳公安敏锐的捕捉信息能力和迅捷的应对引导能力则成功地制止了流言谣言，澄清了事实，是进攻型公共关系工作的典型案例。

知识拓展…

改变公众对组织的态度与认知，维护组织的美誉度，关键有两个方面：一是要与相关利益公众展开沟通交流，使之感受到组织的诚意与善意，尽最大努力多做解释工作，澄清事实，用劝告、解释等方式来说服引导，使公众与组织最终达成和解，消除冲突；二是要主动利用各种媒介发布信息，让公众了解事实真相，并设置传播议题来引导公众思想和行为，争取公众的理解，消除误会。

4. 防御型公共关系

防御型公共关系是在组织出现潜在危机或不协调时,为防止自身公共关系失调而采取的防御与引导相结合、以防御为主的一种公共关系工作模式。及时发现本组织公共关系失调的症状和前兆,并采取措施调整自身的政策和行为,把可能影响警民关系的危险消灭在萌芽状态,保持警察组织关系环境的稳定和谐。防御型公共关系主要从警察组织内部的调整去预防、控制潜在的公共关系危机,需要警务单位与民警树立敏锐的舆情意识,建立科学的预警系统,形成防御应急机制,对可能出现的问题及时发现、及时纠正,居安思危,防患于未然。

防御型工作的主要方式有:持续的公共关系监测、预警预控、主动收集群众反馈信息、加强信访建设等。

5. 矫正型公共关系

矫正型公共关系是指在组织公共关系状态严重失调的情况下,采取措施来纠正因主客观原因给组织带来的不良影响,恢复组织被损害的良好形象和信誉的公共关系工作模式。其目标是制止不良影响蔓延,重塑组织形象。它要求公共关系人员迅速查清原因,及时采取措施果断应对。如果组织遭遇公共关系危机、社会公共形象严重受损是组织内部不完善或过失所致,那么只有组织内部及时纠正、弥补,才能尽快恢复公众信任,重新树立良好形象。公共关系人员还应迅速采取行动,与新闻界联系,控制影响面,平息风波。如果是因为公众的误解或是人为的破坏导致组织形象与声誉遭受损害,那么就应公布事实真相,及时采取果断措施来消除损害组织形象的因素,矫正被舆论曲解的公共形象。

矫正型的主要方式有:制止不良影响蔓延,重塑组织形象,召开新闻发布会澄清,严惩编造、传播谣言行为等。

三、警察公共关系工作原则

(一)政治效益与社会效益相统一

政府权力来自人民,中国共产党代表着广大人民群众的根本利益,其执政理念始终把维护最广大人民的根本利益作为国家治理的出发点与落脚点。一切为了群众,一切依靠群众,从群众中来,到群众中去,是中国共产党执政的基本路线。公安机关是政府维持社会安定与秩序的重要职能部门,坚持中国共产党的领导,坚持政治建警,打造一支对党忠诚、全心全意为人民服务的公安队伍是由我国人民民主专政的社会主义国家性质决定的。因此,警察公共关系工作应以维护党的执政地位和人民的利益为核心,坚持政治效益与社会效益相统一,始终把广大人民群众的利益和需要放在第一位,把保护人民群众生命和财产安全、维护人民的合法权益作为最高目标,真心诚意为群众服务,深入群众了解民情,从群众的实际需要出发,为群众办好事、办实事,以“服务”为媒架起公安机关与社会公众的和谐关系之桥,进而广泛集中民智,发动群众共同维护社会安全,实现警民良性互动、合作共赢。

(二)法治效益与社会效益相统一

民主与法治是现代国家治国理政的核心价值。社会主义民主就是让广大人民群众直接或间接地参与国家政治生活与社会管理，对国家重大事务享有知情权和意见表达权，使之能更好地反映多数人的根本利益和共同意志，这是实现社会和谐的重要条件。社会主义法治将民主制度化、法律化，能最大限度地反映社会公众的利益和意志，为保障人权、自由及促进人们的幸福生活服务，是社会主义民主健康发展的重要保障。公安机关是国家重要的执法部门，亦是为社会提供公共安全管理服务的政府行政机构。捍卫社会公平正义，保障广大人民群众的安全利益，向社会公众提供优质的安全服务是其根本任务。因此，警察公共关系必须坚持法治效益与社会效益相统一，既要维护社会公众的利益又要教育和引导社会公众遵守法律，通过深入开展法制宣传教育使公众权利意识与责任意识并驱，能够把他律和自律紧密结合起来，形成守法光荣、有问题用法律来解决的法治氛围，为公安工作创造一个法律素质较高的公众环境。

(三)全警公共关系

著名的“墨菲定律”(100 - 1 = 0)告诉我们，对于社会公众而言，组织形象是一个由组织的各个部分相互作用而形成的有机整体，它是一个相互联结、相互影响的系统，组织的每个部分、环节都相互作用、相互依赖，一荣俱荣、一损俱损。社会公众对组织的任何一项不满意，都会否定组织整体形象。公安机关作为与社会公众接触频率最高、利益关系牵涉最广泛的政府部门，每一位民警都可能直接面对公众，公众在与民警互动的过程中形成的印象与感受，直接决定着他们对警察组织的态度，民警一言一行都关乎着警察形象和警民关系。一旦有负面形象进入公众视野，就会给公安机关的形象带来极为严重的破坏。

在信息发达、社会监督无所不在的全媒时代，每一位民警都是警察公共关系的主体，警察公共关系是全警的共同职责和任务。公安机关必须坚持全警公关的原则，把警察公共关系建设渗透到每一个民警的日常工作中去，使每一个民警都有意识地将自己的言行和警察形象和组织声誉联系起来，主动担当起警察公共关系组织形象建设的职责，以此降低警察组织公共形象的受损几率，使每一个民警的行动成为推动和谐警民关系建设的坚实基石。

(四)实事求是，公开透明

实事求是是公共关系工作为组织提供正确的决策参谋、咨询、做好沟通传播的先决条件。公开透明，则是消除组织信息流通的障碍，使人们在充分掌握组织相关信息的基础上产生共识，协调关系的重要路径。

全媒时代信息发布、传播多源多线，不实传言、流言、谣言难以被完全管控。公安机关执法办案、警务管理涉及社会公众的安全与利益，常常成为舆论关注的焦点。社会公众对公安机关警务政策、办事程序、案件办理及警情处理等方面的信息诉求非常旺盛，实践中常常因为警务信息公开不及时、不到位而引起公众猜疑甚至因此爆发舆论危机。

因此，警察公共关系应秉承实事求是、公开透明的原则，坦诚面对公众，将警察组织的真实情况展现给公众，保障公众对社会治安的知情权、对自身权益的知情权、对公安工作的监督权的行使，以真心换真心，以真诚换取公众的信任。这样即使警察工作发生了瑕疵或错误，如果警方能够尊重事实，主动向相关公众公开警务信息，“警方坦诚的面对”反而能使社会公众客观看待警察及其工作状况，理性思考警察工作出现错误的成因，并维持对警察组织及其警务工作的信心。

就组织内部的关系和谐而言，坚持实事求是，公开透明，能够顺畅公安机关上下级之间、部门之间的沟通协作，有利于增加警员对警队政策、制度的认知与认可，对警察组织的整体运行和警队力量的凝聚具有非常积极的意义。

（五）平等沟通，诚信守诺

传播沟通是警察公共关系的核心，要实现与公众的有效沟通，公安机关必须坚守平等沟通、诚信守诺的基本原则。平等沟通是指沟通者之间在人格精神上相互平等、相互尊重、相互理解，能进行亲切、友好交流的一种沟通方式。没有平等就没有真正的交流，唯有从内心真正尊重、接纳沟通对象，才能实现相互理解和包容的沟通目标。

诚信守诺，是沟通者之间建立信任的基础，是公安机关建立社会公信力的基本点。因此，组织内部公共关系应以平等沟通去营造民主、轻松、和谐的组织气氛，增强警队团结；在组织外部公共关系的协调上，首先应该摆正角色位置，端正对公众的态度。"全心全意为人民服务"是公安机关的根本宗旨，在警务管理工作中民警应以"人民公仆"的服务者角色尊重公众，平等地对待每一个到公安机关办事的公众，做到说话和气、态度和蔼、办事热情、服务周到、考虑细致，始终保持良好的文明举止。其次，在实际问题的处理解决过程中要诚信守诺，把群众呼声作为第一信号，群众需求作为第一选择，群众满意作为第一标准，从思想上把群众视为衣食父母，认真倾听民声，体察民情，善解民意，真心真意为群众排忧解难，从行动上履行人民公安为人民的社会承诺。

四、警察公共关系工作要求

（一）树立警察公共关系意识

1. 形象信誉意识

形象信誉是组织立足于社会的根本，是获得公众信任和支持的重要指标。一个没有信誉、形象惹人反感的组织，公众将不会接受来自它的服务，也就没有了存在的价值。相反，一个组织在社会公众中树立了良好的形象，建立了良好的信誉，那么它的运行发展就会顺利。墨菲定律告诉我们，良好的公共形象建设不易，却极容易被损害，良好的组织形象需要每一个成员的珍惜与呵护。警察公共形象和社会公信力建设莫不如此。警察的形象信誉是警察行为、素养的综合表现，是社会公众对警察的态度和评价。警察是行政和司法人员，是代表政府和司法机构的公职人员，在广大公众的眼里就是政府和国家的代表。警察的形象信誉意识直接影响着政府的执政形象和公信力，关系到社会的安定与秩序。因此，公安机关应牢固树立警察形象信誉意识，强化公安队伍的纪律建设和专业质素建设，将警察形象信誉意识内化到每一个民警的工作之中，以公平公正的执法、便捷高效的警勤服务，真正成为公众心目中期望的理想警察。

2. 服务公众意识

服务是打开群众心扉的"金钥匙"，是构建和谐警民关系的一大法宝。"全心全意为人民服务”是公安机关的根本宗旨,服务公众的意识应贯穿在公安机关的每一项警务工作之中。全媒时代公众对警察公共服务的需求越来越多元化,期望值也愈来愈高,公安机关唯有切实增强心系群众、为民服务的主动性,以满足服务对象的需求为落脚点,不断改进公安工作的质量,应用“互联网+”等科学技术手段不断提升警务服务能力,以文明礼貌、认真负责、热情服务的态度和多样化、个性化、快捷化的为民、便民、利民服务措施来打动群众、感动群众,以优质高效的警察公共服务来提高公安工作的社会满意率,赢得社会公众的信任和支持。

3. 互惠合作意识

互惠合作是警察组织与社会公众建立并保持相互信任、相互支持的和谐关系的重要条件。社会交往的驱动力就是要通过社会交换来满足各自的利益需求。社会公众需要警察组织为其提供高效的警务公共服务,以保障其安全及合法权利;警察组织要实现维护社会安定与秩序的组织目标,则需要社会公众的支持与配合。因此,公安机关及民警在与公众互动的过程中,要注意体察相关公众的利益诉求,由此找寻、发现和建立警方与公众之间、公众与公众之间的利益关联链条,并以利益整合、资源整合为突破点积极发动公众支持警察的工作,通过彼此间的合作行动来满足各自的利益诉求,形成良性的循环互动关系,最终实现互惠共赢。

4. 沟通协调意识

沟通协调是公共关系最基本的管理组织环境的方法。它通过传递、交流各种信息、观念、思想、感情,改善组织内外关系环境,促使组织的各项政策、活动迈向同步化与和谐化,为实现组织与公众的共同目标服务。要实现预防打击违法犯罪,维护社会安全与秩序的组织目标,公安机关需要与政府其他部门、企事业单位等社会组织、公民个体等进行广泛的社会合作,沟通协调是达成这种合作的重要路径。

在多元开放的全媒时代,公安机关及民警必须具备强烈的沟通协调意识,才能及时了解相关公众的实际需求,并适时调整警务政策和自身的组织框架、工作重点和运行程序,以提升警务运行效率,更好地服务于公众;才能加深公众对警察组织和警务工作的了解,满足公众的知情权,建立良好的警民协作关系;才能在出现冲突时协商、调整彼此的行动,争取公众的理解和认同,赢得信任和支持,促进公安工作的顺利开展。

5. 创新开放意识

不管是在什么时代,创新永远都是推动组织发展的重要动力。当今社会环境日益复杂,随时都在发生变化,因此组织必须根据变化灵活调整自身的公关政策和组织架构。不管是调整还是创造,都依赖组织自身的创新和开放意识。另一方面,科技发展日新月异,不管是人民的生活方式还是社会运作的方式都在不断地发生变化,公安机关必须与时俱进,尽快融入时代发展的大潮中才能避免被淘汰。创新和开放是提高服务质量的重要手段,公安机关及民警应当具备创新开放意识,借助这二者开创新的公安工作路径和模式,不断提高警务工作效率和公共服务能力,更好地服务于社会。

（二）警察公共关系工作能力要求

1. 社会交往能力

社会交往能力是开展警察公共关系工作的基本能力，是妥善处理组织内外关系的能力，包括与周围环境建立广泛联系和对外界信息的吸收、转化能力，以及正确处理各种关系的能力。社会交往能力包含着四个层面的能力：

一是对人际关系的感知能力。它是在与人沟通互动的过程中能够感知对方的感情、动机、需要、思想等内心活动和心理状态，并且也能对自己言行影响他人的程度进行评判和感受。对与社会公众关系的感知，是警察顺利开展公共关系的第一步，它要求警察在日常工作中深入公众，在与其接触时有意识地多观察、多体会对方的情绪变化，进而正确识别社会公众的情绪。

二是理解能力。即理解他人的思想、感情与行为的能力。警察公关人员在开展公关工作和活动的过程中要善于通过公众的语言、语态、动作等理解并分享其观点，抓住公众未表达的疑惑与情感去了解他们的需求，寻找机会最终达成一致。

三是表达能力。即人们将自己内心的思想表现出来，并且能够让他人清楚地了解自己的想法的能力。警察开展公共关系时不仅要有清晰的语言和准确的文字表达，更要有真诚的情感表达。这就要求警察公关人员要有与沟通场合相适宜的行为举止、谈吐和风度，并通过真挚、友善、富于感染力的情感表达来拉近彼此的关系，为顺畅的沟通创造条件。

四是融合能力。融合能力是指在认知理解了对方的情感、需求和思想之后寻求双方合作共赢的方案及影响、说服对方的能力。融合能力是社会交往能力的最高层次，是促使沟通双方最终达成一致的解决问题的能力。要实现社会交往的公共关系功效，就需要警察公关人员换位思考，多从沟通对象的地位、处境、立场来思考问题，进而理解他们的行动逻辑。只有在这样的基础上，遇到沟通障碍时警察公关人员才能发现问题的症结所在，并找出解决问题的路径，使双方的关系保持平衡与和谐。

2. 信息收集处理能力

信息收集处理是警察公共关系监测组织环境，辅助组织决策，开展宣传引导等公共关系专题活动，妥善处理公关危机的第一步工作。它是警察公共关系在组织运行中发挥有效性的前提与基础。传统的信息收集处理主要依靠民警深入各行各业，通过人际交往和组织会商交流的方法来进行。随着互联网的普及与自媒体的发展，网络成为公安机关获取社意民情的重要源头。面对网络信息的纷繁浩杂、真假优劣，警察公共关系部门及其人员必须拥有强大的信息收集处理能力，才能从中获取有价值的有效信息。因此，警察公共关系人员除了运用社会交往能力去收集、掌握与警察组织相关的信息之外，还必须具备社会统计学、社会学研究方法等信息收集处理的基本理论知识，学会使用舆情分析等警情分析工作软件，应用现代信息技术对涉警信息进行快捷高效的收集处理，对警察组织运行环境施以适时的动态管理。

3. 传播策划能力

警察形象的塑造与宣传、警情的发布与通告、警务政策的推行与认知、公众安全行为的引导与教育，都需要警察公共关系人员拥有专业的传播策划能力。传播策划能力直接决定着公共关系宣传的影响范围和力度，是公共关系最为重要的专业能力之一。警察公共关系的传播受众是极为广泛的，其构成又非常多元复杂，这些都给警察公共关系宣传带来了难度。网络自媒体平台的出现，亦给警察公共关系宣传提供了广阔的自主传播空间和多样化的宣传手段和方法。警察公共关系人员在应用报纸、海报、电视、广播等大众传播媒介开展警营开放日、警民恳谈会、安全防范知识咨询等公共关系专题活动进行宣传的同时，还应借助微博、微信等网络自媒体进行分众传播，实现针对性更强、实效性更高的精细化、个性化的警察公共关系传播。

警察公共关系人员不仅要熟悉各种传播媒介的使用，而且还需善于挖掘有传播价值的警务热点与亮点，捕捉受众的审美心理及兴趣点，创作设计独特新颖、个性分明的能加深受众印象的警察公共关系传播活动。因此，警察公共关系人员需要具备传播策划的专业知识和能力，用社会公众喜闻乐见的形式向他们传递警察组织的信息，达到增加了解、增进感情、树立良好形象、引导教育公众的公共关系目标。

4. 危机公关能力

协调处理警察与公众之间的矛盾和突发事件，维护警察组织环境的和谐是警察公共关系的基本职能。警务工作线长面广，难免会出现不足或瑕疵，容易引发社会公众的不满，甚至出现矛盾纠纷以至冲突。这些不满、矛盾、冲突在全媒时代非常容易被传播发展为舆论危机，对警察公共形象和声誉造成严重破坏。因此，在公众民主意识不断增强，公开透明、对话沟通、协商互动已成为时代发展潮流的今天，警察危机公关能力对警察组织的形象和公信力建设尤为重要，警察公共关系部门及其人员必须具备以下危机公关能力：

一是能够以科学有效的监测预警来发现、识别潜在的舆论危机诱因，对危机信号和苗头作出研判评估，及时向相关警务部门发出示警，促动线下警务的危机干预。

二是在涉警舆论危机爆发的时候，警察公共关系人员能够根据实际情况制订舆论引导策略，通过警务自媒体以及网络、电视、广播、报刊等大众媒体积极主动地引导舆论，把握话语权，防止公众因不明情况而受到流言和谣言误导，为化解线下矛盾、解决问题提供舆论支持。

三是危机过后，警察公共关系部门还需对危机的形成、爆发与处置过程进行检讨总结，对相关警务部门发出针对性的工作改进意见，并制订下一步警察公共形象修复再造的公共关系计划，使警察组织与社会公众的关系步入良性状态。

5. 应变和创新能力

公安机关特殊的组织属性决定了它的公众环境复杂多变，各类治安突发事件、重大刑事案件、交通事故的发生、法律政策的修订等都会引起警察组织关系环境的波动。面对组织关系环境的复杂多变，警察组织必须具备不断发现问题，预测发展变化，并作出正确判断及应对策略的能力，也就是人们常说的“应变能力”。警察公共关系部门是警察组织决策的咨询参谋机构，它需要对组织的适应性负责，需要根据环境变化提出组织调整的建议措施供上级决策机构参考。此外，警察公共关系部门在开展警务宣传、警民沟通、舆论引导等工作时，也要随时随地根据情况变化适时作出策略方法的调整，以增强公共关系工作的实效性。

应变能力需要创新能力的支持，创新是警察组织进步的原动力，是公共关系不断发展的力量源泉。创新能力是指人们在已有的知识和理论的基础上发现新事物，产生新思想、新理论、新方法和新发明的能力，即通过创新活动、创新行为而获得创新性成果的能力。警察公共关系是一个需要不断创新的工作，它需要警察公关人员拥有探索进取、积极创新的科学精神和对人民高度负责、精益求精的职业精神，才能在工作中以问题为导向积极思维，充分发挥聪明才智和创新活力，挖掘公关资源，开创服务公众、和谐警民关系的新路径、新方法、新模式，主动作为，以满足实际工作需求，不断提升警察公共关系工作效能，提升内外公众对警察组织的满意度。

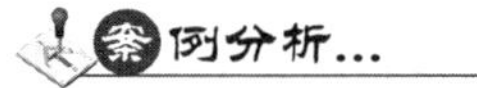

湖南公安新媒体助十年流浪女找到家人

2017 年 4 月 14 日下午，衡阳县救助站在《今日头条》以《急寻亲属：中年女子在湖南衡阳被救助，自称叫李小红，家住新中村》为题发布寻亲启事。该启事发布后，网友纷纷转发。

“湖南公安在线”负责人获悉该情况后，于当晚将该信息转发给了衡阳县公安新媒体负责人，要求其进行核查。衡阳县公安局金溪派出所所长张志华看到信息后，立即协助展开寻找工作。当晚，张志华排查到 3 个疑似对象。

为了核实，张志华马不停蹄赶往村子里调查。在走街串巷三天后，有村民认出照片中的女子叫李维初，其父母早已去世，家中还有一儿一女。失联十年后，家人终团聚。

（资源来源于《衡阳晚报》，姚永军，2017 年 4 月 27 日）

评析：湖南警方能够帮助当事人找到失散多年的亲人，是依靠互联网的传播力量和警方线上线下的警务联动模式。救助站在找到流浪人员后，运用互联网传播手段发布寻亲消息，网络巨量传播的力量使这一事件进入到湖南公安的视野中，湖南警方公共关系部门迅速对事件信息作出联动处理，管辖地派出所及其民警急群众之所急，本着全心全意为人民服务和高度负责的警察职业精神，认真排查，高效行动，帮助当事人找到了失散多年的亲人。湖南警方认真敬业的精神和优质高效的警务服务获得了公众的赞许。此外，这个案例亦告诉我们，全媒时代为公安机关应用网络媒体和互联网创新警务创造了广阔的空间。线上线下警务联动的警务运作机制和模式创新，将不断提升警务工作成效，不断增强警察服务公众的能力，它们将给和谐警民关系建设带来明媚的春天。

第二节　警察公共关系的工作程序

警察公共关系是公安机关内求团结、外求发展的一门艺术，它通过公安机关和人民警察创造性的工作不断地密切警民关系，达到与广大人民群众的良性互动，变警力有限为民力无限，有力地促进公安工作的开展。警察公共关系的目的是增强公关工作的成效和规范。本节将带大家了解公共关系作为一个管理过程所包含的四个基本步骤，即公关调研——公关策划——公关实施——公关评估，阐述公共关系工作的基本程序。这个公关工作的程序是由美国的公关专家伯纳斯提出来的，称“四步工作法”。

一、警察公共关系调研

(一)警察公共关系调研的含义

警察公共关系调研是指警察公共关系组织以定性或者定量的研究方法，通过了解公众对警察机关的态度、意见和建议，分析公众的动机，并探索影响公众动机的因素，从而做到明晰社会环境状况、警察公共关系的存在状态及其自身问题，为警察组织科学决策、科学执行公务、科学开展警察公共关系而进行的活动，它是整个警察公共关系活动的“轴心”，是一项基础性工作，它贯穿于整个公关活动的全过程，是开展其他警察公共关系活动的基础。

(二)警察公共关系调研的原因

1. 警察公共关系调研是警察公共关系活动的基础

“没有调查就没有发言权”，开展警察公关活动的第一步就是调查。通过调查研究，我们能了解当前警察组织自身在公众心目的形象，了解警察组织形象存在哪些问题，了解公众对警察有哪些看法和要求等，也只有通过调查我们才能准确地确立警察公关的目标，从而作出科学的公关策划，提高公关活动的针对性和成功率。

2. 信息特性的变化要求警察组织必须开展警察公共关系调研

随着互联网的不断普及，信息的传播、更新和消亡的速度都极快。信息的影响力和覆盖范围不断增大，网络舆论成为社会发展状况的晴雨表，这使得警察公关的主要阵地发生变化。因此，警察公关活动要顺利进行就必须适应信息特性的变化，开展警察公共关系调研。

警察机关在开展公关活动前必须广泛地收集相关信息，了解公众的需求、态度和反映，制订出符合公众期望的公关活动策划；警察机关在开展公关活动的过程中进行不间断的调研，并及时取缔过时、无用的信息，及时纠正公关活动中出现的偏差，以确保公关活动的顺利进行；警察机关须在公关活动完成后密切收集信息，了解公众对该次公关活动的评价，反思公共活动开展中的错漏。

3. 公共关系环境的动态变化要求警察组织必须开展警察公共关系调研

任何社会组织的公共关系工作都要在一定的公共关系环境中开展，也要受到公共关系环境的制约和影响。同样，警察公共关系环境也是动态发展的，无论是警察组织自身的内部环境的变动，如人员、设备变动等，还是外部环境的变动，如经济环境、政治环境、文化环境，都不可能是静止不动的。开展警察公共关系调研可以使警察组织在复杂的公共关系环境中自我定位，寻找合适的方式适应环境，甚至创设有利因素改变环境。

(三)警察公共关系调研的作用

对于公安机关来说，警察公共关系调研的作用主要表现在以下几个方面：

1. 提供信息保障

警察公共关系是公安机关与其相关公众之间的一种信息交流关系。公共关系工作的每一个步骤、每一个环节、每一个方面都要有公共关系信息为保证，都需要有公共关系信息为原料，都需要有公共关系信息为指导。警察公共关系工作的前期，公共关系信息可以用来检测公安机关的公共关系状态，可以作为公安机关开展和加强公共关系工作的动力，可以作为制订公共关系战略、决策和政策的依据；在警察公共关系活动实施的过程中，公共关系信息是公共关系传播的内容，公共关系反馈信息还是公共关系行为调控的依据；在警察公共关系工作的后期，公共关系信息是评估公安机关公共关系工作绩效和公共关系状态改善情况的依据。

2. 实施环境监测

公安机关要有效地开展公共关系工作，必须注意监测自身所处的公共关系环境，即公安机关开展公共关系工作时的周边境况。公共关系环境是一个由多因素构成的开放系统，具有明显的不确定性、可变性、复杂性。因此，要对警察公共关系环境进行监测，必须持续不断地、广泛地开展公共关系调研活动。通过警察公共关系调研活动，公安机关一方面可以监测当前所处的公共关系环境状况，准确地把握当前情况下公共关系环境的构成情况、性质特点、包容能力、干扰大小等，以便制订出与当前公共关系环境相吻合的公共关系运作方案和行动策略；另一方面可以监测警察公共关系环境的变化情况，有效把握公共关系环境变化的内容、方向、速度、特点，以便制订出与未来警察公共关系环境相适应的公共关系战略规划和行动计划。

3. 开展问题预警

警察公共关系调查能对公安机关可能出现的公共关系问题进行预测和报警，能为公安机关开展"议题管理"和"危机管理"的超前行动提供警示和依据。所谓"论题管理"是指公安机关对于那些有争议的、将要进入立法程序的问题可能给公安机关造成的影响进行分析、预测并制订相应的对策和方案。所谓"危机管理"则是指公安机关对已经出现的或可能出现的公共关系危机问题进行分析，并采取相应的对策和行动，以保证公安机关在危机面前保持稳定，转危为安。无论是"议题"还是"危机"，都是公安机关公共关系方面的重要问题，这种问题一旦发生并成为事实，都可能对公安机关造成影响。

因此，对于这些问题，公安机关的公共关系部门必须超前行动，作出适当的处理。而要超前行动则有赖于及时了解这些问题出现的苗头，认清这些问题发展的走向，对问题作出预测和警示。警察公共关系调研可以起到这方面的作用。首先，它通过对社会环境的调查，可以预测社会发展的趋势和政法部门的意图，从而把握将要进入立法程序的各种可能影响公安机关的问题，为公安机关的"论题处理"提供"论题"的预测信息；其次，它通过各方面的公共关系实情的调查，可以预测公安机关公共关系存在的各种不良状况和偏向趋势，从而发现公安机关存在的各种公共关系危机问题。

4. 塑造公安机关形象

警察公共关系调研一般来讲都是要深入社会、深入公众进行的公共关系实务，这对于公安机关在公众中建树和传播良好社会形象有直接的作用。

首先,警察公共关系调研能够树立公安机关良好的形象。例如,公安机关开展公共关系调研活动,让警察深入基层,与公众打成一片,了解社会状况,了解民意,并以此作为决策的依据,这样,必然会给广大社会公众留下良好的印象。

其次,公安机关的公共关系调研能够传播公安机关多个方面的形象信息。公共关系调研不仅是一个信息资料的搜集过程,它还是一种形象信息的传播活动。警察公共关系调研从主观目的来讲,主要是为了搜集有关信息资料,把握公安机关公共关系及其影响因素的实际状况。但是从客观效果来看,警察公共关系调研又可以通过公共关系人员和其他管理人员与作为调查对象的公众的广泛接触、交流,向公众传播公安机关多个方面的形象信息,如警察服务形象信息、警察实力形象信息、精神风貌信息等,这些形象信息的传播一般都会对公安机关形象的塑造有重要作用。

(四)警察公共关系调研的内容

警察公共关系调查,即形象分析,是对警察机关自身、环境状况进行调查,把握组织社会形象、公众评价、发展趋势,为决策提供依据。其主要内容包括:

1. 组织情况的调查

组织情况的调查包括下列内容:警队的组织架构、人力资源、发展历史、现实运行状况、发展的前景等。

南山公安分局民警工作状况的调查问卷

各位同事:

您好,为了更好地制订我局明年的工作激励政策,改进各层面的管理工作,分局决定在全体干警当中展开民警需求调查,特地设计此份问卷。感谢您抽出时间完成这份问卷。我们希望通过它了解您对目前工作的感受和建议,调查问卷采取不记名方式处理,任何信息只做研究使用,请您根据自身实际情况认真填写此问卷,多谢您的合作!

(一)您的基本状况

性别:□男 □女

婚姻:□已婚 □未婚 □丧偶/离婚

年龄:□25 岁以下 □25~29 岁 □30~39 岁 □40~49 岁 □50 岁以上

学历:□中学 □大专 □本科 □硕士及以上

工作年限:□5 年以下□6~10 年 □11~20 年 □21~29 年 □30 年以上

部门:□派出所 □分局直属行动单位 □分局机关单位

岗位:□一线工作

(具体是:□社区防控 □案件侦办 □专业巡逻 □窗口服务 □其他)

□二线工作

（具体是:□内勤支援　□其他)

职级:□普通民警　□基层管理(各单位内部)　□中层管理(科、所、队)

□部门领导　□其他

健康水平:□很好　□好　□一般　□不好　□很差

请阅读下面的每一题目,在您认为合适的选项的方框内打"√":

(1)您对自己的工作职责和任务:

□非常清楚　□清楚　□不太清楚　□很模糊　□完全不清楚

(2)对于目前的工作岗位,您觉得自己能胜任吗?

□是,得心应手　□能胜任,虽然偶尔有些困难

□有时困难,在别人的帮助下才能排除　□感到比较吃力,勉强完成工作

□很困难,觉得胜任不了

(3)下班后,您是否担心您在单位中的工作?

□每天都担心　□常常担心　□有时担心　□偶尔担心　□不担心

(4)"我觉得自己就像一架工作机器,每天重复着一样的工作,一点儿意思都没有。"您同意这样的说法吗?

□非常不同意　□不同意　□不确定　□同意　□非常同意

(5)为了适应社会的公共安全需要,警务工作需要不断地变革改善。面对警务改革,您认为自己:

□一点儿问题都没有,很快就能适应

□没什么大问题,但需要一段时间适应

□有一些问题,但会尽量去适应

□压力比较大,适应起来困难较大

□问题很多,难以适应,非常困扰

□不需要关心,改革与自己的工作无关

(6)对您来说,目前的工作和岗位:

□很适合,并且有信心,有能力做好

□是我喜欢的工作,但自己能力有待提高

□不是我喜欢的工作,但我能做好

□不适合我,我正申请换岗

□不适合我,我正考虑跳槽

(7)在每天的工作中,您认为人们应该:

□事无巨细,都会全面考虑,尽心尽力做好

□对于比较重要的事情,都会积极想办法圆满完成

□该怎么样就怎么样,按部就班完成每天的工作任务

□分局领导或部门上级交代的事情就好好做,其他事情不必太认真

□表面上过得去就行了,谁知道明天会怎样,何必呢

(8)您对目前的加班状况的看法是:

□非常欢迎 □比较欢迎 □无所谓 □比较讨厌 □非常反感

(9)除了值班宿舍,单位为民警提供休息宿舍,您认为是否有必要?

□非常必要 □基本必要 □无所谓 □不必要 □完全没必要

2. 公众对象的调查

公众对象的调查主要包括警队形象、内部公众意见、传播媒介情况、公众动机等。

警队形象调查是对警队形象的测量,可围绕知名度和美誉度,以“组织形象地位四象限图”进行测量评估(见图2-2)。

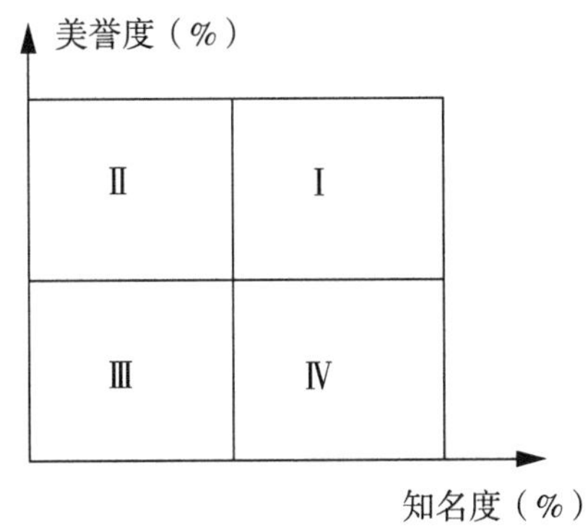

图2-2 组织形象地位四象限图

内部公众意见的调查是指内部公众对本组织及本组织工作的评价、人际关系评价、领导行为评价等。

传播媒介情况调查包括大众传播媒介情况调查、网络传播媒介情况调查、专题活动媒介情况调查等。

公众动机调查主要包括立场、气质、观念、价值取向、情感、理想追求等几个方面。

3. 社会环境的调查

社会环境的调查主要包括人口环境的调查、经济环境的调查、社会文化环境的调查等。

人口环境的调查主要包括总人口、人口增长率、人口年龄结构、人口地理分布、人口性别比例等方面。

经济环境的调查主要包括公民的购买力、公民的物质需求、贫富差距等方面。

社会文化环境的调查主要包括风俗习惯、语言文字、宗教价值、观念、教育水平、社会阶层等方面。

(五)警察公共关系调研的程序

1. 制订调研方案

(1)拟定选题。确定调研任务,即要选定调研题目,这是进行调研工作的第一步。一个明确的题目是任何一项调研工作围绕的核心,它决定着调研工作的目的、内容和方向。

调研的选题必须根据客观实际情况进行，应当遵循以下原则：首先，题目必须具有调研价值。其次，根据题目进行的调研工作必须具有可操作性。最后，调研者需要对调研题目进行深入分析和反复论证，多次研讨课题的基本操作步骤，研讨其可行性。经过深入、细致的分析和论证，调研者要选定一项实际价值大、可行性强的题目作为整个调研的正式题目。

（2）制订计划。设计调研方案，即要制订计划。计划是围绕所选定的题目，对整个调研工作作出切实可行的完整的规划和设计，是对基本操作步骤逐步细化的过程。规划设计的内容可根据实际调研题目的难易程度、调查规模的大小而定。虽然调查的规划和设计工作存在着繁简和难易的重大差别，但是调查的规划和设计工作的最终目的都是要完成调研内容和调研程序的整体规划和设计。计划工作的最终成果是制订调查工作的总体方针。它是对调查过程的总规划，是指导整个调研过程的总纲领。调研的总方案应当包括以下 6 项基本内容：①调研的目的和任务；②研究类型和研究方法；③调查对象；④调研方式、方法；⑤调研的步骤、场所和时间；⑥编制经费预算以及经费筹措办法。

（3）人员配置。组织调研队伍，主要是调研人员的选择和培训，建立调查人员的管理机构，制订调查纪律和调研工作注意事项，筹备调研人员使用的各种物资等。

2. 设计调研方法

警察公共关系调研的方法很多，基本方法可以分为两大类：调查法和收集资料法。

调查法有全面普查、典型调查和抽样调查。收集资料法则主要有文献法、访谈法和问卷法。

（1）全面普查。全面普查主要是用于收集那些不能或不宜通过其他调查取得的比较全面的、精确的统计资料。全面普查法有两种普查方式：一种是组织专门的调查机构和人员，对公众进行直接调查，如公关人员直接参与到所研究的群体中，作为群体中的普通一员，面对面交往观察所得；另一种是利用有关机构的统计报表进行汇总。

虽然这种方法取得的资料比较准确，但由于全面普查工作量大、花费时间长，占用的人力、物力、财力较多，限制了其采用的机会。

（2）典型调查。典型调查是以某些典型的公众为对象进行调查，达到推算一般的调查方法。其特点是由调查者在现象总体中有意地选择若干具有代表性的典型进行调查。例如，某公安机关想了解群众对自己的印象，典型调查适用于调查总体庞大，调查人员对总体情况比较了解，能准确地选择有代表性的公众作为调查对象的情况。

（3）抽样调查。抽样调查是指从应调查的对象中抽取一部分有代表性的样本进行调查，以推断总体的性质。抽样调查有很高的科学性和准确性，是公关调查经常采用的一种方法。常用的抽样调查法有：

简单随机抽样。指对所选的样本，完全排除任何有目的的选择，而是采取纯粹偶然的方法从总体中取得。常用的有抽签法、等距法和随机数码表法。这种方法适用于所有个体差别不大的总体。

分层抽样。就是先把调查总体按照不同特征进行分类，然后在各类中采用简单随机抽样的方法抽取样本，并按总体的特征规定（或控制）样本配额。该方法可以增强样本的代表性，避免简单随机的样本过分集中于某一层次的缺点。

分群抽样。指将调查的对象分为若干群体，以随机抽样法选定群体并对群体进行普查的方法。该方法要求各群体具有同质性而每一群体内部的分子又具有差异性。

(4)文献法。文献法是指通过搜集文献资料，摘取与公关调查课题有关的部分进行间接调查的一种方法，具体分为：

档案资料分析。是指对国家档案、历年统计资料、样本资料乃至报纸杂志刊登的工商广告之类的第二手资料进行研究分析。

媒介分析。是确定分析新闻媒介中所报道的具体内容，以供进一步使用的一种方法。如利用报纸、杂志、图书、广播、电视、电影等刊登播出的内容，这是一种通过观察以预见公共关系事务未来发展趋势的有效方法。

邮件分析。这种方法是一种搜集信息的经济实惠的方法，就是将收集到的邮件进行分析，了解公众对组织的各种意见、建议和评价。

(5)访谈法。又称访问、谈话法，是调查者通过与调查对象进行面对面的交谈，收集信息、资料的一种方法。具体形式有个人访谈、小组讨论、信访、电话访谈、网上访谈等。

访谈提出的问题可以分为两种：封闭式提问和开放式提问。封闭式提问就是选择式问题，是指其答案是非此即彼的问题，如“你对某某派出所的印象是好还是不好”。这种提问没有给被访问者以发挥其创造性或自我表达的机会，不利于调查者发现新问题。开放式是指被调查者可以自由发挥，答案有多种选择的问题，如“你对某某派出所的印象怎么样”。一般来说，在进行访谈时，应先问开放性问题，再问封闭性问题，这样有利于资料的分析和归类。

(6)问卷法。问卷法是以书面形式向被调查者提问，让他们填写问卷，然后对回答结果进行分析的方法。问卷法也称民意测验法。问卷调查能否成功与问卷的设计有很大关系，问卷的设计通常有六种格式，即是非式、单项选择式、对比式、多项选择式、排序选择式、开放式。

3. 收集研究资料

所谓资料的整理，即对所收集的资料进行审核、验收、分类和汇总，为下一步工作打好基础。

(1)资料的审核与验收。在实践中，研究者所收集的研究资料(尤其是问卷和访谈笔记)往往具有较多的无用、干扰性强的信息，因此对于资料的审核与验收是进行资料整理工作的第一步，其任务是消除原始资料中与客观事实不符的情况。研究者须对原始资料(主要是问卷)进行初步审核，校正错填、误填的答案，剔除乱填、空白和严重缺答的废卷。对于收集资料法，我们须谨慎选取有用信息，整理笔记删除无用的句子，若访谈内容出现自相矛盾的部分，须联系访谈者加以核实。

(2)资料的分类。经过审核验收的资料虽然已经达到真实、准确、完整的要求，但是资料仍然是分散、杂乱的，还不能够直接进行分析研究。因此，必须对资料进行分类，使得资料系统化，便于下一步工作的进行。对于各种各样的资料来说，其分类都必须满足以下四个要求：①要符合调查研究的目的和需要；②要形成一个具有内在联系的类别体系；③能够包含和区分资料中所有的内容;④资料的分类应当便于使用和查询。

(3)资料的汇总。资料的汇总不是把各种原始的资料简单地堆积到一起,而是根据既定的分类体系和分类标准,通过汇总的手段,把包含在每一份原始资料中的零星信息和数据,通过各种合计、总计等形式,汇集成为一种集中化、系统化与条理化的综合资料的全过程。通常,定性研究到资料汇总阶段已经基本完成,研究者需要对掌握的资料进行问题的描述,创新性地发现问题、描述问题,分析问题形成的原因并提出解决方案。

(4)资料的统计分析。统计分析是一种定量分析的方法,它是整个调查研究过程的重要环节,直接关系到整个调查研究工作的成败。理论分析是通过逻辑分析的方法,借助于抽象思维,对具体的经验材料进行加工、制作,是我们对所研究事物的认识由感性上升到理性的过程和方法。理论分析与统计分析在社会调查研究的整个过程中既有区别又密不可分。

4. 处理调查结果

研究调查的结果就是最后作出调查结论和调查报告。调研报告是说明调查结果,总结调查研究工作,评估调查成果的书面材料。

总结阶段的工作过程就是分析、总结和出成果的过程,对于这个过程的工作必须严格按照实事求是的思路进行,不能够想当然,更不能为证明理论假设或结论而人为地对统计资料进行处理,甚至编造数据。这些都是错误的、不可取的。

二、警察公共关系策划

(一)警察公共关系策划的含义

警察公共关系策划是指警察组织内部的公共关系人员或受警察组织聘请的专业公关机构根据警察组织自身形象的现状和目标要求,分析现有条件,对公关活动的主题、手段、形式和方法等进行构思和设计,拟定出数个活动方案并由警察组织决策层择优选用的过程。警察公共关系策划的目的在于提高警队在社会公众心目中的形象地位。

(二)警察公共关系策划的内容与程序

警察公共关系策划程序就是公共关系人员通过调查研究和综合分析,确立公共关系目的、制订公共关系计划方案的过程。在实际操作中,警察公共关系策划程序可具体分成四个阶段:

1. 确定策划目标

警察公共关系策划目标是指在一定的条件和环境下,通过警察公共关系方案的策划工作,达到所希望实现的结果。这一结果既是策划活动的出发点,同时也是策划活动的落脚点;既是公共关系活动的指南针,又是检验公关活动成效的试金石。因此,确定策划目标是警察公共关系策划工作的重中之重。缺乏目标,警察公共关系策划就像无根之木、无果之花。策划工作者必须对策划目标有一个明确的认识,要在警察公共关系调查研究的基础上,对警察公共关系的未来环境及对组织可能产生的影响进行科学的预测和分析。策划工作者还要思考和感悟组织的警察公共关系问题所在，精准地确定警察公共关系策划的目标。在现实的警察公关策划中，让公众了解警察组织的政策、方针以及有针对性地改善警民关系等具体行为，都是警察公共关系在策划目标上的体现。

2. 分析公众

警察公共关系活动的对象是具体的公众，在制订公共关系计划时，必须分析组织所面对的公众状况，并进一步确定哪些是顺意公众，哪些是逆意公众，哪些是知晓公众，哪些是潜在公众或行动公众等。对各类公众的比例、年龄、性别、文化素养、社会阶层等，必须十分清楚，以便有针对性地拟定活动主题和选择传播渠道。只有确定了目标公众才能有针对性地策划具体的公共关系活动方案和选定参与人员，才能有针对性地选择传播媒介，才有利于收集公众接受度高、实效性强的信息。

3. 落实策划人员

落实策划人员就是确定策划的主体，警察公共关系策划人员可以是在职警察，也可以外聘请有经验的专家。具体地说，要做到以下几点：

(1)聘请与策划目标相关的专家学者。策划专家是策划组的精英，当然要首先考虑，此外，警察组织要根据策划项目的需要有重点地选择各学科的专家，如公共关系学专家、市政学专家、管理学专家、心理学专家等。

(2)确立策划的代表。也就是确立主要策划者，以防意见不统一而延误时机。策划代表是指组织中有决策权的主要领导和全面了解该组织情况的人员，一般 1 至 2 人为宜，主要发挥参谋和沟通等作用，如及时为策划者提供所需信息，对专家们的意见作出一定的判断，促成策划方案得到组织的认可等。

(3)传媒人的选择。传媒人是指直接从事媒体传播工作的人员，他们能够起到组织策划与社会公众信息交流的桥梁作用。警察公共关系策划的目标是树立良好的具有持久信誉的组织形象。这一目标必须通过一系列精心策划的信息传播途径来达到。充分利用各种媒介，广泛地传播信息，与公众进行积极的双向交流，增进相互了解是公共关系策划的主要专题。

4. 提出并选择策划方案。

方案是策划中的关键，方案的好坏直接影响目标的实施。在警察公共关系策划中，我们要敢于打破思维定势，充分挖掘可用资源，突破物体功能固着的藩篱，提供创新性高、可行性强的策划方案。在此基础上，策划者再逐一将策划方案的条框拓展，丰富内容细节，再一步步见诸文字。策划方案的内容应包括活动的主题、活动的受众、活动的形式、活动的经费预算、活动的备选方案等。

5. 分析并确定策划方案

警察公共关系活动策划的最后一个程序是确定策划方案。统稿及修改后的警察公共关系策划方案成形后，经总策划人认定，交组织领导人认可拍板。一般情况下，确定策划方案前要听取策划人员的方案论证报告。论证报告包括可行性论证、科学性论证、合法性论证和效果性论证。

（三）警察公共关系策划的原则与方法

1. 警察公共关系策划的原则

警察公共关系策划是警察组织公共关系工作的重要环节，警察组织的公共关系活动是否成功，在很大程度上取决于策划的成败。警察公共关系人员在进行警察公共关系策划时，不可随心所欲，应遵守下述原则：

（1）公众利益至上的原则。警察机关公共关系活动的策划、开展固然是为了提高警队在社会公众心目中的形象地位，提升警队的知名度和美誉度，创设合适警队生存和发展的社会环境。然而，无论是提升警队的形象地位还是创设合适警队生存发展的社会环境，其根本出发点和落脚点都是维护最广大人民的根本利益，这是由警察的职业属性和社会角色所决定的。所以，公众利益至上原则是警察公关策划的根本原则。

（2）可行性原则。策划的核心在于方案的可行性和实施的效果，没有可行性的方案，即使是再漂亮的创意和文字，也不会有丝毫的意义。警察公共关系活动的进行必须依托于一定的社会环境，必然会受到经济水平、政治制度、社会文化等方面因素的制约。因而，策划和执行方案必须实事求是，严谨分析方案的可行性。例如，为了方便群众报警，提高接出警效率，以此在群众中增强警察队伍的良好形象，我们会对我们出警时间作出一个许诺，但是各地的警力、装备、交通路况等都是不尽相同的，如果我们盲目一刀切，而导致某些地方未能及时出警，反而会引发群众的反感。

（3）创新与连续统一原则。创新性是公关策划的精髓，没有创新就没有真正意义的策划。当然，创新不是没有原则的，必须以前面两个原则为前提。好的创意可以使枯木逢春，让受损的形象得到及时的修复，好的创意可以让人记忆深刻，产生事半功倍的良好效果。在创新的同时，还必须保持公关活动的连续性，即在进行公关策划时，既要考虑和以往的公关策划的连续，还要考虑与下一个公关策划的衔接。如果每个公关策划都各具个性，相互间没有一种承接和联系，那么每次公关活动的效果都只具有阶段性，从而割裂了整体效果，无法对整体效果起到加强和巩固的作用，更由于没有连续性，甚至可能出现作用的相互抵消，给公众造成心理上的困惑，使公众无所适从。因此，在进行警察公关策划时，只有坚持创造性与连续性相统一的原则，才能使公共关系策划更具科学性、发展性。

2. 警察公共关系策划的方法

警察公共关系策划是凭借具体内容、具体对象、具体条件和具体契机而灵活设计行动方案的思维创造过程。这就要求警察公关人员具有一定的创造性思维，掌握一定的策划技巧和方法。

（1）德尔菲法。这种方法始于美国兰德公司用于市场预测领域。这种方法的主要过程是组织者把公共关系调查材料，策划主题的内容、目标、要求等，交给策划者，请其独立完成一个策划，并做好时间限制，再由专人对这些反馈的策划意见进行整理，以不公布姓名的方式将归纳后的结果寄给专家，继续征询意见。如此经过几轮的反复，直到意见趋于集中时为止。这种方法采用匿名的方式，能够减轻专家出谋划策所带来的社会压力，从而更好地提出方案。而且采取多轮反馈的办法，意见逐渐趋向单一，更加提高了方案的严谨性。

警察公共关系策划引用这种方法，目的在于借助专家们的专业知识和专业判断，提高警察公共关系策划方案的质量，并以此获得最佳的效果。

德尔菲法的主要实施步骤有：第一，警察组织给各位专家发函，提出所要调查或决策的问题。问题应注意不能带有过强的倾向性，须留有足够的自由度让专家畅所欲言。第二，警察公关部门将回函所得的专家意见进行整合归类。并将这些意见制成第二轮表格，再寄给各个专家，由他们作出二次评价，并再次发表相关意见。第三，警察公关的决策分析小组在收到第二轮意见之后，再进行归纳整理，将意见进一步集中，然后制作成第三轮表格，再一次请专家进行分析判断，专家们既可以坚持原来意见并使他们充分阐述其理由，也可以改变他们以前的意见而选取另一种意见。第四，对一些提出独特见解的专家，应针对性地征询他们的意见，使他们作更深一步的论证。经过这样四步的调查、分析、综合之后，所得出的结论往往比较准确。

（2）头脑风暴法。公共关系策划最好是吸收有关专家集体的意见，最有代表性的创造形式是“头脑风暴法”。头脑风暴法的核心是高度自由的联想，它以一种特殊的小型会议，鼓励与会者毫无顾虑地提出各种想法，相互诱发，引起联想，导致创造性设想的连锁反应，产生众多的创造性设想。头脑风暴法会议的要求有：

第一，自由构思。该方法提倡与会者打破思维定势，敢于冲破常规限制，鼓励其提出“天马行空”的想法，充分激发创造性思维。

第二，鼓励与会者提出意见。数量是质量的前提，提出的新设想越多，有价值的、好的新设想出现的可能性就越大。在实际操作中，常用于广泛收集资料和素材，如佛山公安曾向市民征集与警察相关的摄影作品。

第三，对不同意见兼容并包。绝对禁止批评或评判别人的想法，即使是幼稚的、错误的、荒诞的想法，也不能批评，因为创造性设想有一个诱发深化、发展完善的过程，一些即使看似杂乱无章、不合逻辑的设想，说不定能引出许多有价值的设想，具有启发、诱导、催化的功能，不应轻易否定。

第四，对预设综合改善。警察公关决策人充分利用别人的设想启迪自己的智慧，用获得的新知弥补自己的不足，捕捉信息，活跃思维，开阔思路，对别人提出的设想进行改善、发展、综合、重组、变形、提高，以产生最佳方案。

（3）专家会议法。专家会议法是通过邀请相关专家以会议的形式，针对警察公共关系活动方案存在的特定的具体问题进行讨论，通过分析、综合专家的意见，对已有的方案进行修正。专家会议往往具有公开性、权威性、直接性。其相对于其他方法的优点在于能够破除中间环节的限制，直接决策者能够直接面对面地和专家交流，获取权威而专业的意见。

但是，采用专家会议法进行公共关系策划应注意两个问题，一是要注意专家代表的选择，尽可能均衡各界专家的结构，确保专家会议具有广泛的代表性；二是要注意避免“权威者”左右与会专家的意见，尽可能让专家表达意见的权利不受干预。

三、警察公共关系实施

（一）警察公共关系实施的含义

警察公共关系实施是指警察组织在公共关系策划被采纳以后，将方案所确定的内容转化为现实的过程。警察公关活动能否获得预期效果，不仅要看公关活动方案制订得是否可行，更重要的是要看方案如何实施及实施的效果如何。由于外界条件的不断变化，警察公共关系实施自然而然成为一项操作难度大、复杂多变的任务，要求公关人员根据出现的新情况及时调整有关方案以确保总体方案有效实施，因此公共关系实施成为了公关工作中最为关键的环节。

（二）警察公共关系实施的意义

警察公共关系实施是警察公共关系“四步法”中最重要的一环，起着承前启后的作用，具有很重要的意义。

1. 方案的实施是实现策划目的的中心环节

警察公关工作的目的不是发现问题，也不是研究问题，而是要解决问题。公关调查和公关策划我们都可以看作是发现问题和研究问题的过程。在这个过程中，我们只是着力于深化对问题的了解和认知，而问题本身依然存在且没有得到根本性的解决。而公关方案的实施，则是直接、实际和具体地解决问题。公关调研和公关策划的目的在于为公关工作的实施提供数据支撑和行动方案，而公关评估则是对方案实施的效果进行测评。因此，离开了公关方案实施，公关调研和公关策划只是“无用功”，公关评估也无从谈起，整个公关工作也只会是纸上谈兵。

2. 方案的实施决定了方案实现效果和影响范围

在策划阶段，策划者总是期望任何一个公关方案都能切实可行，能够对社会产生广泛的影响，进而得到预期的成效。但是，方案能否取得预期成效的决定因素并不完全取决于公关方案的优劣，而在于方案实施的具体情况。公关方案实施是否成功，是检验实施方案中所确定的任务和公关目标能否完成的“试金石”。倘若实施失败，不仅不能实现方案目标，还可能造成问题的恶化或引发其他连锁问题。

3. 实施结果是以后公关策划的重要依据

警察公共关系实施自然而然成为一项操作难度大、复杂多变的任务，有许多不确定因素是公关策划所不能穷尽的。因而，公关方案实施很容易出现预期以外的结果。但是，公关工作是一项长期的、连续的工作，我们有必要不断总结经验、升华自我，并在下一次公关策划中以过往公共关系活动的经验为基础，针对新情况制订新方案。

（三）警察公共关系实施的特点

警察公共关系方案的实施过程就是一种信息传播的过程，警察组织策划目标与策划方案的贯彻执行通过信息传播得以实现。通过向目标公众解释和宣传组织的方针、政策、计划，了解公众的意见、看法、情感和态度，塑造自身的形象，以期获取公众的支持和信任。

警察公共关系传播吸收传播学的基本理论，通过自我发展、自我完善，形成了一些自己的特点：

第一，警察公共关系传播注重双方的利益关系。警察公关工作的目的在于塑造自身的形象，获取公众的支持和信任，从而更好地开展工作。同时，警察工作的出发点和落脚点都在于更好地维护广大人民的根本利益。因此，警察公共关系传播在内容和形式上，都十分注重利益一致的原则。警察公共关系的实质是一种利益关系，警察组织和公众之间信息的交流以满足和维护彼此利益为前提。

第二，警察公共关系传播注重感情交流。首先，情绪对人有调节作用，正面积极的情感和浓厚的"人情味"可以使公众身心愉悦从而积极合作。其次，公众能够透过公关人员情绪的真假、冷热、浓淡感受组织对公众的态度。因此，是否注重"人情味"，常常会对公关方案的实施效果产生影响。

第三，警察公共关系传播侧重于信息沟通。与过去灌输式的传播方式不同，现代的警察公共关系传播重视主体和客体的交流活动，与我们现实生活所理解的"宣传"既有联系又有区别。

（四）警察公共关系实施的影响因素

影响公共关系计划实施的因素主要有以下三点：

1. 公共关系计划实施中的目标障碍

目标障碍是指在公共关系计划实施中由于所拟定的公共目标不正确、不清晰或不具体，而给实施带来的障碍。克服目标障碍的方法可以从以下5个方面取得突破：①目标是否切合实际并可以达到；②目标是否可以进行比较和衡量；③目标是否指出了所期望的结果；④目标是否是计划实施者在职权范围内所能完成的；⑤目标是否规定了完成期限。

2. 公共关系计划实施中的沟通障碍

沟通障碍包括语言障碍、习俗障碍、观念障碍、心理障碍、组织障碍等因素。语言障碍主要是指因语言、语序、语速和语调所造成的障碍；习俗障碍和观念障碍是指由风俗习惯、社会道德限制、宗教习俗等所造成的障碍；心理障碍是指人的认识、情感、态度等心理因素所造成的障碍；组织障碍是指由组织结构因素导致信息不畅所造成的障碍。

3. 公共关系计划实施中的突发事件障碍

干扰公共关系计划实施的突发因素，主要包括以下两大类：一是人为的纠纷，如公众投诉、新闻媒介的批评、不利舆论的冲击等；二是不以人的意志为转移的灾变危机，如地震、水灾、火灾、空难等。

（五）警察公共关系实施的原则

在警察公共关系实施中，存在以下三个原则：

1. 目标导向原则

警察公共关系的目标是树立和塑造警队形象，为警察机关创造良好的关系环境，获取社会公众的支持和信任。在实践操作中，为实现总目标，我们往往需要将其分解成若干个子目标,常用的方法有线性排列法和多线性排列法。每一次警察公共关系策划想解决的问题都必须明确,假如目标过于模糊,盲目行动,公关工作便成了“无用功”甚至会产生负向效果。引用传播效果四层次理论,我们可以将警察公共关系实施的目的划分为以下四种:①引起公众的注意;②诱发公众的兴趣;③得到公众的肯定;④促进公众的支持行动。

2. 时效性原则

时效性原则要求警察公关实施要处理好以下两个方面的问题:

(1)对于突发事件的处理要及时妥善。公共关系实施工作是一项未知因素高的工作,然而对公关方案的实施干扰最大的莫过于重大突发事件。重大突发事件在警察公关实施过程中,既是机遇又是挑战。处置得当,公众会对警队予以更加支持和信任,警队的知名度和美誉度也会大大的提升;如果警察组织不能及时妥善地处理,不但使整个方案无法实施,甚至会给组织带来巨大的危机。因此,警察公关人员在面对突发事件时,必须时刻保持头脑清醒,防止感情用事,认真剖析事件发生的原因,在细节中寻找突破口,正确选择应对方案。

(2)正确选择方案实施时机。所谓“机不可失,时不再来”。正确把握公关方案实施的时机对公关工作的开展大有裨益,能够大大提升公关方案实施的成功率。如果在方案实施过程中,能够做到精心选择、把握、安排时机,整个公关方案将会因此而收到良好的效果。

在实际操作中,选择时机应注意两个方面:一方面,要有选择性地避开或者利用重大节日。例如在国际禁毒日向公众宣传反毒品的活动,以此来扩大公关活动的影响力。另一方面,要注意避开或利用国内外重大事件,凡是需要广为宣传的公关活动都应避开国内外重大事件,以免被重大事件冲淡。

3. 针对性原则

针对性原则是指在公共关系实施中,必须根据方案实施的受众、形式、社会环境等客观条件,合理地确定选择警察公共关系活动模式,使之符合实际需要。警察公共关系活动模式是公共关系工作的方法系统,是由一定的公共关系目标和任务、数种具体方法和技巧构成的有机体系。公共关系的工作方法是多种多样的。不同类型的组织机构,或同一组织的不同发展阶段,或同一阶段中针对不同的公众对象及公关任务,都需要选择不同的公共关系活动模式来开展活动。

四、警察公共关系评估

(一)警察公共关系评估的含义

警察公共关系评估是指警察组织根据特定的标准,对警察公共关系策划、实施及效果进行衡量、检验、评价和估计,以判断其优劣。它是警察公共关系“四步工作法”中的最后一步,是改进警察公共关系的重要环节和开展后续警察公共关系工作的必要前提。警察公共关系评估在警察公共关系实践活动中有着十分重要的意义和作用。

(二)警察公共关系评估的目的和意义

1. 警察公共关系效果评估可以找出新问题,发现新情况

警察公关是项挑战性高、难度大、变化多的工作,公关工作进行的过程中不可避免会出现各种问题。由于环境因素发生变化,需要在评估阶段,对策划本身、实施情况、公关人员的表现予以检查,从中发现新问题、新情况,并在此基础上寻找新思路、新对策,以此来拟定新的公共关系目标。参与方案实施的公关人员可以根据自身工作过程中的得失,总结公关工作经验,并定期组织会议分享,使警察机关公关部门的公关水平更进一步。正如美国公共关系研究的先驱者埃瓦茨·罗特扎恩所说:"当最后一次会议已经召开,最后一批宣传品已经散发,最后一项活动已经成为历史纪录时,就是你在头脑中将自己和自己采用的方法重新过滤一遍的时刻。这样你就会清理出经验和教训,供下次借鉴。"

2. 警察公共关系效果评估可以监督控制公共关系的实践活动

警察公共关系的工作不是一蹴而就的,而是需要长时间、高强度的调研、策划、实施。因此,在工作过程中,公关人员可能会出现畏难、怕事、偷懒等现象。但警察公共关系效果评估的存在能够让公关人员认识到,在完成工作后,还有最后阶段的评估和检查。这向公关人员施加了一种鞭策,使之能够努力工作、认真执行任务。而当一项警察公共关系方案实施后,由参与人员将方案的目标、措施、实施过程和效果向内部公众解释时,可以加深他们对组织的核心利益的认知,自觉地将组织目标和自身命运紧紧联系在一起,以此树立起对组织的归属感。

3. 激励警察内部及引起领导的重视

公共关系工作实施的效果本身往往表现为一个复杂的局面,既涉及公众利益的满足,也涉及公众利益的调整。一般说来,警察内部很难对此有全面深刻的认识和了解。所以,当一项警察公共关系策划实施之后,由有关人员将该项策划的目标、实施的过程和效果向警察内部解释和说明,可以使他们认清公关的目的及效果,从而统一认识,协调立场,自觉将实现警察公共关系的战略目标与自己的本职工作紧密地联系在一起,并变为自觉的行动。对于警察组织的领导者而言,适时进行公共关系效果评估,可以使他们看到开展公共关系工作的重要作用,从而使他们更加了解并支持警察公共关系工作。

(三)警察公共关系评估的内容

警察公共关系工作程序评估是指对警察公共关系工作各步骤的逐一评估,警察公共关系评估贯穿于工作程序的始终,警察公共关系工作的开始,就意味着评估同步开始。美国著名公共关系学家布鲁姆在《有效的公共关系》中提及,公共关系效果评估内容可以按照公共关系活动的顺序进行划分,可以划分为准备过程阶段、活动实施阶段和活动影响阶段,并将14个指标归类到这3个阶段中,具体划分如图2-3所示。

美国学者的理论对我们建立警察公共关系评估体系具有借鉴意义。结合我国警察公共关系的实际情况,我们可以从以下几个方面了解警察公共关系工作程序评估。

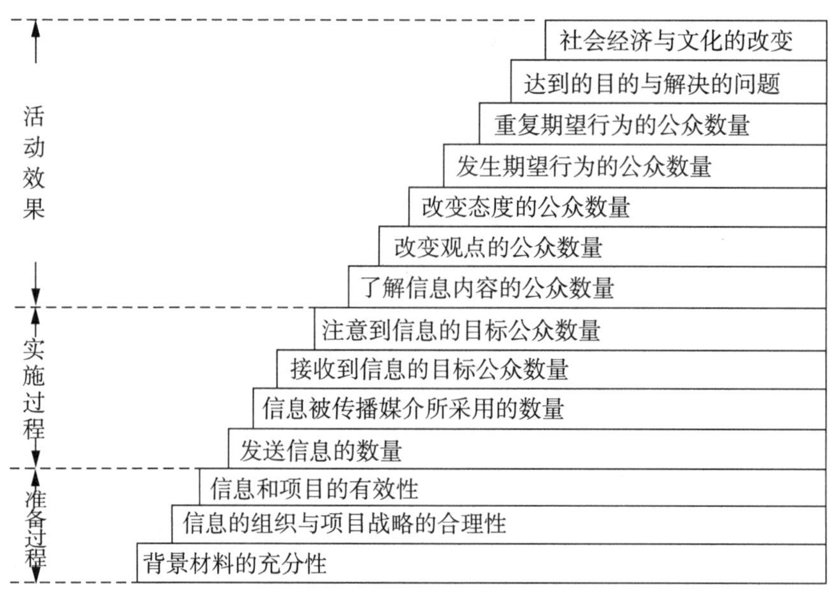

图 2-3　公共关系评估的内容

1. 警察公共关系调研过程的评估

警察公共关系调研是确定目标、发现问题、收集信息的过程，由于公共关系活动尚未开始，所以无法从对公众产生的影响作评估。因此，对警察公共关系调研过程的评估需要联系警察公共关系目标计划和实施效果来开展评估。在实际评估活动中，主要的考核指标有：警察公共关系调研的设计是否合理可行；信息资料的搜集是否充分；信息资料搜集的方法是否科学；调研对象的选取是否具有广泛的代表性或深刻的典型性；调研工作在实践中有何错漏；调研结论分析的方法、分析的结果是否科学；调研结果的表现形式是否科学合理；等等。

2. 警察公共关系策划的评估

一般来说，我们很难去评估比较数份策划方案的优劣，警察公共关系策划是否合乎实际、是否切实可行，只有通过实施才能得出理性务实的判断。因此，对警察公共关系策划的评估仅能围绕策划方案进行评估。在实际评估活动中，评估的指标主要有：目标是否明确具体、符合实际；是否具备实现目标的物质条件；计划方案是否脱离了目标；计划方案是否具有足够的可操作性；计划步骤是否写得过于笼统；经费预算是否太紧或过松；等等。

3. 警察公共关系实施过程的评估

在实际评估中，主要考虑：实施过程是否围绕目标进行，有没有偏差，有多少偏差，发生偏差的原因是什么；在实施过程中发生了什么问题，是因为策划方案存在缺陷引起还是发生突发事故引起；有否采取补救措施，效果如何，若没有采取补救措施，原因何在；在执行方案中，各部门（小组、单位）间有否产生摩擦，如何协调；传播沟通模式是否恰当；传播媒介的选用是否有效；信息内容有否“失传”“失真”；接收到信息的目标群体有多少；注意到该信息的目标群体数量有多少；等等。

4. 警察公共关系实施效果的评估

警察公共关系实施过程的评估主要是针对活动开展过程的情况进行经验教训的总结，而警察公共关系实施效果的评估更多是针对活动所产生的实质性的结果进行评估。其主要的评估点有下列几点：公众受影响范围多大；受影响公众有何变化，有多大程度的变化，达到目标的程度多大，能否解决问题；对社会经济政治文化有何影响；等等。

（四）警察公共关系评估的方法

确定了公关效果评估的内容，然后就是选择评估的方法，选择科学的评估方法对于警察公共关系评估是十分重要的，一般的警察公共关系效果评估的方法主要有以下几点。

1. 专家意见法

专家意见法是一种综合权威、专业意见，就专门的问题进行定性预测的方法。通过对方法的使用途径的改良，我们可以用此法来量化警察公共关系效果。其基本步骤为：

（1）拟好调查评估项目，并给出评价标准。举个简单的例子，如需要调查公众对组织态度的变化，可采用"李克特量表"，将选项设置为"好转"、"略好转"、"保持不变"、"恶化"和"略恶化"。

（2）邀请若干经验、知识丰富的相关专家。

（3）请专家匿名、独立地就拟定的项目发表意见。若意见分散，则进行反复咨询，直至意见趋于集中。

（4）汇总出能代表大多数专家意见的结论。

2. 民意调查

民意调查是公共关系评估中运用较为普遍的一种方法。它是一种充分运用统计学原理的评估方法。其基本做法是：①选定目标群体；②选用抽样方法（简单随机抽样法、等距抽样法、分层抽样法、整群随机抽样法、多级随机抽样法）；③抽出合适数量的样本；④用问卷、表格等方式，征求他们对设定问题的意见、态度、倾向；⑤录入统计软件进行统计分析；⑥得出分析结果，并以文字形式汇总。

3. 自我评估法

由于警察公关人员参与了活动的全过程，对活动的了解相对直接，通过他们对活动本身的策划及实施的期望与感受，从而形成对公共关系活动效果的评估。这种评估方式是公关人员对自我的一种检查，从自身的责任心出发，这种评估的结果具有一定的可信度。其表现形式则有批评与自我批评总结会、思想汇报、填写问卷等形式。

4. 传媒审计法

传媒审计法是一种紧紧围绕着大众传媒的分析评估方法，它通过对大众传媒发布本的组织信息的研究，间接评估警察公共关系信息的传播情况。传媒审计法包含定量研究和定性研究两种方向，其具体研究方法和所要求的数据也大不相同。

（1）定量研究。测定警察公共关系沟通有效率。其公式如下：

$$\text{沟通有效率} = \frac{\text{沟通信息总数} - \text{无效数}}{\text{沟通信息总数}} \times 100\%$$

测定警察公共关系信息传播速度。传播速度是评估传播效果的一个重要指标。传播速度是一定信息量传递所需的时间,也就是说单位内传播的信息量越多,则传播速度越快,反之亦然。其公式如下:

$$R=\frac{\text{信息传播量}}{\text{传播时间}}$$

其中,R 值越大,则传播速度越快,也意味着传播效率越高。

测定警察公共关系的视听率。视听率就是实际视听人数与某一调查总人数的比例,通过测定视听率,我们可以得出相对准确的警察公共关系实施影响人数的估计值,并以此来估计警察公共关系实施影响人数,评估警察公共关系活动的实际效果。其公式如下:

$$\text{视听率}=\frac{\text{实际视听人数}}{\text{调查总人数}}$$

(2)定性研究。评估人员可以通过观察新闻媒体的报道,来评估警察公共关系活动的效果。

从“量”来看,主要关注报道媒体的数量、报道的篇幅以及报道的次数。报道的媒体数量多,则说明影响广泛,篇幅长和报道次数多,则说明新闻能够很好地引起公众的关注和兴趣。

从“质”来看,报道越正面,效果越好,越能在公众心目中树立良好的警队形象。

从报道主体来看,报道媒体的层次越高,则读者群广泛、发行量大、覆盖面广、权威性和影响力也相对强。层次高的媒体发表对警察组织有利的报道,往往比在层次较低的媒体效果更好。

从新闻价值角度出发,对新闻事件是正面报道还是反面报道、全面报道还是摘要报道、放在头版头条还是放在次要版面,这些因素都会影响报道效果。

从报道的时机角度看,报道是否及时、适时,是否与其他重大新闻事件、公众假期对冲,对报道的效果有较大影响。

从资料本身出发,警察组织给予媒体人的资料是否及时、是否客观真实、是否容易编报、是否符合报刊主题,对报道的效果都会有影响。

本章小结…

警察公共关系工作有其自身的客观内容与规律,要发挥公共关系对警队运行和警务工作的润滑剂作用,警务人员必须具备基本的公共关系能力,遵循公共关系工作的基本原则,按照科学的工作程序与方法,结合警务实践的环境特点,设计实施开创性的公共关系活动,使警察公共关系对组织运行与警务工作的有效性得以实现。

课程思路…

要履行组织关系环境的管理职能,警察公共关系工作就必须坚持马克思主义的辩证唯物主义和历史唯物主义的方法论,尊重事实,尊重科学,探索并依照公共关系的客观规律开展各类公共关系工作,增强公共关系工作的科学性和有效性。

思考与练习…

1. 警察公共关系对警队的运行发挥哪些基本的功能?
2. 警察公共关系工作有哪些基本类型,它们分别适用于哪些组织情境?
3. 开展警察公共关系工作应如何把握工作规律的客观性与形式方法的主观性?

警察组织公众如何分类？各种公众对警察组织生存和发展的重要性是什么？如何处理警察组织内外主要公众群体的关系？警察公共关系媒介和传播类型都有什么？

第三章　警察公共关系组织环境分析

警察公共关系组织环境是指所有潜在影响警察组织运行和警察组织绩效的因素或力量。警察公共关系组织环境调节着警察组织结构设计与警察组织绩效的关系，影响着警察组织的有效性。警察公共关系组织环境对警察组织的生存和发展，起着决定性的作用，是警察公共关系管理活动的内在与外在的客观条件。

警察公共关系组织环境主要由警察公共关系主体、警察公共关系客体和警察公共关系媒介三个基本要素构成。

第一节　警察公共关系的主体分析

警察公共关系主体是指警察公共关系的组织机构和警察公共关系的工作人员，是执行警察公共关系任务、实现警察公共关系职能的基本载体和执行者。

一、警察公共关系主体的三个层次

警察公共关系主体是警察公共关系活动的发动者和实施者，在警察公共关系活动中处于主导地位，具体包含三个层次的实施者：警察组织、警察公共关系机构和警察公共关系人员。

（一）警察组织

警察组织（即国家各级公安机关）作为警察公共关系的主体，与其他公关关系的主体相比，警察组织具有自身的特征。它是国家为保持社会的正常运转而建立的公益性的社会组织，具有非营利性和独占性特征。非营利性特征使得警察组织没有经济利益的驱动，他们往往会忽略自己的公众，其公共关系工作一般是比较薄弱的。而其内部的成员有时不很重视公共关系行为,容易与公众脱离,产生误解和不理解,影响自己的形象和信誉。独占性特征表明了它的不可替代性。作为警察公共关系主体,有效地进行各种管理,构建良好的公共关系,争取广大公众的信任和支持,对于形成稳定和谐的社会治安环境是至关重要的。这就要求警察组织必须更加注重其威望、声誉和对社会的影响力,警察组织必须主动塑造自我形象,积极地与公众进行沟通,密切警民关系,打造和谐稳定的社会治安秩序。①

(二)警察公共关系机构

警察公共关系机构是指警察组织中专门从事警察公共关系工作的职能部门,它承担着警察组织形象塑造、维护,警民关系的协调、沟通,警察文化的建设,警察形象危机的处理,媒介关系的构建和警察内部队伍的建设等具体职能。②

现在许多国家和地区的警察组织都建立了专门的公共关系机构。例如,美国警察局中很早就设有专门处理警察和公众关系的部门,称为"警民关系小分队",这些部门十分重视工作艺术与经验水平,基础调查工作非常细致、严谨、科学,并且会进行警察伦理标准和诚信率的民意调查。

2004 年 3 月,湖北武汉市公安局成立"公共关系处",是全国公安系统的首个公共关系处。这被外界解读为:现代管理理念正式引入公安系统。最初设立的公共关系处主要承担两大功能:与新闻媒体保持良性沟通,与社区居民建立平等互动。

2004 年 5 月和 9 月,广东梅州市公安局和佛山市公安局分别将其局的"宣传科"改名为"公共关系科"。此后,安徽芜湖、贵州遵义、福建福州、浙江湖州、浙江舟山、广东肇庆、四川开江、云南沾益、广东深圳 9 地分别成立了"警察公共关系科"。

2010 年 8 月,北京市公安局高调成立公共关系领导小组,并从该月开始对全市民警进行公共关系知识和技能的培训。

截至 2010 年 8 月,我国有 13 家公安机关设立了旨在拉近警民关系的警察公共关系科(处)。在全国庞大的公安系统中,这一数字很小,还没有在全国的公安系统中成为大趋势。

2012 年 12 月 22 日,对警察公共关系进行研究、教学的专门机构"中国人民公安大学警察公共关系研究中心"在北京成立。

从总体情况看,我国的警察公共关系工作还处于探索和试点阶段,建设的步子还比较小,这方面的工作比较薄弱,还存在着诸如公关意识不强,公关活动缺乏统筹策划,公关效果不理想等问题。况且目前全国范围内绝大部分的警察组织还没有建立专门的警察公共关系机构,许多相关的职能分散在职能部门里面。如信访部门承担着收集信息的职能;纪检部门承担着查处警察组织中违法违纪行为,净化警察组织的职能;办公室承担着外联、接待、档案管理和活动组织等功能。因为职能的分散可能会造成部门之间相互推诿责任,这不仅不能改善警民关系,反而对有限的警力资源造成浪费,同时也影响了整个警察组织形象。因此我们更有必要成立专门的警察公共关系机构,使其对警察公共关系职能的行使更加规范化、制

---

① 罗建华、阿木尔主编:《公共关系学》,机械工业出版社 2006 年版。
② 叶氢、李庆华、曹礼海主编:《警察公共关系学》,中国人民公安大学出版社 2007 年版,第 66 页。

度化和科学化。

知识拓展...

中国人民公安大学警察公共关系研究中心是推动中国警察公共关系事业发展与和谐警民关系建设,促进世界一流警察大学建设,打造跨领域、跨学科、跨专业的科研工作平台,是专门从事警察公共关系领域教学、研究、服务的学术机构,其定位是构建中国警察公共关系信息交流中心、理论研究中心、实践指导中心,成为警察公共关系实践与理论研究的最佳服务中心。该中心的任务包括:整合国内外警察公共关系研究力量,形成多层级的警察公共关系专家梯队;以警察公共关系案例为主要产品和载体,以警察公共关系网页栏目为窗口,带动警察公共关系理论与实践的信息交流,形成警察公共关系的信息交流中心、辅导训练中心、活动推动中心;引导警察公共关系科研、教学与实践的产学研联动,推动警察公共关系为改善公安机关的执法服务水平,提高警察声誉水平作出贡献。

(资源来源于中国人民公安大学网站)

(三)警察公共关系人员

警察公共关系人员是指从事警察公共关系理论研究和警察公共关系实务的专业人员,一般包括在警察院校从事警察公共关系理论和教学研究的教师,警察组织里承担警察公共关系实务的警察。他们是警察公共关系工作得以开展并不断发展的重要力量。随着社会的发展,警察组织环境也在不断地变化,警察公共关系工作对警察公共关系人员的观念意识、知识结构和能力素质都提出了更高的要求,只有具备了满足这些要求的,并善于在实践中不断提高自己业务水平的人员才能适应新时期的警察公共关系工作的需要。

二、警察公共关系主体的公关素质分析

警察公共关系是一项复杂的脑力和体力相结合的活动,它不但需要灵敏的公关意识,还需要具备一些基本的职业素质。

(一)广泛扎实的理论知识

警察公共关系是一种复杂的活动,必须以科学的理论和方法为指导,主要包括以下内容:

(1)警察公关理论知识。如警察公共关系的基本概念、历史沿革、结构与功能、基本要素等。

(2)警察公关实务知识。如警察公共关系调查、策划、实施、评估以及公关专题活动等。

(3)警察工作相关的业务知识。如公安学、公安管理学、公安决策学、公安信息学、治安管理学、刑事侦查学等。

(4)警察公关相关的背景学科知识。如管理学、社会学、心理学、逻辑学、政治学、人际关系学、经济学、广告学、新闻学、传播学等。

(二)较高的思想觉悟和政策水平

警察公关人员的思想政策水平决定着公关活动的方向和质量。它包括:

(1)思想觉悟。即警察公关人员要有明确的政治方向和高度的政治觉悟,善于分析形势,把握社会环境发展的趋势;有敏锐的观察力,能从一般的资料和数据中看出趋势,从平静的表象中看出潜伏的危机,帮助组织把握时机,运筹帷幄,做出科学决策。

(2)政策水平。由于警察公共关系活动的复杂性、广泛性、创造性和灵活性,需要公关人员熟悉并掌握党和政府的各项政策、法规、法律,以及警察组织相关的政策法令,使日常的警察公关工作用对、用好、用活政策。只有警察公关人员具备较强的政策水平才能避免警察公关工作出现原则性和方向性的错误。

(三)合理的能力结构

警察公关工作是一门实践性、操作性很强的工作,警察公关人员必须使自己形成合理的能力结构,主要包括:组织管理能力、社交宣传能力、语言表达能力、信息收集处理能力、自控和应变能力、应变和创新能力等。

警察公关人员应是多才多艺的“多面手”,除具有警察公共关系专业基础知识和相关能力外,如果有条件还应掌握计算机、声像、影像、摄影等技术,以提高警察公关工作的层次与效果。

(四)良好的心理素质

警察组织所面临的公众是复杂的。警察公关人员要和各种类型的公众打交道,是否能在纷繁复杂的社会关系网络中应付自如,创造性地开展警察公共关系工作,在很大程度上取决于警察公共关系人员的心理素质。根据警察公关工作的实际需要,警察公关人员必须具备以下心理素质:

1. 自信的心理

自信是对警察公关人员心理素质最基本的要求,是取得警察公关工作成功的基础。警察公关工作不是一种简单的机械的操作,只有充满自信的公关人员,才会产生自信力,才能在任何情况下都应付自如,敢于拼搏,追求卓越,充分发挥自己的才能,凭借智慧与经验圆满地完成各项任务。有了自信,才有胆量;有了胆量,才能不卑不亢,落落大方,从容自如地开展公关工作。

2. 热情的心理

美国自然科学家、作家杜利奥提出:没有什么比失去热忱更使人觉得垂垂老矣,精神状态不佳,一切都将处于不佳状态。此定理被称为杜利奥定理。人与人之间只有很小的差异,但这种很小的差异却往往造成了巨大的差异。很小的差异就是所具备的心态是积极的还是消极的,巨大的差异就是成功与失败。

警察公共关系是一个既有理论知识又有实践操作的工作,既需动脑又需动手,需要警察公共关系人员为之付出大量的体力和脑力劳动的艰辛工作。一个警察公关人员能否胜任这个职业,关键在于他是否具备易于投入、热情工作的心理素质。因此,警察公共关系人员应该具有一种热情的心理。

3. 开放的心理

开放的心理是指警察公关人员要用开放的头脑接受各种信息,用开放的思维不断创新,用开放的心态接受各种公众。只有具有开放的心态,才能更好地做好自己的工作,感受世界和人的多样性,充分尊重别人的利益和需求,学会更好地与人相处。具有开放心态的人,才能保持不断接受新事物的浓厚兴趣,善于接受各类新信息、新知识、新观点,创造性地开展公关策划工作,而不会陷入固步自封、满足于现状的误区。

第二节　警察公共关系的客体分析

警察公共关系的客体是公众,是警察组织的工作对象,是警察组织赖以生存的基础。

一、公众的内涵与特征

(一)公众的内涵

警察公共关系中的公众是指与警察组织存在着某种现实的或潜在的利益关系,从而发生直接或间接联系的社会群体,这一群体对警察组织的目标和发展具有现实的或潜在的制约力或影响力。①

(二)公众的特征

1. 同质性

一般情况下,公众具有某种内在的同质性。众多的个人、群体和组织为什么能成为某个警察组织的公众?主要原因就在于他们都面临着某个共同的问题。比如,共同的兴趣、需求、目的、意向、问题,使他们非常容易形成相似的态度、看法,并采取较一致的行为,这样就构成了警察组织面临的一类公众。

2. 多维性

多维性首先体现在公众具有多层次的立体结构。公众由个人、群体和社会组织三个部分构成,因此具体的公众形式可以是个人、群体、社会团体,或者是政府单位等。这种公众的多层次和多元化,决定了警察公共关系是一种多维的社会关系。

3. 可变性

警察组织面临的公众不是封闭僵化、一成不变的对象,而是一个开放的系统,处于不断发展变化的过程之中。首先,公众的形成取决于共同问题的出现,一旦这个问题解决了,那么作为公共关系意义上特定问题的公众就不存在了。其次,随着公共关系主体条件、客体环境的变化,警察组织面临的公众在性质、形式、数量、范围等方面都会发生相应的变化。

---

① 肖金军主编:《警察公共关系学》,南京大学出版社 2004 年版,第 193 页。

4. 互动性

公众具有互动性，主要表现为公众和警察公共关系主体之间构成某种互动关系。公众的意见和行为对警察组织的生存发展具有影响力和制约力；反过来，警察组织所制定的政策、所采取的行动，对公众也具有影响力和制约力。也就是说，公众与警察组织发生的互动关系是双向的，警察组织可以从公众获益，公众也可以从警察组织获益。正是以此为基础，才形成了警察组织与公众之间的公共关系活动。

二、公众的分类

(一)分类的目的

对公众进行分类，其目的主要有以下几点：

(1)确定公众与组织相关性的大小，以及公众与组织关系的深度和广度，以便科学制订公关计划。

(2)了解特殊公众的特殊要求和共同利益，有的放矢地制订公关对策。

(3)明确公众的分类，针对公众的不同类型和状态，有重点地开展公关活动。

(4)熟悉公众的特征，在公关策划时，有效提出相应对策，以防工作出现被动局面。

(5)掌握公众的态度变化规律。

(二)分类的方法

公众的分类有多个标准，标准不同划分出来的类别不同。我们具体介绍以下 6 种分类方法：

1. 以组织的环境为标准划分

(1)内部公众。与警察组织有着归属关系的内部成员。

(2)外部公众。和警察组织不存在直接的利害关系，但有着利益关系的外部组织或个人。

2. 以公众的组织状况为标准划分

(1)非组织公众。非组织公众是警察组织公共关系活动中面对的无组织性的公众，包括流散性公众、临时性公众、周期性公众、稳定性公众。

(2)有组织的公众。有组织的公众是指警察公共关系活动中的特定社会组织及公众对象，包括社区性公众、环境性公众、管理性公众。

3. 以组织与公众发生联系的时间为标准划分

(1)未来公众。未来公众是指准备或将要与警察组织发生利害关系的公众。

(2)现在公众。现在公众是指已经与警察组织发生了利害关系的公众。

4. 以公众对组织的重要程度为标准划分

(1)首要公众。首要公众是指对警察组织的生存和发展有重要影响力和决定性作用的公众。

(2)次要公众。次要公众是指对警察组织的生存和发展有一定的影响作用，但不具有决定性作用的公众。

(3)边缘公众。其重要性对警察组织来说最小,几乎没有影响作用的那类公众。

5. 以公众对组织所持态度为标准划分

(1)顺意公众。顺意公众是指对警察组织的政策或行为持赞同或支持态度的公众。

(2)逆意公众。逆意公众是指对警察组织的政策或行为持反对态度的公众。

(3)独立公众。独立公众是指对警察组织的政策或行为持中立态度的公众。

6. 以公众发展的状况标准划分

(1)非公众。在社会学中没有非公众的概念。警察公共关系中的非公众是指在一定的时空条件下,某些公众既不受警察组织某个事件或行为的影响,也不对警察组织产生影响,他们在这个问题或事件中就被称为非公众。

(2)潜在公众。某些公众已经受到了警察组织某个行为的影响,但他们本身尚未意识到这种影响及后果。

(3)知晓公众。不仅受到警察组织的影响,而且已明确意识到这种影响,知道了这种影响将要带来的后果的那一部分公众。

(4)行动公众。不仅受到警察组织某个行为的影响,意识到这种影响及后果,而且行动起来,开始试图采取措施应对这些受到影响的公众。

三、警察组织的公众分析

警察组织的公众可分为内部公众和外部公众。警察组织的公众环境也是由内部和外部公众环境共同构成。

警察组织内部公共关系状态如何,直接关系到警察组织的生存、警察组织目标的实现,以及警察组织形象的塑造。警察内部公共关系是警察组织公共关系的重要组成部分,是开展所有公共关系活动的基础。只有做到内求团结,才能外谋发展。

(一)警察内部公众分析

警察内部公众主要包括民警(广义上来说,也应该包括民警的家属)、警察组织内部上下级关系和警察组织内部同级职能部门三部分构成。因为民警的家属与民警的利益有着高度的一致性,所以一般把警察组织与民警家属的关系并入组织与民警的关系之中。内部公众既是内部警察公共关系的客体,又是外部警察公共关系的主体,可以说,处理好这部分公众的关系是整个警察公共关系建设的起点。因为内部公众是各级警察组织的重要力量,只有先处理好内部公众之间的关系,才能上下一心地进行对外公关。

1. 警察组织与民警的关系

民警是警察组织的“细胞”,是警察组织最基本的构成单元,它具有普遍性和特殊性两个特征。民警的普遍性是指任何警察组织都是由民警构成的,没有民警就没有警察组织;民警的特殊性是指在警察组织内部,民警既可以以个体的形式存在,也可以组成各种正式或非正式的团体,如部门、兴趣小组等。

警察组织与民警的关系是指警察组织与民警之间通过双向交流的方式,在互惠互利的原则下寻求并达成和谐、一致、互动的一种内部管理职能，主要包括警察组织与民警、警察组织与团体、民警与民警、警察组织与民警家属等各种关系。警察组织与民警的关系是警察组织内部公共关系最基本的构成。

2. 警察组织内部上下级关系

警察组织内部上下级关系主要指警察组织内部领导与下属的关系。现代管理学认为，上下级之间的关系既是领导与被领导的关系，又是合作、互助、平等的关系。认识处理好上下级关系，遵循科学的原则与方法，建立健康、密切的上下级关系，是警察公共关系部门和公共关系人员要协助领导层认真做好的一项重要工作。作为下级，协调好与上级的关系，对于工作任务的完成、个人的成长和身心健康都具有重要意义。

3. 警察组织内部同级职能部门之间的关系

同级部门之间是一种没有行政隶属关系的平行关系。这种平行关系既相互协作、相互制约，又在管理业务上各自独立地发挥职能作用。它们在具体的管理活动中可能经常发生某种矛盾或不协调现象。处理好各平行职能部门之间的关系，是警察内部公共关系的一项重要任务。

（二）警察组织内部公共关系的任务

1. 树立共同的组织价值观

人民警察核心价值观被精确地提炼为“忠诚、为民、公正、廉洁”，这是人民警察核心价值观的核心理念和根本宗旨。“忠诚”是人民警察核心价值观的灵魂：它是一种职业信仰，是警察对事业的追求，对职业恪守的行为标准。警察组织要履行好职责任务，首先要保持忠诚的政治本色，自觉做中国特色社会主义事业的坚强捍卫者。“为民”是人民警察核心价值观的根本：要时刻牢记并忠实履行“全心全意为人民服务”的宗旨，带着对人民群众的深厚情谊去服务、去执法。“公正”是人民警察核心价值观的保障：要坚持实事求是，做到严格、公正、文明执法，坚决维护公民的合法权益，维护社会的公平正义。“廉洁”是人民警察核心价值观的防线：要永葆廉政之心，面对各种考验，坚定意志、坚守防线，树立起警察组织的良好形象。

2. 建设富有特色的组织文化

组织文化，是指在一定的社会政治、经济、文化背景条件下，社会组织在生产与工作实践过程中所创造或逐步形成的价值观念、行为准则、作风和团体氛围的总和。组织文化主要由以下 3 个层次构成：

（1）精神文化层。这是组织文化的核心层，主要由作为组织指导思想与灵魂的各种价值观与文化精神所组成。

（2）规范文化层。这属于组织文化的中间层，主要由各种组织规范、组织准则、组织制度所组成。

（3）行为文化层。这是组织文化的表层，主要由组织成员的行为和生产与工作的各种活动，以及这些行为与活动的各种物化形态组成。

这三个层次的关系是：精神文化层决定规范文化层，规范文化层又决定行为文化层。警察组织要加强自身组织文化建设，因为这些功能对警察组织内部公共关系目标的实现具有重要作用,组织文化具有导向功能、凝聚功能、激励功能、约束功能、辐射功能等。

3. 增强民警对警察组织的认同感

组织的共同目标是维系社会组织生存发展的内在动力,而组织的共同信念则是全体成员日常行为的灵魂。组织内部公共关系的又一任务便是将组织所确立的共同目标、共同信念深入贯彻到组织的具体运行过程中,尤其是那些被全体内部公众所认同的信念,这成为他们日常行为的指南和共同的灵魂,并产生实实在在的综合效益。

现代心理学认为,认同意识的形成一般要经历服从、认同、内化 3 个阶段。

(1)服从阶段。民警表面上接受、服从根据组织目标和信念制定的规则、要求,但可能内心并不明确组织目标和信念的具体内涵。这种表面接受或服从仅仅是出于遵守纪律或避免被处罚而已。

(2)认同阶段。在认同阶段,民警从承担组织成员的义务出发,有了遵守组织规则、要求的自觉性和主动性,从而实际上接受了由这些规则、要求所体现的组织目标和信念,但仍没有真正理解其中的真实含义。这是民警开始认真思考、探讨组织目标和信念的重要过程。

(3)内化阶段。在内化阶段,经过认同阶段的思考、探讨,民警对组织目标有了较为深刻的认识和理解,已经从内心深处理解并坚信组织目标和信念,从而在遵从这些规则要求方面变得更加主动自觉和心甘情愿。同时能够把组织的目标和信念纳入自己的态度和价值体系。

内部公共关系根据这一规律,充分利用各种媒介和途径向全体民警宣传组织的共同目标和信念,对他们进行深入细致的教育和疏导转化,使民警克服服从阶段的被动性,并借助认同阶段的良好契机,推动民警跟组织之间从思想意识上的统一到组织目标、信念上的统一,尽快实现由意识认同到行动同化的飞跃。

4. 培养同心协力的团队合作精神

团队精神是大局意识、协作精神和服务精神的集中体现,核心是协同合作,反映的是个体利益和整体利益的统一,并进而保证组织的高效率运转。在团队精神的作用下,团队成员产生了互相关心、互相帮助的交互行为,显示出关心团队的主人翁责任感,并努力自觉地维护团队的集体荣誉,自觉地以团队的整体声誉来约束自己的行为,从而使团队精神成为警察组织全面发展的动力。一个具有团队精神的团队,能使每个团队成员显示高涨的士气。团队精神有利于激发成员工作的主动性,由此形成集体意识,共同的价值观,高涨的士气,团结友爱,团队成员才会自愿地将自己的聪明才智贡献给团队,同时也使自己得到更全面的发展。①

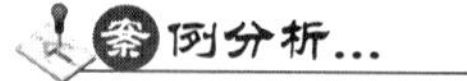

有一种担当叫"我是警察!"②

2015 年 5 月 4 日晚,广元市利州区公安分局东坝派出所 4 位年轻的民警下班后身着便装,路过辖区利州广场时见有人打架,立即上前亮明警察身份并进行制止。让他们

① 李慧波:《团队精神》,机械工业出版社 2015 年版。

② 资料来源:四川公安,http://www.scga.gov.cn/jwzx/jyfc/201505/t20150511_11882.html,2015 年 5 月 11 日。

始料不及的是，当事一方从附近酒吧叫来七八名男子对4名民警一阵围殴，民警没有退缩，继续对违法行为进行制止。后来增援警力赶到控制现场，并将4名受伤民警送到医院进行救治。

受伤4名民警都是入职不久的年轻民警，其中有两位是去年底才加入警队的。4位年轻民警的壮举无可辩驳地证明，"我是警察"的担当早已深深融进了人民警察的骨子里。

目前，涉案的6名犯罪嫌疑人以妨害公务罪被依法刑事拘留。

"当时你们想过后果吗?"

"你们是在休息，也没有穿警服，可以不管吗?"

"为了制止违法行为，你们反而被打受伤，后悔吗?"

在病房里，记者这样问受伤民警。

"穿着警服我们是警察，脱下警服我们依然是警察，面对群众有危难，面对违法犯罪，我们必须得上。"虽因伤痛声音有些微弱，但是他们的回答却让在场的所有人感觉铿锵有力。

多么可亲可爱可敬的战友，我们为你们叫好，为你们点赞，为你们骄傲。不管人生旅途有几多风雨，不管从警路上多少坎坷，年轻的战友们，既然选择警察，咱不后悔！咱不敢说，我做得有多好，但只要祖国和人民需要我，我就会出现，因为咱是警察！

评析：正是警察组织价值观已经内化为这4位民警自己的目标和价值体系，所以在日常的生活中就表现为从意识认同到行为同化。他们默默奉献、无怨无悔，矗立危险前沿寸步不退，面对邪恶扬眉出鞘绝不姑息，面对各种委屈初心不改。"我是警察！"一次选择，一生担当。

(三)警察组织与内部公众关系的处理

警察组织与民警关系的处理既需要科学的管理方法，又需要精湛的管理艺术，警察组织与民警关系的处理方法主要有以下几种：

1. 尊重民警的合理需求

美国著名心理学家和行为学家伯拉罕·马斯洛提出了需要层次理论，把人类的需要归为五大类。马斯洛认为，一般人都是按照从低级到高级，一层一层地去追求并使自己的需要得到满足的。不同层次的需要不可能在同一层次内同时发挥激励作用。如果管理者能够根据需要层次理论，善于抓住有利时机，知道自己的员工正在追求哪级层次的需要，并用这种需要来激励他们的话，将会取得极好的激励效果。

根据马斯洛的需要层次理论，民警的各种需要，无论是低级还是高级需要，都是警察公共关系应关注并尽力解决的，并以此来调动民警的积极性。

知识拓展…

依次由较低层次到较高层次排列，马斯洛理论把需要分成生理、安全、社交、尊重和自我实现五类。在自我实现需要之后,还有自我超越需要,但通常不作为马斯洛需要层次理论中必要的层次,大多数会将自我超越合并至自我实现需要当中。

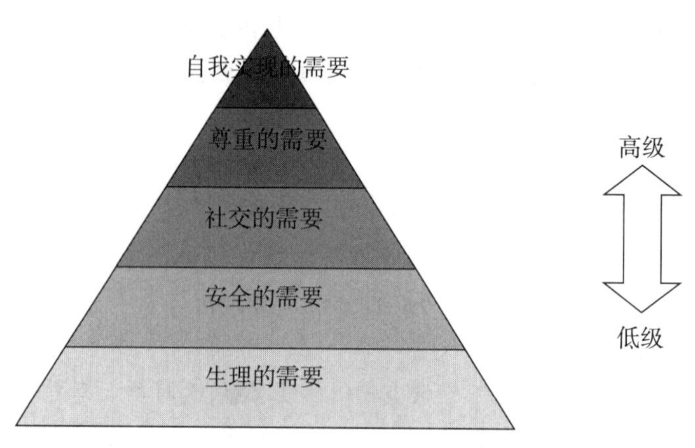

图 3-1 马斯洛需要理论

(1)五种需要像阶梯一样从低到高,按层次逐级递升,但这种次序不是完全固定的,可以变化,也有各种例外情况。

(2)需要层次理论有两个基本出发点,一是人人都有需要,某层需要获得满足后,另一层需要才出现;二是在多种需要未获满足前,首先满足迫切需要,该需要满足后,后面的需要才显示出其激励作用。

(3)一般来说,某一层次的需要相对满足了,就会向高一层次发展,追求更高一层次的需要就成为驱使行为的动力。相应地,获得基本满足的需要就不再是一股激励力量。

(4)五种需要可以分为两级,其中生理上的需要、安全上的需要和社交上的需要都属于低层级的需要,这些需要通过外部条件就可以满足;而尊重的需要和自我实现的需要是高层级需要,他们通过内部因素才能满足,而且一个人对尊重和自我实现的需要是无止境的。同一时期,一个人可能有几种需要,但每一时期总有一种需要占支配地位,对行为起决定作用。任何一种需要都不会因为更高层次需要的发展而消失。各层次的需要相互依赖和重叠,高层次的需要发展后,低层次的需要仍然存在,只是对行为影响的程度大大减小。

(5)马斯洛和其他的行为心理学家都认为,一个国家多数人的需要层次结构,同这个国家的经济发展水平、科技发展水平、文化和人民受教育的程度直接相关。在发展中国家,生理需要和安全需要占主导的人数比例较大,而高级需要占主导的人数比例较小;在发达国家,则刚好相反。

2. 建立和完善内部沟通交流网络

由于警察组织的内外环境处于千变万化之中,这必然会对民警的思想、情绪、心理产生影响,并使警察组织所面临的问题更加复杂化。同时警察组织为了适应这些变化,也必须把有关的信息、要求等传播给民警。因此,建立有效的沟通交流网络是必要的。

3. 提高民警的综合素质

通过继续教育、培训、进修等多种方式,不断提高民警的科学文化素质、理论水平、技术水平等,这不仅有利于增强民警对新的社会要求的适应能力,更会不断增强社会组织的生存力和竞争力。同时还应当看到,随着民警素质的提高,他们的自我调节能力、解决困难的能力也相应增强,一些问题、矛盾的化解也变得较为容易。因此,不断提高民警的综合素质也是改善警察组织与民警之间关系的一种重要途径。

4. 开展丰富多彩的文体活动

警察组织在力所能及的条件下,应将民警组织起来,参加体育竞赛、文艺演出、交友联谊、读书学习等有益于身心的活动,既可以使民警获得精神满足,也可以拉近彼此的距离,增进感情,从广义上丰富了警察组织文化的内涵。

5. 提供民警晋升机会

不想当将军的士兵不是好士兵。职位晋升是内部公众的较高级的需要,每一位民警都渴望能够得到职位晋升。由于职位晋升要求民警必须具有较高的职位技能,要求民警表现优秀并具有较好的适应性和潜力,职位晋升被视作是对民警能力的认可和尊重,所以警察组织为优秀民警提供职务晋升机会也是一种良好的内部公众关系处理技巧。

6. 处理好与民警家属的关系

中国自古以来就是一个家庭观念极强的国度。成功的组织内部公共关系主要借助以下两种方法处理好与内部公众家属的关系,从而进一步调动内部公众的积极性。

(1)帮助解决民警家属的困难。民警家属的困难会直接影响民警的态度与行为。警察组织内部公共关系活动通过帮助解决民警家属的困难来化解民警的后顾之忧。这就要求公共关系部门和人员要经常深入民警家庭之中,嘘寒问暖,关心民警家属,关心民警的家庭生活。

(2)建立与民警家属进行情感交流的机制。在处理问题时,中国人提倡“以情感人,以情动人,以情慰人”,情感交流始终是开展公共关系的灵丹妙药。成功的公共关系人员十分重视情感交流。建立与民警家属进行情感交流的机制是内部公共关系常用的手段。

7. 加强组织内部公共关系的沟通

沟通是指主体将某一信息或观念传递给客体或对象,以使客体作出所期望反应的过程。组织内部公共关系的沟通主要从以下几个方面进行:

(1)传递组织信息,增进民警对组织的了解。通过沟通,民警随时了解组织的新政策、新变化,了解发生在组织中的、与他们切身利益有关的部门大小事,维护他们的知情权。这也是公共关系部门必须要做好的工作。

(2)减少摩擦,化解冲突。民警和组织、民警和管理层之间经常会发生这样或那样的摩擦和冲突。组织的公共关系部门必须充分运用公共关系艺术性和技巧性,努力协调好各种摩擦和冲突,以形成和谐的人际关系和良好的组织氛围。加强沟通、增进联络、促进理解、相互配合,是解决组织内部公共关系摩擦和冲突的有效办法之一。

(3)培育民警的价值观。在组织内部开展公共关系互动时,首要任务是造就和培养一个共同的民警价值观念，以达到团结广大内部民警、使内部公众协调一致的目的。总之，公共关系人员要认真分析内部公共关系沟通的主要障碍因素，采取合理的有针对性的措施消除这些障碍因素，加强和增进组织内部的沟通，进而促进内部公共关系的和谐与协调。

（四）警察外部公众分析

任何社会组织都生存于一定的社会环境中，都需要与外界各方面的公众发生广泛的联系，建立良好的外部公共关系是社会组织生存发展的必要条件。

警察组织的外部公众具有广泛性、复杂性、松散性、难控性和变动性的特点。掌握不同外部公共关系的特点，针对不同外部公共关系采取不同的策略手段，最大限度地争取外部公众的理解、信任、支持和合作，对更好地完成组织的任务具有重要意义。外部公众主要有党和政府、企事业单位、社会团体、新闻媒介、个体公众等。

1. 警察组织外部公共关系的处理

（1）警察组织与党和政府关系的处理。处理好与党和政府之间的关系，可以为警察组织争取良好的政治环境，获得人力、物力和财力等各方面的政策支持。

处理好党和政府之间的关系可用以下方法：

第一，认真研究，准确掌握，坚决贯彻党和政府的政策法令。警察组织要认真研究、掌握并贯彻党和政府的政策法令，要使其一切活动保持在政策法令允许的范围内，并注意政策法令的变动情况，及时修正本组织的政策和行动。遵纪守法，执行政策，服从党和政府领导。

第二，警察组织认真履行自己的职责，树立良好的形象。警察形象就是指人民对警察的总体的、抽象的、概括的认识和评价。其内涵包括：忠于党、忠于祖国、忠于人民、忠于法律；精通业务、素质过硬；作风优良、纪律严明、仪容整洁、精神饱满；执法文明、服务热情、勇于吃苦、乐于奉献等内容。近年来，公安部采取了一系列措施："五条禁令"、"大练兵"、"三基工程"建设以及"社会主法制理念教育"等，大力加强公安队伍建设。广大公安民警的整体素质明显提高。面对新形势、新任务、新特点、新要求，人民警察应当视形象如生命，努力树立和维护好人民警察的良好形象。

第三，自觉接受党和政府的监督和制约，防止和纠正工作中的违法现象，有效抑制腐败的发生。对警察组织的监督，是依法治警、从严治警的需要。警察组织每年都有一定数量的违法违纪案件发生，有些情况相当突出和严重。虽然这只是少数，但危害大、影响深，严重损坏了党和政府的威信，极大地伤害了人民群众的感情，破坏了警察组织的声誉和人民警察的形象。事实证明，没有制约和监督的权力，必然导致腐败。为有效防止警察组织出现腐化变质，促进依法行政、廉政勤政，警察机关必须自觉接受党和政府的监督和制约。

（2）警察组织与企事业单位关系的处理。警察组织与企事业单位关系是建立在根本利益一致基础上的协作关系。其共同目标就是保障人民的生命和财产安全，打造安全的生产环境、和谐的社会环境。处理两者的关系可从以下几个方面着手：加强双向信息沟通，及时发现和解决社会治安隐患；配合企事业单位有关宣传部门加强安全宣传教育工作；加强对企事业单位内部保卫机构的领导。警察组织与企事业单位交往的过程中要注意工作方法和作风，在工作中要依法办事；在工作态度上要做到热情服务，对企事业单位提出的工作要求，要及时给予答复、解决；在工作方法上要讲究策略，避免简单粗暴。

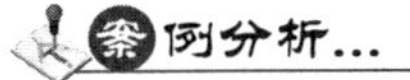

钦州：企业为一线交警送清凉①

2015年5月22日下午，农夫山泉钦州分公司的工作人员带着100件农夫山泉矿泉水和10把遮阳伞，来到钦州交警支队和黎合江交警中队，为辛勤工作的交通民警送去“清凉”。

当天上午，农夫山泉钦州分公司的工作人员首先来到钦州交警支队，向这里的民警送来了70件农夫山泉矿泉水和5把遮阳伞，并对他们辛勤的工作表示了认可。接着，他们又来到黎合江交警中队，当看到民警在车来车往的公路上执勤时，他们对民警任劳任怨、甘于奉献、忘我工作的精神表示了由衷的敬佩，并把30件矿泉水和5把遮阳伞亲手交给了一线执勤民警，同时叮嘱民警一定要做好防暑降温工作，注意劳逸结合，保持身体健康，以便更好地开展工作。

评析：只有在平时的工作中和企业处理好了关系才能赢得他们的理解和尊重，进而体现对警察组织工作的支持。

(3)警察组织与社会团体关系的处理。社会团体是非营利性组织，具有一定的社会影响力。警察组织与社会团体建立良好的公共关系，具有积极意义。处理与社团的关系要做到以下几点：尊重社会团体的合法权益；主动保持同社会团体的联系，注意信息沟通；注意处理好与社会团体负责人的关系。

(4)警察组织与新闻媒介关系的处理。公共关系的主要作用是树立组织形象，取得公众的理解、信任和支持。这项任务能否完成好，一定程度上取决于组织与新闻媒介的关系。

警察组织要与新闻媒介建立良好的公共关系可从以下几方面做起：了解新闻传播活动的特点、规律以及新闻媒介机构的工作方式，尊重新闻媒介的职业特点和权利；充分借助新闻媒介塑造良好的组织形象；坚持职业道德，切忌不正之风；加强情感交流，着眼于长期关系；正确对待新闻媒介关于本组织的不利舆论。警察组织需要通过新闻媒介向广大公众提供相关信息，同时也需要通过新闻媒介来了解民情和民意，不断地调整自己的行为。所以，警察组织要与新闻媒介建立良好的公共关系，充分利用大众传媒，扩大公共关系活动的影响力，提高警察组织的美誉度。

(5)警察组织与个体公众关系的处理。警察组织要处理好与个体公众之间的关系，要从以下几个方面做起：树立全心全意为人民服务的宗旨意识；坚持走群众路线；增强法治观念，提高执法水平；主动为民众排忧解难；利用信息沟通，增进相互理解。

---

① 资料来源：钦州交通安全网，http://www.gxqzjj.cn/news/?2032.html，2015年5月25日。

案例分析…

嘉兴：爱心，从这里传递——余新派出所为困难户捐款①

2015 年 4 月中旬，社区民警易琦森在走访中发现钟英德患脑梗，每月医疗费都在一千三百多元，妻子马敏玉患有胃癌已转移到乳腺，因没钱治病只能在家休养。由于父母都失去劳动力，一儿一女姐弟两人的生活费也成了问题。余新派出所发动全体民警和社区保安为其捐款，大家纷纷献出自己的一份爱心，希望能帮助他们渡过难关。4 月 23 日下午，余新派出所教导员和社区民警易琦森亲自来到钟英德家看望并送上捐款，希望他们能在困境中迎难而上，战胜疾病。

评析：群众工作无小事，从小事做起，社区民警在平时的工作中细心、耐心及时发现群众的困难，力所能及地给予帮助，暖了困难群众的心，也促进了警民关系的和谐发展。

第三节　警察公共关系的介体分析

一、警察公共关系媒介类型

（一）语言媒介

语言媒介主要指个人在人际传播中使用的各种信息传递方式。它包括有声语言和无声语言两大类。

1. 有声语言

有声语言即口头语言，它专指传播者通过口腔发声并运用特定的词语和语法结构及各种辅助手段向受传者进行的一种信息交流。其方式主要有答记者问、电话交流、谈判、会议和演说、致辞等。语言的功能并不仅仅在于传递信息内容的本义，它还通过声调、速度、音量、节奏等传递与说话者相关的背景信息。因此，即便是同一条信息内容，用词粗俗或文雅、声音有力或无力、语气坚定或犹疑、声调高或低、节奏快或慢、韵律有或无等，都会引起听话者的不同反应。

2. 无声语言

无声语言主要是借助非有声语言来传递信息、表达感情、参与交际活动的一种不出声的伴随语言。无声语言可分为默语和体语。

（1）默语是言语中短暂的间歇，往往能会意出言外之意、话外之音，达到此时无声胜有声的效果。

---

① 资料来源：嘉兴公安局，http://www.zjsgat.gov.cn/hdgl/jmhd/zyjwry/201504/t20150424_103490.html，2015 年 4 月 23 日。

(2)体语是以人的动作、表情和服饰来传递信息的一种无声语言。有首语(如点头和摇头)、手语(手势和哑语等)、足语(跺脚、来回踱步等)、目光语(历来被誉为"心灵之窗"的眼神和视角、视线传递等)、微笑语(通过不出声的笑所传递的信息)、姿势语(人体的动态或静态所表达的信息内容,如鞠躬、立正等)、服饰语(通过服饰和饰品所传递的信息,也是一种个人素养、爱好和文化品位的显现)等。

罗曼·罗兰曾说过:"面部表情是多少世纪培养出成功的语言,比嘴里讲得更复杂千百倍的语言。"心理学家阿尔·伯特梅拉毕安曾列出这样一个公式:"信息的总效果 = 7% 的书面语 + 38% 的音调 + 55% 的面部表情。"①可见,无声语言在人际交往中发挥着重要作用。

(二)印刷媒介

印刷媒介是指借助印刷技术,以文字、图片等形式将信息印刷在纸张上进行传播的媒介。印刷媒介最常见的有书籍、报纸、杂志三种表现形态。

1. 书籍

书籍是人类运用文字、图画或者其他符号在一定材料上记录知识、表达思想并制成卷册的著作物。书籍历史最为古老,从古埃及、古希腊、古罗马时代的纸莎草纸纸卷、羊皮纸纸卷,到欧洲中世纪的羊皮纸手抄本,从中国上古时代的简策、帛书到中古时代的雕版印刷。到目前为止,书籍仍然是最适用于详细而深入地阐述某个主题的传播工具,是最重要的媒介之一。

2. 报纸

报纸是以刊载新闻和时事评论为主,以定期、连续、散页的方式向公众发行的出版物,是把个人同国家、世界联系起来的纽带和桥梁;是以传播新闻为主,反映和引导舆论的重要宣传工具。随着现代社会生活的发展和读者对信息需求的多样化,除了传播时事、政治新闻与评论外,同时还传播知识、提供娱乐或生活服务。

3. 杂志

杂志又称期刊,有固定刊名,以期、卷号或年、月为序,定期或不定期出版的印刷读物,每期的内容一般不重复。它根据一定的编辑方针,将特定领域的作品汇集成册出版。

印刷媒介的优点主要有三个:首先,读者拥有主动权。读者在接触印刷媒介时,可以自由选择阅读的时间和地点。其次,印刷媒介具有便携性和易存性。印刷媒介如报纸、书籍等能将信息有效地保存下来,所以更能达到使受众获得反复接触的积累效果。再次,印刷媒介更能适应分众化的趋势。除了一些综合性的报纸以外,印刷媒介不像其他媒介那样强调以标准化的内容来适应大部分受众的共同兴趣。而专业化、专门化的报纸、杂志、书籍等印刷媒介往往以其具有针对性的内容而拥有特定的读者群,并可以对他们在某一方面施加特殊影响,这就适应了专业化、专门化受众的特殊需要。在知识界与教育界,印刷媒介更是拥有广泛的类型化受众。

印刷媒介的缺点是时效性不强,不能像广播电视那样进行实时报道,而要经过一个制作

---

① 朱晓杰、蒋洁主编:《公共关系项目式教程》,清华大学出版社,2014 年版,第 123 页。

周期。另外的一个缺点是印刷媒介的使用需要具备识字能力,受到文化程度的制约,文盲和文化程度较低的人无法或不能充分使用这种媒介。

(三)电子媒介

电子媒介是指运用电子技术、电子技术设备及其产品进行信息传播的媒介,其中包括广播、电视、电影、录音、录像和光碟等。

从19世纪后半期到20世纪前期,随着电子技术的发展,广播、电视、电影等电子媒介的成功发明,信息传播工具又一次发生了质的飞跃,使人类社会又一次迈进了一个崭新的传播天地。

电子媒介为人类传播带来的变革并不仅仅是空间距离和速度上的突破,同时也使人类知识经验的积累和文化传承的效率与质量产生了新的飞跃。电子媒介主要有广播、电视、电影、录音、录像、幻灯片、多媒体电脑和网络等。在这些媒介中,既有人际传播使用的录音、录像,也有小群体传播使用的影像和幻灯片等,更有大众传播使用的广播、电影、电视。网络是一种特殊的媒介,既适合于人际传播,又适合群体,更适合大众。

(1)广播。广播是指通过无线电波或导线传送声音符号的传播媒介,是最先普及的大众电子传播媒介,它以声音为传送形式,作用于人的听觉器官。

优势:传播迅速、覆盖面广;通过口语、音响传播,较生动,有现场感;机动性强、鼓动性大;成本低廉,普及率高。

劣势:稍纵即逝,不便保存;形式单一、缺乏冲击力;无法选择,检索性差;顺序播出,无法捕捉重点。

(2)电视。电视是用电子技术传递声音和活动图像的传播媒介。电视第一次将人的视听结合在一起,较以往任何传媒都真实的程度上传递信息。它既作用于人的听觉,又作用于人的视觉,是一种较全面的传播方式,比其他媒介更生动、传神、直观、迅速。

优势:真实感强,结合了图、文、声、色四种因素;娱乐性强、可以同步传送,使人有身临其境的参与感;快速且真切,并有直观的艺术性;前途广阔,尚待开发的领域很多,如数字化,立体化等。

劣势:传播的内容稍纵即逝,无法保存;顺序传输,无法选择;制作的设备复杂,制作成本昂贵。随着技术的发展,电视节目在保存和选择上也有突破,比如使用机顶盒。

(3)其他电子媒介。电影内容生动形象,老少皆宜,成本高,周期长。另外还有录音、录像、幻灯片、移动电视、电话、传真、电报等电子传媒。

(四)其他媒介

在警察公共关系工作中,除了使用语言媒介、印刷媒介、电子媒介,还要用到一些其他的媒介形式,事实上这些媒介和以上三种媒介都有密切的联系,甚至可以属于这三种媒介的组成部分。

(1)小众化媒介。小众化媒介即在有限范围内的传输媒介,是专门用来针对小团体的,如有线电视、专业化频道、会员交流内部的信息资料等。

(2)个人传播工具。如公用电话、座机电话、移动电话;另外还有图文传真系统,即凭借电话线路,可将书信、文字资料、图像资料保真传输的传播系统。再如网络上的即时通软件QQ、微信等。个人传播工具还有私人信函、卡片等,这些都是针对特定对象的。以上几种个人传播工具既有印刷的,也有电子的、网络的。

(3)公关宣传品。公关宣传品主要有警察公共关系刊物,即警察组织编辑、发行的小报、杂志、通讯和内外传阅资料,它们定期发行,免费分发。还有书籍、小册子,配合特定主题内容编制的文案、影集、画册或宣传手册,以及海报、POP 宣传品(主要是用来配合一些公关活动主题制作的宣传海报、横幅、彩旗等)。

(4)图象标识。图象标识主要有照片、图画以及标识系列,通过平面构图传递形象、信息。照片比图画更准确、客观、逼真;图画比照片更灵活、更富创造性、想象力和表现力。这些方式适用于公关橱窗展示和展览陈列活动。另外还有标识系列,它是以特殊的文字、图形、色彩的设计,构成警察组织的形象标志,以区别于其他组织,包括警徽、警械装备、值班岗亭的外观、办公场所、公众告示牌等传播警察组织的各种信息。

(5)人体活动媒介。人体作为媒介主要指两个方面,一是人体语言,即人的表情、动作、姿态以及服饰等非语言传播,这些内容我们在前面已有所介绍,这里不再重复。二是人的活动。人的行为以及各种活动本身也是一种高效率的、感染力很强的传播手段。如以身作则的行动、诚恳的态度、认真的作风,都会传达丰富的信息。在各种公关活动中人体活动传达的内容既是生动的,也是必不可少的。

(6)实物媒体。实物本身也是信息载体,在警察公共关系活动中也大量使用。实物媒体中最明显的当属礼品。礼品不仅传播该实物本身的信息,还传递着传播者的感情,这是礼中应有之意。所以,礼品具有能同时传递关于实物的实际特性、实用功能价值和情感价值的特点。因其传播的信息内涵最为丰富,所以无论是从理论上还是从实践上,礼品都是最好的传播载体。公关礼品作为带有警察组织标识的实物宣传品,也是警察组织的传播工具,还有象征物和模型,作为传递警察组织各种观念、管理方式的媒介也经常出现在大型的活动中和实物展览会上。

二、警察公共关系传播类型

(一)人际传播

人际传播指个人与个人之间的信息传播活动,也是由两个个体系统相互连接组成的新的信息传播系统。人际传播是社会生活中最直观、最常见、最丰富的传播现象。二人谈话、书信往来、打电话、网上聊天、微信留言等都属于人际传播的范畴。

人际传播的动机主要包括:①获得信息,即关于生产、生活和社会的有用情报;②建立与他人的社会协作关系;③自我认知和相互认知;④满足基于人的社会性的精神和心理需求。

人际传播的特点有:①人际传播传递和接收信息的渠道多,方法灵活。传播者不仅可以使用语言,而且能够运用表情、眼神、动作等多种渠道或手段来传达信息。同样,受传者也可以通过多种渠道来接收信息。②人际传播信息的意义更为丰富和复杂。比如在面对面的传播情况下,多种渠道和多种手段的配合,会形成特殊的传播情境,这种特殊的情境会产生新的意义。③人际传播双向性强,反馈及时,互动频度高。双方的信息传播以一来一往的形式进行,传播者与受传者不断相互交换角色,双方都可以随时根据对方的反应把握自己的传播效果,并相应地修改、补充传播内容或改变传播方法。因此,人际传播是一种高质量的传播活动,尤其在说服和沟通情感方面,其效果要好于其他形式的传播。④与组织传播和大众传播相比,人际传播属于一种非制度化的传播。

(二)组织传播

组织传播就是以组织为主体的信息传播活动。组织传播的总体功能是通过信息传递将组织的各部分连接成一个有机整体,以保障组织目标的实现和组织的生存与发展。

组织传播可分为组织内传播和组织外传播。

1. 组织内传播

一个组织要保持高度的凝聚力和战斗力,必须围绕一系列重要问题,如组织目标和宗旨、组织规则、组织方针和政策等,在组织成员中形成普遍共识。共识的形成本身就是一个组织内传播互动的过程,必然伴随着围绕特定问题的信息传达、说明、解释、讨论等各种形式的传播活动。

组织内传播的过程,也是组织维持其内部统一、实现整体协调和整体运作的过程。组织内传播包括组织内传播的正式渠道和非正式渠道两个过程。

(1)组织内传播正式渠道。

组织内传播的正式渠道,指的是信息沿着一定组织关系环节(部门、职务、岗位及其隶属或平行关系)在组织内流通的过程。其传播形式可分为两种,即横向传播和纵向传播。一般来说,横向传播双向性强,互动渠道畅通;纵向传播则有单向流动的性质,因而,根据信息的流向,纵向传播可分为下行传播和上行传播。

下行传播,即有关组织目标、任务、方针、政策的信息,自上而下得到传达贯彻的过程。下行传播的作用,包括使组织成员适应组织环境,了解工作内容,熟悉自己的职责、权利和义务,培养成员对组织的一体感等。它是一种以指示、教育、说服和灌输为主的传播活动。

上行传播,指的是下级部门向上级部门或部下向上司汇报情况,提出建议、愿望或要求的信息传达活动。这个过程很重要,它有三个方面的意义:第一,上行传播是中枢指挥管理部门获得信息反馈的重要渠道。通过这个渠道,指挥管理者可以了解组织目标或任务在第一线的贯彻落实情况,并据此对既定决策进行修改,使之更符合实际。第二,基层部门或第一线人员是组织的窗口,他们对外部环境的变化往往握有第一手信息,这些新的信息反映上去,成为组织进行新的应变决策的重要依据。第三,上行传播是把握组织成员精神状态的重要渠道,指挥管理者可根据下面反映的情况及时采取措施,把组织内部成员的情绪和士气调整到组织所需要的理想状态。

横向传播,指的是组织内同级部门或成员之间互通情况、交流信息的活动,其目的是为了相互之间的协调和配合。在横向传播中,传播双方不具有上下级隶属关系,平等的协商与联络是传播的主要形式。

(2)组织内传播的非正式渠道。

组织内传播的非正式渠道是指制度性组织关系以外的信息传播渠道。非正式渠道中的传播形式主要有两种:一是组织内的人际传播(组织成员工作之余的交谈、单位内外的各种私人交往等),二是非正式的小群体传播(兴趣小组、自发的革新小组等)。

非正式渠道传播具有交流的信息广泛、双向平等、本意交流和情感交流等特点。

组织内传播的媒体形式通常有书面媒体(如内部文件、报刊、报告、信件等)、会议、电话、传真、内部闭路电视系统、内部计算机通信系统等。

2. 组织外传播

组织外传播是指组织与外部环境进行信息互动的过程,它包括信息输入与信息输出两方面。组织的信息输入,是组织为进行目标管理和环境应变决策而从外部广泛收集和处理信息的活动。组织任何与外部有关的活动及其结果都带有信息输出的性质。

(三)大众传播

大众传播是社会媒介组织通过文字(报纸、杂志、书籍)、电波(广播、电视)、电影、电子网络等大众传播媒介,向社会大众公开地传递自己用各种手段复制的信息的社会实践活动的全过程。

大众传播的特点如下:

(1)具有组织性。它的传播者通常是一个庞杂的机构,内部有精细的分工。如以报纸传递信息的报社,即由采访、编辑、评论、广告、行政等多部门组成。

(2)在传播内容上具有公开性和易逝性。大众传播与密码、旗语、信鸽、书信等传播现象不同,它不带有保密的性质。这就决定了各种社会制度下的政府部门,往往以不同的方式或在不同的程度上,对传播内容加以审查和控制。报纸刊登的消息,广播、电视播送的节目,通常只具有一次性阅读、视听的价值,除非受传者为了某种用途,以剪报、录音、录相等方式将信息贮存起来。这就迫使传播者必须注重信息传递的时效。

(3)具有很强的选择性。一是传播工具对受众有一定的选择;二是受众对传播工具有一定的选择,年龄、性别、职业、文化素养、个人兴趣等可以使受众分为不同的读者层、听众层或观众层,而偏爱某种传播工具;三是受众对传播的内容可以任意选择;四是受众对参与大众传播的时间可以自由选择。受众的选择性表明,大众传播并不意味着是对每个人的传播。

(4)受众具有不知名和参差不一的特点。传播者可能了解受众总体的某些情况,但对具体的受传者往往是不熟悉的。

(5)在信息流通上具有单向性。受众无法当面提问、要求解释,整个传播过程缺乏及时而广泛的反馈。

(6)具有快速性。不断吸收最新科学技术,提高传播信息的速度,是大众传播的一个发展趋势。

(四)网络传播

网络传播是以计算机通信网络为基础,进行信息传递、交流和利用,从而达到其传播目的的传播形式。网络传播融合了大众传播（单向）和人际传播（双向）的信息传播特征，在总体上形成一种散布型网状传播结构，在这种传播结构中，任何一个网结都能够生产、发布信息，所有网结生产、发布的信息都能够以非线性方式流入网络之中。

1. 网络传播的优势

（1）信息多元化。网络信息中运用了 flash、视频、音频等多媒体技术，这些技术不像网络上单一的 flash、视频、音频等形式那样，而是通过组合的应用配以精彩的内容给读者带来了强烈的感观刺激和互动参与的欲望，这是单一的技术表现形式所不能比拟的，也是网络信息对读者的吸引力所在。

（2）表现形式立体化。网络新闻以互联网为基础，借助先进的传输技术，在新闻传播内容、形式、结构及便于阅读等方面，都很好地发挥了新闻宣传的舆论导向作用，收到了较强的立体化的新闻传播效果。

与传统新闻传播相比，网络新闻为读者提供了更为广阔的新闻信息量及阅读空间，它一方面通过内容编排、结构选择等方式，使新闻报道达到了“最佳状态”，便于读者获得立体认识，更清晰更深刻地了解新闻；另一方面，读者的意见或态度可及时反馈给传播者，读者与传播者之间形成了一种互动关系，从而使新闻的立体传播效果，在网络传播的环境下得到了更为深刻的演绎。

（3）传播互动化。信息传播的双向互动，是网络传播的本质特征和社会意义的集中所在。报纸、广播、电视这几种传媒，恰恰在这方面相形见绌。双向互动式传播具有三个重要特征：信息的传播者不再享有信息特权，与受众一道成为真正意义上的平等交流伙伴；网络用户不仅可以平等地发布信息，还可以平等地开展讨论与争论；舆论监督功能在网络振荡中不断放大，具有无比的威慑力量。互动式传播内含着天然的民主亲和力与自由召唤力，从而构成了对现有传媒的致命冲击，构成了对传统意识的日趋迫切的反叛与否定。

2. 网络传播的劣势

（1）网络传播的安全性存在问题。一方面计算机感染病毒会导致计算机瘫痪、数据丢失或被篡改；另一方面电脑黑客不时对网络进行攻击，导致网络瘫痪，或盗用、删除网络上其他计算机系统中存储的数据。

（2）计算机的功能众多带来计算机操作和使用上的复杂。对于老年人来说，掌握计算机的众多功能是很困难的。

（3）网络信息良莠不齐，上网获取的往往是零散和不系统的知识。网络传播和传统媒体不同的是，它具有很大的隐蔽性，传播者处于一个极端隐蔽的地位，这无疑刺激了人们在网上恶意传播虚假信息的欲望。

（4）根据传播学理论，网络传播属于“全通道”型的传播方式。这种传播方式最大的缺点就是传播效率低下。

网络传播的出现，极大地改变了信息传播的方式，影响着人类知识的组织、传递和获取，对人类的文化和政府的政策带来深刻的影响。传播作为联系信息生产、积累和获取的中心环节，起着承上启下的作用。网络传播作为信息交流、传播的一种重要渠道，使信息得以广泛散发、吸收和利用。网络传播在人类的信息流通过程中将占有越来越重要的地位，信息技术与手段的变革对人类信息流通活动的方式产生深刻的影响。

（五）媒介融合传播

随着信息技术的日新月异的发展，今天我们所处的时代越来越显现出它作为一种传播形态巨变时代的特征，我们正见证着一场新的媒介的变革。数字化信息时代的到来让越来越广泛的人群参与到了信息的发布和传播中来，传统的媒介与媒介之间的界限也被轻易地打破，不再泾渭分明，数字技术、网络传播的迅猛发展与广泛运用使得不同媒介间的融合成为一种动态趋势。媒介形态变化是一个动态过程，而对当今数字化时代媒介形态变化的客观存在状态作出准确描述的正是"媒介融合"理论。

现代信息技术给传统媒体改变自我、寻求新发展提供了机遇，也推动了一批新兴媒介形态的产生。手机报、手机电视、交互式网络电视、数字广播、网络电台、网络电视、博客、播客、网络社区空间、微博、微信等日益深入当代社会的信息传播活动中。它们具备着有别于传统媒介的新特征。交叉多元性、娱乐体验性、参与互动性的特征让传统的传受关系、传播过程等都发生了改变。①

技术推动下的媒介融合，首先带来了传播理念的更新，使传播的交互性增强、时空界限消弭、主体多元化、受众分众化、内容多媒体化。其次，媒介融合使传播的符号系统发生变化。从语言、文字、图片到声音、影像、动画，大众传播媒介的符号系统在媒介演进的过程中得以融合，共同完成大众媒介对人类社会和外部世界的解释功能。

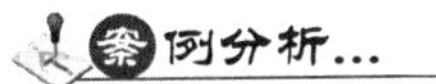

新媒体时代广州警察公共关系创新与探索②

新媒体时代的来临，为政府增强公共关系能力和影响力提供了空前的机遇，也带来了前所未有的新挑战。广州市公安局紧紧把握新媒体时代的特点和脉搏，结合公安中心工作及传统宣传工作实践，深入开展理论研究，不断探索尝试运用新视角、新媒介、新手段来强化政府传播和公共关系效果及影响，实现了警察公共关系有效服务、推动、促进公安中心工作的目标。

新媒体时代警察公共关系工作面临的挑战

当前，我国正处在社会转型时期，经济高速发展、利益分配不均等社会不公正现象使各种社会矛盾激增。而现实中的不良情绪通过网络被无限制地放大，造成一种社会风气沦落、社会道德滑坡的假象，负面情绪逐渐累积、扩散。公安机关工作长期处于与群众密切接触的第一线，对社会负面情绪的感受首当其冲，也更容易成为这些负面情绪的发泄对象。《2013 年中国社交媒体舆情发展报告》显示，人民网舆情监测室对 2013

① 罗昶：《突发事件传播的媒介分析与应对：以媒介融合为视域》，经济科学出版社 2011 年版。
② 谢晓丹：《新媒体时代广州警察公共关系创新与探索》，《南方法治报》2015 年 3 月 2 日。

年3月至2014年3月的全国百大舆情事件进行分析,“涉警涉法案件”已占10%,仅位于20%的“反腐相关事件”之后,但如果算上“群体性事件”(3%)和“反恐袭击”(6%)等与警方执法执勤相关联的舆情,涉警舆情就和反腐舆情等量齐观了。现实环境对警察公共关系“树立形象、协调沟通、危机处理、优化内外部发展环境”的职能实现,提出了更高的要求和更大的挑战。

广州警方在新媒体时代对警察公共关系的创新实践

在目前以政务微博和微信为代表的自媒体机构“唱主角”的时代,广州市公安局大胆尝试,积极利用微博、微信等自媒体平台以及智能手机应用(APP)、传统宣传、公众活动等多种形式和手段,初步开创了“权威发布、智能服务、亲民公关”的新媒体时代警察公共关系新格局。

1. 创新舆情处置思路,树立并强化权威形象

“广州公安”新浪微博开通于2010年4月29日,是全国较早开通的公安政务微博,并于2012年11月和2013年8月相继在腾讯、人民网开通政务微博。在开通地市级微博账号的同时,还在新浪、腾讯建立了以团委、治安、交警、户政、出入境及各区县分局为主体的政务微博群,实现了信息传播以相互支持呼应、扩大影响力和覆盖面为目的的集群效应,并在一些突发事件的应对和引导工作中发挥了重要作用。2014年,“广州公安”政务微博在新浪、腾讯、人民网三大微博平台发布微博3万多条。

进入以网络为代表的新媒体时代,改变了传统舆论的生成、演变理念和信息传播机制。微博因其“1 to N to N”传播方式和形式的特殊性,不再有“首发”概念,只能尽快“抢”第一轮传播。

这就要求公安机关在使用时必须把握工作的主动性,利用政务微博这一权威自媒体阵地及时准确公布真相,避免谣言滋生和传播。

2014年5月6日上午,一名头戴白帽男子在广州火车站西广场持刀追砍过往群众,造成6人受伤,在广场上执勤的民警连开两枪将凶徒制服。当时恰逢昆明“3·1”暴恐案件后不久,引起社会广泛关注。广州市公安局宣传部门迅速启动舆情应急处置机制,第一时间掌握准确信息,及时利用新媒体发布平台滚动发布权威信息。在事发后的1小时,“@广州公安”即发出第一条简要情况博文,抢占自媒体“第一轮”发布时机。随后5小时内,又通过微博滚动发布事件受伤人员基本身份信息、行凶嫌疑人为1人作案等后续侦查信息,牢牢掌握事件的舆论导向。

2. 利用新媒体加强沟通和服务,寻找新时期警察公共关系工作着力点,拉近警民距离

近年来,广州市公安局先后建立了“广州公安”政务微博群,“广州公安”政务微信(服务号)、“平安广州”政务微信(订阅号)、“网上车管所”、“警民通”智能手机应用APP等多个新媒体宣传服务平台,建设起横向覆盖面广、纵向服务层级深的便民利民服务平台群,全面畅通警民沟通渠道,提升政务服务效能。

“广州公安”微博除了作为舆情处置和危机公关的权威发声平台,在日常工作中,广

州警方还围绕公安机关各项中心工作，一是及时在微博上发布警方新闻、推进政务公开、发布防范预警、开展警民对话，实现了警方信息有效传播、准确送达、影响受众的目标。为了“接地气”、“揽人气”，微博上各类安全提醒、警务信息都结合漫画、动态图、视频等多种流行元素，以网络受众喜闻乐见的形式发布，让网友和群众在轻松欢乐的“刷博”中获知权威政务信息、增强自我保护意识。去年以来，微博还同步直播广州市各区分局、县级市局公安局长新闻发布会，及时传递权威警方信息。目前，“广州公安”三大平台有粉丝627万多人，已成为公安机关发布警方权威信息、开展法治宣传、收集社情民意的重要平台，也是市民群众和网友咨询、投诉、举报、反映治安线索的主要渠道之一。二是建立健全微博舆情信息流转和反馈机制。对网民粉丝发来的咨询、报警、投诉、举报等信息，依托相关警种政务微博群，建立起了及时对网民私信和“@”信息予以跟进和答复，做到“件件有回复，事事有落实”，树立公安政务微博积极与网民互动、及时回应网民诉求的良好形象。据统计，目前“广州公安”微博日均与网友私信互动达100余条，日均接收处理网友“@”信息约3000条，已经成为公安机关对广州市民群众又一重要的沟通和服务渠道。仅2014年，“广州公安”微博向下属政务微博单位转办咨询、举报、投诉2000多件。三是积极组织“粉丝”开展线下活动。从2012年开始，坚持策划开展“微友进警营”系列互动活动，邀请微博、微信的粉丝走进警营，参观警用设施装备，与民警互动交流，现“微友进警营”已成长为“广州公安”一个极有价值的警民互动品牌。2012年8月起，“广州公安”微博团队先后策划了近20期“微友进警营”活动，邀请粉丝走进110指挥大厅、警犬训练基地、特警训练基地、消防部队等“神秘地带”参观体验。线上“微直播”结合线下“微互动”，吸引了大量网民的关注，达到警民沟通、宣传教育、听取民意的目的。2015年1月27日，由人民日报社、新浪微博联合主办的“新形势·新常态·新思维2015移动政务峰会”在北京举行。会上发布了《2014政务微博报告》，“广州公安”微博名列“全国十大政务机构微博”第6名，名列“全国十大公安系统微博”第4名。而在《全国政务新媒体综合影响力报告(2014)》中，“广州公安”微博名列全国省市级机关政务新媒体综合排行榜第2名。

进入21世纪第二个十年，“微信”作为新的自媒体交流平台在智能手机用户群中占据重要地位。

2012年11月18日，广州市公安局顺应时代要求，在全国较早开通了公安机关政务微信公众号——“广州公安”。通过近两年的运行，“广州公安”微信以其沟通实时性、服务便捷性，受到微信用户的追捧，入围“2013年广东政务微博论坛”评选的“十大最具影响力政务微信”。2013年6月6日，“广州公安”微信公众号在全国率先实现公安业务查询办理功能；2014年上半年，还将警务信息融合到手机地图内，并开辟了市民方便快捷使用微信举报报警的渠道。目前，“广州公安”微信有关注用户27万多，可实现交通违法查询等49项公安业务查询、港澳通行证再次签注等21项业务办理、7项业务预约以及智能交通服务等应用。2014年3月，广州警方推出了“平安广州”微信订阅号，主打警务信息每日推送。

加上“网上车管所”“警民通”智能手机应用APP等其他新媒体宣传服务平台，使“广州公安”畅通警民沟通渠道、提升服务效能的努力在群众中产生正面宣传效果，对维护广州警方正面形象起到持续有力的推动作用。

3. 推出微博小编团队、“傅Sir”、“Madam邓”等民警代表“符号”具化警方亲民形象

警察公共关系具化为具体的人物形象，更人性化、更易得到群众的认可。新媒体时代公安机关自媒体平台增多，更有利于民警符号化形象的传播，从而影响受众。

广州市公安局于2011年开始，先后推出“广州公安‘高帅美’微博团队小编”“傅Sir”和“Madam邓”等民警形象代表。利用易于被广大青年网友接受的、富有朝气和活力的青年民警形象，富有公安工作经验、接地气、形象亲民的“老民警”和英姿飒爽的女警等形象和角色，在警方与电视、广播、报纸、网站、微博等媒体平台合作的栏目中向市民宣传法律知识、安全防范提示，并参与警方与社区、学校、社会团体举办的公众互动活动，为建立民警群体的良好形象发挥了积极作用。

评析：通过广州市公安局在新媒体时代政府传播与警察公共关系的探索和实践中可以看出，在新媒体时代背景下，公安机关应及时转变观念，变被动地应付社会舆论为主动地利用新媒体积极与社会公众进行沟通，增强互动，加强政府执政能力的建设，与媒体及社会公众建立和谐的协作关系，推动公安工作更好地开展。

本章小结...

警察公共关系组织环境主要由警察公共关系主体、客体、媒介三个基本要素构成。警察公共关系主体具体包含三个层次的实施者：警察组织、警察公共关系机构、警察公共关系人员。警察公共关系主体的公关素质应包括广泛扎实的理论知识和较高的思想觉悟和政策水平。警察公共关系的客体是公众，具有同质性、多维性、可变性、互动性。警察公共关系媒介主要有语言媒介、印刷媒介、电子媒介、其他媒介。警察公共关系传播类型主要有人际传播、组织传播、大众传播、网络传播、媒介融合传播。

课程思路...

从警察公共关系主体的公关素质入手，在强化警察公共关系主体的政治意识、法律意识的前提下，立德树人，提升学生的思想政治素养，通过案例引入分析我国警察在不同历史时期展现的责任担当，及其在公共关系中传播的正能量和影响力，培养学生的职业认同感和使命感。

思考与练习...

1. 根据自己的身份、经历，列出你曾经是哪些组织、哪几种类别的公众？

2. 以你所在城市的某个派出所为例，分析其警察公共关系现状以及如何协调各类警察公共关系？

本章核心问题？什么是公共形象？全媒时代公共形象对于警察组织的生存发展有着怎样的影响？公共形象的实质是什么？警察组织应该如何塑造良好的公共形象，并巩固维护好它？

第四章　警察公共形象的建设与管理

第一节　警察公共形象的构成要素

一、警察公共形象的含义及特征

（一）警察公共形象的含义

警察公共形象是指社会公众通过对警队精神、警队行为、警队作风、警队内部管理水平、警队装备和警队的福利待遇等多方面因素作出总体的、抽象的、概括性的认知。警察公共形象是公众对警察组织整体实力和综合素质的评价。构建良好的人民警察形象对于维护和提高人民群众对党和政府的信任和支持，促进和谐的警民关系有着重要作用。因此，合理运用警察形象战略，加强协调，运用传播沟通手段，积极稳妥地引导社会舆论，不断塑造和维护警队形象，建立高知名度、高美誉度、高信任度的警察公共形象，是现代警察公共关系管理的重要目标和重要内容，也是促进社会和谐的重要途径。

（二）警察公共形象的特征

警察公共形象能够体现警察组织的社会关系状态和社会舆论状态，良好的警察公共形象意味着警察组织良好的公共关系。想要树立、维护和塑造警队形象，要从总体上认识和把握警察公共形象的特性，通过研究和深入了解警察公共形象的特性，探寻树立、维护和塑造警队形象的正确出路。通过对警察公共关系工作经验的总结，警察公共形象主要包含以下四个特性：

第一，警察公共形象的代表性。公安机关是政府的组成部分，是人民民主专政的重要工具之一，因而公安机关的管理活动体现了法律意志、国家的意志、人民的意志。全心全意地保护人民，打击犯罪，维护社会治安的稳定，是人民警察的神圣职责。因此警察形象从某种意义上讲，代表着法律形象和政府的形象。警察形象的好坏关系到政府的声誉好坏，关系到公众对政府的信誉度。因此，警察公共形象具有很强的代表性。

第二，警察公共形象的主观性与客观性。警察公共形象是社会公众对公安机关各方面状况及行为认识和评价的结果。在警察公共形象形成过程中，能引起公众感知和认识的对象，是警察组织的物质文化和行为。这是警察公共形象形成的基础。一支警察队伍的公共形象要获得良好的社会评价，必须依靠它自身良好的社会行为，而不能仅仅靠简单的宣传，自吹自擂。虚假的形象宣传是不稳固的，最终还会丧失公众的信赖度。警察组织要树立良好形象，首先必须在警察队伍建设上下功夫，要“忠诚保平安，真情赢民心”。由此看来，警察公共形象形成的基础和过程是客观的，警察公共形象具有鲜明的客观性。但是，由于公众的认识能力和水平、思维方式、价值观念、审美意识各不相同，加之公众认识警察组织的时空条件、审视角度、标准和环境也不同，公众对同一个警察组织的认识和印象也就不尽相同。另外，在警察公共形象塑造过程中也必须发挥广大警察的主观能动性。因此，在警察公共形象的塑造和传播活动中，也渗透着宣传主体的思想观念和心理状态。由此可见，无论是警察形象的主体塑造和客体的感知形成，都呈现出明显的主观性。

第三，警察公共形象的整体性与多样性。警察公共形象的内容是全面的，而不是单一的。警察公共形象往往是由若干不同的形象要素所构成，警察公共形象就是所有这些要素的反映。对公安机关来说，为人民服务，对法律负责，清正廉洁，辖区发案少、秩序好，在任何时候都是警察形象的坚实基础。警察公共形象是各种形象要素的综合反映，这就体现了警察公共形象的整体性。再者，警察形象的构成又有多种要素，如警员素质形象、管理服务形象、警察组织环境形象等，它们以不同形式和多侧面展示出来。作为警察公共形象感知主体的公众同样也是多方面构成的，如企业职工、社会群众、政府部门、新闻媒介等。由于公众各自的背景和对警察组织的了解不一样，他们对警察公共形象的认识也不一样，即使是同类公众，所接收到的各种形象要素信息也可能是不同的，故其感知的警察公共形象自然就有差距。这就呈现出警察公共形象的多样性。

第四，警察公共形象的稳定性与可塑性。警察公共形象是警察综合行为的结果，因此，当公众对警察产生了一定的认识和看法之后，即使警察形象仍然不断发生变化，但由于公众的心理定位作用，公众对警察的认识会倾向于原有的形象。尽管警察现状和警察行为产生某些变化，但公众并不会立刻改变对警察的印象和态度。因此，警察公共形象具有一定的稳定性。另外，稳定性对于不同性质的警察公共形象会有不同的具体表现。例如，某警察组织破案率高，警察素质好，组织在市民心中的形象极其高大，那么，就算这警察组织在工作中偶尔犯错，市民也会对该组织表示理解、同情和支持。但是，如果这警察组织在市民心中形象不好，尽管这个组织想为市民做件好事，市民也会对其持质疑态度。因此，警察组织要重塑形象，需要长期艰苦的努力。但是，警察公共形象不是一成不变的，由于警察形象的构成要素处于不断的变化过程之中，故此警察形象又具有极大的可变性。如某一单位由于警察素质低,在办案中出现了偏差,在群众中产生了不好的影响。事后该单位痛定思痛,把提高警察业务素质放在非常重要的位置,久而久之,该单位的警察素质大大提高,警察队伍的战斗力大大增强,赢回了公众的赞誉。这种不好到好的转变,就是一种可塑的变数,体现了警察公共形象的可塑性。

(三)警察公共形象的内容构成

警察公共形象是一个完整的系统,它由各个要素组成,各要素之间既有区别又有联系,既相对独立又相互影响。在现实生活中,不同警察组织的公共形象不尽相同,形象构成要素在其公共形象构成系统中所占比重也千差万别。尽管形象构成要素在不同的警察公共形象构成系统中呈现的特点具有较大的差异性,但各构成要素还是有明显的共性。

1. 文化形象

警察组织人员的警容、仪表、风纪,即人员形象,是警察形象和素质的外在表现,属于警察的文化形象。良好的警察公共形象,应从警容仪表、言谈举止入手,提高警察的内在文化素质。文化形象具体表现为着装是否规范整齐,仪表是否整洁威严,语言是否文明礼貌,举止是否得体,态度是否谦虚和蔼等,文化形象从一定程度上直接表现出人民警察的精神风貌和纪律风范,也是人民警察最基本素质的表现形式。人民警察端庄的警容形象不仅要求公安干警在上岗执勤、执行任务时要着装整齐,姿态端正,精神振奋,更重要的是要求在执行各项勤务中,要文明办事,礼貌待人。保持严整的警容,目的在于展示公安机关的优良作风,做到举止文明,令行禁止,朝气蓬勃,雷厉风行,在行为举止方面显示人民警察的威严,铸造成新时代的人民卫士。

2. 素质形象

素质形象对警察公共形象的影响极大,素质是内在的表现。要分析警队的素质形象,首先要了解警队成员的构成。目前警察来源主要来自以下几个群体:一是复员军人。这是当前警察队伍的主体,这部分人纪律意识强,军事技能硬,但是文化水平普遍较低,法律意识淡薄。二是警察院校毕业生。这是仅次于复员军人的第二大群体,他们受过专业的警察教育,理论知识和专业技能都很扎实,但也存在心理状态波动大等弱点。三是社会招募人员。这一类人员是从社会各行各业通过各种渠道进入警察队伍的。他们有丰富的社会经验,但素质参差不齐,专业技能和警察理论都不够,社会关系复杂,立场不够坚定。四是近几年开始吸纳的普通高校毕业生。这部分人文化素质较高,年轻有闯劲,但是无论警务理论还是经验都比较缺乏。

加强人民警察素质形象建设是在新形势下树立警察公共关系理念的需要。因此,加强警察素质形象建设,有利于不断促进警察与社会各阶层群众的沟通,实现警察与群众零距离接触,在与群众密切接触中树立和改善人民警察素质形象,使警察在沟通与交流中加深对公安工作的理解,使业务工作与群众路线相结合的方针在新形势下得到更好的贯彻落实。消灭警队中素质不高的行为,使警察形象更贴近群众,走到群众中去,贯彻全心全意为人民服务的宗旨,树立人民好公仆的形象、让人民满意的形象。

3. 执法形象

执法形象是警察形象的核心。因为警察组织是执行公权力的强制机关,其所担负的职能主要靠各种执法活动来体现。警察组织的执法水平的高低,执法效果的好坏直接影响警察组织的形象。人民群众对警察的评判主要是通过评价警察的执法活动表现来进行的,因此警察在执法过程中的一言一行、举手投足都影响着警察队伍在公众心目中的整体形象。执法形象建设要从以下几个方面入手:

第一,严明执法纪律是搞好警察精神文明建设的重要方面,是做好公安工作的保证,也是人民警察必备的政治品德。只有严格执法纪律,才能保证公安保卫工作的完成。警察在岗位执法工作中要做到不侵犯群众利益、不贪污受贿、尽心尽职,树立起一个严明执法者的形象。警察组织要认真思考和研究执法工作中遇到的新情况、新问题,不断改进执法工作,更好地为人民服务。

第二,作为执法者,警察要培养自己的法律意识。“依法治国”是我国的基本方略,“尊重法律、保障人权”是现代警察必须树立的执法理念。只有这样,才能做到执法为民,实现司法公正,在群众心中树立人民警察严格、公正执法的文明形象。

第三,要充分发挥人民群众的监督作用,改正警察执法中的不良作风,促进警察组织形象建设。向社会宣传有关公安工作的法律法规,通过宣传教育,形成“有法必依、执法必严、违法必究”的社会执法环境,从而为公安工作提供强有力的舆论支持。

第四,健全执法业务培训机制,落实法律知识培训制度,有效提高民警政治素质、法律素质和实战技能,保证执法水平和执法质量,改善执法形象。

4. 服务形象

服务形象是展现警察为人民服务最直接的表现。警察组织应树立良好的服务形象,对尽心尽力为人民服务的积极行为进行鼓励,并积极倡导,树立榜样。警察组织的一大基本职能就是服务,警察的服务态度、服务形象直接影响着与公众的关系。在一些警察组织中存在着重管理、轻服务的思想,个别民警服务意识淡薄,甚至还存在“冷、硬、横”等现象,一些警察组织仍还存在着“门难进,脸难看,话难听,事难办”的现象,损害了公安机关在公众中的形象。无法从态度上解决问题,就不能很好地贯彻全心全意为人民服务的理念,使警察工作跟人民群众脱离,严重妨碍警察的执法效果。

另一方面,硬件设施滞后也影响了警察组织的服务形象。环境能约束人,也能改变人。服务形象建设不仅要注重软件建设,也要注重硬件建设。良好、规范的硬件建设能促进软件建设。例如,规范、整洁的服务场所能给公众一种信任感和舒适的环境。

另外,在社区警务中,民警面对的是本辖区的居民,任何口号式的宣传和作秀的活动都不如一个民警实心实意为辖区居民所办的一件又一件的小事和实事。大力发展社区警务的同时,要加大目前的警务机制改革,使警力下沉,让警察从办公室走出来,真正走到人民群众中间,想人民所想,急人民所急,把警务机关从高高在上的办事机关,变成群众的好邻居,人民的守护神。

5. 管理形象

管理形象是公众对警察组织的机构设置、管理方式和管理水平的总体印象和评价。组织机构设置是否科学、高效、合理,不仅对组织内部管理来说至关重要,而且也容易给公众留下深刻印象。公众只要与组织打交道,立刻就会感受到组织机构的设置和运转情况。一个精简、高效的机构会赢得公众积极评价。

管理水平是组织综合素质的集中体现。一个目标明确、运转良好、运作规范、权责清晰、制度健全、奖惩分明的组织,必定能得到相关公众的普遍好评和赞赏。

总之,警察公共形象的构建,不能一蹴而就,它伴随着公安工作的发展而发展,贯穿于警务工作的全过程。

二、警察公共形象的构建

(一)警察公共形象构建的意义

人民警察队伍是党和政府领导的一支执法队伍。公安机关是人民民主专政的工具,一方面担负着治安行政管理职能,另一方面肩负着打击违法犯罪,维护国家和社会稳定,保卫人民生命财产安全的职能。人民警察的工作与人民群众的利益息息相关,人民群众总是密切关注人民警察的一举一动并作出自己的评价,在自己的心目中产生一定的形象。这种形象是不同寻常的,不论是好的还是不好的形象都会产生广泛而重要的影响,它不仅影响公安工作、警察队伍,还影响公众对党和政府的看法。因而,构建良好的警察公共形象有其必要性和迫切性。

1. 警察公共形象构建是公安机关完成新的历史使命的需要

"巩固共产党执政地位,维护国家长治久安,保障人民安居乐业"是公安机关在新时期肩负的三大政治和社会责任。没有良好的警察形象,公安工作就不可能得到广大人民群众的理解和支持,就不可能完成任务。只有加强警察公共形象建设,才能造就出一批适应新形势新任务新要求的合格人才,才能从容应对并正确解决各种复杂问题,更好地发挥公安机关维护社会安定的社会职能。

2. 警察公共形象是影响警察组织公信力的重要因素

公信力是使公众信任的力量。在社会公共生活中,公信力是指公共权力面对时间差序、公众交往以及利益交换所表现出的一种公平、正义、效率、人道、民主、责任的信任力。公信力是一种无形资产。警队如果没有公信力,将很难开展活动,无法有效地对公众和社会事务进行管理。相反,有公信力的公安部门的政策会得到公众的积极支持。警察只有树立良好的形象并自觉加以维护,才能获得声誉和威望,也才能得到公众的信任和支持。

3. 警察公共形象是影响警察职能发挥的直接因素

无论是过去还是现在,社会上部分公众对警察存有错误的认知,一定程度上损耗了警察机关的工作效率,警察职能尚未能得到很好的发挥。例如,在过去很长一段时间里,民间一直流传着"有问题,找警察"的说法。一些民众事无巨细都去拨打报警电话,不但加重了基层干警的工作压力,还占用了大量警用资源,消耗了社会成本。又如,一些父母在教育子女时,会以“不听话,警察叔叔就会捉你”这样的话语吓唬小孩。这会在小孩心中产生阴影,逐渐构建了一个负面的警察公共形象,使其对警察产生抵触情绪。当小孩真的发生危险时,不愿意向警察寻求帮助,后果可能不堪设想。总而言之,错误的警察公共形象会对警察职能的发挥产生负向影响,使警察工作难以有效开展。

(二)警察公共形象构建的方法

警察公共形象的构建方法需要把外在的制度文化和内在的精神文化进行有机结合,才能够以科学、合理的方法构建、维护和优化警察公共形象。

1. 树立维护最广大人民群众的根本利益的总目标

维护最广大人民群众的根本的、长远的利益是警察公共关系的总目标。而在这个目标之下,又可以根据新时期的新要求,把总目标细分为“巩固共产党执政地位,维护国家长治久安,保障人民安居乐业”三个方面。树立正确的、崇高的目标可以加强警察组织内部的向心力、凝聚力,升华警队精神,端正警员作风,使得警员不断提升自我素质,维护警察组织的知名度和美誉度,使得警察组织在制订政策、执行政策的时候摒弃私心,处处为党和人民着想。

2. 优化政策

政策是公安部门工作的依据和标准。政策是否合理、有效是影响警察公共形象的重要因素,优化政策是塑造良好警察公共形象的有效保障。

(1)在公安政策制订中注重现代手段与传统方法的有机结合。信息是政策决策的前提和关键。随着信息时代的到来,信息的采集更加方便,有些人便认为实地调查等传统方法已经不再适用于现代公安工作。然而,政策的调查对象是人们的主观愿望与客观实际相结合的过程,社会调查的作用在于它可以让我们了解到客观实际。因此,实地调查并不会因信息技术的发展而变得无用。

(2)实现政策制订程序法制化。政策制订过程的科学化是政策科学化的有效保障。这里所说的过程,包括政策制订权力的分配,制订程序的完备,论证的民主化,制订方法的现代化以及多方案优选。我们必须以法律和制度的形式把制订政策的程序确立下来,政策优化的目标才能最终实现。

3. 重新定位组织职能,重塑组织形象

警察组织需要重新定位自我,重塑组织形象,既不能被公众奉为“全能者”,也不能被公众“妖魔化”。因此,作为警察组织,必须创造机会让公众了解警察组织的职能,通过各种方式让公众了解警察组织的职能,从而重塑组织形象。

4. 提高警察个人素养

提升警察个人素养,是塑造、维持、优化警察公共形象的重要手段。

首先,应提升警察的思想觉悟,树立民本意识。警察要做到以民为本,是因为他们的权力是人民赋予的,是因为他们本身就源于人民,是因为他们任何工作的开展都要依靠人民。因此,警察必须做到深入群众,依靠群众,听民声察民情知民意,为民众办好事,从而树立起良好的警察公共形象。

其次,要丰富警察的知识技能。警察组织要在知识和科技突飞猛进的时代保证自身的核心竞争力，就必须掌握相关的专业知识。通过理论指导工作，通过先进科技侦破案情，用事实说话，在公众心中树立专业的形象。

此外，警察也应注重警务礼仪。在衣着方面，警察在工作期间需注意衣着服饰整齐。在与群众交流时，要注重语气的亲善，用语的准确等。

（三）警察公共形象战略的含义

警察公共形象战略是以塑造为公众喜爱认同的警察形象为目标的全局性、长期性的系统构思，是警察组织依据公众评价作出工作调整、适应工作对象需求、以获取公众支持的一种组织发展战略。

警察公共形象战略包括重大事件中的警察形象战略、警察组织形象 CIS 战略、警察公共关系维系发展战略、涉警危机后的警队形象重建战略、新建警队的组织形象战略等。其特点是抽象与现实并存、稳定与发展并存。警察公共形象战略的价值在于明确警队的发展目标，科学而正确地规划出警队在公共形象建设中围绕的既定目标与发展轨迹，明确各警种之间的职责关系、各项警务资源的整合与配置，以及最大化地利用现有警务资源。

警察公共形象战略的基本构成是建立核心思想、塑造警队形象、提升警队素质。警察公共形象战略，既是警队形象的定位，又是塑造警队形象的全方位、长远性的整体公共关系计划。而警察公共形象的战略性公关运作，就是要统一思想、统一意识，从大局着眼、从细微处着手、从长远计划，有计划有目标地围绕公安工作的中心任务、重大事件与警队发展目标做全局性、方向性、长远性的公共关系活动谋划。

（四）CIS 形象战略系统的构成

1. CIS 形象战略系统的含义

CIS 是英文 Corporate Identity System 的缩写，直译为“企业识别系统”，意译为“组织识别标志”。CIS 是一个现代设计观念与组织管理理论相结合，实体性与非实体性协调统一的完整的传播系统。组织的识别标志，分为内在标志和外在标志两个方面，又可以细分三个子系统：MIS（理念识别系统）、BIS（行为识别系统）和 VIS（视觉识别系统）。它是将企业经营观念与精神文化，运用整体传达系统，传达给企业周围的公众或者团体，反映企业的自我认识和公众对企业的外部认识，以达成一致的认同感与价值观。

（1）理念识别系统。所谓理念识别系统（Mind Identity System），是指一个企业的企业理念的定位，以形成自己独特的企业理念，从而树立起企业在市场中的形象，是企业文化的浓缩，是企业奋斗宗旨的概括，是企业成员精神目标的确定。犹如一个人的思想与灵魂。具体包括企业精神、企业信条、企业目标、企业理念、企业座右铭等。

（2）行为识别系统。行为识别系统（Behavior Identity System）是指企业在围绕理念识别系统的基础上产生的与之相适应的企业成员行为方式、企业内部各项管理规章制度、企业对外的公关宣传，如社会调研、公关专题活动、公益性与文化性活动等。它是组织发展理念外在的动态表现，犹如人的言谈举止与行为。

（3）视觉识别系统。视觉识别系统（Visual Identity System）是一项基于 MIS 和 BIS 形成的,以企业的标识、企业名称为中心的系统工程,它通过统一设计企业的标准标识或商标的标准字体、装饰图案和线条来装饰企业的各种建筑物和活动场所,以及一切用品,使社会公众从视觉角度、从整体上认识企业的独立系统形象。

这三个子系统之间既相互独立,又相互联系。MIS 是组织形象塑造的基石,是整个识别系统的核心和灵魂,是 CIS 系统整体运作的原动力,由此决定了组织的战略目标、组织活动的计划与方式、内部管理的风格、对外公益活动目标等一系列举措行为,最终表现为系统的、特有的、清晰的识别符号。VIS 是显露于外的,最容易被知觉的标志,它和 BIS 都是 MIS 的具体体现。

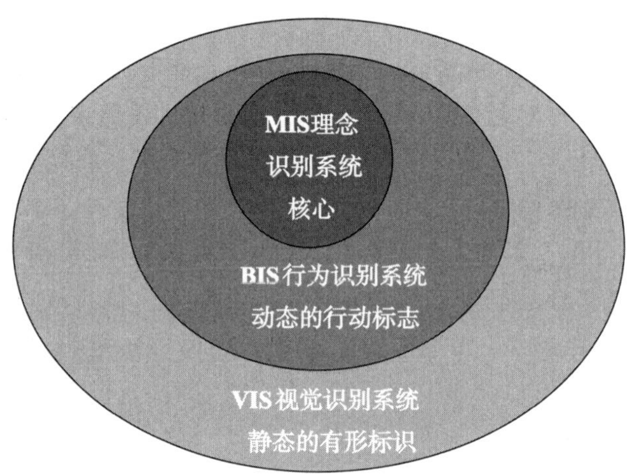

图 4-1 MIS、BIS 和 VIS 的关系

2. 警察组织导入 CIS 时的注意事项

警察组织在导入 CIS 时应该特别注意以下几方面的问题:

其一,警察组织要正确认识 CIS 的作用。既不能持 CIS 无用观点,认为 CIS 仅仅是一种时髦装饰,也不能将其作为建设警察公共形象的唯一法宝,应在导入 CIS 时同时系统考虑警察组织综合管理的问题。

其二,准确把握导入 CIS 的时机。选择正确的导入时机是 CIS 导入成功的关键。一般应选择在警察组织管理状况较好,未来不久有较大发展的战略转折时期较为合适。对于新建的起点较高的警察组织,可考虑在建立初期即导入 CIS。

其三,导入时应严格按照 CIS 工作程序进行。一般的程序如下:①提案阶段:包括明确导入 CIS 的动机与目的、组建负责 CIS 的机构、安排作业的日程、预算导入 CIS 的费用、完成提案书;②调研阶段:制订调研总体计划、分析与评估组织的整体状况、总体形象与视觉形象,进行项目审查,分析与研判调查资料,完成调研报告书;③策划设计阶段:完成总体策划、创立组织理念、开发设计视觉识别系统、办理有关法律行政管理手续;④实施管理阶段:实施内部传播与员工教育、推行理念与设计系统、组织 CIS 对外发布、落实警察组织各部门的管理、导入效果测试与评估。

其四,警察组织导入 CIS 系统应委托专业的形象策划咨询机构或专家小组协助进行,在整个过程中委派专人予以配合。警察组织应在 MIS、BIS 的策划过程中起主导作用。

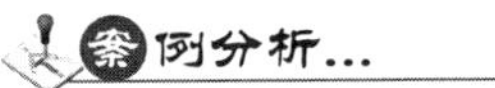

CIS 在清远市刑警队的导入

如何运用公共关系理念与手段内聚警心、外树形象是每个警察组织进行公关工作时不可回避的问题,而在处理这一问题的时候,清远市公安局刑警支队的做法可谓独树一帜。清远刑警支队大胆创新、敢于实践,积极运用 CIS 战略,从理念到行动到标识三个层面、从组织内外两个系统塑造了清远刑警的警魂。

1. 构建理念识别系统(MIS)

充分发挥典型辐射和模范带头作用,坚持文化育警,提升文化软实力,增强公安文化建设的针对性和实效性,构建学习英模助推器。让广大民警长期沐浴在团结、奋进、有为的浓厚氛围中,让前来办事的群众充分感受到积极向上、乐于奉献的刑侦形象,提升了群众的信任度和认同感。

刑警支队充分发挥英模带动作用,以创建“一支部一品牌”为契机,带动支队民警开展“学英模、争先进”的良好氛围,努力构建“崇尚刑警荣誉,锻造公安尖刀”的刑警核心价值观。充分发挥基层党支部的战斗堡垒作用,刑警支队党总支下辖的四个党支部开展了丰富多彩的创建活动:第一党支部以“平安卫士,刑侦尖刀”、第二党支部以“情报先锋,盗抢克星”、第三党支部以“科技强警,服务实战”、第四党支部以“崇尚荣誉,锻造尖刀”为中心,分别开展创建工作。

2. 构建行为识别系统(BIS)

为了丰富民警的精神世界,使其在行动时能够将精神力量转化为物质力量,清远刑警支队在组织内外开展了一系列公共关系活动。

(1)警队内部公关战略策划

◎目标:

加强刑警支队精神文明建设,丰富警员精神生活,充分发挥警营文化独特的感染熏陶作用,激发民警强烈的荣誉感、归属感和责任感。

◎警队状态分析:

* 工作性质导致警员工作压力偏大,加班加点造成警察身心疲惫,有的甚至导致家庭矛盾。

* 部分刑警工作散漫,缺乏进取心。

* 刑警职务晋升途径狭窄,阻碍了民警个体职业发展,民警对工作满意度偏低。

* 刑警的知识面普遍偏窄,综合素质普遍较低,无法达到一警多能的要求。

* 由于警种的特殊性,工作经常面临生命危险,刑警需要长期保持精神紧张,心理压力大。

＊工作环境过于简陋,康乐设施不足。

◎策略:

＊文化育警,提升文化软实力,增强公安文化建设的针对性和实效性,构建学习英模助推器。

＊树立"品牌"意识,强化团队精神激励效应。

＊开展从优待警,关心爱护刑警,提高刑警工作的满意度。

＊增强刑警对组织的信任感、归属感和荣誉感。

◎活动项目及内容:

一是建设文化走廊。文化走廊以"为民、务实、清廉"为主题,采用图文并茂的表现形式,充分发挥警营文化独特的感染、熏陶、导向作用。给人以最直观、最明了的视觉和感官效果,提醒大家时刻牢记职责,扎实工作。

二是打造刑警花园。为了深入开展党的群众路线教育实践活动,适应新形势队伍建设的需要,进一步加强具有刑警特色的警营文化建设、提升警队的文化内涵和品位、提高刑警队伍的凝聚力和战斗力,刑警支队利用二楼废弃天台,组织支队全体民警共同建设刑警花园。民警每人自费养一盆花卉植物,在工作之余闲暇时间浇水、施肥,将废弃难看的天台打造成了干净整洁绿意盎然的"我们自己的花园",成为大家放松身心、调节情绪的"心灵驿站"。据统计,花园种植的花卉植物有九里香、罗汉松、红杨、红豆杉、桂花、玫瑰、红掌、茶花等 70 多个品种共计 100 余株。

三是建设健身室。刑警支队对文化设施建设实施倾斜政策,专门建设了民警健身室,购买了跑步机、骑车机等健身器材,让民警在工作之余开展体育活动,强身健体、舒缓压力。

四是建设支队荣誉室。搜集了支队成立 25 年来的荣誉历史,通过"前言""历任领导""集体荣誉""英雄模范"等部分内容记载和展示了刑警支队发展历程和获得的荣誉,荣誉室图文并茂,通过大量的历史照片、奖杯奖状等实物,展示了支队历史上的先进集体和英模人物,对支队民警产生了强大的激励作用,对进一步强化民警的荣誉感和使命感,起到积极的推动作用。

五是制作了《清远刑警风雨征程二十五载》画册。画册以翔实的文字和生动的图片,展示了刑警支队二十五载风雨历程,刻画了刑侦队伍履行职责、勇挑重任的忠诚形象,增强了民警的职业自豪感和集体荣誉感,发挥了强烈的示范导向作用。

(2)警队外部公关战略策划

◎目标:

加强刑警支队与外部社会环境组织的互动,使组织了解并顺应社会的安全需要,使社会各类组织和民众了解并支持警察工作。

◎策略:

＊敢于与新闻传媒打交道,透过新闻传媒宣传自我。

＊利用多种新型媒体,多渠道构建警察公共形象。

◎活动项目及内容:

* 与媒介公众合作,透过新闻传媒宣传自我。

* 积极与媒体沟通协调,正确引导舆论导向,化解涉警危机。

* 寻求合作共赢,增进沟通理解,通过媒体实现与公众的互动交流。

实践中,清远刑警支队一是通过拍摄 MV《时间都去哪儿了》,通过刑警抓捕嫌犯、民警负伤住院、孩子生病父亲难照顾等真实镜头,再配以改编歌词后的《时间都去哪儿了》歌曲,真实反映了清远刑警长年在外的工作状态,以及与家人聚少离多的生活状态,为清远刑警队赢得了不错的口碑;二是设计制作刑侦园地板报,不断彰显出"文化出战斗力"的独特魅力,营造了良好的工作氛围,同时也增强群众对刑警的了解,深受广大人民群众的欢迎。

3. 构建视觉识别系统(VIS)

通过对警察工作场所、交通车辆、警用标志等进行静态的特色设计,彰显警察组织的价值理念,构建刑警支队的视觉形象特色。

刑警支队组织广大民警发挥集体的聪明才智,自主设计了清远刑警徽章,镶嵌在警察证、悬挂在会议室以及制作纪念品等各种用途。设计新颖、美观大方的徽章提升了清远刑侦团队形象,激发了民警的荣誉感、归属感。

图 4-2 清远刑警支队的徽章

评析:警队要在公众心中树立良好形象,使公众理解认同警察工作,一般采取以下三个方面的措施:一是借助新闻媒体,向公众发布需要公众了解的警务情况,从而满足公众的知情权,争取公众的理解支持;二是透过媒体了解公众的态度与需求,为警务决策提供参考,推动警务工作发展;三是利用多种信息载体,多渠道构造警察公共形象,借助信息载体,宣传民警与警队的工作,在社会公众中树立起良好的警察形象。

第二节　警察公共形象的传播策略

一、警察公共形象传播策略的基本含义

警察公共关系形象传播策略是指以持续不断地向公众传递信息为主要手段，以塑造为公众喜爱认同的警察形象为目标，不断提高和完善警察组织在目标群体中的形象地位的策略。其程序包括确定传播目标、制订传播策略、实施传播方案等。

二、新建警队的警察公共形象传播策略

警察组织需要不断调整组织架构以适应社会治安形势的发展变化。新的警务单位成立后，我们应根据它的工作职能与业务内容确定警队形象建设的切入点，并通过适宜的公共关系形象传播推介策略建立新建警队良好的社会形象，提高它的社会知名度、美誉度与和谐度。

（一）新建警队应破除“硬传播”的旧理念

过去，警察公共形象传播策略倾向于“硬传播”，即“填鸭式”“灌输式”的传播策略，是一种受传者只能被动接受信息，无法诠释信息的宣传方式，它的实现很大程度上依赖于公权力。然而，随着互联网和移动通信技术的发展，数据鸿沟不断被填补，公民的信息获取权和话语权渐趋平等。这使得过去警察组织依托公权力进行“硬传播”的环境发生改变。

因而，警察组织要改变“硬传播”手段，官方宣传和民间宣传并举，并分别设置不同的应用场景。对于严肃重大的事件，如地震、重大杀人案等，社会关切度高，影响面大，警察组织宜用官方式口吻宣传，以传播警察组织严肃严谨的公共形象；对于切合公民生活的宣传，警察组织宜用民间式传播，使用活泼、公众易于接受的方式，以传播警察组织为民服务的一面。官方式宣传和民间式宣传并举，有利于建立良好的警察公共形象。

（二）新建警队应着力构建警队和媒体的合作关系

随着互联网媒体的高速发展，媒体的传播功能得到了充分发挥，但是许多警察组织公共关系人员在媒体面前依然采取“防”“躲”“压”等错误方式，这些行为在无形中增加了公众的不信任感，不利于警队形象传播。因此，对于警察组织来说，应该充分认识大众传媒对推动警队形象，提高警队美誉度和知名度的重要作用，积极构建与媒体的合作关系，把媒体视作宣传警队政策、扩大警队知名度和影响力的重要渠道。同时，警察组织应健全新闻发言人制度，提高新闻发言人的素养。

（三）新建警队要完善警民沟通机制

警察公共形象传播的受众是社会公众，其目的在于树立良好的警察公共形象。警民沟通是警察公共形象传播最直接的方式，它能有效提升警队在群众心目中的形象与地位。

因而,完善警民沟通机制有其现实必要性,可以从以下几方面入手:首先,新建警察组织可以健全社会协商制度,围绕公众关心的问题,与相关公众开展直接的、公开的、平等的对话,寻求解决问题的方案;其次,新建警察组织可以通过民意调查、局长信箱等方式鼓励公民积极建言献策;最后,警察组织还需要积极推动办公透明化、执法过程透明化等,自觉接受人民群众的监督。

案例分析…

经过两年的发展,深圳市公安局参照香港成立的"武装巡防"成功打造了"拼搏、勇敢"的警队品牌形象,并在社会公众当中赢得了认同与赞誉,成为深圳市民心目中的保护神和英雄,为新建警队的形象传播提供了系统化与长远化的公共关系战略策划的示范案例。

(一)警队形象定位

为了在人多密集的公共场所快速应对处置各类性质较为恶劣、危害较大的暴力犯罪,深圳市公安局专门成立武装巡防,与凶狠狡诈的犯罪分子作斗争,武装巡防的任务就是要做出行群众的"保护神",犯罪分子的"瘟神"。由于犯罪突发性强、危害性大,武装巡防队员必须拥有足够的勇气与娴熟的警务技能以及冷静处事的心理素质,才能胜任这项警务工作。因此,武装巡防将其形象定位于"拼搏、勇敢",意在传达警队不怕艰险,勇于克敌,为人民的安全勇于牺牲奉献的警队精神。

(二)初建阶段的形象策略

在初建阶段,以提高警队的社会知名度为目标,拟定的策略如下:强化警员公共关系意识,以警员个体形象构筑警队形象;"轰炸式"新闻媒体宣传,占据公众的视野;通过警员个体英雄形象的塑造与传播,推动警队形象的社会认知;等等。

构建组织传播与大众传播相结合的传播策略,以深圳市民为首要公众,传播媒介以深圳当地媒体为主。

(1)将武装巡防特别能吃苦、特别能战斗、特别经得起考验的团队精神,灌输给每一位武装巡防队员。

(2)强调警察的服务职能,将全员公关的理念与警队形象意识,灌输给武装巡防的每一位队员。

(3)通过报纸、电视台、微博、微信平台等媒体宣传确立影响力,选取武装巡防中表现突出的队员作为推介人物进行重点报道,截取他们工作生活中的感人事迹进行不间断的集中报道。

通过一人一报、一事一报的方式,增加了警队的社会曝光度,塑造了一批深圳市民熟悉的英雄人物,如龙岗武装巡防队员冯定等。这些英雄警察形象不仅感动了社会和民众,也使得深圳武装巡防队这个警队名称越来越深入人心。

(三)发展阶段的形象策略

在发展阶段,应以提高警队的社会美誉度为目标,重点报道与公众关联度高的大要案件，始终保持社会的关注度；立足于预防犯罪的效能宣传，引导媒体塑造警队铁警形象等策略。

(1)对社会影响较大的大要案件或者民众广泛关心的与日常生活有较大联系的案件，坚持破案必报，及时向新闻媒介通报。

(2)以警队工作为素材创作文艺作品，通过参演中央及地方媒体春节文艺晚会等形式扩大社会影响面。构建以累进传播与整合传播相结合的传播策略，以中央及地方的报纸、电台、电视台及当地互联网网络媒体为媒介。

实施发展阶段的形象战略取得了良好的效果。警队工作战绩卓著，打击效果明显，单人单事的报道全面及时到位，给警队带来了巨大的社会声誉。累进传播使警队保持了较高的媒体曝光率，既有效地震慑了犯罪，提高了群众的安全感，获得了公众信任，又有助于建立并保持武装巡防队的良好形象。"点+面"的综合性宣传，使深圳武装巡防队先后受各大媒体多次报道，央视、省一级媒体报道一百多次。在广泛的新闻宣传中确立了武装巡防队敢打敢拼、热血奋战的铁警形象，也使得深圳武装巡防队成为深受深圳市民喜欢的一支警察队伍。

(四)巩固阶段的形象策略

在巩固阶段要以提高警队的社会和谐度为目标，以向社会公众提供安全服务为切入点，强化了公众的认同；参加社会公共活动，增进社会公众对警队的多元认知；加强警民互动，营造亲民爱民形象等策略。

(1)通过媒体、电视、网络等宣传阵地通报新型的犯罪形式，从防控犯罪的角度进行宣传，从而提高市民的防范意识。构建双向互动的沟通方式增进了解、提高和谐度的传播策略。主要以深圳当地的互联网网络媒体与电台等传统媒体为主要媒介。

(2)通过网络、报刊等途径了解市民关注的热点治安问题，并调整工作重点，采取针对性的警务措施进行行动策应，致力解决市民关注的治安问题，及时将警队警务工作状况与进程向社会公众进行反馈，使得警队工作越来越透明化，越来越深入民众，在接受民众监督的同时也获得了群众的信任和支持。

(3)参加"十大杰出青年评选"等当地社会公益活动，从生活的角度向公众展示武装巡防队警察的风采。

(4)武装巡防队与泊车公司、公交公司、出租汽车公司等社会覆盖面比较广的企业、单位建立合作关系，为警务工作的开展提供了良好的社会环境。与社会企业组织的沟通与联络，使武装巡防队广泛地建立起与多行业、多部门的社会联系，为更好地开展警务工作构筑了社会联动支持网络，亦加强了武装巡防队的公共形象建设。

评析：深圳市公安局武装巡防队的形象得以成功塑造，很大程度上归功于深圳武装巡防队卓有成效的公共关系建设策略。它从建队之初就将警队形象的公共关系建设纳入到警队的发展战略，从灌输公共关系的理念到警队形象阶段发展的定位，从警员个体形象的宣传打造到警队整体形象的累进传播，从新闻媒介的形象推介到警民互动的形象深入，无一不体现着警察形象公共关系战略的全面性、系统性、长远性与计划性。形象品牌意识、全员公关、先有事实后有公共关系等公共关系理念深嵌在警队形象的公共关系建设当中，将警队的社会职责、警务工作的社会效应及留给公众的整体形象纳入到系统策划之中，在提升警队社会知名度的同时，最大限度地实现警队的社会责任，使警队组织形象在整体上得到提升与放大，警队的知名度与美誉度同步同向协调发展，是建设新型公共关系的成功范例。

三、重大事件中的警察公共形象传播策略

随着网络传播技术的发展，人人都是自媒体。在重大事件发生时，也会出现“谣言满天飞”的现象，谣言的出现，影响了警察组织执行公务的环境。然而，谣言出现的根本原因在于信息的不透明。美国社会学家 G · 阿尔波特提出流言传播的公式：流言流传的强度 = 问题的重要性 × 不了解程度。由此可见公众越不了解事实，谣言便越容易滋生。因此，在重大事件中，警察组织应及时公开已有信息，夺取话语权，抢占舆论的制高点。另一方面，警队应善用新闻传媒，利用新闻传媒宣传事件，提升公民对事件的了解度，稳定民心，同时塑造自身形象。

在重大事件的处理中，警察公共形象是容易被破坏的。为了维护警察良好的公共形象，警察组织必须慎用强制措施，不可动辄就把公安干警推到矛盾冲突第一线。用强制的甚至专政的手段去对付反映合理诉求的人民群众，只能把自己与群众对立起来，逐渐由量的积累发展到质的变化，从而激化矛盾。尽管事态发展到十分严重的程度，警察组织不得不使用强制措施解决问题时，公安干警必须保持克制，不能滥权、滥暴，在公众心目中树立秉公执法、文明执法的形象。

案例分析……

2014 年，广东省茂名市发生一起民众抵制 PX 项目的群体性事件。茂名市政府对此发布新闻通报称：

2014 年 3 月 30 日上午，茂名市区一些群众为了表达对拟建芳烃（PX ）项目的关切，在市委门前大草坪聚集，并在个别路段慢行，整体情况理性、平和。当日下午，有小部分人上路堵塞交通，后逐步散去。但晚上 10 时 30 分后，一小部分闹事者开始骑乘摩托车扔石头、矿泉水瓶等破坏公共设施，公安机关迅速行动，果断处置，有效控制了局面，事件中没有人员死亡。

事件发生后，当地警方以维护法治、维持治安为工作核心，竭力恢复社会公共生活的正常秩序，维护最广大市民的根本利益。其间社会上出现“警察打死人”的网络谣言，茂名警方迅速通过公安微博、微信等自媒体渠道辟谣，在当地政府召开的相关新闻发布会上茂名市公安局副局长亲自出面澄清事实，击破谣言。与此同时，当地警方也通过各种渠道策划实施了一系列公共关系活动，采取积极主动的传播策略，有效地进行信息发布管理，为化解危机，强化警队英勇、专业、克制的社会公众形象起到了积极的推动作用。

（一）目标

（1）树立警察英勇、专业、克制正面形象，保持公众对警方的信任度。

（2）维护最广大市民的根本利益，尽快恢复相关区域的公共秩序。

（二）总体公关策略

（1）通过政府新闻发布会，利用电视媒体和网络媒体向公众发布信息，及时消除公众疑虑。

（2）管理维护现场新闻媒体的有序采访秩序，同时要求在场警察须谨慎、规范执法。

（3）通过宣传警方开展的各种具体执法行动，争取社会公众对警方工作的支持与协作。

（三）目标公众

内部公众：全体警务人员。

外部公众：首要公众——参与“散步”的群众。

相关公众——新闻媒体以及其他公众。

（四）内部策略

（1）依据事件发展，不断向一线警员进行情况通报。

（2）要求警员对游行示威者保持专业、克制。

（3）嘉奖依法依规办公的警员，激励警队士气。

（五）外部策略

（1）及时迅速做好现场控制，防止发生暴力事件和踩踏事故。

（2）配合其他政府相关部门，保障受事件影响的市民的合法权益，保护市民的财产和人身安全。

（3）积极配合政府工作，动员民众撤离现场。

（4）加大与新闻媒体的合作，及时通报相关情况和警方动态，并向公众作出相应的解释。

（六）传播策略

（1）个体传播：参与维护事件发生区域秩序的每一个警察，都代表着警察队伍，必须有大局观念和全局意识，服从命令，统一指挥，协调作战。在处理突发事件时，需谨守专业操守，保持克制，以合法、合理的方式解决问题。

（2）组织传播：根据现实需要，通过扬声器等工具，引导公众行动，维持现场秩序。

（3）借助媒体的社会动员能力，向公众通报最新消息，描述警察执勤工作的状况，宣传警察正面形象，提高警队知名度和美誉度。

（七）媒介选择

以电视新闻和报纸等传统媒体为主，辅以微博为主的新媒体。

（八）具体活动内容

1. 事件期间

（1）通过公安微博及时向公众透露现场消息，及时回答网民提问。

(2)通过使用传声筒要求现场“散步”群众撤离，并成功劝离部分民众。3月30日，事件现场有部分学生出于好奇的原因在现场围观，经公安机关教育引导后离开。

(3)以克制的态度、专业的操守，迅速平息事件，防止事件进一步扩大，防止事态进一步恶化。

(4)依法抓获犯罪嫌疑人，保障人民生命财产安全。

茂名市公安机关依法共查处3·30事件违法犯罪嫌疑人44人，其中刑事拘留18人，行政处罚26人。被刑事拘留的18名犯罪嫌疑人，主要涉嫌聚众扰乱社会秩序、聚众扰乱公共场所秩序、寻衅滋事等犯罪行为。在查处过程中，公安机关没有对任何学生采取刑事拘留或做出行政处罚。

2. 事件平息后

(1)抓住时机，扩大宣传，在《茂名日报》等知名媒体推出新闻专版。

(2)利用政府新闻发布会总结事件，向公众报告相关细节。

4月3日，茂名市人民政府新闻办公室举行新闻发布会，向社会公众如实介绍芳烃也就是PX项目及发布事件总体处置情况，介绍依法打击犯罪嫌疑人的抓捕情况，澄清各类不实谣言，重申关于PX的立场和态度，维护社会稳定的相关措施。

(3)制作警队文明执法、专业执法的图片集、画面集并上传网络，扩大传播面。

(4)勇于向公众说出实情，树立自身公信力。

茂名市政府新闻办举行新闻发布会，介绍近期市区发生的涉及芳烃(PX)项目事件总体处置情况。会上，市公安局副局长周沛洲称，事件处置过程中，执勤民警确实与聚集的人员发生了擦碰，但公安机关执法处置过程中，并没有打死人。清理现场过程中，由于聚集人员复杂，执勤民警有可能误伤了围观的群众。

图4-3　发布会现场

（九）活动效应

（1）媒体传播力度加大，提升了警方的知名度。

（2）公众的赞誉提升了警队的美誉度。警察在执法过程中能够做到维护社会秩序和人民群众根本利益，是获取市民美誉的基础。及时发布事件相关信息，争取群众信任，是获取市民美誉的重要因素。信息充分公开，执法专业克制，依法依规办事，是获取市民美誉的关键。

（3）成功化解危机，成为提升警队形象的事实基础。

（部分资料来源于《京华时报》，潘珊菊，2014 年 4 月 4 日）

第三节　警察公共形象的管理机制

一、监测机制

（一）公共形象调查

公共形象调查是指通过运用定性或定量的研究方法，准确了解公众对警察组织的态度和评价，并从中分析定位警察组织在公众心目中形象的一种手段，为有效开展警察公共形象建设提供客观依据和数据支撑。

公共形象调查是整个监测机制中最重要的一环，它为警察公共形象的定位和警察公共形象传播策略的制订提供客观依据，是有效开展警察公共形象、公共关系活动的坚实基础。公共形象调查一般以社会调查的形式呈现，其调查方法主要有问卷法和访谈法。

公共形象调查的目的在于通过对警察组织的知名度和美誉度两项指标的调查，分析公众对特定的警察组织的整体印象和评价，其中：

$$知名度 = 知晓人数 \div 调查人数 \times 100\%$$

$$美誉度 = 赞美人数 \div 知晓人数 \times 100\%$$

（二）公众意见调查

通过开展民意调查，警察组织可以初步了解民众的利益诉求、政策取向，从而制订符合社会公众利益的政策或正在执行中的改进政策。

公众意见调查是警察公共形象监测机制中的重要一环，它能够直观地反映警察当前的公共形象。警察公共关系危机发生后，会出现对警察组织满意度的下滑，倘若警察组织不能够及时注意并修正自己行为，那么满意度就有可能由轻微下滑变成直线下滑，对警察公共形象造成巨大伤害。因此，常态化开展公众意见调查，及时了解公众对警察组织各项方针政策的反馈，以正确、客观的方法统计公众意见，及时把握民意的发展趋势，是树立、维持和优化良好的警察公共形象的必要前提。

警察组织根据公众意见调查的需要，可以尝试把公众划分为顺意公众和逆意公众。对于逆意公众，他们一般不会作出对警察组织有伤害的举动，部分比较有能力的逆意公众还会提出一些比较有建设性的意见和建议，警察组织对于他们所提的意见和建议，可以积极稳妥的态度采纳。警察组织通过广开言路，积极吸收逆意公众的意见和建议，有利于塑造良好的警察公共形象，可以通过收集意见和建议，了解民意，监测社会舆论风向。

（三）网络舆情监测

近年来，中国互联网发展迅速，随着微信、微博、博客、论坛等网络媒体和智能终端设备的发展，使得网络在线交流渐渐成为我们日常生活中经常使用的沟通方式。网络成为舆论的放大镜和社会舆论交锋的前沿阵地。互联网发展给公安机关形象管理带来了不少机遇和挑战。

网络舆情的传播具有正面影响。网络舆情的本质是公众对特定事件的价值判断，而网络舆情的发生、变化的过程则是公众对特定事件进行点评、讨论的过程，是各种意见不断整合的过程。警察组织可以通过监测相对主流的网络媒体，了解网络舆情的动态，针对网民观点的可取之处或误区发表相关观点，对网络舆情予以积极引导。

但是网络舆情的管理是复杂的，部分公众出于各种原因，情绪表达过于激烈，看待问题过于片面，对特定事件发表看法时，往往带着强烈的主观性和私人感情，给意见整合带来不少噪音。

总的来说，公安机关应该采取各种手段，如关键字检索、网络犯罪举报等，及时收集、管理、控制敏感信息，分辨网络舆情的风向，预防重大警察公共关系危机的发生。

二、联动机制

（一）反应机制

反应机制是连接监测机制和矫正机制的重要环节，监测机制的最终目的在于为反应机制提供数据支撑和客观依据。与此同时，矫正机制又是反应机制的承接机制。面对警察公共形象危机时，警察组织只有作出正确的反应，才能矫正当前失调的公共关系，重塑良好的公共形象。反应机制的内容，主要包括以下几点：

1. 积极面对危机

公关意识不成熟，不重视民意的变化，面对公众的重大误解不予理会，任由矛盾越积越深，任由社会舆情自行酝酿恶化，这显然不是正确的反应机制。对导致警察公共关系危机的组织自身失误与过错，要有自揭家丑、自曝其短的勇气，不要遮掩、隐瞒、推诿，这不但无益于危机化解，还可能引发新的信任和形象危机。警察组织在面对群众的质疑和误解时，应该端正态度，采取积极行动，妥善化解危机。

2. 全面分析情况

在发生警察公共关系危机事件时，警察组织不能将危机的发生尽数归因于公众或媒体不理解、不配合，而是应该对情况进行详细地、科学地分析，寻求化解危机的钥匙，而不是盲目采取强硬的管制方式，进一步激化矛盾。警察组织要认清危机事件的发展阶段，主要可分为潜伏、爆发、持续、消除等四个阶段。根据危机的不同阶段，作出的不同反应。

（二）矫正机制

矫正机制是指当警察公共关系状态严重失调，组织形象受到严重损害时，能够发挥重塑形象功能的机制。它能够发挥“保底”作用，是警察公共形象管理机制的“杀手锏”。在现实生活中，矫正机制主要发挥以下功能：

1. 修复公共关系，重塑警队形象

警察公共关系危机虽然能在短时间内化解，但是，它所带来的消极影响和破坏作用依然存在。因此，警察组织有必要采取行动修复公共关系，重塑警队形象。一方面，警察组织需要直面新闻传媒，通过媒体沟通机制和形象展示，展现警察对自身不足改进的努力，正面回应公众的关切，对危机发生表达歉意。另一方面，警察组织可以尝试积极配合第三方独立研究机构对此次警察公共关系危机事件开展研究，谦虚接受其客观公正的评价，把握症结，以改进工作和真诚的服务有效化解危机带来的负面效应，从本质上改变公众对警队的看法。以此来逐步恢复公众对警队的信心和支持，重新树立警察公共形象。

2. 改进警务活动，改善内部关系

警察公共形象危机发生后，组织内部关系也会出现不同程度的裂缝，裂缝一旦扩张，便会使组织瘫痪。因此，修补组织内部裂缝有其现实必要性。一方面，警察组织应该针对危机事件反省，认真分析查找警务活动和警队自身的薄弱环节，认真探究原因，分清责任人，以免造成组织内部相互扯皮。另一方面，警察组织应对全体警察进行宣传教育，提升警务品质和自身素质，以开展活动为契机修补裂痕，增强警队素质、构建和谐警队，提高警队的凝聚力与战斗力。

三、宣传机制

（一）信息传播机制

宣传机制的核心是信息传播机制，只有通过信息传播，警察公共形象才能对外推广。对于针对警察公共形象传播目标的不同，警察组织必须选择与之相适应的传播媒体与传播方式，常见的传播方式有人际传播和大众传播。

人际传播是指个体与个体之间、个体与群体之间、群体与群体之间的直接传播。人际传播具有如下特征：①没有其他媒体参与；②传播范围较小；③传播效果因人而异；④实时性强，能够实时了解公众的反应。它对于警察形象的推广，特别是警察美誉度、和谐度的建立，具有一定的作用。

大众传播是通过一定的传播媒介，向社会推广警察公共形象。其具体特征如下：①依赖于一定的传播媒介，如报刊、广播电视、网络媒体等；②受众多、传播范围广；③时效性强；④网络媒体互动性强。在现代社会，对于警察组织形象的推广，大众传播是最快捷、最有效的手段。

（二）警务宣传纪律

警务宣传纪律是指根据从事警务报刊、广播、电视、网络等宣传工作的基本要求，警察宣传纪律是警务宣传工作的工作准则。

宣传纪律要求警员宣传工作必须服从警察组织的领导,凡是涉及警察组织路线、方针、政策以及重大专业性理论问题,必须同警察组织保持一致;一切从事警队宣传工作的警员,必须与警队保持思想上和政治上的高度一致,认真宣传警队路线、方针、政策和决议。对重大问题的宣传必须请示上级领导,按警队统一部署进行。

警务宣传工作人员不得擅自发表和宣传与警队决定相反的言论;不得违反保密原则,泄露党和国家的政治、经济、科技等方面的机密。

本章小结...

全媒时代警察公共形象直接影响着党和政府的公信力,影响着社会的安定。警察公共形象的实质是社会公众对警察组织整体实力和综合素质的整体评价。因此,在做好警察专业化工作的基础上,加强警察公共形象的建设与管理是公安机关获取社会公众的信任和支持的重要途径。了解认知公共形象的构成要素及其形成原理,掌握全媒时代公共形象传播策划的策略与方法,强化警察形象的管理机制,是全媒时代公安机关塑造良好的公共形象、赢得民心、促进警务工作发展的重要抓手。

课程思路...

警察公共形象建设要求每一位人民警察谨记公安机关人民警察誓词,将"对党忠诚、服务人民、执法公正、纪律严明"等核心价值观要求内化为坚定信念,将"忠诚、为民、公正、奉献、廉洁"等价值理念融入一言一行,使之贯穿于警务工作的全过程,真正担负起人民警察打击敌人、保护人民、惩治犯罪、服务群众、维护国家安全和社会稳定的神圣使命。

思考与练习...

1. 全媒时代哪些因素影响着警察组织的公共形象?
2. 向社会公众推介警察正面形象时应把握哪些关键点?
3. 如何看待全媒时代警察公共形象传播效应的形成机制? 对警察工作有什么启示?
4. 联系不同类别的公众态度,思考全媒时代警察组织的形象定位。
5. 应用 CIS 形象战略系统原理,为你所在的警队编制一份发展组织形象的策划书。

本章核心问题？警务宣传公关活动的内涵和性质是什么？警务宣传公关活动在警察公共关系中的作用是什么？怎么做警务宣传公关活动的策划、实施与评估？如何组织警务新闻发布会？

第五章　警务宣传公关活动的策划与实施

根据公共关系“四步工作法”，公关调查是起点，是基础；公关策划是关键，是公关实施的指南和效果评估的标准，离开了公关策划，公关工作就会漫无目标，不得要领，难以协调统一，成效甚微；公关实施是核心，是执行公关策划，取得公关成效的具体行动，离开了公关实施，再好的策划也只是纸上谈兵；效果评估是重要的反馈环节，也是下一轮公关活动的起点。本章内容主要讲述警务公共关系活动的策划、实施与评估这几个重要环节。

第一节　警务宣传公关活动的策划概述

一、警务宣传公关活动的概述

宣传是个历史悠久的话题，人们从原始社会开始就用声音、动作手势和图案等各种方式传递信息和沟通情感，这些都是宣传的雏形和萌芽。随着人类社会的发展和时代的变迁，宣传的内涵和形式不断丰富和具体，如今的宣传已经融入人们社会生活的各个层面。自从互联网出现以来，宣传更是跨越了时空和国界的限制，渗透进社会、政治、经济、文化、军事等各个领域，各种信息可以第一时间传遍所有的角落。

（一）宣传的历史沿革

不同时代和国家的学者纷纷从不同的角度研究和阐释宣传的本质和含义，以便更好地发挥宣传在传播沟通中的重大作用。例如，在我国东汉时期，陈寿提出宣传是“宣上命于下”。在近代，西方学者逐步明确了宣传的内涵，主要包括：传播发布，公诸于众；广为宣扬，广泛流传；意在阐明，使人接受等。此后，随着社会生活的演变发展，宣传的含义不断丰富和延伸,直至出现了现代意义上的宣传,把它作为信息传播沟通的重要途径。

(二)警务宣传公关活动的概念

随着警察行政在现代社会生活中的不断发展,围绕着发挥宣传在沟通服务警务工作的作用,逐步产生了警务宣传的专项职能。这项职能对警察组织更好地强化治安管理、打击违法犯罪和服务公众有着不可替代的作用。

我国公安机关是国家的司法行政力量,依法治国建设社会主义法治国家,发挥公安宣传工作在民主与法治建设和国家长治久安中的重大作用,是公安工作的应有之意。

所谓警务宣传公关活动,就是各级公安机关的警察组织运用现代信息手段,采取多种载体形式,向民警和公众传达公安工作的路线、方针、政策,将治安警情和打击预防犯罪信息及时向公众发布,以取得公众的理解和支持,共同优化警察执法环境和维护社会治安秩序的传播管理活动。

警务宣传公关的概念包括以下内涵:警务宣传离不开现代信息传播技术,也就是广播、电视、报刊、网络等各种载体形式;警务宣传的内容既包括公安工作各个职能的警务工作,也包括警务公开和预防犯罪法治观念的普及;警务宣传公关目的是使各级公安机关和民警获得广泛的社会支持,共同维护良好的社会治安秩序;警务宣传是各级公安机关和职能部门有目的、有计划、可持续开展一系列传播活动的总称。

二、警务宣传公关活动的性质

既然宣传是主体借助信息符号载体对客体受众进行的一种传播主导行为,从警务宣传公关的概念和内涵可以归纳出它的一般属性。

(一)组织性

宣传不是简单的人与人之间的语言情感交流,而是组织和公众之间有计划开展的信息传递活动。具体来说,警务宣传公关是公安机关根据各个时期的警务工作,有目的地开展特定主题的专项警务传播活动。

(二)主导性

宣传是靠信息传播使人们产生、接受、持有某种观点和态度的主导行为,警务宣传公关是公安机关结合具体现实需要,有意识地向受众发布有关警察组织的重大决策和警情动态的传播行为,有着明显为我所用的主体追求,从而起到让公众理解警察的工作,到以行动支持和配合警察执法的作用。

(三)载体性

所有的警务宣传都离不开传播载体,宣传是主体运用信息符号等载体对受众进行沟通的传播行为。随着现代通讯工具的发展,载体的形式日益丰富。宣传从简单的报刊等平面媒体,向电视广播等音像媒体发展,在因特网时代警务传播的广度和深度又进一步拓宽。在移动网络和全媒时代,宣传的手段更是多种多样,不一而足。以上种种都说明警务宣传借助现代载体的多样性获得了空前的发展。

(四)功能性

警务宣传公关是围绕着公安工作有效开展的,由意识与行为、符号与载体、感性和理性、主体和受众等多重要素复合而成的社会意识多元观念管理活动。这种传播管理包括组织决策的阐释与传达,社会信息的传播与反馈,公众舆情的引导与应对,这些都是有着特定功能的传播行为,体现了警务宣传公关的功能性。

(五)规范性

警务宣传公关需要遵循宣传的一般规律,更要在公安工作的法定框架内发挥特有的传播职能,公安宣传工作有相应的规范制度和纪律要求,各级公安机关的宣传部门根据相应的权限开展警务宣传活动,杜绝工作的随意性,避免产生不利于公安机关的消极影响。

三、警务宣传公关在警察公共关系中的作用

警务宣传作为主导性最强的一种公共关系传播方式,在沟通警察组织与相关公众之间起着不可替代的作用。

(一)警务宣传公关推动现代警察公共关系理念的普及

警察公共关系建设作为一种组织策略,最终目标是构建和谐警民关系。当前,公安机关"三项建设"之一的和谐警民关系建设正在不断推进之中,警察公共关系建设越来越受到各级公安机关重视。宣传围绕各项公安中心工作任务,在继承和发扬公安宣传思想工作优良传统的基础上,应积极向各级公安机关和广大民警推广现代警察公共关系的理念,使"全警公关"的口号深入警心。

(二)警务宣传公关提升公安队伍的整体公众形象

长期以来,各级公安机关在公安部的统一领导下,本着"立警为公,执法为民"的理念,全心全意践行"严格执法,热情服务"的宗旨,在服务公众、治安防范和打击犯罪方面取得卓越的成效,为社会的长治久安作出突出贡献。但极个别民警没有依法办事,损害群众利益,导致群众不满的现象时有发生。警务宣传就是要通过各种有效载体,大力弘扬正气,引导社会公众分清主流和支流的关系,积极宣传各级公安机关的工作效能和取得的成果,宣传警察组织和民警个体与时俱进、开拓创新,密切警民关系。从而实现警察与公众之间的良性互动,塑造警察组织良好的整体形象。

(三)警务宣传公关增进公安机关与人民群众的沟通联系

近年来,为深入贯彻落实《公安部关于实施社区和农村警务战略的决定》,各级公安机关以警务室为平台,从倾听群众需求入手,从解决实际问题抓起,大力宣传社区和农村警务工作,使群众近距离了解基层民警的工作情况,使群众切身感受基层民警心系群众、服务群众的热忱,增进群众对公安工作的理解、信任与支持,真正形成警民心手相连,共建平安和谐家园的良好局面。

第二节　警务宣传的公共关系策划

成功的警务宣传活动都离不开周密的谋划，古人云："凡事预则立，不预则废。"充分表明，但凡开展一项重大的活动都离不开预先谋划，只有那些准备充分、谋划具体、步骤周密的策划才有成功的可能，否则就可能功亏一篑。警务宣传活动能否有效实施、取得预期效果同样也离不开详尽周密的公共关系策划。

一、警务宣传公关策划的概念和原则

策划有计划、谋划、筹划、打算之意，但策划又不同于计划、决策或者点子。策划是根据现有条件和目标要求，寻找事物因果关系，设计最佳行动方案的过程。

(一)警务宣传公关策划的含义和意义

警务宣传公关策划指依据公安机关的公共关系现状和发展目标，对将要开展的警务宣传活动的主题、方式、策略等进行谋划和设计。由此可见，警务宣传公关策划的基础是准确把握公关状态，目标是取得最佳的公关成效。

警务宣传公关策划的意义主要体现在增强警务宣传工作的有效性、目的性和计划性。

(二)警务宣传公关策划的原则

第一，实事求是原则。这是警务宣传公关策划的一条最基本原则，是一切工作的出发点和立足点。

第二，尊重公众原则。这是警务宣传公关策划的首要原则，当然，尊重公众原则并不是要组织完全牺牲自身利益，而是要求公安机关在考虑警察组织自身利益与公众利益的关系时，始终坚持把公众利益放在首位，更多地考虑社会效益。

第三，系统整合原则。警务宣传策划要从系统的整体与部分之间的相互依存、相互制约的关系中，揭示系统的特征及其运动规律，从而实现策划方案的整体最优。

第四，独特创新的原则。独特创新是指警务宣传公关策划要有新颖性和创造性，这样才能更好地吸引活动参与者配合，给人留下深刻的印象。

二、警务宣传公关策划的前期准备

警务宣传公关策划的前提就是要开展调查研究，这也是"公关四步工作法"的第一步。正确地进行公关调查并取得最佳效果，则需要较高的公关调查技巧，并按照科学的原则、程序和方法进行，这是警察组织卓有成效开展警务宣传活动的基础。

(一)了解组织战略目标和当前中心工作

开展一项警务宣传前一定要了解所在公安机关当前的中心工作是什么，要紧紧围绕组织的战略目标，结合中心工作开展宣传策划，要牢牢把握这个大局，所要策划的警务宣传活动才能切实做到有的放矢，赢得支持，取得成效。

（二）了解组织当前的公众环境和评价

组织当前的公众环境包括：所在公安机关当前的公众总体评价如何，组织主要有哪些相关公众，公众对组织有哪些期待和需求。这些可以通过发放调查问卷，开展满意度调查获得，也可以召开相应的座谈会收集信息，或者开展访谈获得第一手资料。然后通过归纳总结，了解警察组织的具体公众环境，为接下来的策划提供依据。

（三）了解开展活动所需要的各种条件

成功举办警务宣传工作需要准备一定的组织和物质条件，作为活动举办的机构，要根据公安机关现有的资源条件开展相应的筹划，对活动涉及的机构、参与的公众、将要举办活动的场所、所需要的经费和人员等具体情况都要事先做个规划，才能做到有条不紊，稳步推进。

三、警务宣传公关策划的一般程序

为保证警务宣传活动顺利开展，在活动策划中需要遵循一定的程序，才能使活动的开展更加规范有序并取得实效。警务宣传公关策划可分为两个阶段、九个步骤。

第一阶段是策划的前期准备阶段，包括分析判断形势和目标定位两个步骤；第二个阶段为实际策划阶段，包括分析公众、设计主题、策动新闻、选择时机、媒介配伍、预算经费、审定方案七个步骤。

（一）警务宣传公关策划的前期工作

这个阶段的前期准备工作要开展警务宣传活动的公共关系调查，以准确判定组织面临的形势，从而找准目标定位。公关调查是开展警务宣传活动的前提和基础，具有沟通信息的作用。通过举办警务宣传活动之前的调查，可以准确、及时、有效地搜集和传递组织内部外部的信息，对未来可能出现的情况进行预测，采取恰当的对策，更有效地实施警务宣传活动，使组织保持良好的信誉和形象。

1. 判断形势

在把握组织形象现状及原因分析的基础上，认识组织自身的公共关系状况，围绕整个公安机关的组织形象及其宏观战略目标而策划。

2. 目标定位

所谓定位，就是“找准位置”，对警务宣传公共关系策划来说，就是要弄清自己“想干什么”，“想达到什么目的”。通过对重大活动的策划、管理、决策等工作，发挥咨询建议、决策参谋的作用，及早发现问题，加强管理，防患于未然。

（二）警务宣传公关策划的实际工作

1. 分析公众

目标公众的确定必须建立在公众分析的基础上，只有确定了目标公众，才能有针对性地策划具体的警务宣传公共关系活动方案和选定参与人员，有针对性地选择传播媒介开展工作，从而搜集那些既能被公众接受，又有实效的信息。

2. 设计主题

警务宣传公共关系活动的主题是对公共关系活动内容的高度概括，是公共关系活动的主线和灵魂，对整个公共关系活动起着指导作用。警务宣传活动主题的表现形式是多种多样的，既可以是一句口号，也可以是一个陈述或是一种表白。

警务活动主题的确定首先要考虑公安机关的工作中心和工作重点，还要考虑各个不同时期社会形势对公安工作的要求，社会公众对公安机关的希望和期待。当这些都明确以后就可以明确活动的主题，选择一个合适的时机开展相关的警务宣传活动，比如公共安全防范宣传、警务政策与执法宣传等活动的公关策划。

设计一个好的主题，必须考虑以下四个因素：警务宣传活动的目标、社会组织个性、公众需求心理和审美情趣。首先，警务宣传活动的主题必须与组织公共关系目标相一致，并能准确概括目标。其次，主题表述要做到“新颖、亲切、简明、中肯”。再次，主题的设计要有美感，表述语言要有文采，有语感，甚至不乏幽默风趣。

3. 策动新闻

所谓策动新闻，即制造新闻，是指社会组织为吸引媒介的报道和社会公众的关注，以事实为基础，按照新闻报道工作的规律有意策划的，既对自己有利又使公众受惠的活动。人为“策动”出来的新闻与一般新闻相比，具有以下特点：首先，它不是偶然发生的；其次，“策动”的新闻不能无中生有；再次，“策动”的新闻是专门针对塑造和改善组织形象而精心安排的。

在公共关系策划过程中，怎样才能成功地策划新闻呢？

(1)要善于发掘由头，寻找结合点。所谓由头，是指一项活动得以开展的依据和价值。策动新闻要考虑以下几点：一是符合公众利益；二是符合组织总体目标和自身利益；三是具有新闻价值和情感价值。

(2)不落俗套，勇于创新。策划时既可以就公众关注的话题策动新闻，也可以利用现有事件策动新闻，还可以巧借节假日、纪念日策动新闻。此外，通过组织竞赛吸引观众，开展联谊活动以情感人，利用名人效应策动新闻，抓住问题，化害为利，也是不错的方法。

4. 选择时机

在警务宣传公共关系策划中应如何选择适当的时机呢？明智的策划者也总是善于择智而从，见愚而疏，无机则创机，有机则乘机，见机则借机，审时度势，因势利导。

(1)选择公关时机的原则。一是根据公众的可接受程度，二是对社会组织的生存与发展的关系程度。时机的选择既要服从整体公关策划，有利于公关目标的实现，也要尽可能满足社会公众的需求。

(2)几种常见的公关时机。例如：警察组织成立或庆典之际，重大的警务战略推出之时，组织发展平稳而声誉日佳之际，组织出现失误或受到误解之时。

当组织遇到突发事件之际，一方面用有效手段查明情况，判断事件的性质、现状、后果及影响，并果断作出处理，及时向公众通报事件的真相和组织正在作出的努力；另一方面，警察组织应抓住时机，利用各种传播媒介，向社会公众宣传自己组织的宗旨，以诚恳、真实的态度取得公众的谅解与合作，引导公众以客观公正的态度去看待组织和事件，从而为树立良好的组织形象打下基础。

从社会组织运作的外部环境看,也有不少需要注意的时机:要注意利用或避开重大节日;要注意利用或避开国内外重大事件;不要在同一天或同一段时间里同时开展两项重大的公共关系活动,以免其效果相互抵消;要注意把握公众的心理时机,避免逆反心理。

市公安局开展"110 宣传日"主题宣传活动

2015 年 1 月 10 日是全国第 29 个"110 宣传日",为大力宣传 110 在打击犯罪、维护治安、服务群众等方面发挥的重要作用和取得的显著成效,充分展示"人民公安为人民"的良好形象,不断增进人民群众对 110 的理解和支持,按照上级公安机关的统一部署,市公安局紧紧围绕"110,与您携手共创平安"这一主题,在中心街、商厦等人员密集场所开展了"110 宣传日"主题宣传活动,取得了良好效果,受到了群众的欢迎和好评。

活动中,市公安局指挥中心主任、民警、交巡警大队民警,不畏严寒来到现场面对面接受群众咨询,及时解答群众对 110 的咨询,并通过摆放宣传牌、悬挂条幅、发放宣传单等形式大力宣传如何正确报警、110 出警范围、110 报警常识等,增强了群众对 110 工作的理解和支持,全面展示了市公安局打击犯罪、维护治安、服务群众的良好形象。

通过活动的开展,进一步提高了广大人民群众对 110 公安工作的认识和理解,密切了警民关系,扩大了 110 的社会影响,取得了良好的社会效果。

(来源广东省公安厅网站,2015 年 1 月 19 日)

5. 媒介配伍

在策划公安宣传活动时,应拓展渠道,扩大影响力。要主动与媒体取得联系,积极向新闻媒体供稿,提供各种活动报道素材和新闻通稿。在网络时代,不仅要重视电视台、电台、报刊等传统媒体,还应积极拓展新兴媒体、网络媒体、自媒体等宣传,利用网络媒体宣传,促进警民互动。针对群众反映的问题和提出的意见建议,及时给予答复,塑造公安机关"忠诚、法治、为民"的良好形象,有效地增进警民之间的相互理解、相互信任、相互支持,促进警民关系更加和谐融洽,扩大警务宣传活动的影响。

6. 预算经费

警务宣传公关活动都会涉及一定的预算开支,这些经费开支主要由两大项构成,一是日常经费开支,主要包括工作人员的劳务费和管理费用;二是项目经费开支,包括材料设备费、场地使用租金等,这些都需要提前做好规划安排。

7. 审定方案

所有的策划要变成可执行的方案,有一个方案论证的过程,主要包括方案优化、方案论证和策划报告的书写与审定三个环节,最后还有领导对方案的审定决策。

(1)方案优化。方案优化工作可以从三个方面进行:一是增强方案的目的性;二是增强方案的可行性；三是降低成本耗费。

（2）方案论证。方案论证主要包括以下几个方面：①对目标进行分解；②对方案的有效性进行分析；③对制约因素进行分析；④对潜在问题进行分析。

（3）书面报告与方案审定。书面报告的内容分为：活动背景介绍、目标定位、公众分析、活动内容与进度、经费使用和方案论证六个部分。

四、制订警务宣传公关策划的方案

制订活动方案是警务宣传活动策划的核心环节，一项大型活动能否顺利开展，跟前期的工作方案制订是否细致周密关系重大。一个完善的工作方案涵盖活动开展的主题、形式、步骤、方法和要求等各个具体内容和工作环节，是指导整个警务宣传活动有序开展的保证。在方案制订的过程中要充分根据公安机关的实际情况和现实条件，活动既要有新颖性，又要有操作性；既要按部就班，也要灵活机动；既要有创意，也要切实可行。

（一）确定活动的指导思想

每一项警务宣传活动都要有特定的指导思想，指导思想是活动开展的出发点。指导思想如何确定呢，一般来说可以从以下几个方面去概括：一是公安机关一段时期以来的战略目标，二是上级机关特定的工作部署，三是本单位近期迫切需要解决的问题，四是人民群众迫切的期待与希望。这几方面都可以成为指导思想的来源，既可以是其中的某一个方面，也可以是几个方面的有机结合。

（二）明确活动的目标任务

警务宣传活动指导思想确定后，就要围绕指导思想提出活动的工作目标和工作任务。目标和任务是指导思想的具体化，是该项警务宣传活动开展之后要取得的实际效果，每一个目标和任务应该是通过努力可以实现的，所以目标任务必须是具体可行的，而不是抽象无法实现的。

（三）设计活动的具体内容

大型的警务宣传活动往往内容丰富，参与的人员较多，活动持续时间较长，警民互动充分。为了达到活动的预期效果，必须对活动的具体内容进行总体的设计。在安排活动项目的时候，各个不同环节的活动内容应该是有序展开，环环相扣，有机衔接的，这样才能提高警务宣传活动的总体成效，做到精彩纷呈，相得益彰，才能吸引受众积极参与，取得设计者期待的社会影响。

（四）制订活动方案的步骤

警务宣传活动在实施过程中会持续一段时间，在策划时要安排好各个阶段要开展的内容，分阶段按步骤完成。一般来说，策划的步骤可以分为以下几个阶段：

第一，前期准备阶段。主要是做好动员，统一认识，明确各自的分工和职责，准备好相关的人员和物质条件。

第二，组织实施阶段。这是策划方案的核心内容，按照活动的具体安排展开相关的活动内容，确保各项活动有专人落实。

第三，总结检讨阶段。在活动结束后总结活动开展的具体情况，取得的效果，有哪些经验和不足，如何建立长效机制，发挥持久的影响力。

（五）提出开展活动的具体要求

警务宣传活动的有效实施，离不开各级领导的重视和各个部门的通力合作，这些要求是针对警察组织内部提出来的，目的是各部门统一思想认识，明确开展这项工作的意义，确保形成合力。方案也可以提出一些具体的工作要求，对开展活动要达到的效果，比如落实责任、扩大宣传效果方面都可以进一步明确。

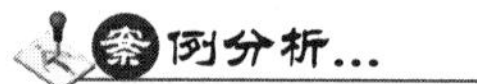

“警民相约警务室”活动实施方案

为保证“警民相约警务室”活动顺利开展并取得实效，根据公安部和市局传真通知要求，特制订本方案。

一、指导思想

深入贯彻落实《公安部关于实施社区和农村警务战略的决定》，以警务室为平台，从倾听群众需求入手，从解决实际问题抓起，大力宣传社区和农村警务工作，使群众近距离地了解基层民警的工作情况，使群众切身感受基层民警心系群众、服务群众的热忱，增进群众对公安工作的理解、信任与支持，真正形成警民心手相连，共建平安和谐家园的良好局面。

二、目标任务

活动的总目标是社区和农村警务工作深入人心，社区和农村警务工作进一步改善，警民关系更加融洽。具体目标是：

（一）了解群众需求。广泛深入地听取群众诉求，了解人民群众关心的社会治安热点、难点问题，掌握群众对加强和改进公安工作，特别是社区和农村警务工作的意见建议，为推进社区和农村警务战略向纵深发展提供决策依据。

（二）密切警民关系。进一步加深群众对基层民警工作情况的了解，提高群众对社区和农村警务工作的认知度，增进警民的相互了解，密切警民关系，促进警民在“三基”工程、公安队伍建设和平安建设等各领域的互动，为推进“三基”工程建设营造良好的社会氛围。

（三）解决实际问题。立足公安职能，切实解决人民群众关心的社会治安热点、难点问题，主动提供便民利民服务，积极做好访贫问苦等社会公益工作，特别要加强春节安全保卫工作，让群众过一个安定祥和的春节。

三、活动内容

（一）警务咨询。设立警务咨询服务台，为人民群众提供警务咨询服务，增进群众对社区和农村警务工作和法律知识的了解。

（二）便民服务。立足本职工作，为群众提供各类便民利民服务，重点做好春节期间为返乡群众换发“二代证”工作，实行全天候办证和预约办证制度，方便群众办理“二代证”。

（三）安全宣传。利用板报、标语等方式，向群众宣传安全防范知识，提高群众安全防范意识和能力。主要内容包括：

(1)向群众广泛宣传购买、燃放烟花爆竹的安全事项。

(2)在春节期间各地举办文艺演出、体育比赛、游园、庙会等多项大型活动时，做好大型活动安全提示和防范工作。

(3)宣传发动广大群众参与禁赌工作，努力在全社会形成抵制赌博、支持禁赌的良好舆论氛围。

(4)根据公安部下发的《管制刀具认定标准》，做好管制刀具管理的宣传工作。

(5)开展治理和预防摩托车、自行车被盗突出问题的宣传工作，普及摩托车、自行车安全存放常识，揭露违法犯罪人员作案手段、作案地点、主要时段，预防和减少摩托车、自行车丢失被盗案件的发生。

（四）展览展示。展示公安机关“三基”工程建设成果，展示社区和农村警务工作先进集体和先进个人的事迹，展示社区和驻村民警丰富多彩的文化生活和良好的精神风貌。

（五）问计于民。利用警民互动的形式，广泛征求群众对公安工作的意见和建议，了解群众的治安需求、存在的困难和问题，切实为群众排忧解难。

四、方法步骤

活动安排在2月份，分三个阶段实施：

（一）前期准备阶段（从即日起至2月9日）

本阶段主要是做好活动前的方案制订、宣传发动以及接待群众的准备工作。

(1)各所根据工作实际，进行动员部署，明确工作目标，分解工作任务。

(2)各所根据辖区实际制作板报、标语等，进行深入的宣传发动，营造浓厚的氛围。

(3)县城社区和农村警务室做好向群众开放的充分准备。

（二）组织实施阶段（从2月10日起至2月17日）

本阶段将集中力量通过各种形式开展活动。

(1)2月10日为全国统一的“咨询服务日”，各所要组织广大民警在街道、社区，集镇、农村设立咨询服务台，通过现场办公的形式为群众提供便民利民服务。

(2)确定2月12日为“警务室开放日”，约请当地群众走进警务室，由社区和驻村民警介绍警务室工作情况，提供咨询服务，宣传防范知识，现场办公解决实际问题。

（三）总结评估阶段（从2月17日起至2月23日）

本阶段主要是总结评估活动情况，汇总群众反映的意见建议，落实相关工作措施。

(1)认真梳理汇总群众反馈的意见建议，研究并落实相应的工作措施。

(2)总结活动的成功经验、做法，不断完善群众工作长效机制。

(3)各所务必于2月23日前将本辖区开展“警民相约警务室”活动的工作情况和

图片资料通过办公自动化上报县局治安大队。

五、工作要求

(一)加强组织领导。开展"警民相约警务室"活动是公安机关"警民携手筑平安"大型主题活动的一项重要内容,举办好此次活动,对于贯彻落实《公安部关于实施社区和农村警务战略的决定》,推动实施社区和农村警务战略具有十分重要的意义。各所要高度重视,采取有效措施,切实加强组织领导,派出所所长要亲自抓动员部署,亲自参加活动。

(二)营造浓厚氛围。各辖区要充分利用有线电视、广播等新闻宣传平台,通过社区宣传、上门走访、召开座谈会等多种宣传途径与形式,加强对开展"警民相约警务室"活动的宣传报道,营造活动声势。要主动地挖掘和树立一批包括样板警务室、优秀社区和驻村民警在内的先进典型,通过树立学习榜样,弘扬正气,鼓舞斗志,营造争先创优、比学赶帮的浓厚氛围。

(三)形成整体合力。各所要落实责任,注重发挥整体合力,相关部门和警种要积极参与本次活动,主动加强对本次活动的指导和支持,为搞好活动献计出力。

(四)力求工作实效。各所要结合实际,采取切实可行的措施,实实在在地开展活动,把了解群众需求同解决实际问题,把宣传展示工作同改进公安工作,把营造良好氛围同加强节日安全保卫工作有机结合起来,务必使活动取得实效。

第三节 警务宣传的公关实施与评估

一个好的警务宣传方案制订以后,经过公安机关领导的批准就可以进入具体实施阶段了。实施阶段是整个警务宣传活动的中心环节,好的活动方案要有好的落实。没有切实落实、不能有效实施的方案都是纸上谈兵,没有实际意义。警务宣传公关活动的实施既是社会组织与相关公众之间实现双向信息交流的过程,也是提高社会组织的知名度和美誉度,维护组织良好形象,扩大公安机关社会影响力的过程。

一、警务宣传公关实施的含义和特点

(一)警务宣传公关实施的含义

警务宣传公关实施指围绕公安机关的战略目标,将具体活动方案付诸实施,通过传播沟通向目标公众进行信息传播,解释和宣传组织的方针、政策、计划,了解公众的意见、看法、态度及情感,使组织与公众之间相互理解与支持,以实现既定公关目标的具体公共关系操作过程。

(二)警务宣传公关实施的特点

第一,复杂性。警务宣传公关活动开展的时候,会受到组织、公众、媒体、环境因素的影

响，各种因素相互作用、相互制约，导致在实施过程中容易复杂多变，操作难度大。

第二，动态性。警务宣传公关实施是一个动态的过程，往往随组织、公众、媒体、环境变化而改变，需要及时根据活动开展的不同阶段加以把握，做好前后承接。

第三，灵活性。活动实施中既要考虑方案原有的计划性，又要有灵活性，随时根据具体的客观情势调整安排，灵活处理，统筹兼顾。

第四，可控性。在活动实施的具体操作中，组织者需要合理安排活动的内容、场地和时间，注意各个阶段之间的衔接和具体的工作方法，总体把握整个运作过程和各个具体环节，确保总体活动方案的落实。

二、警务宣传公关实施要注意的问题

策划方案确定以后，进入具体实施的过程，组织者必须高度重视实施方面的操作和管理。我们看到很多很好的活动创意，也看到很多单位在组织活动，甚至专业机构承接一些专业活动的过程中，都存在这样的问题：创意很好，但由于操作过程中出现很多问题，影响活动效果的发挥。

（一）准确把握警务宣传公关实施的本质和原则

警务宣传公关实施的本质就是方案被审定采用后，将方案所确定的内容和目标付诸实施，将方案变成结果的具体操作过程。

根据这个本质，警务宣传公关实施的原则就包括目标导向原则、进度控制原则、整合协调原则、反馈调查原则。这些原则都要在警务宣传公关活动实施中体现和贯彻。

（二）解决警务宣传公关实施中存在的障碍

1. 方案自身的障碍

由于目标定位不明确甚至不正确，方案缺乏操作性，或由于方案制订的活动偏离目标而给实施带来障碍。

排除途径：重新与方案策划者探讨目标定位与策划可行性。①检查内容是否切合实际并能够实现；②检查是否具有可行性和可控性；③检查是否体现了所期望的结果；④检查是否是实施者职权范围内所能完成的；⑤检查完成期限是否合适。

2. 实施过程的沟通障碍

在具体的实施过程中，可能会面临一定的沟通困难，主要有观念习俗、心理定势、文化差异、政治观念、语言表达、沟通技术、生理年龄等。

排除途径：①选择信息沟通；②灵活运用媒介传播。

3. 突发事件的干扰

主要有人为的恶性突发事件、纠纷危机和不以人的主观意志为转移的客观突变。

排除途径：①以最快速度建立危机控制中心；②不断了解危机控制进展情况；③了解公众意见，把握公众情绪；④邀请公正权威机构进行帮助；⑤尽快发布有关背景情况，不要发布不准确的消息，及时更正媒介不实报道，与媒介保持良好联系。

三、警务宣传公关活动实施的效果评估

警务宣传公关活动到底有没有发挥应有作用？怎么体现警务宣传工作的绩效？警务宣传公关投入了很多资源，花了很多人力物力，到底产生了什么效果？要回答这个问题，我们需要一个指标体系去综合评估。

警务宣传公关的效果评估是指某项具体警务宣传活动实施后，根据工作目标，对活动策划、方案实施、最终成效进行测量和评议的工作过程。主要包括以下评估内容：

（一）评议警务宣传活动策划的水平

评议警务宣传公关活动策划水平要注意四个统一：组织利益与公众利益相统一、主观愿望与客观现实相统一、富于创意与切实可行相统一、规范运作与随机应变相统一。

成功的策划都离不开这四个统一，只有把这四者有机结合起来，才能确保该项警务宣传策划得到有效的实施。

（二）检测警务宣传目标的实现程度

根据活动方案设定的目标，看看警务宣传活动开展之后是否全面实现了，有没有取得预期的效果？是全面实现还是部分实现？针对还没有达成的目标，下一阶段如何在接下来的工作中进行改进？

（三）测量组织公关状态的改善情况

警务宣传活动开展之后，公众对组织的满意度是否提高？组织的公共关系状态是否有明显改善？这些都应该通过科学的公关调查进行，才能把握准确的结果。对公关调查所提供的事实资料和数据资料的完整性、真实性、可靠性作出客观的评价，这样的结论才有说服力。

（四）测算警务宣传投入产生的效益

通过开展相关的调查活动，可以衡量该项警务宣传公关工作的绩效。在没有开展任何警务宣传公关活动的情况下，先做一次摸底调查，看看组织的知名度或者认知度是多少。在警务宣传公关活动结束以后，再做一次调查研究，就可以发现其中的变化。如果变化不大，对公安机关的认知度和美誉度没有直接的影响，说明该项警务宣传公关活动没有取得预期效果。如果该项警务宣传公关活动开展之后，警察组织认知度和知名度有很大提升，说明警务宣传工作做得比较成功。

（五）测定警务宣传实施的社会效果

警务宣传活动成功与否的评价标准离不开社会效果的检验，要根据公关调查所取得的实际效益进行具体评价。民众对警察组织的评价有没有变化？对警察组织正在开展的活动是否有兴趣积极参与？是否愿意帮助警察组织开展警务宣传活动？这些都可以作为测定警务宣传实施的社会效果。

（六）总结警务宣传公关的经验教训

总结警务宣传工作是对整个宣传公关活动的过程和结果进行的回顾和检讨。主要

包括:

(1)警务宣传公关活动的完成情况。是否按时完成了警务宣传公关设计的各种活动,真正达到了活动设定的目标。

(2)警务宣传活动获得的经验教训。如该项活动的成功之处和不足之处,活动各阶段取得的成绩和收获,积累成功经验,吸取失败教训,为下一步开展相关活动提供参考与借鉴的依据。

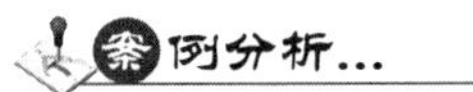

菏泽市郓城县公安局狠抓宣传工作以提升整体形象

"一年来,我们亏没少吃,事没少干,而且一直保持命案侦破率100%,为什么人民群众对我们的满意率仍然不是很高呢?"山东菏泽市郓城县公安局党委带着疑问,召集形象监督员、人大代表、政协委员座谈,深入社区走访,向各界人士问计。

他们发现,除少量反映公安民警工作中存在的问题与不足外,很多是群众对公安机关一年来究竟做了哪些工作、为群众解决了什么问题不清楚。用一位人大代表的话说:"是你们对自身的宣传不够,群众都不了解你们,他们的满意从何说起呢?酒香也怕巷子深啊。"

找到问题症结,局党委经过讨论统一思想,制订相应措施,经过半年实践,收到明显效果,具体做法是:

一、正确定位,实现"三个改变"

1. 改变宣传观念。一是改变"公安宣传可有可无"的观念。认为公安宣传在提升公安队伍整体形象方面具有不可或缺的作用,从局党委到各基层单位都要重视这一工作,不仅有专门的方案,还明确了责任和任务;二是改变"公安宣传就是自吹自擂""从事公安宣传是为人作嫁衣裳"的观念。公安宣传面向群众展示我们公安机关为群众做了些什么,这既是展现公安机关整体形象赢得群众理解与支持的重要手段,也是自觉接受群众监督的有效办法;三是改变"公安宣传只是宣传科的事"的观念。公安宣传涵盖的内容非常丰富,既包括新闻媒体宣传、宣传车标语、公告宣传,更包括群众的口碑宣传,仅靠宣传干部是不够的,还要靠全体民警通过自身文明执法、优质服务赢得群众,并在群众中留下好的口碑。

2. 改变宣传侧重。一是侧重扩大宣传范围,宣传任务下分到各单位,且与等级化管理挂钩,根据采用稿件情况给予加分;二是改变只重结果不重过程的宣传,除涉密外全方位、多角度展示公安民警工作中艰辛的一面,从民警分析案情、工作生活、抓捕现场等多方面展示,群众反响相当好;三是侧重精品典型。公安宣传也要强调打品牌,出精品,在部、省、市、县同时推出了队伍里的先进典型。

3. 改变宣传措施。一是稳定宣传队伍,菏泽市郓城县公安局在警力严重不足情况下,设立了2名宣传专干,同时指定各单位内勤为宣传兼干;二是用足通信设备,除以往常用的邮寄、传真、电子邮件等方式送稿外，还采用直接电话报料、专程送稿和网络互动等现代科技手段。

二、增加投入，畅通“三条渠道”

1. 用足现有渠道启航。一是改善本局宣传装备，奖励优秀通讯员，制订相应的奖励措施，对单位通讯员以其上稿数量和等级按件计奖，使现有的宣传队伍发挥出更高效能；二是继续改善与已有交往的媒体的关系。他们将已有联系的所有媒体的通讯方式列成表，印发给各单位，方便这些单位向媒体投稿。对于各级媒体的来访，他们做到既热情接待又不违反规定；三是充分利用“齐鲁警务网”这一平台，菏泽市郓城县公安局在这一平台上的独立发稿量目前仍保持在前列。

2. 巧借他人渠道行船。一是借电视屏幕展示我形象；二是借他人之手宣传我形象；三是以群众之口传颂我形象。人民群众对人民警察的满意是通过民警的文明规范执法和热情周到的服务赢得的，通过机关民警下社区共同参与防范，及时破获重特大案件等一系列工作，赢得了群众称赞。

3. 开辟新渠道谋发展。一是主动“联姻”。很多新闻媒体都有新闻热线或报料电话，对于不影响办案的，公安机关来不及写稿就及时与媒体联系，由媒体直接采写报道；二是开辟宣传橱窗，在郓城县公安局机关大门内建2个宣传橱窗，为群众宣传法律法规、告知办事指南、宣传公安好人好事，不仅方便了群众，同时也让群众进一步了解公安工作；三是建立属于自己的网络阵地。郓城县公安局的公安局域网已开通并进一步完善，开设通讯报道专栏后，各单位宣传骨干将在其中大展身手。

三、服务公安，突出“三个面向”

公安宣传来自于公安工作，又服务于公安工作，是公安工作的组成部分。

1. 面向群众。及时反馈群众生活中关注的事情，针对城区街头“两抢”特别是飞车夺包较为突出的现象，及时告诉群众如何防范，县城的“两抢”案件由一天几起变成现在三个月才一起，增强了群众安全感，有的群众还积极向公安机关提供线索。

2. 面向基层民警。工作在基层的民警，条件艰苦，面临的困难多，人手少，工作压力大，宣传的镜头、笔墨多向他们倾斜。县局邀请电视台记者深入各派出所，全面反映民警们的工作、生活，目前已有二十余个派出所被采访报道。

3. 面向公安工作。某镇部分群众受一伙地痞欺压，认为派出所与这伙人关系很“铁”，对群众报案不作为而反映到上级有关部门，公安机关经秘密侦查，将这伙地痞悉数抓获，很快挽回影响。

“局长大接访”、机关民警下社区、实行案件回访回告制及社区民警向群众述职等一系列亲民措施和做法出台后，郓城县公安局及时报道宣传。郓城县城一位群众激动地说，现在，在社区天天可以看到警察，在电视里也经常看到熟悉的警察，看得多了，心里也就踏实了。在半年一次的评议会上，人大代表对公安局的评价高多了。

（资源来源于“大众网”，郎孝文，2012年9月6日）

本章小结…

本章的核心内容是介绍警务宣传公关活动的策划、实施与评估，包括警务宣传公关活动的概述，策划的前期准备和程序，警务宣传公关活动方案的制订，通过理论阐释和案例分析，把警务宣传公关活动的策划实施和具体的公安实际工作结合起来，探索实施中应该注意的问题和解决之道，对警务宣传工作的效果进行科学的评估等。

课程思路…

公共关系是传播与沟通的科学与艺术。警务宣传公关活动的策划与实施，必须坚持辩证唯物主义和历史唯物主义的方法论，把脉警情形势变化，紧扣各时期社会民意热点，坚持人民至上，将警务公关与公安业务、民生服务深度融合，不断提升人民群众的安全感和满意度。

思考与练习…

1. 如何策划公共安全防范宣传的专题活动?
2. 开展警务宣传活动对改善组织公共关系有何影响?

网络传播是什么？在警察公共关系中常用哪些媒介进行网络传播？如何应用？怎样进行网络管理？网络传播与管理中需要注意哪些问题？

第六章　警察公共关系网络传播与管理

第一节　警察公共关系网络传播概述

一、解读“网络传播”

传播作为联系信息生产、积累和获取的中心环节，起着承上启下的作用。网络传播作为信息交流、传播的一种重要渠道，其作用是使信息得以广泛散发、吸收和利用。网络传播在人类的信息流通过程中将占有重要的地位，所有网络生产、发布的信息都能够以非线性方式流入网络之中，信息技术的变革将对人类信息流通活动的方式产生深刻的影响。

网络传播的出现，极大地改变了信息传播的方式，影响着知识的组织、传递和获取，对人类的文化和政府的政策带来深刻的影响。

网络传播融合了大众传播（单向）和人际传播（双向）的信息传播特征，在总体上形成一种散布型网状传播结构，在这种传播结构中，任何一个网络都能够生产、发布信息，所有网络生产、发布的信息都能够以非线性方式流入网络之中。

何谓传播、传播学、大众传播、网络传播、网络传播学？

传播是指社会信息的传递或社会信息系统的运行。信息是传播的内容。传播的根本目的是传递信息，是人与人之间、人与社会之间，通过有意义的符号进行信息传递、信息接受或信息反馈活动的总称。

传播学是研究人类一切传播行为和传播过程发生、发展的规律以及传播与人和社会的关系的学问，是研究社会信息系统及其运行规律的科学。简言之，传播学是研究人类如何运用符号进行社会信息交流的学科。传播学又称传学、传意学等。

大众传播是社会媒介组织通过文字（报纸、杂志、书籍）、电波（广播、电视）、电影、电子网络等大众传播媒介，向社会大众公开地传递自己用各种手段复制的信息的社会实践活动的全过程。

网络传播是以计算机通信网络为基础，进行信息传递、交流和利用，从而达到其社会文化传播目的的传播形式。

网络传播学是研究人类网络传播活动的系统学科，是传播学的子学科。网络传播学是一门新兴的边缘性学科，是传播学的一个分支，伴随着网络的飞速发展和普及，网络传播学的学术地位也越来越受到重视。

网络传播的特点

借助互联网这个平台进行的网络传播，是一种完全新型的信息传播活动，它有许多不同于传统媒介传播的特点，其中主要有：

各种传播形态并存。互联网络将人际传播、群体传播、组织传播、大众传播等各种传播形态集于一身，借助它不仅可以向全社会进行开放性的大众传播，而且可以作“点对点”的人际传播（如电子邮件、网上通话、网上短信）、小范围的群体传播（如讨论组、聊天室等）、组织机构或单位的组织传播（如群发电子邮件、各单位内部的局域网运作）。

多种传播方式并举。互联网络是电脑、电视、录音机、电话机、游戏机、传真机、打印机等性能的总汇，或者说是各种传统媒介的大熔炉，它将以往各自独立的单一性的传播方式综合在一起。它又将文字、口语、音响、图表、图片、图像等各种媒介汇于一体，而且可以根据需要自如地从一种形式转换到另一种形式，或者让几种形式并举，做到图、文、声、像并茂，真正实现多媒体的传播。

高度的交互性。这是网络传播与传统的印刷传播、电信传播的最大不同之处，在这种传播中，传受双方存在很大的交互性。它们的角色位置可以方便地、频繁地交替互换。网上的传播者往往也充当受传者，受传者也往往充当传播者，此时此地是传播者，彼时彼地又是受传者。在网上设立网站或数据库的机构、媒体或个人，固然是传播者；但他们为了传播，往往通过网络进行采访、询问、调查、检索，这时他们便是受传者。在网上浏览、检索的一般用户，固然是受传者，但他们不仅有很大的寻觅信息的主动权，而且他们随时都能充当传播者。他们可以通过电子邮件向别人传送信息和观点，他们可以向新闻讨论组、向公告板传送信息或观点，他们还可以设立个人网页，发布信息或观点，吸引他人来访问。正如麻省理工学院教授尼葛洛·庞蒂所言：“在网上，每个人都可以是一个没有执照的电视台。”

高度的灵活性。网上传播和接收，都极具灵活性。一方面，凭借一台联网的电脑，传播者可以随时随地传送信息，受传者也可以随时随地选择收看或调阅任何已进入网络的信息。这就是网络传播的五个 W：Whoever、Whenever、Wherever、Whomever、Whatever，即任何人在任何时间、任何地点都可以同其他任何人交流任何信息。另一方面，网络传播允许实时同步和非实时异步的自由选择和转换。广播电视以共时性、同步性为特点，人们在接收广播电视信息时必须与它的播送同步，要按照它们的节目播送时间来安排自己的时间。而在网络传播中，参与者既可以处于同步接收状态，如 QQ、微信类即时通信软件的使用，也可以不同时处在传播的情境中，如过时信息的检索、电子邮件的使用等。于是人们有了在使用媒介时自主安排时间的能力，人们的传播活动有了更大的自由度。

基于网络传播的上述特点和优势，它在问世之后便备受各国政府和广大公众的重视和关注，如今它已成为人类传播领域极为重要的新兴力量。

二、网络媒体

（一）网络媒体的内涵

网络媒体就是借助国际互联网这个信息传播平台，以电脑、电视机以及移动电话等为终端，以文字、声音、图像等形式来传播新闻信息的一种数字化、多媒体的传播媒介。

网络媒体和传统的电视、报纸、广播等媒体一样，都是传播信息的渠道，是交流、传播信息的工具和载体，它对传统媒体具有全方位的冲击。

（二）网络媒体的优势

作为一种新兴的媒体，网络媒体之所以具有旺盛的生命力和极快的发展速度，是由于它既包含着对传统媒体的继承，又带有许多新的特点和具有某些先天的优势。与其他媒体比较，网络媒体主要有以下优势：

1. 传播速度的迅捷性

网络媒体传播速度快捷，信息来源广泛，制作发布信息简便。电视限于节目板块，报纸限于版面与印刷周期，不可盲目随时发布新闻。电视虽然可以采用滚动字幕的方式传递信息，但会破坏画面的完整性，而且字数不能太多。网络则不然，一条消息在网上随时发布，间隔时间长则数小时，短则几分钟，完全没有“截稿时间”的概念。尤其是在报道突发性事件和持续发展的新闻事件上，网络媒体以其信息发布与更新速度的迅捷比传统媒体中广播电视新闻节目的“滚动播出”更胜一筹。因此，网络信息传播具有很强的时效性。

2. 信息来源的广泛性

在网络上，从技术上讲，人人都可以发布信息。就传播主体而言，整个因特网的世界，不属专门的新闻传播机构一家独有。从网络属性上讲，政府、企事业网站乃至个人网站都有能力并且有可能发布新闻，成为传播新闻的主体。传统媒体的传播方式一般是点对面的传播，而网络媒体除了点对多,即网站向网民、某一网民向不特定的其他网民发布信息这一方式之外,还有点对点即网民通过网络向其他某个网民发电子邮件的方式,众多网民向某一个网站发送信息和反馈意见的多对点方式,以及网上聊天室、电子公告牌等多对多的传播方式。

网络媒体的受众一般可以不受限制地登录世界上任何与互联网络相连接的网站,浏览带有任何倾向、风格和内容的网页,与世界上任何一个可以通过各种手段上网的人沟通信息,而不像传统媒体传播那样,在收视中要受到传播地域、国家政策法规等方面的限制和束缚。

3. 信息存量的丰富性

网络媒体在信息传输量上具有无限的丰富性。传统媒体在单位时间(节目)和空间(报纸的版面)中所传播的信息,都是有限的,而网络媒体贮存和发布的信息容量巨大,有人将其形象地比喻为"海量"。

传统媒体每天传播的新闻信息容量是受到限制的。如电视新闻每天的播放时间段和播放时长都是一定的,报纸也有固定的新闻版面。而在因特网上,由各个站点提供的新闻数量是不受限制的,不必被限制在某一版面或者在某一时间段内必须播完。网络能够提供无限的空间来说明一件事情的来龙去脉,包括背景材料、各种专家的意见、各个主管部门的反映、当事人的表述、记者的评论、事件可能的发展方向、网友的读后评论等。

4. 传播方式的非线性

传统的广播电视媒体传播的信息信号与时间存在一种相互依存关系,即所有的节目都在时间流程中播出,并与固定的时间相对应。如果失去了这一关系,那么以时间为标志的广播电视的运作机制也将消失。而网络媒体的传播打破了这种信息与时间的对应和依存关系,信息是以一种按照"包切换"的方式连接的分布式结构。在网上并行存在的大量的信息发布源传播着或真或假、来自各种立场的信息,这些信息同时分布在网络的不同层次和角落。受众所接受的关于某一新闻事件的报道,无论在事实还是在态度上都不再是前后连贯、首尾一致的线性状态,受众面临的是信息超量情况下的众说纷纭、意见不一。

5. 接收方式的自主性

广播电视信号与时间的线性关系,决定了信息的发送者(电视传媒)对信息的接收者(受众)具有毋庸置疑的操纵力量。广播电视传媒能够决定受众接收什么信息和在什么时间接收,并将这些预先加工过的信息在特定的时间"推"给受众。

网络消除了"发送者主权",造就了"接收者主权",以往被动接收信息的受众在网络中获得了空前的主动。当用户在因特网上搜寻着自己感兴趣的信息的时候,这种获取信息的方式就更多地体现着"拉"的特点。接收方式的自主性还表现在受众可以在自己许可的时间与地点上网,根据自己的口味和需要有选择地接受信息、消化信息。

6. 传受关系的交互性

交互性是指网络媒体带来了传受双方的双向互动传播。网络媒体的根本意义在于它颠覆了传统媒体传者与受者严格的身份界限与地位的不平等,将从前大众传媒以主导者身份向受众的单向传播演变为个人化的平等的双向交流。每一个登录网络的个人,既可以作为受者接收来自网上的各种信息，又可以参与到创造信息的活动中，参加网上新闻的讨论，同时还可以作为传者向网上发布、反馈对所接收信息充分体现个性的意见或评价。

7. 信息检索的便捷性

广播电视媒体传播信息，用的是一种线性传播的方式，所传播的信息转瞬即逝，具有"一次过"的特点。除了重播时间以外，观众不可能再次得到同一信息，更不可能对广播电视媒体过去或当前所传播信息进行检索调阅。而要从浩如烟海的报纸中挑出具有同一内容的相关信息，那只能一张一张地去翻阅，无异于大海捞针。网络媒体通过超文本链接的方式，将无限丰富的信息加以贮存和发布，用户可以很方便地对这些信息资料进行检索。

8. 信息服务的个人性

信息服务的个人性是网络媒体的一个本质特征。由于技术的局限，包括传统媒体在内的以往所有的媒体都是大众化的，而网络媒体却可以做到面向特定的受众，可以面向个人。实际上，它的内容设计，大多是出于受众的个体需要。另外，网民个人可以在网上订制需要的新闻。从这个意义上看，网络媒体的传播，是真正个性化的传播。因此，有人说网络媒体传播最温馨，最具有人情味。

三、网络传播应用于警察公共关系建设的弊端

(一)覆盖面有限

网络传播依赖于一定的技术条件，因此不同群体或不同地区在获取网络信息时存在一些差距，即存在所谓的"信息鸿沟"。具体而言，这种差距体现在几个方面：首先是接入鸿沟，即是否拥有电脑、网络等基础设备；其次是使用鸿沟，即使用技能和应用深度上的差异；最后是能力鸿沟，即信息处理和创造能力的差异。例如，在一些落后地区，或者对一些不方便使用网络的人群而言，网络传播是无法覆盖的。

(二)公信力不足

1. 虚拟性

网络世界中以虚拟的人际关系代替真实时空的人际关系，可能会出现群众对这种虚拟关系的不信任，对警察公共关系的构建造成了一定困扰。由于缺乏必要的信息处理和监管机制，网上信息往往处于真假难辨、紊乱无序的状态，网络媒体因此而缺乏公信力。

2. 形象失真

网络的自由程度较高，各种言论纷繁复杂，对某一新闻事件的评论泥沙俱下，难免鱼目混珠，以至于误导了受众对于事件真相的了解。公安工作存在特殊性，长期以来，一直给人一种"戒备森严、不近人情"的刻板印象，某些局部个别的粗暴执法、野蛮行政，在群众中造成了负面的影响，这在以前可能只是一个区域性或地方性的问题，但在互联网时代，往往成为全省甚至全国性的敏感热点问题。例如"躲猫猫"事件、瓮安事件等，导致许多有关警察的报道都会引发一定的负面评论。

(三)网络安全问题

近年来，一些公安机关在网上开通了"网上公安"，使以往的公安机关"坐等群众上门办

事”变为群众“足不出户、轻点鼠标办理”的便捷服务。然而现阶段,网络安全问题不仅破坏了整个网络系统的生态环境,也逐渐侵蚀进公安系统网以及联系警民的公安官方网站、大众网页及信息交流平台。信息安全问题是公安业务在新媒体应用中的最大阻力。

四、网络涉警舆情的特点

从以报纸、广播、电视为主要媒介的大众媒体时代,发展到以网络为载体,以微信、微博、论坛、贴吧为主要阵地的全媒时代,媒体的传播特征及规律有了很大变化。随着传播媒体的发展,涉警舆情也发生着变化。

(一)涉警舆情数量巨大

根据《中国社会舆情与危机管理报告》,近几年涉警涉法舆情事件涉事主体占比最高的是公安系统,出现这种情况主要有以下原因:

首先,警察是国家公权力的象征。公权力与公民个人意志的表达是一个动态的不断博弈的过程。哈马贝斯在其“国家——社会理论模型”中提出了“公共领域”的概念,明确指出公共领域以公共舆论为媒介,市民通过公共传媒表达意见和在公共空间交换意见,并通过社会运动来参加和影响国家的活动和政策的形成过程。由此可见,公共舆论是民众对公权力进行监督的主要途径。随着公众民主法律意识的提升,他们参与社会管理、表达个体意愿的欲望逐步增强,而警察作为公权力的象征,首当其冲会被公众所关注。全媒时代,公众可以便捷地通过网络媒体表达意见,形成舆论,对警察职业场域中的各项活动进行监督。

其次,警察的很多管理、执法活动都跟老百姓的自身利益密切相关。有的警种,如交警、户籍警、刑警等更是直接与老百姓打交道。而在人们的传统观念中,警察属于强权一方,老百姓属于弱势群体,因此执法过程中的任何一个环节都会成为人们关注的话题。

另外,警察的职业特点使其极易成为舆论焦点。经过一些影视作品的渲染,在很多人眼中,警察职业具有神秘色彩,公众的好奇心促使他们更多地关注警察的所作所为。

(二)涉警舆情负面信息居多

从《中国社会舆情与危机管理报告》近年来的统计数据看,涉警舆情中有不少负面信息,涉及违法犯罪、粗暴执法、执法不公和贪污腐败等诸多问题。这些负面信息一经曝光,便迅速被网民传播,对警察队伍的整体形象造成了非常大的损害。从舆情传播的主客体方面分析,以下问题是涉警舆情负面信息居多的主要原因:

在警务活动中,个别警察由于自身原因,诸如价值观错误、职业素养欠佳等导致执法行为失范、执法不公、以权谋私,造成冤假错案,出现违法乱纪的行为。另外,我国现正处于社会转型期,社会矛盾复杂,案件多发且类型多样化,因此形成的警力不足问题导致工作效率不高,群众产生不满情绪。最后一个因素是警察组织体制和机制本身存在缺陷。警察的职责范围被地方政府任意扩大,在很多地方,凡是出现矛盾无法调和的时候,就会把警察推至一线,诸如强制拆迁、计划生育罚款等。这些问题直接导致了警民关系恶化,以及各种负面新闻的产生。

全媒时代涉警舆情传播的主体——信息的传播者,可以是每一个发帖、转帖、跟帖,参与网络互动的网民。在大众媒体时代,信息的传播是由媒体到受众的单向过程。信息搜集、整理、筛选的各个环节都有相应的审批、审查流程。传统媒体时代,“把关人”往往决定了哪些信息被传播。在全媒时代,“把关人”作用被弱化,甚至完全缺失。自媒体的普及使得新闻传播门槛大大降低,“人人都有麦克风,个个都有发射器”,然而相当多的传播者却缺乏基本的媒体专业素养。网络媒体的新闻传播除了自由性大大优于大众媒体之外,其客观性及社会责任感严重降低。新闻发布者身份的匿名性及“把关人”的缺失,无形中增加了舆论中非理性的成分,使得网络媒体成为发泄个人情绪、恶意炒作甚至编造谣言的场地。尤其是涉警类的敏感信息,很容易成为人们炒作的对象。为了产生轰动效应,扩大自身的传播,编造涉警负面新闻,更是成为某些人扩大曝光率的首选,后果是造成恶劣的社会影响。

大量的碎片化的信息,使公众很难辨别事情的真相,而人们的从众心理及“宁可信其有,不可信其无”、“无风不起浪”等心理导致他们盲从地传播一些自己都无法证实的信息。例如,2015 年元旦夜上海踩踏事件发生后,微信上一篇名为《上海踩踏不是意外突发事件》的文章广为流传。文章指责踩踏事件是因为上海警方管理能力低下,没有切实履行好职责所致。很多人看到后纷纷转发,他们未必了解事件发生的真实情况,然而他们的盲从让更多的人形成了警察管理能力低下的不良印象。

当前的舆论环境颇有涉警“一边倒”的状况。警察正常的执法活动也常常被质疑。网上曾有一条信息:“云南一司机超载被查,将客车开到派出所门口烧毁。”司机超载被查,这本来应是毫无争议的事,但网友的反应却以支持司机者居多。例如,怎么城市里的公交车就没有超载啊,天天都挤到爆,都没有警察去查? 烧自己车也犯法? 不会这么简单,你仅扣个驾照,按照规定处理,他就烧自己车? 你打死我都不信! 等等。并且这些评论下面是成千上万的“顶”。网民与该条信息的互动促成了舆论场的形成,使更多的人认为,这一事件背后必定有诸如警察执法不公或暴力执法之类的问题。这些跟帖中,有的是发泄自己对某些社会管理方面的不满,有些是自己的无端猜测,更多人是盲目跟风,完全是围观者心态。

(三)涉警舆情传播速度惊人、影响力大

大众媒体时代,一则新闻的播报要经过诸多环节,这决定了新闻往往有一定程度的延时性。而在全媒时代,这个过程被大大缩短,舆情扩散速度加快。借助网络、手机等数字化传播手段,6 分钟第一手资料就会上网,12 小时形成第一轮炒作,24 小时形成第二轮炒作。例如,2013 年 3 月 19 日下午 4 时,腾讯微博转发了一则题为《救人英雄与警方发生冲突后失踪警方称万元私了否则判刑》的博文,下午 4 时 5 分该条微博的阅读量即达到 6000 余次。

网络媒体时代舆情的传播是发散性的。根据传播方式的六度分隔理论:假如每个人跟自己认识的人之间是一步的距离,跟自己不认识而身边有人认识的人之间是两步的距离,那么地球上任何两个陌生人之间的距离最多也就六步之遥,原本毫不相干的两个人也有可能

通过七拐八拐的关系联系上。而网络信息传播也适用六度分隔理论，即从任何一点发出的信息，经过6次传递之后，可能会传播到网络上的任何一个人那里，这是由网络的互动性所决定的。例如贵州瓮安事件，就是在很短时间内舆论酝酿、爆发，最终导致了大规模群体性事件的发生。

五、网络新媒体在新时期警察公共关系中的作用

在全媒时代，以信息技术为核心的新一轮科技革命正在孕育兴起，互联网日益成为创新驱动发展的先导力量，深刻改变着人们的生产生活，有力推动着社会发展，也为警察公共关系提供了新的传播手段。

近年来，随着移动互联网新技术的迅猛发展，公安政务新媒体也不断发展壮大。各级公安机关或民警个人的政务微博、微信、移动客户端以及门户网站在新时期的警察公共关系中发挥了重要的作用。

第一，宣传公安工作。及时准确发布公安机关的重大决策部署、重要工作、政策法规和各项警务信息，传递公安工作新动态，展示公安工作新成效。

第二，实现为民服务。不断创新为民服务的平台、内容和形式，充分利用公安新媒体方便、快捷、覆盖面广的特点，推出各项便民利民措施，最大限度方便群众，服务民生。

第三，加强警民联系。及时真诚与网民进行互动交流，听取群众意见建议，帮助解决实际问题，化解各类矛盾纠纷，构建和谐警民关系。

第四，掌控网络舆情。及时发现、收集、监测、分析和研判各类危害国家安全、政治安全、政权安全和社会稳定的敌情、社情、舆情，积极快速反应，及时有效处置，开展网上斗争。

第五，引导社会舆论。及时发现涉警舆情，用真实、准确、权威、生动的声音占领舆论制高点，赢得话语权，掌握主动权。挤压不实炒作和谣言传播空间，弘扬社会正气。主动设置议题，精心策划主题，为公安工作营造良好的舆论氛围。

第六，展示警察形象。及时宣传公安队伍中涌现出来的典型集体和英雄模范，充分展现不同警种、不同部门、不同岗位民警忠实履职的职业精神和无私奉献的家国情怀，发好公安声音、讲好警察故事、树好警察形象。

第二节　警务门户网站的设计应用与管理

全媒时代公安机关如何在网络化的社会环境下，通过网络传播树立全新形象、搭建网络平台与社会公众实现有效的双向沟通、创新网络传播模式，为社会公众提供更加便利的警务服务，已经成为公安机关当前警察公共关系活动中最迫切的任务。应用信息传播网络平台打造全媒时代新型的网络警民关系，是公安机关适应社会发展潮流和警务改革的必然选择，亦是警务门户网站建设的目标。

一、警务门户网站的属性与定位

警务门户网站是公安机关向社会进行政务公开、发布警务信息的重要网络信息传播平台，同时也是公安机关的宣传窗口、联系群众的桥梁、为民办事的纽带。政府部门的门户网站建设以政务公开和行政审批（便民服务）为重点，警务门户网站亦不例外，它以“亲民”、“便民”为宗旨，通过网络积极向社会公众提供信息服务，开展网上办事，倾听群众声音，帮助群众落实处理网下诉求。

二、警务门户网站的功能设置与栏目框架设计

图 6-1　广东省公安厅网站首页

警务门户网站的功能设置主要包括以下几个方面：

（一）政务公开

警务门户网站要向群众介绍警队的基本架构和职能任务安排，使群众能够透过网站了解警队的主要领导及其人员分布，对警察组织的基本运行机制有所认知。政务公开模块中包括警队简介、机构设置，领导介绍、招录招聘、公开招标等 5 个子模块。

（二）政策法规

政策法规主要向群众介绍一些与警察工作业务有联系的法律法规，既包括国家层面的法律，也包括地方性法规和部门规范性文件。政策法规模块分为政策专栏和法律法规两个子栏目：政策专栏主要用来介绍国家政策和地方政策，法律法规栏目主要用来介绍国家法律

法规和地方法律法规。

（三）警务信息

该模块主要用来发布一些公安部或者当地公安局的一些警务信息，如警方通缉等信息。警务信息模块一般由公安动态、警察要闻、公告公示、警方通缉、卫士风采、视频点播六个子栏目组成。

（四）警民互动

警民互动模块主要用来接收群众意见，并对有效信息进行及时反馈，最大化地发挥网络力量，增强老百姓与民警直接的联系与互动。该模块包括：意见与建议、网上110、在线咨询、网上调查、局长信箱五个子模块。

（五）网上办事

为方便老百姓办理一些涉及公安部门的业务，提高警方办事效率，特开设网上办事模块，它由办事指南、表格下载、网上受理、结果公示四个子模块组成。

（六）便民服务

该模块的设置主要为老百姓办事提供方便，特设一些办事的网上链接，如机动车违法查询、机动车网上选号、驾驶人考试预约以及网上派出所、网上警务室。机动车违法查询、机动车网上选号、驾驶人考试预约都是交警部门推出的便民服务业务，方便群众通过网络在线查询机动车的违法记录、选择机动车的号牌号码、预约科目考试，大大缩短了群众办事时限，亦降低了警务运行成本。

网上派出所与网上警务室，都是按照警察组织的实际架构来设置的。网上派出所栏目里面囊括当地所有派出所，每个派出所下面又有很多不同的警务室，警务室也是依照社区分片设置。群众可以根据需要，先选择目标警务室，即可进入对应的网上警务室，点击当班民警的头像后即可在线与该当班民警进行沟通。

（七）专题专栏

警队可以根据警队开展的重点公安工作和业务需要，在专题专栏中机动设置相关内容，将警队希望公众获知的警务信息传送给群众，推动警务工作的顺利开展。

警务门户网站的栏目框架设计见表6-1。

表6-1　警务门户网站的栏目框架设计

模块名称	子栏目
政务公开	我局简介
	机构设置
	领导介绍
	招标招聘
政策法规	政策专栏
	法律法规

（续表）

模块名称	子栏目
警务信息	公安动态
	攸警要闻
	公告公示
	警方通缉
	卫士风采
	视频点播
警民互动	意见与建议
	网上110
	在线咨询
	网上调查
	局长信箱
网上办事	办事指南
	表格下载
	网上受理
	结果公示
便民服务	机动车违法查询
	机动车网上选号
	驾驶人网上预约
	网上派出所
	网上警务室
专题专栏	动态添加

三、警务门户网站的基本设计要素

（一）背景图片

网站第一眼进来看到的就是网页的整个版面，背景图片是版面的重要部分，内容的好坏会直接影响公众对网站的整体印象。背景图片板块上主要包括以下几个要素：与警察相关的图片要素、网站名以及一些辅助功能。图片设计主要有两种风格：一种是官方性质，相对较为严肃，以红色和深蓝色为主；另一种是亲民平淡的风格，相对比较轻松，以天蓝色等柔和色彩为主。网站名则要写上地方网站的全称，最好附带上当地警方的logo，注意字体颜色要和背景图片颜色相匹配。而辅助功能则一般为中英文切换、网络地图、快速办事等快捷功能。

（二）工具栏

由于网站的内容过多，阅览者难以在有效的时间内找到需要的信息，因此需要用工具栏将网站的内容进行分类，便于浏览者在进入网站的开始界面就对信息进行筛选。在工具栏下应当设立相应的子工具栏，子工具栏几乎是整个网站内容的浓缩，不仅可以节约网站版面，而且更加简洁。

（三）滚动窗口

浏览者在进入网站后，进入第一视角的除了背景图片，便是滚动窗口。滚动窗口占整个网站的版面一般会比较大，任何大型网站都有滚动窗口，包括百度、淘宝，采用图片加标题的形式。这成为当前网站宣传方式的一种主流，能够迅速地将想要宣传的内容通过图文迅速映在浏览者的脑海中，给浏览者留下第一印象，此块内容十分重要。公安网站此处应当放与公安相关的理念和内容，包括近期重要的社会热点，比如说公安重大缉毒案件；特色公安活动，比如警犬技能大赛；或者社会动态，比如说广州灯光节；抑或是公安理念，比如说警察纪律和党的最新精神。

（四）搜索栏

搜索栏是一项重要功能，也是被众多警务网站忽略的功能。即便在做好工具栏分类的前提下，仍会有部分民众上警务网站时容易找不到想要的内容，或者是找的内容较为偏门，因此会用到搜索功能。鉴于公众需求，搜索功能应当置于醒目位置，最好置于网站的顶部，但是大部分网站的搜索功能不成熟，输入关键性文字依旧找不到想要的信息，在缺少人工服务的前提下，应当建设好搜索功能的可操作性和实用性。

（五）浮窗

由于最大的信息板块一般被滚动窗口占用，警务网站的一些其他信息，尤其是特色内容难以填充，浮窗是对一些特色内容进行补充的板块，比如十八届六中全会精神专题、招警专区、警犬技能大赛等。由于警察网站的特殊性质，浮窗应当放置警察机关或者是其他工作机关相关的内容，不能等同其他网站投放商业广告或者是游戏广告。

（六）文字窗口

文字窗口则是整个网站版面相对比较完整的一部分，由于网站的简洁性要求，上述五点要素都是对内容的精简，因此会导致信息量较少，而文字窗口便是对整个网站的补充，让整个网站版面看起来更加充实。文字窗口的内容一般是与公安系统相关的文件、最新的社会动态或者是重要的公安动态。

（七）快速通道

快速通道是衡量一个网站是否高端的重要标准，倘若公众经常登录该网站，快速通道就会在需求中建设起来。快速通道一般都是常用功能的通道，例如网上报警、联系我们、电子档案查询、网站公示等。在建设快速通道的时候，应当调查公众的真正需求，以及快速通道是否能够真正进入有效界面。

警方门户网站的基本设计要素见图 6-2。

图 6-2　警方门户网站的基本设计要素

四、警务门户网站设计时的注意事项

(一)颜色搭配

色调。警察门户网站色彩应当清新简约大方,主色调不应该以黑色、深紫色等暗色调为主,可以红色(代表党)、深蓝色(代表警察)为主,或者可以用天蓝色这种比较清新的颜色。

配色方案。确定其中一种主色调,以主色调为中心,选取其他颜色做辅助和渲染,有利于用户舒适地阅读。比如以红色为主色调,可以选用黄色和黑色作为配色,避免红色带来的强烈的视觉冲击,减缓视觉疲劳;选择天蓝色为主色调,可以选用深色调进行点缀,避免过于单调。

色彩搭配。确定色调和配色之后,就应该注意色彩的搭配。保持色彩对比鲜明的原色,但是不能突兀;页面配色风格保持相对稳定,但不能呆板、拘泥不变;色彩使用确保协调性、灵活性、可读性有机的结合。

(二)排版

简洁明了。由于一个网站的信息量巨大,阅览者需要在短时间内找到自己需要的内容,因此网站版面设计应当简洁明了,内容分类清晰,排版有序美观。倘若是太过繁杂的设计版面,不仅会加大公众找寻信息的难度,在视觉上也会给人以眼花缭乱的感觉。

版面排序。除了为公众提供服务以外,网站的设计者同样也想要将相关的内容和理念传达给浏览者,这也是宣传手段的重要一环:引导舆论。排版中除了要注意简洁以外,内容的排序也十分重要。重要的内容应当放在显眼处,例如滚动窗口,相对没那么重要的内容可以往下面的版面排放,占用面积也可以相应缩小。

（三）字体

过大的字体会导致界面过于膨胀，而过小的字体则会导致浏览者产生阅读上的困难。根据谷歌网站的调查数据，一级标题的字体大小应该在 16 ~ 20 号之间，一般为网站名字；二级标题的字体大小应该在 12 ~ 14 号之间，一般为工具栏的字体、文字栏上的一级标题以及滚动窗口的标题；正文的字体应该在 10 ~ 14 号之间。

（四）中英文切换

警务网站除了要面对国内群众以外，国际化趋势也是不可避免，因此在页面显眼处应当设置中英文切换快捷功能，一般在网站的最上方。香港的警察网站甚至还有简体和繁体的切换功能。除此之外，由于英文和中文的不同，切换文字后界面也应当相应变化，原则和内容与中文网站相同。

（五）分享途径

在全媒时代，除了借助公安系统本身的宣传力量以外，公众也是不可忽略的强大宣传主体。因此在首页上，或者是具体内容的下方应当设置相应的分享途径，分享途径为当前主流的自媒体平台，比如微信、QQ、微博和人人网等（见图 6-3）。

防范提醒：任何需要在ATM机进行操作的陌生来电都是诈骗电话。关于学习的奖助学金，要通过学校相关部门核实信息的真实性，切莫贪小便宜、因小失大。

图 6-3　图片下方的分享途径

（六）微博和微信

在全媒时代，除了传统的电视、广播和报纸之外，警务网站也应当注意微博和微信等网络媒体。在网站上应当对官方微博和微信做相应的宣传，比如说在浮动窗口上设置官方公众号的二维码，或者是在其中一个版面上设置官方微博的简版，并设置通向官方微博的链接。

（七）背景图片

在要素中也强调过背景图片在第一印象中的重要性，因此背景图片是宣扬网站文化的重要内容。背景图片应当与当前页面密切相关，打开不同的版面可以采用不同的背景图片，宣扬不同的警察文化。例如，主页面可以用警察威严的背景图片，信息公开页面可以用更加亲民、清新自然的背景图片。但是要注意的是，不论是哪一个页面的背景图片，色调和版面不要相差太大，如图 6-4、6-5 所示。

图 6-4 “公安新闻”专题

图 6-5 “信息公开”专题

(八)时效性

时效性是衡量一个网站是否成熟的重要标志。大型网站的信息内容是每日不定时更新,而警察每天要处理各种复杂案件更是需要及时将信息公布。随着移动网络的深入应用,消息传递速度非常快,也就意味着哪家网站的信息第一时间更新,哪家网站就先声夺人,就拥有更多的阅读量和关注度。同时,网络时代也导致了谣言散播的速度很快,对于热门话题,公民参与度强,一旦警察公布信息的时间过慢,极容易导致公众对于警察的负面评价增加,因此官网、微博、微信等平台都要维持更新。

(九)视频

在全媒时代,手机进入 4G 时代,全国各地的电脑网速同样在上调,这使网络视频成为可能。网站不仅提供文字图片,还能提供视频,视频的播放能够让公众更全面地了解事件的动态以及相应信息。

(十)具体时间

网站页面最好在网站正上方安置当前具体时间,包括年月日。

(十一)回到顶部

网站应当有相应的快捷功能,譬如拉到一半有回到顶部的功能,还有到其他分类内容的功能,如图 6-6 所示。

例如,百度百科上,一般词条的内容都会很多,以“警察”词条为例,内容有五页以上,因此要想快速找到想要的内容并不容易,所以百科将“警察”词条的内容模块分为:分类、编制和管理、警衔制度、公安警察职责、入警誓词和纪律要求、奖惩制度七大类,并在大类下设置子分类,点击相应分类之后可以迅速跳转到想要的内容,内容越多的时候,此功能越方便。警务网站包含相关的政策文件,在详细的政策文件阅读界面可以实现分类,便于浏览者找到想要的内容。

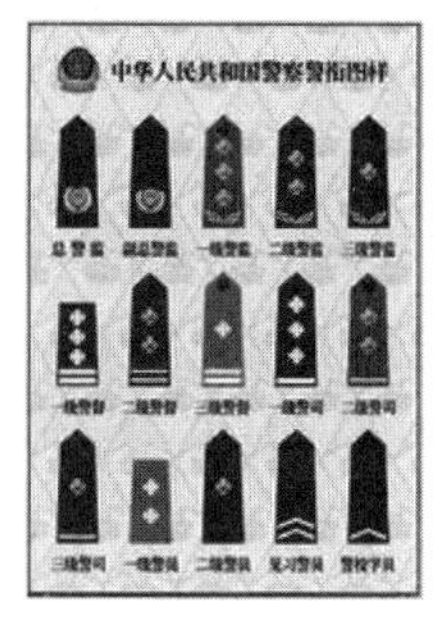

图 6-6 “回到顶部”和“隐藏式目录”快捷功能

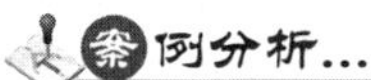

中国警察网网站设计评析

1. 内容十分丰富

中国警察网是警察网站中最权威的网站之一，内容十分丰富，不仅包括一般警察网站的警务新闻、信息公开和警民互动，一旁的浮窗还有各种专题，例如十八届六中全会精神(见图 **6-7**)、公安规范建设、爱心警察还有文化、生活等几个栏目。

图 6-7 十八届六中全会专题截图

从上述截图来看，十八届六中全会专题的版面同样十分丰富，不仅有头条、要闻、解读，还有学习贯彻，内容的广度和深度都有涉猎。同时从版面设计上看，色调设计十分统一，充分运用了党的代表颜色，也没有出现色块不一致的情况。再从编排布局上看，工具栏、背景图片、滚动窗口、文字窗口等要素都包含在内，相比起一般的大型网站也不逊色。可以看出中国警察网的相关工作人员不仅在首页上花费了很多心思，也投入了相应的人力物力在专题网站的建设上。

除了一般警察网站的四大分类工具栏，中国警察网最大的特色还在于下属的子网站，包括生活(见图6-8)、文化等几个特色网站。

图6-8 "生活"版面

生活版面和警察网站首页就有相当大的不同，色调更加活跃，背景图片更加时尚，内容也不再严肃官方，都是一些民间常见和关注的问题。同时首页的滚动窗口几乎每天都在更换，且都为最新新闻。说明警察网站的相关工作人员不仅关注到首页的更新，也关注到相应子网站的更新。从时效性上来看，相比起大部分警察网站三天左右一次更新，中国警察网投入了足够多的人力物力做到了一天一更新。从滚动窗口的内容上看，不同于首页是一些社会热点或者是警务相关的内容，而是一些"网红"、"花海"等时尚内容，说明中国警察网也有考虑年龄层次的问题，内容更加时尚年轻化。所以，无论是时效性还是内容的丰富性，中国警察网都走在了前列。

2. 版面设计有待改进

中国警察网也存在可以进一步改善的地方，比如首页的版面过于复杂(见图6-9)。

图 6-9 中国警察网首页

从版面上看，首页工具栏的内容过多过杂，不仅是有新闻、女警、大案要案、网络电视，还有监管在线、食药打假、警用装备、舆情服务的内容分布。不仅没有体现大方向分类的效果，而且设计的下属子分类也不够充分，并没有做到将网站大部分内容囊括其中的作用。同时由于子工具栏没有隐藏在大工具栏之下，导致了整个工具栏界面硬塞下所有内容，字体变得过小，阅读起来十分不方便。过于复杂的工具栏并没有起到分类的效果，反而给人眼花缭乱的感觉。

从整个版面构造上来看，虽然同样有背景图片、工具栏、文字窗口、快速通道、滚动窗口、浮窗和搜索栏等要素，但是组合在一起的时候并不显得简洁大方，最大问题在于浮窗占用面积过多，边上四个浮窗栏，在工具栏下还有三个浮窗，直接导致了整个界面过于臃肿。

从字体大小上看，除了工具栏上的字体应该为10号以下，具体内容的字体过小，标题的字号过大，强烈的反差下会导致相应具体内容不容易被关注。同时加上整个版面的复杂性，工具栏上生活版面的网站可能就会被忽略，花费大量精力管理的子网站也就丧失了其本来该有的功效。

从颜色上看，整个界面颜色过多，显得“花哨”。加上网页最上方没有相应的背景图片，显得略微单调。整个页面应当有一个主色调，在此基础上做好色彩的搭配。

总体上说，中国警察网的内容足够丰富，但是版面的不足也很突出，反而盖住了内容丰富的优点，应当做好相应的简化才能让网站发挥更好的作用。

案例分析...

广州金盾网网站设计评析

图 6-10　广州市金盾网

1. 排版

和中国警察网相比，广州金盾网(见图6-10)的首页就要简约得多，工具栏分为四大块：公安新闻、信息公开、网上办事和警民互动，较好地将整个网站的内容进行了分类。而主页排版也依照工具栏分为四大块，并进行相应的删减，将该板块的核心内容精简后置于首页。这样既充实了整个版面，也使得浏览者能够在第一时间获取相应版面的核心信息。若要展开四个模块的具体信息，可以点击每个板块右下角的“查看更多”，或者点击工具栏直接进入相应模块。

除了设计上注重四个模块的内容，广州金盾网比起中国警察网最重要的设计还在于对浮窗的设计，浮窗面积不大，位置不十分醒目。浮窗是内容的补充，因此广州金盾网的浮窗都设置于模块与模块的交接地带，同时还处于滚动状态，既能保证内容的流动性，也不至于使版面显得膨胀。

2. 清新自然的色调

与大部分公安网站不同，广州金盾网的色调以天蓝色为主，给人清新自然的感觉。同时从配色的成分来看，天蓝色以外大部分用白色衬托，整个版面就显得自然放松，即便有较为鲜艳的红色和黄色，也是在小号浮窗栏上，不会影响整体色调。

从总体上看，广州金盾网的首页设计采用了简化加填充的方式，既简洁大方也不空洞，可以作为网站设计的借鉴模板。

香港警务处网站设计评析

（接上图）

图 6-11　香港警务处网站

1. 工具栏丰富

香港警务处网站(见图6-11)的工具栏和其他网站不同。首先排版上,工具栏是纵向的,大部分网站是横向的。其次,一般的网站只包含公安新闻、信息公开、网上办事、警民互动这四大块内容,但是香港警务处网站更注重一些更为细节也是比较重要的内容,例如警察招聘、电子报案室等,同时大工具栏下也有不同的子工具栏,比起大部分网站也要更为丰富。

2. 界面简洁

纵向排列的方式,以及子工具栏的丰富内容,将网站需要的内容都填充完毕,整体界面十分简洁有序。

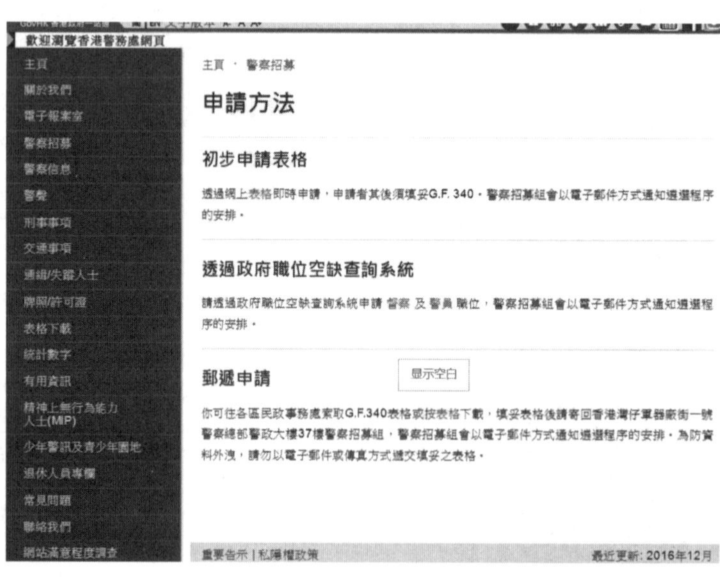

图 6-12　子工具栏的界面

图6-12是其中一项子工具栏打开后的界面，整个界面就只有三个小板块，可以看出香港警务处网站在设计的时候遵循极简的风格，通过将关键信息留在简洁明了的版面中，再用不同的链接将信息补充完善，让浏览者整个浏览流程清晰明确，能够更快地找到自己所需的信息。

3. 版面空洞

香港警务处网站的界面十分简洁，但也导致了整个版面过于空洞。

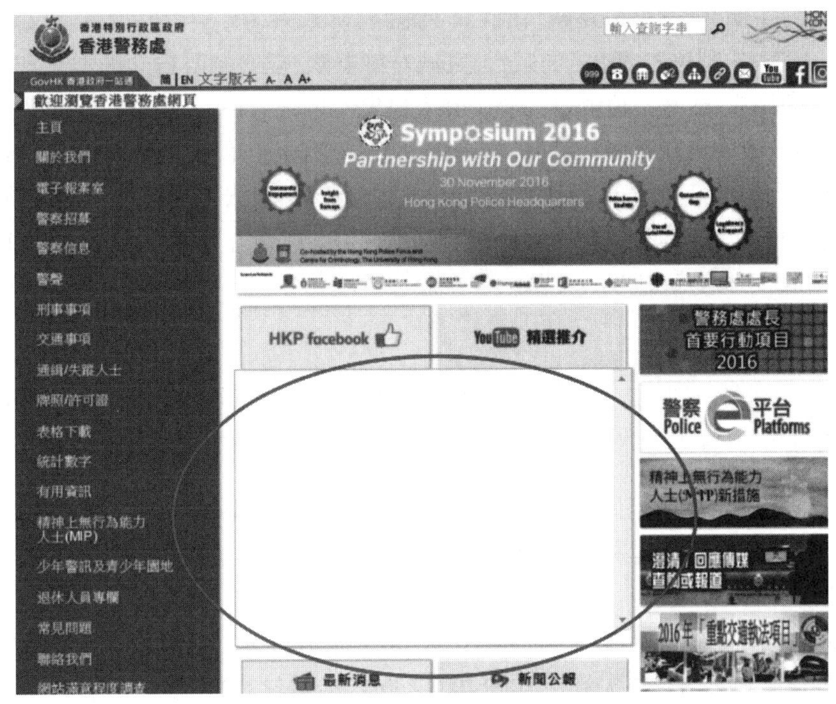

图6-13　香港警务处网站界面

如图6-13所示，这一块白色区域一直处于空白状态，反而导致了整个版面的不协调。同时香港警务处网站整个版面不长，仅有一般网站的三分之一到二分之一，从上至下的浮窗占用的面积很大，虽然有各种特色专题，也不会出现凌乱的情况，但这种处理方式反而像是由于版面不足用浮窗的方式填充上去，导致了整个画面的单一。

除了版面设计以外，网站首页的滚动窗口信息有相当长的时间没有更新过，而且均为一些特色的内容，并没有香港最新的新闻以及社会热点。

总的来说，香港警务处网站的设计给了我们一定的启示，简洁的风格可以让网站信息更容易找到，纵向的工具栏同样可以在网页设计中使用，但是整体版面不应当如此简单，应适当填充内容。

五、警务门户网站建设管理要求

警务门户网站的建设初衷是紧跟互联网信息时代的脚步，利用网络做到更好地展示公安工作和人民警察形象，更好地惠民便民，更好地为人民服务。网站建设投入使用后，对网站内容应予以持之以恒的充实更新，如最新出台文件的公布，近段时间开展的活动及情况，警队人员变动等等。其次，网站内容要充实而有用，风格要温馨而不浮华，信息要真实而不做假，多向群众传播如何进行防火防盗防骗、如何保护自身及个人财产安全等安全教育方面的内容，提升人民群众的安全意识和能力等。再者，出入境、交通管理、户籍管理等方面的网上办事系统的设计开通和维护使用，要充分考虑到群众的实际需求和迫切需要，使之保持高效运行，努力实现“让数据多跑腿，让群众少跑路”。最后，警民互动、投诉建议等交流互动的栏目要真正落实“利民”“便民”的宗旨，真诚对待群众，虚心倾听群众的意见和诉求，并作出积极、有效的回应，让每一位群众都感受到人民警察忠诚可靠、尽职尽责的职业操守。

互联网技术的飞跃发展，使警务网站的功能越来越完善，开发项目内容呈现多样化，越来越契合群众的日常生活，各种系统应用越来越便捷普及，未来警务门户网站将给公安工作带来极大的便利，真正实现“用户在哪里、受众在哪里，公安工作的触角就应该延伸到哪里”，应用网络传播平台更好地为人民提供安全服务。

第三节　公安微博的设计应用与管理

微博（Weibo），即微型博客（MicroBlog）的简称，也是博客的一种，是一种通过关注机制分享简短实时信息的广播式社交网络平台，是一种新兴的传播媒体，开启了“大众麦克风”自媒体时代。

微博是一个基于用户关系的信息分享、传播以及获取的平台。用户可以通过WEB、WAP等各种客户端组建个人社区，以140字（包括标点符号）的文字更新信息，并实现即时分享。微博的关注机制分为可单向、可双向两种。

微博具有强大的人际互动能力、社会传播能力、民意聚集能力和组织动员能力，成为中国互联网上最活跃的信息源和舆论场。近年来，公安微博蓬勃发展，适应了时代发展的新要求，回应了人民群众的新期待，开辟了公安工作的新天地，引领了一场新信息时代的警务革命，得到了社会各界的广泛关注和充分肯定。公安微博是社会管理创新的一项新举措，在构建和谐警民关系、服务群众、引导舆论导向、维护社会稳定方面都发挥了难以替代的重要作用。

社交网络 推特 博客（Blogger） 知乎

社交网络即社交网络服务，源自英文Social Network Service（SNS）的翻译。社交网络含义包括硬件、软件、服务及应用，由于四字构成的词组更符合中国人的构词习惯，因此人们习惯上用社交网络来代指SNS。

推特(Twitter)是一家美国社交网络及微博客服务的网站,是全球互联网上访问量最大的网站之一,是微博客的典型应用。它可以让用户更新不超过140个字符的消息,这些消息也被称作"推文(Tweet)"。这个服务是由杰克·多西在2006年3月创办并在当年7月启动的。

博客,Blogger LogoWeblog是Web Log的缩写,中文意思是"网络日志",后来缩写为Blog,而Blogger(博客)则是写blog的人,亦通常指谷歌公司提供的免费网络博客发布平台。

知乎是一个真实的网络问答社区,社区氛围友好且理性,连接各行各业的精英。用户分享着彼此的专业知识、经验和见解,为中文互联网源源不断地提供高质量的信息。

一、公安微博的发展现状

在全媒时代,"去中心化"的传播方式使话语权逐渐由媒体和精英阶层扩散到一般民众,微博这一社会化媒体的传播优势日益显著。

公安微博,作为政务微博的先行军,率先试水,并在当前微博问政的热潮中,走在了前列。2010年2月25日,广东省肇庆市公安局在新浪网开通"@平安肇庆"微博,标志着国内首个公安微博的诞生(见图6-14)。

图6-14 @平安肇庆微博

2010年5月11日,广东省公安厅带领省内21个地级市公安局打造了全国第一个公安机关微博群"广东公安微博群"(见图6-15)。

各地公安机关和民警陆续开通公安微博,截至2016年5月,全国公安机关仅在新浪网、腾讯网开设的政务微博近2万个,经过认证的民警个人工作微博更多,在各行业中独树一帜。全国公安微博形成了三大模式,一是以地市级公安政务微博为主并整合为微博群的"广东模式",二是以省级公安政务微博建设为主的"北京模式",三是以基层派出所和公安民警个人工作微博为主的"厦门模式"。

图 6-15　广东公安微博群

随着公安政务微博运营能力的成熟，公安微博服务模式也在不断创新。2016 年上半年，公安系统与微博平台的合作力度不断加大，5 月初双方联合推出了“全国辟谣平台”，成为全国首个针对全网的谣言举报和辟谣平台。上线 3 个月共收到网友举报谣言 1245 条，“@ 微博辟谣”日均发布辟谣信息约 5 条。5 月 15 日，“公安部儿童失踪信息紧急发布平台”上线，微博成为首家接入该平台的移动新媒体。平台上的信息在“公安部儿童失踪信息紧急发布平台”官方微博同步发布后，基于微博大数据，向事发地周边区域的微博用户进行推送。微博是国内最大的移动新媒体平台之一，通过微博的及时推送，能够使寻人信息实现快速传播和精准覆盖，从而提高失踪儿童找回的可能性。自 2011 年以来，“微博打拐”已经形成了以公安微博为主，媒体、公益等微博主流群体为辅，网民广泛参与的大矩阵。此次与公安部在技术层面的合作为公安打拐、公益寻人提供更强劲的支持，掀开了“互联网 ”时代打拐工作的新篇章。官微“@ 公安部儿童失踪信息紧急发布平台”上线两个多月来，粉丝已超过 30 万，其主持的微博话题“#儿童失踪紧急发布#”阅读量高达 3 亿次。截至 2016 年 7 月 15 日，该平台在微博共发布信息 104 条，找回儿童 92 名。

公安微博所发布的信息与民众的日常生活息息相关，其服务性、互动性和实用性都强于一般政府机构的微博，因此成为最早获得网民认可的政务微博类型。在党政机构和官员微博中，公安微博最活跃，所占比例最高、服务性最强。据新浪网统计，“粉丝”数排名前20位的政府部门微博中，公安政务微博有15个；在腾讯网、人民网评出的全国十大政务微博中，7个是公安政务微博（见图6-16、图6-17）。目前“公安类账号仍然是政务微博百强榜的第一矩阵，有39个账号进入百强”①。

排名	微博	认证信息	传播力	服务力	互动力	总分
1	公安部打四黑除四害	公安部治安管理局暨打四黑除四害专项行动办公室官方微博	94.82	90.86	97.47	95.09
2	共青团中央	共青团中央官方微博	95.12	66.57	99.94	91.34
3	平安北京	北京市公安局官方微博	93.51	93.45	87.65	91.15
4	江宁公安在线	南京市公安局江宁分局新浪微博社区委员会专家成员	100.00	51.44	100.00	90.29
5	上海发布	上海市政府新闻办公室官方微博	91.63	69.11	83.57	83.90
6	深圳天气	深圳市气象局官方微博	86.64	93.47	74.15	83.01
7	深圳交警	广东省深圳市公安局交警支队官方微博	85.82	61.22	90.80	82.89
8	中国大学生在线	教育部中国大学生在线官方微博、教育官微联盟成员	82.82	87.40	80.25	82.71
9	北京地铁	北京地铁公司官方微博	85.25	100.00	71.38	82.65
10	天津交警	天津市公安交通管理局官方微博	83.02	98.25	74.43	82.63

图6-16　全国十大政务微博

排名	微博	认证信息	传播力	服务力	互动力	总分
1	公安部打四黑除四害	公安部治安管理局暨打四黑除四害专项行动办公室官方微博	94.82	90.86	97.47	95.09
2	平安北京	北京市公安局官方微博	93.51	93.45	87.65	91.15
3	江宁公安在线	南京市公安局江宁分局新浪微博社区委员会专家成员	100.00	51.44	100.00	90.29
4	深圳交警	广东省深圳市公安局交警支队官方微博	85.82	61.22	90.80	82.89
5	天津交警	天津市公安交通管理局官方微博	83.02	98.25	74.43	82.63
6	广州公安	广州市公安局官方微博	86.99	77.38	76.76	80.97
7	西安公安	陕西省西安市公安局官方微博，新浪微博社区委员会专家成员	84.41	84.68	74.66	80.57
8	平安中原	河南省公安厅官方微博	87.26	78.43	71.54	79.21
9	警民直通车-上海	上海市公安局官方微博	84.66	83.81	70.89	78.98
10	六安公安在线	安徽省六安市公安局官方微博	83.89	7[illegible]	7[illegible]	78.76

图6-17　全国十大公安微博

① 来自《人民日报·政务指数微博影响力报告·2016年上半年》

全国各级公安部门借助微博这一平台发布即时信息，提供便民服务，获取破案线索，及时公布案情，不仅加强了信息公开能力，还提高了工作效率，树立了亲民形象，在网民中树立起了良好口碑。

二、公安微博的功能及价值

（一）微博传播的特点

“一种传播媒体普及5000万人，电视用了13年，互联网用了4年，而微博只用了14个月。”微博仅用短短的时间就实现了传统媒体数十年甚至数百年的用户积累。微博兼具媒体与社交功能，集合了手机短信、社交网站、博客和即时通信工具等四大产品的优点。它将播客、博客、社交网站整合为一体，并能够与手机终端以及诸多即时通信工具无障碍对接。微博表现了不同于其他媒体的鲜明的传播特性，主要表现在以下方面：

1. 融合性

微博是媒体融合的一个典型代表。它不仅融合了文字、图片、语音、视频等传播符号，而且打通了传播渠道的融合之路——手机、计算机都成了微博信息传递的工具，电信和互联网在微博业务上实现了互通。

2. 草根性

相对于强调版面布置的博客来说，微博的内容组成由简单的只言片语组成，从这个角度来说，对用户的技术要求很低，而且在语言的编排组织上，没有博客那么高。微博140个字符的限制将平民和莎士比亚拉到了“同一水平线”上。微博的出现，使得只要会用手机发短信的人都可以发表自己的言论。推特创始人之一伊万·威廉姆斯认为，推特为世界带来了一个“人人都能发声，人人都可能被关注的时代”，“即使再庞大的新闻媒体，也不会像推特一样在世界各地拥有众多新闻记者”。微博实现了草根阶层拥有自己的媒体和像专业媒体人员一样发言的愿望。

3. 便利性

微博用户可以通过互联网、客户端、手机短信彩信、WAP等多种手段发布信息和接收信息。原因首先是微博技术门槛低，不仅字数简短，文字表达随意，而且注册简单，只要会发短信，就可以通过个人微博“随时随地分享身边的新鲜事儿”。其次是微博的设计界面友好，实现了多种传播终端和发布方式的创新整合。微博信息真正实现了“4A”发布（即Anytime、Anywhere、Anyway、Anyone）的便捷特性。

4. 及时性

微博最大的特点就是：发布信息快速，信息传播的速度快。微博是以秒计算，“云”传播，随网络覆盖全球。假如你有200万听众（粉丝），你发布的信息会在瞬间传播给200万人。特别是在各种突发性事件中，如果有微博在场，利用各种手段在微博上发表出来，其实时性、现场感以及快捷性，甚至超过所有媒体。微博不仅在第一时间向网友发布很多第一手信息，而且成了一些专业记者发现新闻报道素材的信息源。有关资料显示，2008年11月印度孟买的恐怖袭击事件、2009年6月迈克尔·杰克逊的死讯，都由推特首发。在国内，2008年汶川地震后,推特上出现第一条关于地震的消息,比彭博社、路透社等老牌通讯社发电稿都要快。拉登之死的消息,也是由美国前防长的助理凯斯·厄本(Keith Urbahn)用手机抢先通过推特发布,这比美国总统奥巴马的电视讲话早了12个小时。

5. 独特的互动性

微博提供了关注(收听)、转发、评论、回复、私信、对话、邮件分享等互动功能,用户可以用文字,也可以通过"表情",还可以通过不着一字的"@"的提醒和转发来实现各种形式的互动。

微博不仅互动性强,而且互动方式独特。有人将微博的互动方式总结为"背对脸"的"创新交互方式","与博客上面对面的表演不同,微博上是背对脸的交流,就好比你在电脑前打游戏,路过的人从你背后看着你怎么玩,而你并不需要主动和背后的人交流。可以一点对多点,也可以点对点"。这种互动方式总体上带有很强的灵活性和非强制性,同时也因为粉丝或听众的逐级转发而具有很强的扩散性和多样性。

6. 碎片化

随意化、情绪化的表达使微博内容呈现出很强的碎片性。网络催生了信息大爆炸,而爆炸的结果是我们淹没在信息的海洋中,这些信息大都是旧有知识体系崩裂后重新排列组合的产物,信息碎片遍布网络世界,整个传播时间和空间都被撕裂成了碎片,随时随地都可以进行传播活动。

当下人们有限的时间被快节奏和移动化的生活方式细致分割,不允许现代人享有太多完整阅读的机会;而在计算机屏幕前成长起来的人们,也更适应一目十行的跳跃式阅读。人人都想在最短的时间里去获得尽量多的信息。因而,内容简短、重点突出、价值明确的信息才能博得受众青睐;能高效率整合信息碎片、优化信息呈现结构、便于垂直吸收的传播媒介才能适应碎片化阅读的需求。

手机移动性的特征使得人们可以利用几乎所有的空余时间来进行传播活动,这样的传播方式既满足了传播者随时随地的表达欲望,也满足了受众可以利用空闲时间即时方便地接受信息的需求,这样就使得传播环境的时空进一步碎片化。微博为"三言两语"的碎片化表达提供了最好的温床,信息以爆炸性增长的速度和方式被生产、传播。

7. 裂变式传播

在微博中,每个人都是广播电台,人人都有麦克风。你可以收听别人,同时也有自己的听众;你可以获取信息,同时也可以发布、转播信息给你的听众,形成一种以人际关系为核心的裂变式传播。裂变式的传播方式,既不是传统媒体的线性传播(1对1),不是网络媒体的网络传播(1对N),而是一种裂变高速传播(1对N对N),一个人的微博可以被其"粉丝"转发,再被"粉丝"的"粉丝"转发,不断裂变蔓延,加速放大。这种传播形态的传播速度是几何级的,远远高于之前任何一种媒介产品的传播速度和传播广度,一切都可以在瞬间完成。

8. 黏合性

微博交流方式是基于follow关系的多层面交流,这种交流不光是信息交流,而且更多是情绪和情感交流。尽管这种情绪和情感交流带有很强的虚拟性,但是,同样给习惯于或热衷于虚拟世界的人带来某种心理上的满足。这种对虚拟情感交流的热衷程度，也可以从一些影视明星人物庞大的粉丝数量上看出。这种基于 follow 关系的多层面的情绪、情感和信息交流，使得微博具有很强的黏合性。

微博的黏合性不仅表现在软件和内容上，还表现在硬件和技术层面。微博使用终端的多样化、移动化、贴身化，设计界面的人性化、友好化，使用方式的低门槛和便利性，都导致微博用户使用时间的增加，增强了微博对用户的黏合性，由此也导致了“微博控”的出现。微博用户的快速增长也从侧面证明了微博的黏合性。

（二）公安微博的主要功能

公安微博在信息发布、警情通报、安全常识推广等常规工作领域中服务于群众，并时常在突发事件中大显身手，成为信息公开的便捷平台和网络协助办案的重要工具。

1. 提供警务咨讯和动态

警务咨讯和动态包括治安警示、安全防范、警情通报等警务信息，也包括在重大案件发生时，及时更新、发布案件的侦破进展情况。

案例分析…

2014 年 4 月 20 日上午 10 时许，位于广州市明心路的脑科医院住院部内一名涉嫌杀人致死的精神病人出逃，“@广州公安”发布案件情况，寻求市民群众提供相关线索。两日后，再发微博，告知公众已找回出逃的精神病疑犯。

广州公安

2014-2-20 18:11 来自 分享按钮

#警方通报#【广州警方全力查找一从脑科医院出逃的患病嫌疑】今天上午，广州市脑科医院住院部内有一名病人出逃。该病人王某曾涉嫌一起故意伤害致死案件。王某短头发，身高约170厘米，身穿医院病号服，穿一双拖鞋。目前，广州警方正全力追踪嫌疑人。市民群众如有相关线索，请及时拨打110电话报警。

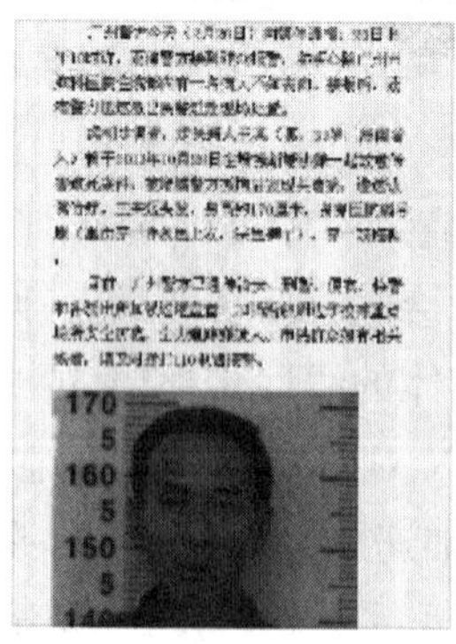

收藏 | 1196 | 177 | 49

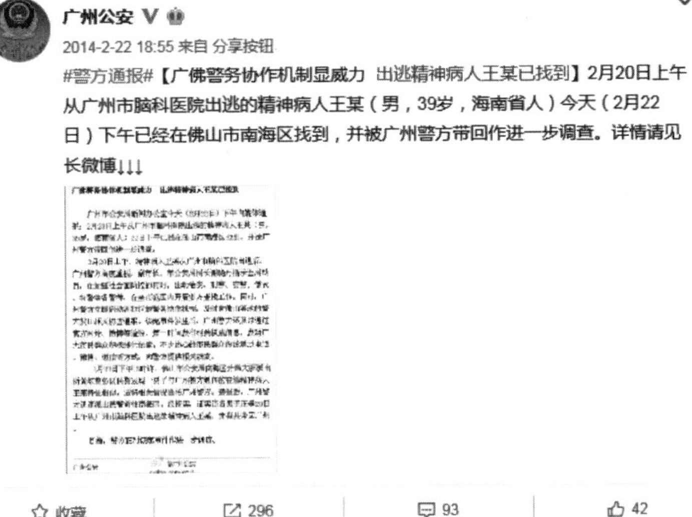

图 6-18　广州公安发布案件情况

2. 信息互动

针对网民提出的问题，公安微博应积极互动，回应问题，寻求解决方案。互动的信息涉及公安领域的方方面面，如招考警察、交通管理措施变更等动态信息；办牌办证、犯罪预防知识等警务咨询类知识；对公安机关及警察服务评论和建议的回复；对可疑情况、犯罪案件的举报等信息的反馈以及针对涉警舆情、社会反响较大案件的讨论等。

2016 年 12 月 3 日“@平安北京”发动网友提供一起刑事案件线索。

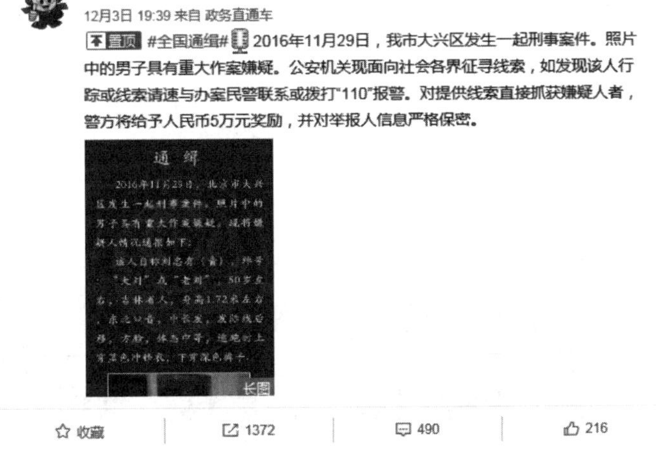

图 6-19　“平安北京”发布案件情况

3. 突发事件发布和舆论引导

公安微博应在突发事件发生时，争取第一时间发布，抢占话语权，积极应对和处理网络谣言。

案例分析…

2014 年 5 月 6 日，广州火车站发生持刀砍人事件，事发 1 小时后，@广州公安发布信息，及时控制舆情。

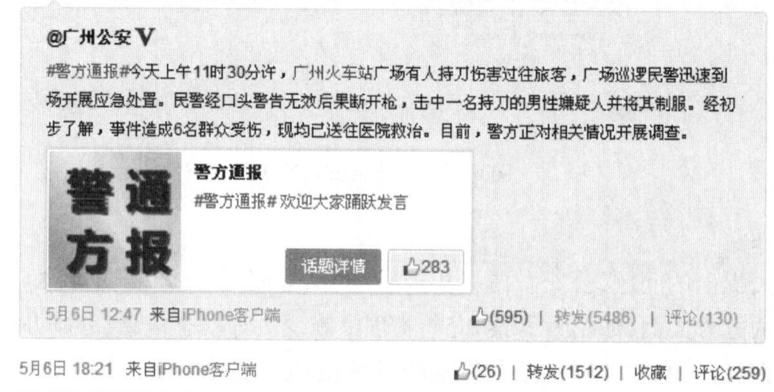

图 6-20　广州公安发布案件情况

4. 微博推广

通过微博对外推广公安机关和人民警察的形象，如直播重要会议，展示民警风采等，以塑造公安部门亲切为民的形象。

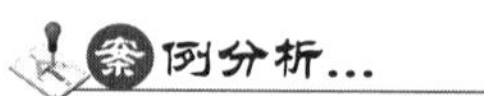

“@深圳交警”塑造警察亲民、服务的形象。

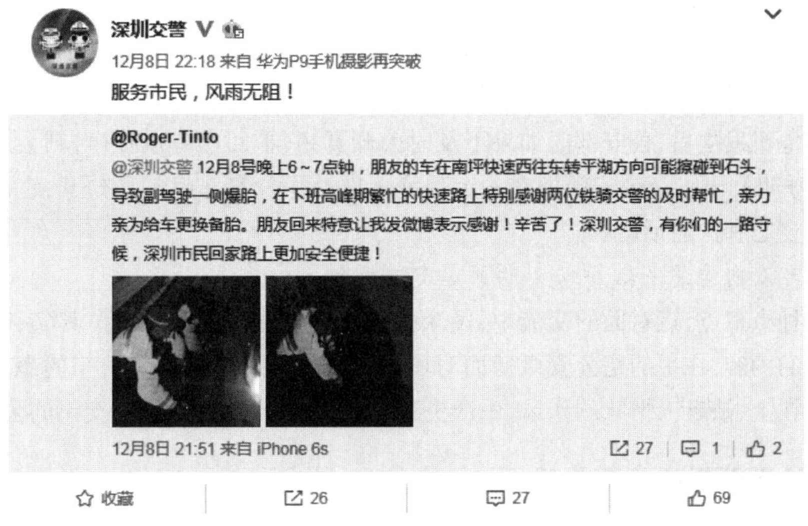

图 6-21　深圳交警发布信息

（三）公安微博的主要价值

公安微博实现了公安部门与公众的直接对话，更容易帮群众解决问题。公安部门根据自身特色打造的特色微博，改变以往公安机关生硬的形象，以一种生动活泼的温情面孔出现。加强公安微博建设，一方面有利于改善警察形象，拉近警民距离，引导舆论走向，提高行政效率；另一方面有利于公众快速获得公安信息，实现民众监督。

1. 创新沟通风格，塑造亲民饱满的警察形象

民众最直观的感受是，在公安微博出现之前，公安的宣传都是冷冰冰的官腔和文绉绉的套话；但微博出现之后，公安的传播工作左一个“亲”右一个“亲”，如同在和朋友聊天一般。在公安微博上，各种民间的、网络的、草根的话语模式被公安部门活学活用、融会贯通。

“@江门蓬江公安”萌版劝投令，打动多名在逃人员投案自首，网民大赞“油菜（有才）啊，史上最萌招安令，没犯罪的人都想投案”。

@江门蓬江公安V：致负案在逃人员：还漂着呢？回家吧！现如今政策好啦~自首就可享受系列宽大优惠：“一切负案在逃人员主动向司法机关投案，如实供述犯罪事实的，属自首，依法可以从轻或者减轻处罚；对犯罪情节较轻的可以免除处罚。”记得要在2011年12月31日之前哦~机会难得，有意者从速~24小时免费客服热线：110

图 6-22　“江门蓬江公安”发布信息

2. 推动公安部门信息公开,实现更为有效的民众监督

公安微博为政府提供了一种成本最低、传播最快的信息公开渠道,并且这种传播渠道也大大降低了信息的失真性,便于民众监督。

公共危机发生后,公安部门如果不及时公开真相,不回应公众呼声,则会不断被广大网友"@"(呼叫)。所以,公安微博在一定程度上推动了公安部门信息公开,也改变了公安部门的表达姿态和沟通话语。

3. 搭建双向沟通平台,民众获得平等交流机会

在这种点对点、点对面的交流中,民众获得了一种地位上的平等。其实,有时民众并不在乎微博的内容,在乎的是公安微博面对民众的咨询和求助所体现出来的态度。相比以往一些高高在上、缺乏人情味的作风,民众更喜欢能放下身段、可以亲切交流的公安机关。

三、公安微博的运营管理

公安微博的建设要组建多层次的公安微博梯队和组合,明确划分职责范围,构建公安微博群,高效联动;强化认证机制,统一公安微博标识,与微博平台运营方合作,规范公安微博认证;联合第三方研究机构和权威媒体进行定期的效果评估和新闻发布,注重信息传播效果;提倡"经营微博"的理念,建立"微博推广"的专职团队并纳入绩效考核评估,以便加强本微博粉丝群体研究,加强公安微博推广,吸引更多本地核心目标受众、媒体微博和网络意见领袖,增强舆论影响力和微博传播效果;加强系统培训,提升广大公安人员的新媒体技巧和媒介素养。

(一)组建高素质的公安微博运营团队

1. 团队成员基本要求

第一,具有高度的政治敏感性和责任心;第二,了解政策,熟悉公安业务;第三,懂新闻规律和网络技术;第四,具有较好的文字水平,语言风格活泼、生动。

建议至少有2~3人的专人团队运营微博;理想团队搭配人数为6人以上,并且明确分工。

2. 设置专人专岗

要想真正做好公安微博,应该设置专人专岗,负责微博的日常运营及维护。

(1)理想状态下,抽调至少2名工作人员专项维护微博;如有条件,最好分上午、下午、晚高峰、夜间、节假日24小时轮流值守微博。

案例分析…

"@平安北京"配备12人7天24小时的微博管理团队。平台运营初期有12人参与微博的筹建和维护工作,基本都是熟悉网络的80后,12名民警分为4组,轮流值守,保障平台的24小时响应。之后,逐渐形成了日间3名固定民警(两男一女)全职负责微博工作,夜间另外三名新闻中心民警联合2名微博组男民警轮流值守的模式。

“@平安肇庆”由警察公共关系科9名民警兼职维护，分上午、下午、晚上值班，节假日不休息。上线时，民警署真名，放真照片，各负其责。

图 6-23 “@平安肇庆”团队，真人版式

“平安肇庆”公安微博值班表

“平安肇庆”公安微博值班表

日期/时段	星期一	星期二	星期三	星期四	星期五	星期六	星期日
	02月20日	02月21日	02月22日	02月23日	02月24日	02月25日	02月26日
下午微博	签证在线（轮值）	森警在线（轮值）	车管在线（固定）	法制在线（轮值）	机动安排	政奥在线 @[illegible]	申莹在线 @[illegible]
晚上微博	志韬在线 @[illegible]	海辉在线 @[illegible]	家祥在线 @[illegible]彭家祥	海玲在线 @墨荷纤纤	文辉在线 @[illegible]	小静在线 @秋日之恋	永博在线 @陈永博

欢迎点击平安肇庆政务网站：http://121.10.253.51/ 阳光警务，为您服务

广东省肇庆市公安网络问政办公室
二〇一二年二月二十日

@平安肇庆
weibo.com/gdzqga

图 6-24 “平安肇庆”微博信息

（2）所有微博维护人员配备智能手机，保证手机24小时在线，如遇特殊情况保证随时随地沟通处理。

(3)必要时安排技术人员支持。

3. 明确职责分工

主管领导应高度重视公安微博的工作,推动微博开通运营;分管领导要尽快熟悉微博功能及业务,组织培训交流活动,提高团队业务水平和工作能力;微博运营人员要精通微博操作,熟悉微博使用技巧;其他部门应及时提供相关信息。一线的微博管理团队成员工作职责有以下几种:

(1)内容编辑:内容编辑是公安微博管理团队的核心人员,分主编和责任编辑两类。

(2)活动策划:组建专属活动策划团队,策划线上线下活动。

(3)形象设计:有美术特长工作人员负责公安微博形象设计和维护。包括设计头像、配图、背景图片、专题图片、新闻图片,更新图片库。

(4)数据评估:应吸纳数据分析及评估方面的专业人才。

结合公安微博"粉丝"增长趋势、微博信息转发评论状况等指标,通过科学的计算分析,科学评估公安微博整体发展态势,为公安微博长期发展提供决策支持。

(二)建立公安微博日常运营机制

1. 发布程序及审核

主动发布:稿源可由各部门提供,经筛选后报新闻主管领导审核同意即可发布;重大敏感事项发布须经委办局最高领导审核批示;特别重大事项由供稿单位报委办局领导讨论同意确定。

转发:原则上由新闻处领导审核同意后发布;重大事项报委办局领导同意。

评论、回复:挑选部分典型性评论进行回复。一般性内容由微博运营团队直接答复;业务问题可在获得相关部门答复后及时回复。

公告栏:在微博首页列出公告栏,在公告栏内简要提供本单位网站名、电话、传真,提出对发表评论的要求和注意事项。

2. 线上线下协调机制

线上问题,线下处置;使用微博、私信、微访谈搜集民意;按照网民诉求和反映问题严重级别对网民意见进行分类;通过书面文件、微博转发等方式转办落实咨询、投诉、举报问题;跟进问题落实情况,重视网民的监督作用。

3. 部门联动机制

提高效率,实施线上协作机制;建议各级公安机关在党委的领导下开设官方微博,以微博群的形式实现立体化传播;事先做好调研工作,熟悉本区域或同系统相关微博账号;发布信息时保证系统内口径一致、说法统一;有针对性地对舆论质疑点进行辟谣;报道网络热点事件时有始有终。

(三)提高公安微博信息发布的效果

1. 公安微博信息发布"十二要"

(1)要明确微博定位。多数公安微博为综合型微博,综合"宣传型、互动型、问政型"等特点，以解决网友实际问题、为网民办实事、塑造警察良好形象为己任。

（2）要敢于面对围观谩骂。面对围观谩骂应寻找根源，如果发现网民的不满情绪是由于某个事件处置不当或者某项投诉、质疑没有得到及时的反馈，应及时介入解决，在化解危机的同时，提升警察形象。

（3）要把握发布时间及频率。公安微博运营不能因循常规的8小时工作制，应至少保证8:00－24:00有工作人员运营。每天9－10点、16－18点、21－24点在线微博用户较多，在以上时段尤须注意。另外，公安微博平均每天发布5－15条微博为宜，须遵循适当的节奏，避免刷屏。

（4）要配置专员管理，加强审核。但凡涉及正式的政府政策法规、大事要案说明、突发敏感事件的公告，微博专员都要向上级部门申请审核，经确认通过才能发布。转发信息时也应警惕虚假信息。

（5）要主动搜索，响应舆论。利用微博的信息检索功能，关注当地新闻，倾听网民意见，把握舆论发展方向，占据舆论主动权。如：公安微博升级为政府专业版以后，可利用新浪微博政府版后台的舆情系统监控舆情发展变化情况。

（6）要及时处理投诉质疑。公安机关可借助微博直接解答网民疑问，将群众诉求快速、准确地反映到相关执行部门。对于网民的投诉、质疑，公安微博不仅要及时回复，还要及时处理。

案例分析…

“@平安肇庆”微博问政坚持抓落实求实效，切实做到“有问有答，有答有办，不办必督”。建立了口径库制度，一些日常窗口业务，制定回复网民口径库，方便实时回复。还建立了定期通报制度。在微博问政中，每月一通报，表彰回复工作好的，通报批评差的单位，提出下一步改进意见。不断推动公安网络问政工作新发展、提升公安网络问政工作新水平。

（7）要加强重要信息的保密。一旦涉及国家机密、公共安全、重要决定、特殊会议安排等信息，务必上报上级主管以及保密部门，执行严格的沟通审查程序，确保不发生公安微博泄密事件。

（8）要发布简洁文字。公安微博文字力求简洁、讲重点，争取以一条微博140字以内表达完整的意思。若篇幅过长，可在每条开头设置“#话题#”表示所发信息属于同一话题内容。

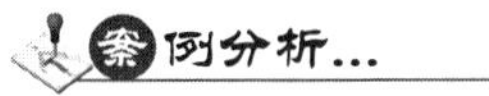

案例分析…

“@平安南粤”—#行大运#串联微博，直播大运会的全过程。

平安南粤 V

2011-8-12 19:22 来自 微博 weibo.com

#行大运#场馆外执行大运会安保工作的特警。

收藏 | 357 | 153 | 赞

平安南粤 V

2011-8-12 23:36 来自 微博 weibo.com

#行大运#大运会开幕式圆满举行，目前参与开幕式的观众与表演者们也已散场，但大运会安保团队依旧在坚守各自岗位上，确保各项工作万无一失。让我们期待精彩大运比赛的开始，也请继续关注和支持大运会安保工作。

收藏 | 41 | 35 | 赞

平安南粤 V

2011-8-13 17:17 来自 微博 weibo.com

#行大运#下午2点，我们的直播车到达深圳市龙岗区体育新城大运会游泳馆，在U站旁的十字路口，随着的工作人员拍到了正在烈日下执勤的交警和协管员。

收藏 | 33 | 47 | 赞

图 6-25　“平安南粤”微博信息

(9)要在重大事件中快速发声。要利用好公安微博,在“黄金 1 小时”内发布官方声明。事实上,舆情热点事件发生之后,当地公安微博的动作一定会成为舆论关注焦点,无论是否作出回应,都可能遭到网友围攻、质疑、谩骂等,网民情绪会在公安微博评论中体现。此时,被动不如主动,果断利用公安微博表态,并迅速开展线下调查。在调查清楚原委之前,慎说原因。

(10)要真诚地沟通交流。公安部门只有端正心态,与民真诚沟通,遇到错误勇于承认,愿意为自身的失职道歉,及时处理网民反馈问题,方能展示公安微博的新形象。

(11)要将网民意见整理备案。应该重视对网民意见、网民评论的整理备案工作,在时间纵向上做好归档,在横向分类上做好分类,将网民评论细分为查询征询、投诉质疑、举报揭发、赞扬鼓励。

这样做的好处有三:一是观察网民态度及评价的时间变化趋势;二是疏导网络情绪,培养更加健康积极的网络舆论平台;三是汲取理性观点,提高公安部门的服务质量。

(12)要向优秀公安微博学习。对于刚刚进入微博平台的公安微博,应多向优秀的公安微博学习,在微博定位、内容发布、吸引“粉丝”关注等方面向优秀的微博取经,避免独自摸索,走冤枉路。

2. 公安微博信息发布“十二戒”

(1)戒间断信息更新。公安微博不是回应热点舆情的临时性替代物,一旦开通应设立专门岗位对微博进行管理维护,保证人员配备到位,确保微博能够长期更新,保持活跃。

(2)戒不与网民互动。倾听网民声音,有利于提高对于虚拟社会的管理能力,依靠社会公众推动社会事务管理。一味发布信息,对网民评论不管不问,既影响网民参与的积极性,又辜负公安微博问政的初衷。

(3)戒关闭评论功能。微博贵在沟通交流,关闭评论无异于拒绝交流,拒绝沟通。面对网民非理性评论而关闭评论功能,无异于因噎废食。应定期对网民评论分类,直面批评,吸取理性意见,不断完善改进公安微博。

(4)戒关注不当人群。因个人喜好关注明星、娱乐类微博应用,容易被当作负面行为被媒体报道。关注人群应多样化,对本地活跃网民、新闻媒体等各类用户发布的信息应及时关注,以便随时掌握热点新闻及与本地相关的舆情事件。

(5)戒内容公私不分。公安部门通过微博公布政策信息、搜集网络民意,具有公共性特征。公安微博所发表的言论代表公安机关权威观点,因此在转发、评论信息之时,应避免发布个人化色彩浓厚的私人信息。

(6)戒缺乏原创内容。公安微博贵在以原创内容吸引人,一味转发,不发表原创,折射出公安微博开通的盲目性。转发微博是核心原创内容的点缀,不应占过大比例,即使转发,也应该添加一两条评论话语。转发对象应为公安内部或同地域其他公安微博的内容。

(7)戒与网民打口水战。公安微博管理人员代表公安部门,面对网络围观和质疑时应控制个人情绪,不应参与无端争论,更不应与网民大打口水战。应以有效解决问题为最高宗旨,学会保持沉默。

(8)戒说官话、打官腔。微博平台中,网民表达方式自由多变,官场套话式微博内容与微博平台自由、开放、个性化的风格相悖,会受到网民排斥。因此公安微博应尝试更多口语化、人情化的用语,以消除网民对于公安部门威严而高不可攀的刻板印象。

(9)戒单向宣传政绩。公安部门开微博,应虚心采纳民意体察民情,注重提升服务理念,改良服务方式,积极与网友互动。一味进行单一的政绩宣传,不但无法得到预期的沟通效果,还可能损伤公安形象,降低公信度。

(10)戒流于形式,难做实用。不发布内容、不回应网友、拒绝接受群众批评意见、官话官腔等都使微博信息难以产生实际效果,使公安微博流于形式。公安微博的管理极为关键,只有积极融入微博氛围,以微博打造问政新思路,才能真正发挥公安微博的作用。

(11)戒轻率回复、妄下结论。公安微博管理人员在回复网友评论之前应事先通气。一旦出现难以确定的疑难问题或重大事件应立即上报,获取准确信息之后再做答复。

(12)戒发布有违公序良俗的言论。严禁在公安微博中发布违背党和国家基本政策和法律的言论或煽动性观点,切忌发布谩骂内容或捏造事实攻击他人。不当言论极有可能使公安机关陷入不利境地,保证公安微博内容及言论空间的积极健康是底线。

(四)提高公安微博舆情应对的技巧

1. 公安微博舆情应对五大原则

(1)态度诚恳,不否认不推卸。诚恳并负责任的态度是危机事件处理的关键,甚至决定一切。一个诚恳的姿态,一句真心的道歉,其效果将远胜于长篇大论的详尽解释。态度诚恳,不否认,不推卸,则可快速赢得网民谅解,使热点事件在几天内迅速结束。

(2)正视围观,认清民意诉求。在微博上,公安部门应该做好被网民围观、批评甚至谩骂的准备。与其与网民争夺强势地位,不如有意识地将其打造成一个聆听民意、平等对话的舆论平台,既让公众感受到理解和尊重,也有利于解决现实问题。

(3)改堵为疏,善于因势利导。一味"封堵"早已派不上用场,人人手握"麦克风",人人都有发言权。任何压制负面舆论的速度都比不过信息的扩散速度。只有以更开放的心态和胸怀,在戒"堵"宜"疏"的理念指导下,管理但不压制,沟通但不放任,才能更有效地降低负面舆论的影响,同时也解疑释惑、化解矛盾。

(4)公开透明,防范谣言发生。与其说谣言止于智者,不如说谣言更易止于"阳光",止于透明。一旦在事件传播过程中出现了各种谣言,就一定要视谣言情况在微博、新闻、论坛、平面、电视、移动终端等全媒体进行快速辟谣。尤其是要充分利用微博这一影响力日益强大的公共舆论平台,以权威的信息抵制小道消息才能掌握与网络谣言竞争的主动权。以尽可能还原真相为目标,以无可置疑的基本事实为底线,将谣言扼杀在萌芽状态,真正赢得民众的理解与支持,降低辟谣成本,有效掌握网络舆情走向,最终化险为夷。

(5)迅速回应,主动面对质疑。对于公安部门来说,一方面,保持积极直面的态度,迅速主动回应,发布权威可靠信息,才有可能凭借"先入为主"的信息掌握舆论话语主导权;另一方面,要不停地发布,以最快的速度不断澄清真相和报告事件进展,这样才会影响网络舆论走势变化。此外,表态并不代表要迅速为事件定性定论,须抱着谨慎的态度,避免轻率言行给公众造成视听混乱。

在回应过程中,有几点需要注意:一是切忌说谎,哪怕澄清的无数事实中有一点是谎言,也会很快被网民识破,质疑公安机关的公信力,引发更大的舆情;二是首次回应中,尽量以公布事实进展和强烈表态为主,切忌对事件迅速定性,尤其是"暴力抗法"等词语慎用;三是凡有伤亡事件发生后一定是第一时间救人,回应之时应抱有同情心,使用温情的语言,切忌缺少人性化关怀。

2. 公安微博舆情应对七大机制

(1)建立健全新闻发布机制。内容分为四大部分:常态工作发布,热点问题发布,突发事故发布,重大事故发布。发布分为四种形式:新闻发布会、记者招待会或新闻吹风会,发布新闻公报或主动提供消息,主动接受记者采访(包括组织记者随领导人出访),策划新闻、制造媒介事件发布。新闻实践中发挥作用的三个层次:宏观上,可以利用新闻发布来提升警察形象;中观上,可以利用新闻发布从事危机公关;微观上,可以利用新闻发言人来直接影响媒体报道。

(2)建立健全舆情监测机制。监测:旨在第一时间发现问题,通常是 24 小时全天候工作。监测工作的结果通常可以分为两种形式进行上报:其中一种是监测日报,于每天早上 8 点及每天下午 5 点将前一天及当天网络舆情的日常监测结果进行上报;二是突发事件专报,如遇突发事件,则需要实时监测和上报,从而及时对网民舆论关注点进行了解,以便更有针对性地进行回应。

分析:指突发事件发生后网民发表的各种评论及议论。

研判:预测未来可能的舆情热点分布及舆论走势。

预警:负面不等于危机,建议相关公安部门根据监测到的网络舆情负面信息建立红、橙、黄三级预警机制,每种预警级别分别设置与其相对应的应对原则与应对措施。

评估:定量的指数化评估,而不是仅为定性的评估,展示形态要求有数据有结论,有图有真相。

(3)建立健全媒体沟通机制。注重与电视媒体、平面媒体、网络媒体日常的沟通交流。一方面为突发事件处理过程中就事实而言的媒体快速发声尤其是辟谣和澄清信息打下坚实基础,另一方面也有利于在宣传工作中树立警察形象。

(4)建立健全培训学习机制。应该积极开展相关党政干部的轮训工作,增强干部突发事件的危机意识和防范意识,从而有效提升突发事件的成功应对能力。

(5)建立健全危机应对机制。利用舆情监测平台,每日进行常规舆情监测,并建立上报制度。

(6)建立健全对外宣传机制。上有形象:指国家级媒体如中央电视台、《人民日报》、新华社等以及权威传统媒体进行的高端宣传。下有流量:在网上进行的有效宣传要引起网民的自发关注和认可。

(7)建立健全舆论引导机制。舆论引导工作如果想做到有效,要实现六个延伸和转变:

主要阵地:由传统媒体及网络媒体等为重点,延伸或转移到微博阵地。

队伍建设:由传统意义的网评员队伍延伸到真正在微博上具有话语权的网评员队伍,并借力微博名人、意见领袖。

内容形式:由新闻通稿、深度评论延伸为 140 字的微博体。

话语体系:由体制内语言表达方式向人性化表达方式转变。

引导速度:在开通官方微博后转向以秒计或以分钟计的微博速度回应。

传播手段:转向符合微博核裂变式传播规律的传播手段。

第四节　公安微信的设计应用与管理

微信（WeChat）是腾讯公司于2011年1月21日推出的一个为智能终端提供即时通讯服务的免费应用程序，微信支持跨通信运营商、跨操作系统平台通过网络快速发送免费（需消耗少量网络流量）语音短信、视频、图片和文字。

以微信为代表的移动新社交媒介，正对我国社会舆论格局产生新的效应，舆情作用力日趋彰显。自2011年推出以来，微信便以实时对话、跨平台沟通、灵活智能等特点聚集了大量用户。截止到2015年第一季度，微信已经覆盖中国90%以上的智能手机，月活跃用户达到5.49亿，用户覆盖200多个国家、超过20种语言。微信作为社交工具，具有使用率高、影响范围广、私密性强、点对点传播等特色，天然的技术优势为政府提供公共服务、打造服务型政府提供了有力支撑。

知识拓展…

脸谱（Facebook）　微信公众平台　微信小程序　微信公众号

脸谱（Facebook）是美国的一个社交网络服务网站，于2004年2月4日上线，于2012年3月6日发布Windows版的桌面聊天软件Facebook Messenger（飞书信）。主要创始人为美国人马克·扎克伯格。Facebook是世界排名领先的照片分享站点，截至2013年11月每天上传约3.5亿张照片。

微信公众平台，简称公众号。曾命名为“官号平台”、“媒体平台”、微信公众号，最终定位为“公众平台”，无疑让我们看到微信对后续更大的期望。和新浪微博早期从明星战略着手不同，微信此时已经有亿级的用户，挖掘自己用户的价值，为这个新的平台增加更优质的内容，创造更好的黏性，形成一个不一样的生态循环，是平台发展初期更重要的方向。

微信小程序，简称小程序，缩写XCX，英文名mini program，是一种不需要下载安装即可使用的应用，它实现了应用“触手可及”的梦想，用户扫一扫或搜一下即可打开应用。

微信公众号是开发者或商家在微信公众平台上申请的应用账号，该账号与QQ账号互通。通过公众号，商家可在微信平台上实现和特定群体的文字、图片、语音、视频的全方位沟通、互动，形成了一种主流的线上线下微信互动营销方式。

一、公安微信的发展现状

自2010年公安微博发展以来，公安部门在新媒体技术的采纳和运营上经历了从观念到操作流程的洗礼。

如果说2010年是微博元年,2011年是政务微博元年,那么2013年则是政务微信元年。政务微信,顾名思义,是政府部门在微信公众平台上开通的微信公众账号,用户通过关注账号获得相应的信息或服务,实现一对一的信息沟通及政务服务,是继政务微博之后政务服务新的探索。

肇庆市公安局继推出全国公安机关首个政务微博"@平安肇庆"后,2012年9月又在全国率先推出了公安政务微信"平安肇庆",打造了中国公安第一微信账号,开创了网络问政的"肇庆模式"。2012年11月18日,"广州公安"微信开通,是全国首家政府机构综合查询和网办政务微信平台。随后,广东广州、江苏淮安、福建厦门等多地警方都推出了公安政务微信。

据中国传媒大学媒介与公共事务研究院新媒体实验室不完全统计,截至2014年10月31日零时,全国政务微信发展总量已突破13000个,浙江、江苏、广东三省分列全国前三名。全国政务微信发展为39个职能细类,其中公安警务微信以分类总量2446个独占鳌头。到2015年,根据新华网舆情监测分析中心《2015年全国政务新媒体综合影响力报告》,在政府职能部门中,来自公安的微信账号占比仍然是最高(见图6-26)。

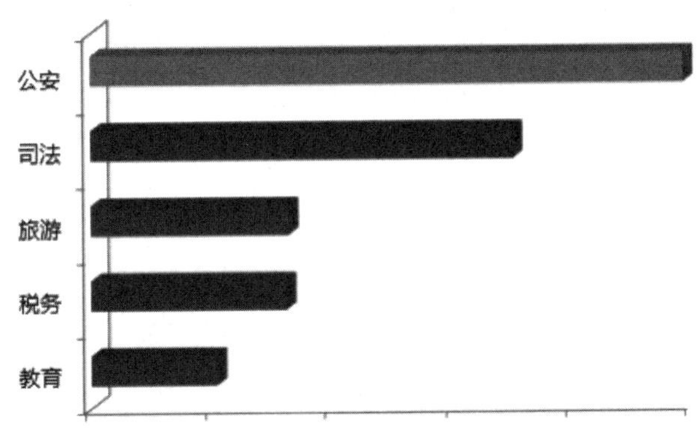

图6-26　全国政府主要职能部门微信分布

公安微信的出现在功能上可以实现与公安微博互补。公安微信与公安部门在新媒体运营中现有的价值观、以往的实践经验以及潜在采纳者的需求具有较高的一致度。对于公安微信的运营者来说,契合用户需求也更加容易。值得一提的是,公安微信的运营团队往往是公安微博的原班人马。

通过对公安微信及公安微博的观察发现,公安微信的开设速度、发展程度与公安微博的被接纳速度具有同向性。较早开设并运营政务微博的公安部门往往较早尝试开设政务微信。2010年2月25日,广东省肇庆市公安局在新浪网开通"@平安肇庆"微博,标志着国内首个公安微博的诞生。无独有偶,2012年9月6日,"平安肇庆"开通政务微信,打造了中国公安第一微信账号。

从活跃程度来看,微博活跃度较高的账号,相对应的微信活跃度较高,真正地实现两个平台的"双微"齐下。微博、微信等新媒体融合到公安工作中渐成一种趋势,全国各级公安机关在政务新媒体建设方面进行了探索尝试。特别是2015年以来,公安政务新媒体出现了账号数量快速增长,运营质量稳步提高,呈现手法日趋新颖,社会影响力不断增强的良好态势。各级党政机关对公安政务新媒体功能、作用的认识愈加深刻,逐步熟悉了政务新媒体的发展特点,明确了政务新媒体建设的工作思路,并涌现出一大批高质量的政务新媒体"明星账号",得到网民的高度肯定和积极支持。

全国公安系统政务新媒体在所有政务职能系统中表现突出,公安类账号从账号开通率、覆盖人次、信息传播基数、信息发布质量、粉丝互动频率等方面均领先其他政务账号。涌现出以"公安部打四黑除四害"、"平安北京"、"平安中原"、"广州公安"、"江宁公安在线"等账号为代表的一大批优秀政务新媒体账号。在2015年,"公安部打四黑除四害"、"平安北京"、"江宁公安在线"分别成为中央、省级、基层最为突出的公安系统政务新媒体账号,"深圳交警"、"潍坊交警"成为表现最为活跃的交警系统政务新媒体账号,见表6-2。

表6-2　2015年公安系统政务新媒体综合影响力排行榜TOP10

(新浪微博、腾讯微博、微信)

名次	账号	政务新媒体单项指数						综合得分
		互动指数	传播指数	受众指数	成长指数	内容指数	集群指数	
1	"公安部打四黑除四害"	86.13	92.53	84.45	81.47	83.02	85.52	86.86
2	"平安北京"	81.71	86.52	82.86	80.65	82.46	83.22	83.34
3	"江宁公安在线"	85.33	80.62	79.71	80.74	81.67	80.35	81.84
4	"平安中原"	81.29	83.24	81.13	80.72	81.71	81.64	81.77
5	"北京交警"	80.94	81.65	82.04	80.94	82.71	81.23	81.51
6	"广州公安"	80.19	82.95	80.94	80.54	82.61	81.65	81.35
7	"深圳交警"	82.32	80.42	80.32	80.44	82.19	80.78	81.09
8	"警民直通车-上海"	80.11	82.22	80.43	80.56	80.99	81.65	80.94
9	"潍坊交警"	80.12	80.61	80.75	80.25	82.12	80.97	80.59
10	"平安武汉"	80.66	80.47	79.86	80.19	81.35	80.55	80.41

说明:本排行榜中以新浪微博、腾讯微博、微信的各项指数综合加权后,对公安系统政务新媒体进行排名,并展示前10名。(《2015年全国政务新媒体综合影响力报告》)

在全国公安系统政务新媒体综合影响力排名前10位的账号中,省级、市级公安政务新媒体分布较为均衡(见图6-27),"江宁公安在线"作为区县级公安政务新媒体入选,高居公安系统政务新媒体综合影响力排行榜第三位。

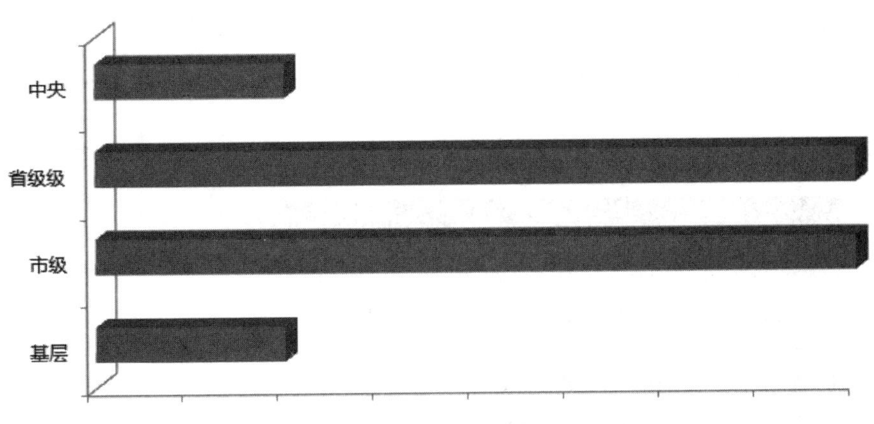

图 6-27　公安系统政务新媒体 TOP10 分布

公安系统政务新媒体账号主要集中在公安、交警、网警、消防等单位(见图 6-28),其中网警系统账号数量较 2014 年同期有所增长,账号数量位居公安系统第二位。

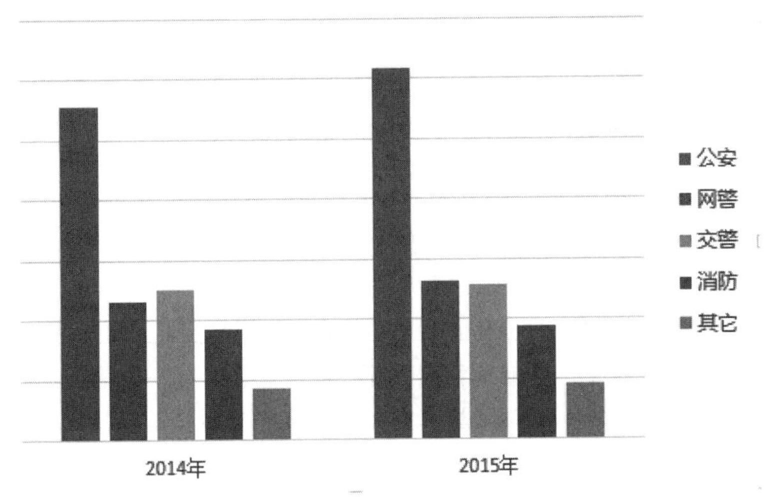

图 6-28　公安系统政务新媒体 TOP10 分布

广东、山东、江苏、浙江、福建 5 个省的公安政务新媒体账号数量排名前列(见图 6-29),其中广东省公安政务新媒体覆盖度最高,政务新媒体矩阵规模最为庞大。

二、公安微信的功能与价值

(一)公安微信的传播特点

公安微信作为新形态的信息传播工具,在传播方式和效能上具有相对的传播优势。相较于其他渠道,公安微信具有四大特点:

(1)互动性强。微信可自动回复和人工回复。相比于微博来说,微信能够实现自动回复,用户可以通过在后台设置关键词回复用户问题,节省大量时间成本。

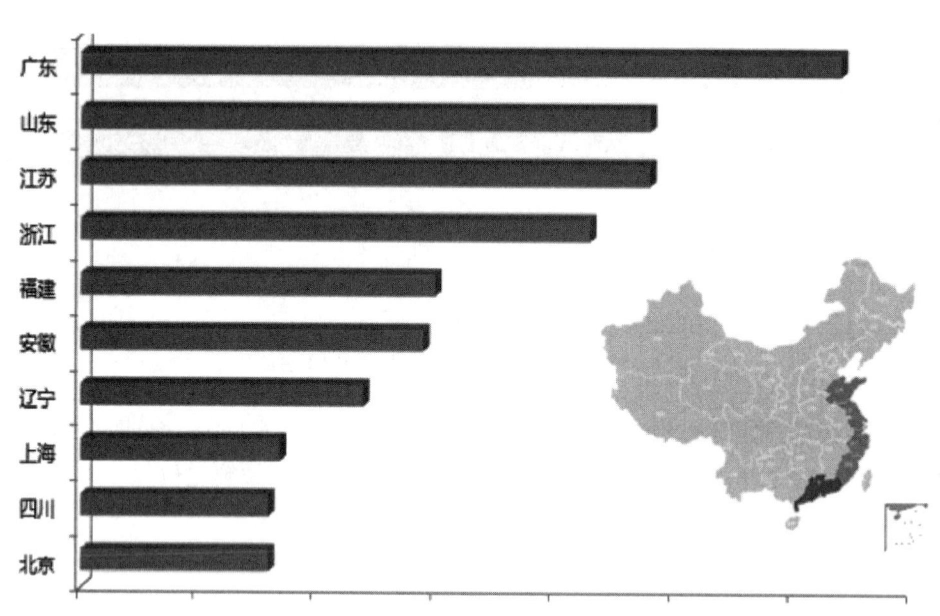

图 6-29　全国公安系统政务新媒体地区分布 TOP10

(2)精准性强。微信精准覆盖,点对点传播,实现信息传播的精准性。微博的信息是点对面的传播,发布的内容很容易淹没在信息洪流中。而微信是点对点的传播,通过熟人参与、圈子联动,能够实现信息的精准覆盖以及有效传达。

(3)沟通性强。微信发送频率有限制,可实现个性化深度沟通。如果微博是一个信息的大广场,每个人都可以在这个广场畅所欲言的话,那么微信则是一个信息加工处理、优质输出的过程。由于微信具有发布频率的限制,发布信息不会被快速刷屏,因此可以促进个性化的深度沟通。

(4)保密性强。微信的对话具有隐蔽性,其群体的信任度、保密性总体上要高于微博。保密性强从另一个角度来看也是一把双刃剑。它的优势在于能够实现一对一的定制服务,传播精度强,且信息保密。但其劣势在于,不能够形成群体效应,尤其是在用户与用户的互动层面,不能够实现最大限度的公众动员。

(二)公安微信与公安微博的异同

相对于微信来讲,Web 2.0 时代,微博"去中心化"的传播方式使话语权逐渐由媒体和精英阶层扩散到一般民众,成为一个巨大的发声舞台,成为各阶层群众表达民意、参政议政的重要平台。微博重公开,微信重服务,两者在传播特点和功能上各有分工和侧重,具体参见表 6-3:

表 6-3 政务微博与政务微信的区别

	公安微博	公安微信
平台属性	社会化资讯网络 大公共媒介 + 小社交	圈子关系网络 强社交 + 有限公共媒介
内容形式	140 字、图文、视频等	语音、图文、视频等
参与方式	大量陌生人参与;个体形态参与,个体协同促进热点,“个体合围式”	熟人参与,圈子联动反应促成热点,“集团合围式”
传播方式	开放式发散传播,侧重传播广度,海量信息,易淹没	封闭空间的闭环传递,侧重传播精度,有效信息直接抵达
定位	点到面的多向度关系	点到点的双向互动关系
功能	提供咨询服务、政府信息公开、新闻舆论引导、倾听民众声音、树立警察形象、与民众进行沟通互动等	拓展政府传播的空间和渠道,可进行高效的警民互动、突发事件公众参与、舆情控制等

由此可以看出,基于公安微博和公安微信不同的传播机制,可以发挥各自在传播过程中的优势,公安微博宜侧重信息公开,政务微信宜侧重服务,二者在传播机制和传播方式上进行互补。“微博像一个大广场或者一个大茶馆,是公共场所;而微信就像小酒吧、小饭馆,更适合比较亲密的朋友,能够更好地进行一对一交流。”①公安微信相对于公安微博,其最大的特点是带来了沟通的私密性、互动性以及服务的定制化。

(三)公安微信的主要功能

基于公安微信的传播特点和实际运用情况,当前公安微信主要有以下四个方面的功能:

1. 移动化的民生服务平台

公安微信可以承担公安机关服务窗口的问询功能,一个软件可以节省许多人力和财力,更加高效。微信公众平台的关键字回复功能让网络问政“秒回”成为可能,只要在后台数据库做好相应设置,公安微信就能根据用户提问的关键字自动回复。未能自动回复的内容,管理员可以进行一对一的人工回应。比如出入境签证预约、交通罚款的查询和缴纳、路况指引等业务窗口,许多行政服务功能都链接到了公安微信上,受众能通过网络办理各项手续,便捷高效,节省时间。

2. 精准化的信息传播载体

公安微信账号一经用户关注,在发送信息时便可以精准地送达特定的用户。如果用户不希望接收信息,可以直接取消关注。由此,公安微信的信息可以实现精准的用户送达及目标人群的互动。

3. 零距离的警民互动频道

微信拓展了网络问政的深度与广度,使获取政务信息的途径更加多样,行政效率进一步提高。公安微信让警民交流沟通,在理论上实现“零时差”“无距离”。公安部门的正面声音

① 人民网舆情监测室:《指尖上的“政”能量》,人民日报出版社 2013 年版。

借助新媒体平台发出，提升透明度，打造公信力，真正增进警民互动和互信。比如订阅号“平安肇庆”，在节假日期间积极通过推送信息与用户互动，提醒人们做好安全防范，提醒出入境注意事项并传授安全小常识，这些信息不仅服务了人们的日常生活，而且增进了警民之间的互动及交流。

4. 创新型的公共服务空间

微信公众平台集合了所有的媒介形式，降低了媒介准入的门槛，各级公安部门可充分利用成熟的互联网平台改善公共服务，增强用户体验，有效推动政府职能的转变，创新管理和服务方式。此外，公安部门还可在应急管理、舆情应对和组织动员等方面，充分利用公安微信进行功能探索和服务创新。

（四）公安微信的核心价值

1. 对公安部门的价值

（1）整合线上线下资源，发挥“双微”联动传播效应。Web 2.0 时代，原来泾渭分明、各自为阵的媒体渠道，在移动互联网技术的推进下不断互联融合，互动性、整合性成为一大趋势。公安微信对资源的整合，一方面体现在对线上线下资源的整合，实现了现实行政和移动行政的互融互通；另一方面则体现了公安微信与公安微博的联动传播，充分发挥各自的传播优势。

公安部门发展公安微信，是全媒体战略的尝试与体现，有效拓展了政务传播和行政服务的空间和渠道，许多现实空间的信息咨询服务和办事流程被转移到公安微信平台，节约了行政成本，提高了行政服务效率。

大多数开通公安微信的公安部门也拥有公安微博，公安微博通常积累了一定数量的粉丝，具有大众传媒的特征，其目标受众与公安微信受众具有高度重合性，是推广公安微信的有效且低成本的媒介。当前，许多公安部门都非常苦恼公安微信推广难度大，增加粉丝困难，如果能利用好公安微博这一自媒体，不但能够有助于公安微信的宣传推广，也有利于公众获知公安微信的开通情况、功能服务等信息。

案例分析…

“广州公安”在 2013 年 6 月 6 日进行的一系列平台升级，都是通过公安微博将最新功能告知网友的，这就很好地扩大了公众的知情范围，而非局限在微信的小圈子里，使自身获得更多关注。

（2）开辟舆论引导新平台，拓展舆情监测新渠道。公安微信正逐渐成为公安部门进行舆论引导的新领地，并将在未来的舆论监测中发挥更重要的作用。

人是舆论的创造者，微信庞大的用户规模和节节攀升的用户活跃度，使其成为微博之后的另一个声势浩大的舆论新阵地。微信成为人们获取资讯和发布信息的重要渠道。与此同时，大量谣言、负面言论也开始在微信朋友圈广泛扩散，有时甚至严重影响社会秩序和警察形象，这就要求公安部门积极开设公安微信，在新的舆论阵地中争夺话语权，开辟新的舆论引导阵地。

公安微博作为开放的舆论平台，其舆情监测作用早已得到公安部门和社会各界的重视。公安微信虽不能搜集海量的舆情信息，但也有其独特的优势。一方面，公安微信具有私密性，用户与用户之间的互动性削弱，但这会在一定程度上促进个人的理性思考，而非人云亦云。另一方面，公安微信使公安机关与用户之间建立更精准的、一对一的互动关系，因此通过公安微信获得的反馈信息，更具有针对性。

(3)增进警民沟通，塑造服务型公安形象。公安微信充分发挥即时传播作用和社会动员优势，完成从政务信息发布和公众互动交流新渠道向综合服务平台的转变，成为移动行政服务新平台，打造"指尖上的政务互动"。

通过公安微信，可实现警民之间一对一对话，增进警民沟通，打造服务型公安形象。目前，微信用户已近6亿，并继续保持快速增长。随着微信的进一步发展，微信移动的信息服务平台的功能逐渐显现。人们足不出户便可以进行业务预约与办理，实现政务服务信息精准投放。借助强关系社交的优势，能够在不断的传播中拓宽信息覆盖率，由此相互连接而形成无数个密集分布的圈子网络。开通公安微信，借助信息发布具有用户导向的精确性功能，能够不断拓展新的用户人群，扩大政务信息辐射范围。

(4)提升信息传达有效性，拓展政务服务新人群。开通公安微信，借助信息发布具有用户导向的精确性功能，能够不断拓展新的用户人群，扩大政务信息辐射范围。

突发事件中，人们获取信息的方式、途径也逐渐转变。与微博的开放平台不同，人们无需在海量的内容中进行搜索，通过微信，人们便可以迅速、准确地获得信息。由于微信是熟人圈子，基于"优先关心身边人"的特点，信息能够传播得更为迅速和高效。微信圈子相比微博具有更高的信任度，有强有力的舆情控制以及过滤信息的能力，尤其在危机突发事件中具有强大的影响力。

2. 对公众的价值

(1)警民互动，增进情感交流。对于普通老百姓而言，与公安机关进行双向平等沟通的媒介渠道非常稀有，"门难进，脸难看，事难办"成为大多数百姓对公安部门的刻板印象。公安微信这一全新的移动化行政服务平台，不仅拓宽了行政服务平台，在一定程度上也促进了公安部门的服务意识。无论是在服务功能的开发上，还是在信息公开的选择上，都能看到公安部门与民众沟通互动的诚意、提供便民服务的行动力。

另外，线上线下活动也可增强与公众的接触互动，进一步增进警民之间的情感交流。

(2)微信办事，体验个性服务。新媒体时代的媒介传播方式深深影响了传统的政务信息传播渠道。"肇庆公安""广州公安"较早利用微信为百姓提供政务服务。比如，用户可以通过微信查询交通违章、出国签证办理情况等信息，也可以参与到公安部门的案件审理中，知情者可以通过微信将信息传送给公安。

"政务微信关键在于树立政府公信力。只有在公信力的基础上，政务微信才能真正发挥出新媒体积极、正面的作用。如何让政府树立公信力，则体现在"服务"二字上。"①只要民众体验

---

① 人民网:《政务微信:互联时代网络问政新利器》,2013年5月24日。

到公安微信带来便捷的生活,那么利用微信打造的服务平台就实现了应有的价值。更关键的是,公安微信还会吸引更多的人参与到与公安部门的互动中,让公安部门听到老百姓的心声。

(3)网络问政,民主监督新利器。公安微信成为互联网时代网络问政新利器,促使公安部门在运营公安微信过程中更加重视民意。首先是对公安微信自身的反馈。若是微信内容反馈者寥寥,可通过后台向微友询问,收集微友观点与看法,以评估微友偏好,改进内容形式或选题方向。同时,要引导微友给公安微信发送回馈信息。

其次,基于公安微信粉丝的真实性,对公安政策的反馈结果也将更具可靠性,这将是一个低成本而快捷的民意调查平台。各地公安机关在将公安微信平台充当信息发布、咨询便民平台的同时,也可将其作为当地公安政策评估、民意反馈的"舆评"平台。这对促进公安决策的科学化,提升民意满意率,把握舆情走势都具有重大价值。

三、公安微信的运营管理

(一)公安微信存在的问题

1. 跨部门联动机制尚未建立

总体上看,一些富有特色和影响的公安微博已经建立了跨部门联动机制。比如新浪微博政府版集管理平台、舆情系统、问政平台于一体,实现了前台主页和后台管理的联动。用户可以通过政务微博平台直接参与互动,实现更具个性化的公安宣传需求。通过"直属单位""工作人员"等模块的建立,可以对相关联的微博账号进行自定义集中聚合展示。

但比较而言,公安微信的联动机制尚未建立。公安微信是与用户之间的一对一对话,并不能够很好地实现部门之间的联动,不能够像政务微博一样,将需要解决的问题"@"主管部门来促使事情的解决。目前的公安微信公众号仍然是各自为政,很难互相打通,这也阻碍了其发挥作用。因此,公安微信若要在微信平台上更好地发展起来,既需要政府部门之间的协作,也需要腾讯公司的技术支持。

2. 人力财力资源相对短缺

一方面,对公安微信运营财政投入少,少有专项经费支持,且由于地区之间的经济发展水平差异较大,各地公安机关在新媒体运营资源上存在着较大的差距。一些省建议各个地市部门开通公安微博,但是规定中只有开通倡议,尚缺乏配套的落实机制和相关的资源配套。对于交警、公安等部门,实现跨部门之间的联动以及常规的运营,都需要大量的资金支持。因此,资金短缺成为制约公安微信运营发展的重要因素。

另一方面,在公安微信的运营中,通常没有专职人员和固定编制,工作人员往往身兼多职,更新速度慢,原创内容少。由于身兼多职,每天进行排班,运营人员很少接受专业的新媒体运营培训。较完善的运营团队每天会召开编委会,有一套完善的运作机制,但是绝大多数公安部门都面临着人员紧缺的问题。

由于人员紧缺、工作较忙,一些公安微信公众号开通至今仍未办理认证。根据规定,政府部门开通公众号需要提供政府信息登记表、授权运营书、上传加盖公章的扫描件等,手续较为烦琐。因此,有些部门在开通微信公众号时,直接由内部工作人员以个人身份开通,未通过政务微信公众号认证,导致影响力和关注度都不高。

3. 领导和运营人员观念比较保守

在现有的行政体制下,领导的重视往往会对某项政策的推行产生重大影响。公安部门对新技术的采纳往往是自上而下进行的,如果上级领导对下级部门开通公安微信不够重视,除非下级部门对公安微信这一新技术有业务需求,或公安微信账号运营者个人拥有极大的热情,否则公安微信是不太容易推行开来的。

近年来,国家和地方网信办通过下文件、下指标等方式积极推动各级政府部门开设政务微信公众号,但这并不能保证各级政府领导在观念上彻底领会中央意思。通过实地调查和专家访谈了解到,许多基层公安部门是被动开设政务微信公众号,对运营发展政务微信认同度不高,究其原因可归纳为两个方面:其一,一些公安机关领导认为,公安机构的主要职能是提供公共服务和维护社会治安秩序,而非专注新媒体传播,在他们看来传播工作是宣传部门、党政媒体的工作,没能认识到新媒体时代的政务传播和在线服务是实现公共管理的重要方式,是建立阳光型政府、服务型政府,实现国家现代化治理的重要手段;其二,新媒体传播技术日新月异,从政务微博元年到政务微信元年,仅仅经过短短两年,许多公安机关面临公安微博还没开明白,公安微信又得开起来的挑战,有畏难排斥心理。

另外,由于不了解公安微信的技术特点和运作机制,有些公安部门的工作人员会对新事物持旁观的态度,以此来避免因操作失误所导致的问题。无论是微博还是微信,都具有裂变式传播特征,运营人员也会担心开设政务微信后,若不作为或表现不佳,反倒把自己推到风口浪尖上。因此,一些观念保守的公安部门和工作人员依然更加看重传统媒体的发布渠道,而对新媒体和新技术运用心存疑虑或畏惧,这无疑会阻碍公安微信在各级公安部门中扩散开来。

4. 推送频次和回复时间的技术限制

微信公众平台对信息推送频次有限制,这对公安部门想要及时通过微信发布信息造成了困难。自2013年8月微信5.0版升级后,微信服务号每月只能推送1条信息,2014年4月再次升级调整微信公众平台规则后,服务号每个月也只能推送4条信息,订阅号每天只能推送1条信息。目前,微信尚未形成一个良好的生态圈,公众号中存在着许多诈骗营销行为。

此外,最开始微信规定必须在24小时之内回复用户,之后回复用户消息时限延长为48小时,超过时间则不能回复。很多公安部门尚无法100%做到在48小时之内回复用户,这在客观上影响了他们跟用户的互动和交流。

(二)公安微信的提升策略

1. 内外合力建立持续运营机制

(1)内部绩效激励。不少公安微信的运营者都感叹“吃力不讨好”。由于身份是兼职,运作公安微信所积累的经验和业绩很难转化到他们的本职工作中;由于创新技术的未知风险,他们也会经常担心在工作中出现难以预料的差错,这些问题无形中加剧了工作人员的个人负担。而为了提高运营者的积极性,各部门可以将维护公安微信的工作列为年度考核测评的重要依据,并每年对公安微信的优秀运营者予以表彰。

(2)外部政策推动。在现实中,有一些地区和部门抱着“不做事永远不会错”的态度,消极应对政务微信这项新事物。面对这种情况，只能依靠上级主管单位强行发文，规定适宜使用微信的部门必须开设微信号。不过，推行强制性政策的同时，也应采取一些激励措施，防止强制开通的公安微信沦为"僵尸账号"。这个激励措施应避免过于形式主义的内部评比，而应将公众的反应纳入考量范围，例如通过微信回复的投票方式选出"公众心目中的十佳公安微信"等。

2. 发挥公安微博、微信联动效应

大多数开通公安微信的政府部门也拥有官方微博，为了增加公安微信的粉丝数量，应利用好公安微博的集群效应和粉丝效应，借助公安微博推广公安微信，实现"双微"合璧。另一方面，还可根据信息发布类型的差异，实现微博微信传播平台的优势互补，如公安微博更适合发布短平快的信息，而公安微信则适合相对深层次阅读的、私密性的信息。

对于紧急的动员、有时效性的信息发布，应该首选公安微博，并利用公安微博的集群效应快速扩散，稍后可在公安微信上发布一些更详细的信息作为解释；若为了能够精准地推送和到达，则应首选公安微信，在公安微博上形成策应和补充。而对于一些敏感性议题，如在微信平台收到的投诉、曝光的内容，核实相关材料后，把其中一部分发布在微博上，这样利用私密性在微信上沟通问题，利用公开性在微博上形成更好的监督。

案例分析…

2014年2月20日上午，精神病人王某从广州市脑科医院出逃，广州警方立即启动各种区域警务协作机制，及时向佛山等地的警方发出相关协查通报。广州警方还及时通过官方网站、微博、微信等途径，第一时间发布相关权威信息，发动广大市民群众积极提供线索。不少热心的市民群众纷纷通过电话、微博、微信等方式，向警方提供相关线索。

#警方通报#【广州警方全力查找一从脑科医院出逃的患病嫌疑】今天上午，广州市脑科医院住院部内有一名病人出逃。该病人王某曾涉嫌一起故意伤害致死案件。王某短头发，身高约170厘米，身穿医院病号服，穿一双拖鞋。目前，广州警方正全力追踪嫌疑人。市民群众如有相关线索，请及时拨打110电话报警。

2月20日 18:11 来自分享按钮　　(51) | 转发(1160) | 收藏 | 评论(180)

图 6-30 广州公安通过微博、短信发布信息

3. 优化移动行政服务

正如清华大学新闻与传播学院沈阳教授所言，若只重视政务微信的信息发布功能，实际上是没有把政务微信的效能发挥到极致。政务微信点对点、精准化、私密性的传播特质，为个性化、移动化的行政服务提供了条件。服务性是衡量政务信息的一个重要指标，因此优化信息查询、微信办事等行政服务功能是提升公安微信运营的重要策略之一。

首先，需设置功能齐全的微信界面，让公众享受在线政务服务的便利。目前“广州公安”的微信界面功能较为全面，有路况资讯、服务事项和便民指南三个菜单按钮，每个菜单里各含三项内容。其中，路况资讯界面可以查询实时的市区路况，还有市政施工、交通事故等可能对交通造成影响的事件通报，这些通报与交警的官方微博同步。服务事项里，交管、出入境和户政三类业务都能直接点进对应的页面进行查询操作。

其次，要优化服务程序，移动行政不能只是简单地将线下办事流程搬到微信公众平台，而是应该根据移动互联网特性和公众需求，优化、重构办事流程，用便捷、简单的方式为公众提供一站式服务。

4. 调动公众互动参与

互动是移动互联网时代最为瞩目的特征，开放的社交平台彻底颠覆了单向传播思维，公众在网络上的参与热情也得到了前所未有的提高。公众的互动参与能够激励公安部门做好公安微信，同时对公安微信的良好运营提出建议，形成良性循环。

5. 开展公安微信业务培训

考虑到大多数公安微信运营者为兼职人员，而公安部门又无预算设置新的岗位来专门负责微信公众号的维护，因此，加强对相关工作人员的培训就异常重要。

（三）公安微信运营技巧

1. 准确定位，打造特色公安微信

（1）组建优秀的运营团队。一个优秀的公安微信账号背后，是一支优秀的微信运营团队。在分工明确、相互配合的基础上，公安部门的政务微信运营团队应至少配备三类人。

一是主题策划人员，工作职能涉及主题内容和线下活动策划，主要包括策划用户感兴趣，同时在本部门职能范围内的话题，开展相关主题的线下活动，与用户互动，增强公众号的用户黏性。二是内容编辑人员，主要负责微信文案的撰写、音视频的剪辑、图文消息的编排、内容的文字版式设计及图片的美工，并分析用户对内容的阅读转发次数等数据，帮助策划人员制订出更好的策划方案。三是后台服务人员，主要负责收集用户的反馈意见和互动消息，及时、有针对性地解答问题。

在团队组建完成后，还需不定期对运营人员进行公安微信运营相关知识的专业培训，定期汇报运营结果并进行总结，保证其高效运作。

（2）根据部门职能选择开通服务号或订阅号。有重要消息推送，和市民有大量直接互动需求的公安部门适合开设政务微信公众号，但开通服务号还是订阅号，则要根据主要的职能进行选择。如信息推送频率较高的部门，适合开通订阅公众号。而承担大量政务办事功能的部门则可开通服务公众号，把办事流程迁移到微信里，一方面可以节省自身的人力资源等运营成本，另一方面也可提供更便捷的服务，使市民可以利用碎片化的时间完成过去需要来回跑才能完成的业务。

“广州公安”经过精准定位后，就致力于打造便民业务查询特色品牌，它的微信定位不在于信息内容的硬性推送，而是聚合政务办事信息，成为一个在公众需要时可随时查询的非干扰性移动官方平台。它标杆性地将政务在线办理融入微信平台，为市民提供 46 项在线业务查询、路况信息、办事指南，4 项预约服务，1 项网办服务。作为全国首家实现综合查询和网办业务的政务微信平台，“广州公安”开拓出了一条新网络媒体时代公安机关积极应用社会化媒体服务社会新路子，也为自身获取了大量粉丝。

（3）强化公安微信内容的个性化特色。需彰显公安微信本地化、个性化的特色，积极研究本地人群的需求、特性和关注点，探索在发布政务信息的同时，开通惠民便民信息，打造一到两个固定的、市民喜欢的品牌栏目，高品质的公安微信内容依靠其强关系圈子传播政务信息必然会获得较好的口碑效应。

要注意的是，强化做本地的“专属微信”，无疑会对公安微信的粉丝数量形成抑制，在开通前期尤为明显，粉丝下滑带来传播的隐形效应明显，传播效力评估的难度上升。这也要求公安部门转变运营理念，一是由看重粉丝数量转向粉丝质量，从侧重规模走向注重品质；二是由看重传播广度的纸面化转向传播效力实质化。有政务微信运营人士指出：“因为微博是点对面的传播，微信是点对点的传播。打比方，我们的微博有 423 万粉丝，我发 1 条微博，真正能看到的人恐怕只有 1% ~5% 。但微信就不同了，就算你只有 1 万粉丝，由于是点对点的传播，我可以基本保证发布的消息有 90% 以上的人会看，这样一来实际传播面就更广，能够真正传递我方的声音。”此外，微信的强关系圈子对促进政务信息的高认可度的二次传播富有意义，口碑效应明显。

2. 形成稳定的推送频率和时间，控制推送数量

作为一个24小时开放的平台，公安微信运营不能因循常规的8小时工作制，应根据不同时间段调整发布数量和内容，形成一定的规律性。每天的9～10点、16～18点、21～22点三个时间段，市民一般临近上下班空闲时间，在线人数较多，发布信息易被更多人看见。

在每天的发布数量上，公安微信需遵循适当的节奏，避免失语或刷屏。每天发布的消息最好控制在1～3条之间，这样既不会给市民带来信息过剩的困扰，也可避免重要内容淹没在推送的众多信息中。

3. 信息分栏归类，重点一目了然

为了使微信内容更加一目了然，方便市民查找，信息的分类十分有必要。而固定栏目的定期发布也有利于培养稳定的用户群。信息分类都能帮助用户更方便地查阅自己感兴趣的内容。

4. 以自动回复代替人工回复

随着关注微友的增加，相关咨询工作量难免大幅增加。不断涌现的信息互动将对政府部门的人力配置提出考验。为提高回复群众问题的效率，政府不妨预先准备好一些常见的咨询类题库，以应对同质化询问。及时地丰富关键词回复，将大大省去一些重复的工作量。

案例分析...

据“平安肇庆”微信介绍，“大约70%的咨询业务可由后台设置的视频、文字、图片、语音等自动回复，而剩下的30%不适宜程序化即时回答的咨询，则由‘平安肇庆’的值班人员人工服务来答复”。“只要输入一些关键字，如户口、车管所、出入境等，‘平安肇庆’微信马上会自定义回复相关的公安业务。”

5. 语言要接地气，使用亲民话语，内容贴近民生

和公安微博一样，公安微信要放低身段，与市民保持平等交流，多用生活用语、网络用语、口语等，语气平和、公允，避免官腔官调，尽量避免使用机关公牍式的语气。同时，推送的内容应与民众的生活相关，文章简短，尽量杜绝严肃单调、长篇大论的官方通讯稿件。

6. 采取多种表现形式，图文并茂，增强可读性

除了内容上贴近民生，公安微信还需做到形式上的多样活泼。相对于纯文字内容而言，“富文本”的微信内容更能吸引用户的关注和兴趣。公安微博中就常常通过插入表情、图片、视频、语音等各种“富文本”方式以增强内容的可读性，公安微信应予以借鉴。

在编排图文内容时，需注意以下几项：

(1)巧用插图，图少而精。合理利用插图能帮助用户更形象地理解文章内容。若图片较大则要先压缩，避免因消息打开速度慢，影响用户体验，耗费用户流量。

(2)字体大小最好设置为18px。考虑到用户通过手机屏幕阅读文章，字体太小的话眼

睛容易疲劳。

(3)每一个段落的长度尽可能缩短。考虑到手机屏幕较小,应尽量避免出现大段大段的文字,若迫不得已还是有,应将其拆分。

(4)在每篇文章的末尾附上微信二维码信息。在这个社交时代,微信内容很可能会被分享到各种网络平台上,文末附着的二维码信息能为更多的读者增加入口,从而增加粉丝数。

(5)图文消息的摘要尽量简洁扼要。图片引起用户阅读兴趣,摘要影响用户对内容的阅读欲望。简洁扼要的摘要既不浪费摘要部分的空间,又能成功吸引读者,一举两得。

(6)文章长度尽量控制在1500字左右,不可过长。在发出每篇文章之前进行仔细的校对,避免出现错别字。

7. 调动市民参与热情,加强互动

(1)努力提高回复民众问题的效率。公安微信可开发具有自动回复功能的自定义菜单,可供市民自助即时查询。准备好一些常见的咨询类数据库,对同质化询问及时丰富关键词回复,节省重复的工作量。如果查询不到,可再向人工提问。

案例分析…

截至2014年,"平安肇庆"已回复市民问题7800条,解决实际问题6800条,赢得了良好的社会口碑。只要输入一些关键字,如户口、车管所、出入境等,"平安肇庆"微信马上会自定义回复相关的公安业务。

(2)设置功能全面的政务微信界面。"广州公安"的微信界面分为路况资讯、服务事项和便民指南三个菜单按钮。如果是第一次操作,需要进行手机验证。验证后会自动形成一个金盾网账号,以备以后使用。如果用户需要给警方留言,点击下部菜单里最左边的键盘图标,可以进行文字或语音输入。

8. 保证时效性,不发过期信息

发布过期信息在公众眼中是一种消极怠慢的态度,是公安微信的大忌。因此,公安微信要与公安各项工作紧密结合,及时更新推送相关信息,真正发挥出微信的正面、积极作用,避免像某些政务微博患上"痴呆症"或沦为"僵尸"。

从整体上看,发布信息及时迅速、更新内容勤快的公安微信通常都拥有较多的粉丝关注,其粉丝的互动积极性也比较高,这些政务微信的影响力也从而得到提升。

9. 微信、微博双管齐下,优势互补

大多数开通公安微信的公安部门也拥有官方微博,应在了解并把握微博和微信二者各自的传播特性的基础上,实现"'双微'合璧",优势互补,提高政府服务社会的执政水平。

(1)政务微博、微信联动传播。对于紧急的动员、有时效性的信息发布,一方面应选择公安微博发布短平快的信息,利用微博集群效应快速扩散;另一方面借助公安微信,实现传播信息的精准推送和到达。

(2)借助公安微博推广公安微信。因微信是私密空间内的闭环交流,其传播扩散力较弱，公共账号的宣传是一大软肋。借助公安微博推广公安微信，大力扩展账号的人群覆盖面，增强公安微信的权威性和信息传播扩散能力，有效推动新媒体问政深入发展。

“广州公安”在2013年6月6日正式开通综合查询和网办功能，更新路况资讯中的“电子警察分布图”功能，以及服务事项中的“机动车违法查询”“护照、通行证等业务预约”，“港澳再次签注业务办理”“身份证业务预约”功能。这一系列平台升级都是通过官方微博将最新功能告知网友的，从而扩大了公众的知情范围，使公安微信获得更多关注。

知识拓展…

公安部出台进一步推进“互联网＋公安政务服务”工作实施意见

近日，公安部出台《关于进一步推进“互联网＋公安政务服务”工作的实施意见》（以下简称《意见》），认真贯彻落实中央关于全面深化公安改革部署要求，紧紧抓住直接面向社会公众提供的具体办事服务事项，充分运用“互联网＋”思维优化再造公安政务服务流程，创新丰富服务内容服务方式，着力提升公安政务服务的标准化、网络化、智慧化水平，努力为促进经济社会发展、方便群众办事创业提供更加优质高效的服务。

近年来，各级公安机关积极适应信息化发展大势，充分依托互联网构建管理服务平台，为企事业单位和人民群众提供服务，极大提高了行政管理效能和服务群众水平，受到了广大人民群众和社会各方面的普遍欢迎。为了更好地适应国家“互联网＋”战略，加快实现互联网与公安政务服务的深入融合和创新发展，深入推进“放管服”改革，公安部在总结各地经验、深入调研论证的基础上，研究提出了进一步推进“互联网＋公安政务服务”工作的指导思想、基本原则、工作目标、重点任务及具体措施。

公安部要求，各级公安机关和各有关部门、警种要始终坚持以人民为中心的发展思想，进一步推进“互联网＋公安政务服务”工作，最大限度地提升服务质量和效率，最大程度地方便企业和群众办事，努力让企业和群众少跑腿、好办事、不添堵，共享“互联网＋公安政务服务”发展成果。要加强组织领导，推动信息共享，跟进监督考评，保证信息安全，创造性地抓好各项任务的落实，不断增强人民群众的获得感和满意度。

建成一体化网上政务服务平台

《意见》明确，公安部整合各部门、各警种互联网政务服务网站、系统和平台，力争到2017年底前，建成一体化网上政务服务平台，使政务服务标准化、网络化水平明显提升。到2020年底前，基本形成覆盖全国的整体联动、省级统筹、一网办理的“互联网＋公安政务服务”体系，使公安政务服务智慧化水平大幅提升，让企业和群众办事更方便、更快捷、更有效率。

——坚持整体谋划，注重顶层设计，强化协调联动，做好制度衔接，做到部门警种之间、层级公安机关之间一体推进，努力实现“互联网＋公安政务服务”的全覆盖。

——坚持问题导向，紧紧抓住人民群众反映强烈的办事难、办事慢、办事繁等问题，集成服务管理事项，对接群众服务需求，简化优化服务流程，大力推进线上线下服务一体化。

——坚持开放共享，注重内部共享与外部共享相结合，拆除信息壁垒，连通信息孤岛，优化资源配置，加快形成以开放、共享为特征的公安政务服务运行新模式。

——坚持创新发展，牢固树立创新思维和发展眼光，紧跟形势发展要求，不断优化服务平台，创新服务模式，拓宽服务渠道，延展服务范围，着力满足人民群众的新期待。

实现政务服务事项“应上尽上、全程在线”

《意见》提出，要紧紧围绕与群众生产生活密切相关的公安行政管理服务领域，以互联网为依托，扩大网上办理范围，提高网上办理效率，实现政务服务事项“应上尽上、全程在线”，努力实现让群众少跑腿、不跑腿也能办成事。

——推进“互联网＋”治安管理服务。以公民身份号码为信任根，构建“互联网＋”治安管理服务平台，推动治安、户政等公安行政管理业务在互联网上办理，利用微信、微博、微视、短信等开展治安管理便民宣传服务。完善民用爆炸物品、烟花爆竹管理信息系统，实现民用爆炸物品、烟花爆竹安全管理相关行政许可在线办理。

——推进“互联网＋”边防、出入境管理服务。积极推进公安边防网上办事平台建设，努力实现网上异地查询办证、案件查询、线索举报。积极推进公安出入境网上办事平台建设，为办事群众提供咨询查询、预约申请、办事指引等便民服务。积极推进公安出入境边防检查机关互联网信息平台建设，向社会提供边检政策解读、边检手续办理指引、在线咨询、投诉举报等服务。全面推广运用全国出入境管理信息系统，通过采用云计算技术，实现出入境数据的联通共享，全面提升出入境管理服务水平。

——推进“互联网＋”消防管理服务。在总队级以上消防部门官方网站开通“办事直通车”栏目，完善“消防网上服务大厅”功能。扎实推进移动互联网消防信息服务平台建设，面向社会单位消防安全责任人、管理人等特定人群以及社会公众发送消防安全提示信息，提供社会消防工作指导，开展消防宣传服务。

——推进“互联网＋”网络安全管理服务。深入推进全国公安机关互联网单位备案管理工作，开展线上一站式备案服务。积极开展“计算机信息系统安全专用产品销售许可服务平台”建设，对信息安全企业申请销售许可证提供网上查询、网上办理、咨询指导等服务。着力完善“网络违法犯罪举报网站”，增加移动 APP 举报入口，规范举报范围流程。整合网络违法犯罪举报资源，实行举报线索汇聚分析联动处置，及时发现处置网络违法犯罪活动。

——推进“互联网＋”交通管理服务。推广应用全国统一的互联网交通安全综合服务管理平台和“交管 12123”手机 APP，建立网页、手机、短信、语音电话、微信、汽车终端等多种方式相结合，系统化、全覆盖的交通安全综合服务管理体系。推进轻微交通事故网上快处快赔，快速化解损害赔偿纠纷。实行跨省异地缴纳交通违法罚款，实现驾驶人可自行选择在任何省份代理银行营业网点或者通过网上支付、自助服务终端等方式缴纳罚款。实行机动车驾驶人网上满分和审验教育，扩大业务服务覆盖面。开通交通违法视频举报平台，受理群众传送的车载行车记录仪记录的交通违法视频信息。

（资源来源于公安部网站，2016 年 11 月 24 日）

满足人民群众对高品质政务服务需求

《意见》要求，坚持把满足人民群众对高品质政务服务的需求作为根本出发点，坚持以用户体验为核心的工作理念，充分发挥互联网高效便捷的优势，着力简化手续、简明流程、简捷操作，最大限度地集成服务事项、畅通服务渠道、提高服务效率，最大限度让群众方便、让群众受益、让群众满意。

——规范网上服务事项。结合编制权力清单、责任清单以及规范行政审批行为等相关工作，依据法定职能全面梳理直接面向社会公众提供的具体办事服务事项。部、省两级公安机关编制政务服务事项目录，明确事项范围，规范事项名称、条件、材料、流程、时限等，为实现信息共享和业务协同，提供无差异、均等化政务服务奠定基础。

——优化网上服务流程。大力精简无谓证明和繁琐手续，避免重复提交材料和循环证明，进一步优化网上申请、受理、审查、决定、送达等流程。建立网上预约机制，让群众自主选择办事时间，灵活选择办事地点，解决群众办事排队长、等候时间长问题。建立网上申报预审机制，推进办事材料的目录化、标准化、电子化，开展在线填报、在线提交和在线审查，及时向办事群众推送预审结果，对需要补充的材料一次性告知。建立网上办理反馈机制，对涉及多警种多部门的办理事项，实行一口受理、网上运转、并行办理、限时办结。

——创新网上服务模式。实行网上综合服务，整合辖区内公安办事服务窗口形成“网上服务大厅”，提供一站式服务。实行多样化服务，引入社会力量，积极利用第三方平台，开展预约查询、证照寄送、在线支付等服务。实行网上网下一体化服务，推进服务窗口与网上服务平台深度融合、线上线下功能互补。对农村和老少边穷等地区，要依托警务室推行网上办事，实现“互联网 + 公安政务服务”在基层全覆盖。

——公开政务服务信息。在政府网站和实体政务大厅全面公开与公安政务服务事项相关的法律法规、政策文件、通知公告、办事指南、审查细则、常见问题和监督举报方式，以及行政审批涉及的中介服务事项清单、机构名录等信息，并实行动态调整，确保线上线下信息内容准确一致，更好地保障群众的知情权，推动阳光警务建设。规范和完善办事指南，列明依据条件、流程时限、收费标准、注意事项等内容，明确需提交材料的名称、设定依据、格式份数、签名签章等要求，并提供规范的空白表格、填写说明和示范文本，让群众明明白白办事。除办事指南明确的条件外，不得自行增加办事要求、环节和证明材料等。

（资源来源于 2016 年 11 月 28 日 公安部网站）

本章小结...

全媒时代，互联网日益成为创新驱动发展的先导力量，深刻改变着人们的生产生活，有力推动着社会发展，也为警察公共关系提供了新的传播手段。通过网络传播树立全新形象、搭建网络平台与社会公众实现有效的双向沟通、创新网络传播模式，为社会公众提供更加便利的警务服务，已经成为公安机关当前警察公共关系活动中最迫切的任务。运用公安微博、微信、移动客户端以及警务门户网站打造全媒时代新型的网络警民关系，是公安机关适应社会发展潮流和警务改革的新举措。

由于公安机关在警察公共关系中运用新媒体的时间不长，加之各地区之间的经济发展水平差异较大，一些地区尚缺乏配套的落实机制和相关的资源配套。各地公安机关在新媒体运营上存在着不足和较大的差距。因此，要充分发挥公安新媒体在警察公共关系中的作用，组建高素质的公安新媒体运营团队，制订日常运营机制，提升运营技巧，发挥联动效应。

课程思路…

让人民群众安居乐业，获得感、幸福感、安全感更加充实、更有保障、更具持续性，是时代发展进步赋予公安工作的新命题，警察公共关系工作应以人民为中心，按照“群众在哪里，警察公关到哪里”的基本理念践行新时代群众路线，借力科技发展进一步畅通人民群众的民意诉求渠道，回应人民关切，不断创新警务传播工作机制与方法，为人民群众提供更多更好的公关服务，让人民群众更满意。

思考与练习…

1. 网络新媒体在新时期警察公共关系中具有怎样的作用？
2. 如何设计警务门户网站？
3. 公安微博主要具有哪些功能？
4. 如何提高公安微博信息发布的效果？
5. 如何提高公安微博舆情应对的技巧？
6. 对于公安部门来说，公安微信有何价值？
7. 目前公安微信的运营主要存在哪些问题？
8. 如何提升公安微信的运营效果？

面对高发、频发的涉警舆情，是否有规律和特点可寻？公安机关如何去监测、研判涉警舆情？涉警舆论引导的策略和方法是什么？怎样规范和分类处置涉警突发敏感案（事）件？如何通过构建和谐警媒关系，加强涉警危机传播管理以减少涉警危机事件的发生，维护公安机关的良好形象？

第七章　警察公共关系中的新闻传播管理

警察公共关系活动中的新闻传播管理是指公安机关与媒体、社会公众就双方密切关联的、具有新闻价值的事实信息进行及时交流，以期规范公安信息的内外传播，达到警媒、警民之间的互相理解、信赖与支持。新闻传播管理是警察公共关系中的重要环节，直接反映了全媒时代公安机关应对媒介生态和社会舆论格局变化的社会沟通能力与水平。

警察公共关系中的新闻传播管理包括公安新闻策划、组织和管理的一般方法，涉警舆情的监测、研判和引导的工作机制以及公关危机中的应对策略等。

第一节　公安新闻的策划与组织

一、公安新闻的发布方式

公安工作是一项社会工作，需要全社会的理解、支持和配合，媒体则是帮助警方与公众沟通的最直接、最有效的桥梁与纽带。在现代信息社会，没有媒体的有效配合和支持，公安机关很难顺利完成自身所担负的使命和责任。媒体的“最大话语权”是公安机关做好工作不可或缺的依赖力量。

公安工作需要密切联系群众，警方有时需要主动向公众传递一些信息，答疑解惑，赢得公众的理解、支持和信任。公安机关主动对外提供信息的方式主要有召开新闻发布会、新闻通气会，组织媒体记者采访、提供新闻通稿，或通过警方创办的微博、微信、公安互联网站发布等。

信息发布的形式可以根据实际情况的需要灵活多变，采取不同的形式。公安机关对外信息发布方式主要有以下几种：

（一）新闻发布会

新闻发布会就是组织方邀请新闻媒体记者在预定的时间、地点听取信息发布并接受记者采访的一种信息发布组织形式。

召开新闻发布会是最为正式的一种信息发布形式，新闻发布会所提供的信息一般都具有重大新闻价值，且应是权威和准确的。媒体记者一般都比较重视公安机关组织的新闻发布会。

公安机关主动组织的新闻发布会，警方可以选择发布的时间、地点，可以通过主动设置议程，掌握话语主动权，选择和邀请记者，提前准备发布的新闻内容，确定发布的方式等。

公安机关通常借助新闻发布会向媒体发布治安形势，提供重要的公共安全方面的信息，包括重大刑事案件发案、侦破情况，道路交通事故情况，火灾和其他灾害事故情况，发布、解读公安机关出台的相关政策文件，与人民群众生产生活密切相关的重要措施、办事程序，以及发布重要的安全防范预警信息等。针对已经引起公众和媒体关注并形成炒作热点的重大突发公共安全事件、恶性刑事犯罪案件、涉警负面新闻事件等，公安机关可以通过新闻发布会，及时澄清事实、表明立场、批驳谣言。

2003 年，公安部成立了专职的新闻发言人办公室。同年，公安部出台《公安部关于进一步健全公安新闻发布制度 切实加强舆论引导工作的通知》。《通知》的主要内容之一就是，在公安部和各省、自治区、直辖市公安厅、局及省会市、副省级市公安局普遍建立健全新闻发言人制度，实行定期新闻发布。按照《通知》要求，公安部和省级公安厅原则上每个月举行一次新闻发布活动；直辖市、省会市、副省级市公安局每半个月举行一次，条件较好的城市也可以每周举行一次。2005 年，公安部出台《关于进一步完善公安机关新闻发言人制度的通知》，按照《通知》要求，在 2005 年 5 月 1 日前，全国所有地市公安机关都要建立新闻发言人制度。至此，全国三级公安机关普遍建立了新闻发言人制度。通过新闻发言人制度，各地公安机关通过及时、主动发布新闻，更好地引导了社会舆论，进一步推动了警务公开，公安机关的一些重点工作、工作亮点在社会上产生了较大影响，公安机关的良好形象得到了展示。

（二）媒体沟通会

媒体沟通会包括新闻通气会、背景吹风会等，是一种非正式的新闻发布渠道。通过这种形式，组织方与新闻记者可以面对面交流，就某个重大问题进行直接沟通，组织方可以对某项重大决策、重要问题进行解释说明，与媒体记者提前通气，交换意见，了解媒体的态度和反映。

媒体沟通会邀请的记者完全由主办方确定，邀请的记者大都与主办方有良好的合作关系。对于媒体沟通会的内容，记者可以报道，也可以不报道。主办方通常对报道的时机及取向，对记者使用相关资料都可能提出明确要求。

公安机关出台新政策或即将开展的警务行动，会对公众产生重大影响。在政策出台或行动之前，警方可以组织媒体沟通会，提前邀请记者，就政策出台、行动部署等方面了解记者的反应，听取记者的建议、意见，避免在记者对决策不了解的情况下，或没有全面了解的情况下，写出有较大争议的新闻报道。

（三）提供新闻通稿

公安机关要赢得公众的理解支持，满足社会公众的知情权，仅仅依靠为数不多的新闻发布会是远远不够的，警方的信息永远是媒体和公众关注的重点。向媒体提供新闻通稿是警方对外发布信息最常用的方式之一。新闻通稿一般由警方的专门人员完成，把具有新闻价值的警方信息按照新闻写作的要求形成稿件，以传真、电子邮件等方式提供给媒体，供媒体刊播或记者撰写时参考。警方可以将新闻通稿发给所有媒体，也可以选择性发布。媒体收到新闻通稿后，有的媒体可能对通稿有疑问，需要核实，或需要进一步采访，警方要做好应对和接待准备。

撰写新闻通稿时应该注意的问题：一是撰写的内容必须真实无误；二是内容要具有一定的新闻价值和时效性；三是要符合新闻的基本写作要求；四是文字要简洁、用词要准确。

（四）接受媒体采访

这里所说的接受媒体采访是指经过警媒双方沟通同意后进行的采访，包括接受媒体专访、组织媒体集中采访等。接受媒体专访前，一般需要记者提供采访提纲及说明报道意向，必要时可以要求对相关新闻稿件进行审核。组织媒体集中采访，应进行周密的组织策划，可以提前约定采访的主要内容和提问的关键问题，采访前可以对媒体报道提出相关要求。

（五）通过公安自媒体发布信息

近年来，公安机关不断加强舆论引导工作，公安宣传阵地建设也跨上了新台阶，公安微博、微信等新媒体蓬勃发展。截至 2014 年 8 月，各地公安机关共开通政务微博 25000 余个，民警个人工作微博 11000 余个，微信公众号 640 余个，总粉丝量近亿人。①

目前，多地公安机关在对外发布涉警信息时，均第一时间在本地公安微博、微信和公安互联网站发布，起到了很好的舆论引导作用。

二、常规新闻发布的策划与组织

目前，组织召开新闻发布会已成为全国各级公安机关对外发布信息的常态，新闻发布会成为公安机关最常见的正式信息发布形式。但是，一些地方由于经验不足，在组织新闻发布会时会因准备不充分等问题，导致新闻发布会不能取得预期的效果，可能还会导致新的事态发生。比如，发布会的主题没有新闻价值，记者对发布会的主题不感兴趣，参加记者寥寥；发言人无法应对记者提问，或答非所问，或爆出“雷人雷语”“过头话”等。因此，加强新闻发布

① 刘子阳：《全国公安微粉近亿 打造“指尖 CCTV”》，《法制日报》2014 年 8 月 28 日。

会的策划组织工作尤为重要。

（一）策划

成功的新闻发布会，必须要做好全面的策划工作，要有一个好的策划方案指导发布会的实施。策划是整个新闻发布会的设计蓝图，是新闻发布会的整体布局，是开好新闻发布会的基础性要素。①

公安机关新闻发布会的策划要掌握两个前提：首先要确定新闻发布会的选题；其次，确定新闻发布会的服务对象，也就是新闻媒体和记者。要在充分调研舆情的基础上，了解服务对象所关心的问题并结合公安中心工作，制订出能正确引导舆论导向、为公众提供最佳信息服务的发布策略。策划一个成功的新闻发布会应在公安阶段性重点工作、社会公众关心的社会热点、新闻媒体关注焦点的结合上找到最佳方案。

确定新闻发布会的内容要注意以下几点：其一，新闻发布会的策划内容要有新闻性，既是公众关注的问题，又具有一定的新闻价值；其次，新闻发布会的内容要有一定的时效性，时效性是新闻的第一要素，也是新闻发布的基本要求；第三，新闻发布会发布的内容必须真实，真实性是新闻发布的灵魂，真实、准确的新闻才具有权威性、公信度；第四，对于突发敏感案（事）件的新闻发布，为了争取时间，达到最好的发布效果，需要打破常规程序，有一定的灵活性。另外，公安机关发言人在信息发布时必须讲求策略，既要把媒体、公众关注的热点、焦点问题予以披露，又不至产生负面影响。

召开新闻发布会时，对于一些专业性较强的问题，可以邀请相关权威专家加入到策划中来，比如法医、毒化专家、公共安全专家，运用他们更为专业的眼光、更为权威的专业知识，为新闻发布会出谋划策，使新闻发布的内容更具专业性、理论性、科学性。有时也可以请专家参加新闻发布会，让专家回答记者提问，让发布的内容更具可信度。

新闻发布会从事前策划到成功召开并收到良好的社会效果，是一个较为复杂的过程，每一个环节都非常重要。

（二）组织

常规新闻发布会是提前进行策划、准备，可以在固定的场所和时间，按照设计好的程序进行的新闻发布会。主要的组织工作包括以下几个方面：

1. 主题策划和确定发布重点

确定召开新闻发布会，就要明确新闻发布会的主题和发布的目的，然后围绕主题开始搜集、整理相关舆情材料，抓住重点、热点问题。所谓重点，就是公安机关为了营造气氛、鼓舞人心或顺利推进某一重要工作，迫切需要公众了解的有关形势和情况；所谓热点，就是公众和媒体关注的、希望深入了解的有关事项。新闻发布会前，应组成专门人员，对重点选题进行策划，全程进行筹划、运作、跟踪，筛选出一个时期内的新闻发布主题，确定新闻发布会的基本框架。

---

① 丁海宴、赵鸿燕等编著：《新闻发言人与媒体：沟通策略与技巧》，中国传媒大学出版社2009年版，第23页。

公安机关不同时期、不同层级召开的新闻发布会的主题和原因都有很大不同。比如，公安部可能会对公安部出台的某项重大决策、全国性的重大行动部署、具有全国性影响的刑事案件等召开新闻发布会；地方公安机关可能就本地区发生的一起重大刑事案件、当地发生的一起重大交通事故等召开新闻发布会。

公安机关举行新闻发布会的主题一般有以下几种：一是解读公安机关新出台的重要政策或重要举措；二是通报公安机关侦办、查处的重大敏感案件、事件的情况；三是推出公安典型和先进人物；四是向公众提供重要的公共安全信息；五是答疑解惑或澄清有关谣言。

在召开新闻发布会之前，应该要明确发布的重点。通常情况下，新闻发布会的目标单一、主题明确，传播的效果一般会比较好。每次新闻发布会的重点不宜太多，最多两个或三个，如果重点太多，会造成新闻发布会重点不突出，新闻发言人也不能很好地把握发布内容，记者在报道时可能也抓不住重点，影响新闻发布会的效果。当然，有时组织方有意设置多个重点，提供的信息庞杂，想让记者不能集中“火力”，媒体报道的新闻亮点不突出，以便达到发布的某个事项不想引起社会更大注意的效果。

在新闻发布的过程中，发言人应当始终把握发布的重点，不可偏废，要将记者的提问引向重点话题。重复是突出重点的主要手段。为强调重点，发言人可以设置一些宣传语或口号式的鼓动用语，在发布的过程中适当加以重复和强调。

2. 会务准备

会务准备工作是否充分事关新闻发布会的成功与否。细致周到的会务准备包括以下几个方面：

(1)发布会场地选择。首先要根据参加发布会的人数来确定发布会场地的大小。发布会会场太大，会显得空空荡荡，会场太小又会显得很拥挤。公安机关新闻发言人制度经过多年的发展，目前，全国大多数地市级以上公安机关都拥有了相对固定的新闻发布场所，条件也越来越好。

(2)会场布置。发布会现场要预先安装并调试好提供给记者的相关设备，比如提供Wi-Fi上网、记者提问话筒、电源插座等，要给摄像机预留空间，尽可能给记者提供方便。

要注意会场的环境设置。气温、灯光、音响等问题都要考虑周全，布置会场一般有下列要求：一是最好有标注新闻发布会主题的背板，其中以电子屏幕为佳，可随时调整，节约费用；二是发布台上摆好发布人、主持人的铭牌，没有发布任务的人员不安排在台上就座；三是会场的灯光音响要齐全完好；四是根据发布会的内容和气氛调节灯光色调。

(3)确定发布时间。确定新闻发布的时间应该考虑以下因素：一是要注意避开全国性或本地区非常重要的政治事件和社会事件。媒体对这些事件的高度关注和大篇幅报道会冲淡新闻发布会的效果。比如，全国或本地的“两会”期间，一般的新闻发布会很难与之并列。二是避免活动、会议“撞车”。很多“公安对口”记者同时可能要跑好几个“新闻口”，如果新闻发布会的时间与其他单位的重要活动、重要会议撞车，记者参加发布会的人数可能会大幅减少，影响发布会效果。三是要考虑到媒体和记者的工作特点。比如，不是例行的新闻发布会，要考虑到各类媒体的发稿时间，记者的工作习惯，精心选择发布时间，尽可能提高记者的出席率。四是要考虑到气候等自然条件情况。如果选择在暴雪、暴雨等恶劣天气,除非特别重要的新闻,否则也可能影响记者的出席率。

新闻发布会的时间一般不宜过长,通常在半个小时左右,最好不超过一个小时。

(4)通知记者。常规的新闻发布会一般都有充足的时间来通知记者,发布会组织者可以通过电话、邮件等多种形式通知媒体和记者,通知时提醒媒体和记者及时反馈能否参加,开会前一天,最好再提醒媒体和记者。

(5)处置意外情况的准备。为防患于未然,对于发布会现场可能出现的各种情况都应该估计充分,有应急应对措施和预案,比如停电、设备失灵、发言人遇到突发情况等。

3. 发布材料的准备

新闻发布会所需的文字材料主要包括主持人致辞、新闻发言稿和新闻通稿。新闻发布文稿是新闻发布会所要发布的核心内容的主要载体,是提供给记者准确的第一手资料,必须认真准备。现在,公安机关召开新闻发布会,为增强说服力、感染力,经常也提供一些影像资料给记者。

(1)主持人致辞的准备。新闻发布会主持人致辞是新闻发布会的开场白,起到背景介绍、抛砖引玉、调节发布会氛围、穿针引线的作用,主持人致辞对于发布会至关重要,主持人致辞将直接影响发布会的效果。

主持人致辞一般包括标题、欢迎词、发布会主题,介绍参加发布会人员、发布会背景,结束语等。

公安部交通部通报机动车驾驶人培训考试改革有关情况

(2015 年 12 月 10 日)

[郭林]各位媒体界的朋友,大家上午好!欢迎参加公安部和交通运输部联合召开的新闻发布会。近日国务院办公厅转发了公安部、交通运输部《关于推进机动车驾驶人培训考试制度改革的意见》,这个《意见》是当前和今后一个时期推进驾驶人培训考试制度改革的纲领性文件。今天,我们请到了公安部交通管理局局长刘钊、交通运输部运输服务司巡视员徐亚华,由两位领导向大家介绍有关情况,并回答大家的提问。下面我们就请公安部交通管理局局长刘钊作介绍。

[刘钊]大家上午好!很高兴和各位新闻界媒体朋友见面。首先,感谢大家长期以来对公安交通管理工作的关心、理解和支持。党的十八大以来,全国公安机关交通管理部门根据党中央、国务院以及公安部党委的部署要求,坚持以问题为导向,以改革为动力,出台了一系列改革举措和便民利民措施。相继推出车检 18 项改革、建立互联网交通安全综合服务管理平台、提供 131 项在线服务,受到社会各界和人民群众的欢迎。

[刘钊]驾驶人培训考试是保障道路交通安全、服务人民群众的一项重要基础性工

作，事关社会公共安全，事关群众切身利益。为贯彻党中央关于全面深化改革的部署，落实国务院简政放权、放管结合、优化服务的要求，切实解决驾驶培训考试中的不便利、不规范、不经济等问题，去年以来，公安部联合交通运输部，着手调研培训考试制度改革。我们多次听取基层公安、交通等部门意见，实地调研驾校、运输企业等相关行业，公开征集社会公众意见建议，组织法学、社会学等方面专家深入论证，参考借鉴其他国家和地区有益做法。先后3次征求了国务院法制办、财政部、保监会、中国残联等20个相关部门意见。《意见》汇集了各方的建议和共识，是政府部门密切协同，并与社会良性互动、合力推动的成果。

[刘钊]《意见》突出以问题为导向，以改革为动力，围绕坚持"安全第一、便民利民、开放竞争、公正廉洁"的原则，明确了6个方面、27项主要任务，着力建立开放有序、公平竞争、服务优质、管理规范的驾驶培训市场体系，着力建立公开透明、权责清晰、运转高效、公正廉洁的驾驶考试管理体制。

[刘钊]这项改革社会关注度高，涉及部门、行业、人员多，调整利益深刻，影响面广，必须要总体规划、统筹安排、分步实施，积极稳妥推进。按照《意见》要求，2016年上半年，部署实施，启动重大事项改革试点。2017年，总结试点经验，深入推进。2018年，完成改革任务。

[刘钊]公安部、交通运输部将会同有关部门全力做好《意见》贯彻落实工作，完善相关配套制度，确保改革措施落地。感谢各位对驾考改革工作的关心和支持。

[刘钊]我就介绍这些，谢谢！

[郭林]谢谢刘钊局长，现在请交通运输部运输服务司巡视员徐亚华作介绍。

[徐亚华]新闻媒体朋友们，上午好！

[徐亚华]非常感谢各位对交通运输工作的关心和支持，刚才刘钊局长介绍了国办转发文件的整体情况，以及机动车驾驶考试改革的相关情况。下面我简单介绍有关培训改革方面的情况，然后和刘钊局长一起共同回答大家对这次改革关心的问题。

[徐亚华]我先介绍三个方面的情况。

[徐亚华]第一，我国已经形成了规模宏大的驾驶培训市场。

[徐亚华]截至去年年底，全国共有机动车驾驶培训机构1.3万多所，教练员75万人，教练车62万辆，全国机动车驾驶培训机构年培训量达到3000多万人次。我国驾驶培训行业法规制度体系日益完善，培训服务质量稳步提高，较好地满足了人民群众的学驾需求。

[徐亚华]第二，高度重视驾培行业存在的问题。

[徐亚华]这次改革坚持问题导向。近十年"学驾"需求非常旺盛，每年增长15%以上，驾驶培训行业在迅速发展的同时，也积累了一些亟待解决的问题。一是驾培机构应试教育的问题比较突出，培训质量有待进一步提高；二是一些驾培机构片面追求经济效益，服务水平参差不齐；三是有些驾培机构低价招揽生源，培训过程中又巧立名目乱收费，"学驾"收费不透明。这些问题亟需通过改革解决。

[徐亚华]第三,协同推进驾驶考试与培训两项改革。

[徐亚华]这次驾驶培训改革是深入贯彻落实党中央、国务院关于简政放权、放管结合、服务民生等一系列文件精神,按照"简政放权、市场驱动,严格培训、提高质量,创新服务、方便学员,强化监管、优胜劣汰"的原则,强化驾培机构的主体作用,推动驾培行业转型升级,为人民群众提供更加便利、规范、经济的驾驶员培训服务。

[徐亚华]这次改革的目标是,到2018年,以培养安全文明驾驶员为根本目标,基本建立开放有序、公平竞争、服务优质、管理规范的驾驶员培训市场体系,满足广大人民群众的学驾需求,更好地适应汽车社会的发展,更好地服务于全面建成小康社会的宏伟目标。

[徐亚华]这次驾驶培训考试制度改革,事关道路交通安全和公共安全,事关人民群众的切身利益,意义重大。我部将加强与公安部的沟通协调,积极稳妥推进改革,推动各项改革措施落地,使驾驶培训行业更好地服务于广大人民群众。

[徐亚华]我的介绍完了。

[郭林]谢谢徐亚华巡视员,下面我们就开始提问。请各位记者围绕此次驾考改革的主题进行提问,提问前先通报一下自己来自于哪家媒体。

(资源来源于公安部网站,2015年12月10日)

(2)新闻发言稿的准备。新闻发言稿是发言人在发布会上就新闻事件向媒体和公众说明情况的发言材料。

新闻发言稿一般由标题、时间、称呼、欢迎词、新闻发布内容、结束语等组成。新闻发言稿要具备新闻的基本要素,叙述清楚、突出重点、表达严谨、文字言简意赅。新闻发言稿一般不要太长,5到10分钟之内宣读完毕为宜。

(3)新闻通稿的准备。新闻通稿一般是指新闻通讯社在采访到重要新闻后发给全国需要稿件的媒体的统一稿件。新闻发布会新闻通稿是新闻发布组织者为了让记者更好地了解新闻发布会的内容,向记者提供的关于发布事项的文字材料。新闻通稿主要由标题、导语、主体内容组成。新闻通稿基本都是模仿平面媒体的稿件形式来写的,按照基本的形式来分,可分为消息稿和通讯稿。

新闻通稿的质量直接影响发布会的效果和质量。新闻通稿一定要注重新闻价值,要交代清楚时间、地点、人物、事件、原因、结果等基本要素,并在最显著的段落中写入需要让记者了解的内容。新闻通稿内容一定要准确,绝不能弄虚作假,同时力求简洁、突出重点,避免套话、空话。

公安部通报试点签发"2015版台湾居民来往大陆通行证"情况

(2015年7月1日)

为进一步便利台湾同胞来往大陆,提高台湾居民来往大陆通行证的签发和查验效率,增强证件防伪性能,公安部决定试点签发2015版台湾居民来往大陆通行证(简称电子台胞证),自7月6日起,福建省公安机关出入境管理部门和公安部出入境管理局委托的港澳地区办证服务单位开始受理电子台胞证的申请,同时停止受理现行本式台胞证申请。7月1日,公安部在福建召开新闻通气会,出入境管理局局长郑百岗通报了有关情况,福建省公安厅副厅长薛祺安介绍了福建试点签发准备情况,公安部新闻发言人郭林主持。

电子台胞证参照电子卡式旅行证件的国际标准设计制作,根据修订后的《中国公民往来台湾地区管理办法》有关规定,电子台胞证取消了签注区,同时对登记项目和可视信息进行了精简和优化。电子台胞证内嵌安全智能芯片,可以由出入境管理信息系统自动查验比对,并采用数字安全防伪技术等多种安全防伪措施,防伪性能明显提升。证件打印有符合国际标准的机读码。电子台胞证号码继续沿用"一人一号,终身不变"的编制规则,使用8位个人终身号,曾经申领过5年有效台胞证的台湾居民换领电子台胞证后证件号码不会改变。电子台胞证收费标准不变。

电子台胞证启用后,仍在有效期内的现行本式通行证可以继续使用(无须办理签注),持证人也可以向试点单位申请换发电子台胞证。持有台胞证的台湾居民向边检机关申请自助通关信息备案后即可自助通关,此前已备案的换领电子台胞证后可继续经自助通道通行。

据介绍,台胞证是台湾同胞来往大陆的法定出入境证件,自1992年启用以来,公安机关已累计签发台胞证1736.9万本,为便利两岸人员往来,促进交流交往发挥了重要作用。目前,台湾居民在台湾地区、港澳地区和大陆均可申领台胞证,未持有效出入境证件的台湾居民可以在43个设有办证机构的口岸申请办理一次有效台胞证入境,20个省、自治区、直辖市公安机关出入境管理部门可为在大陆的台湾居民补发、换发5年有效台胞证。

公安部出入境管理局负责人表示,近年来,公安机关出入境管理部门积极适应两岸交流交往形势,根据台胞来往大陆的实际需要,不断拓宽证件办理渠道,简化申请手续,提高办事效率。启用电子台胞证是公安机关出入境管理部门贯彻落实全面深化公安改革的具体举措,公安机关出入境管理部门和口岸边检机关将进一步创新工作,加强服务,不断增强台胞来往大陆的便利性,为台湾同胞提供更好的出入境服务和环境。

(资源来源于公安部网站,2015年7月1日)

4.发布会现场管理

发布会现场组织管理工作主要有:一是要组织记者签到。便于掌握有哪些媒体记者参加了新闻发布会,便于发布会后的沟通和新闻报道的统计、分析工作;二是控制发布会流程和节奏。发布会要严格按照既定的发布程序进行,不要随便更改。根据现场发布情况适当控制发布时间;三是维护现场秩序。对干扰发布会的各种情况及时予以处置,同时尽量为记者采访提供方便。

5. 发布效果评估

新闻发布会后，警方要对新闻发布会的效果进行评估。对媒体的报道情况、社会公众的反响等情况应进行追踪调查，认真总结分析发布会的不足和问题，有利于下次发布会的改进与提高。

三、突发事件的新闻发布

突发事件因具有新鲜、重要、显著、复杂和敏感的特性，以及涉及公众生活、社会安定，甚至重要国际关系的特点，成为媒体关注和报道的焦点。讲求时效性是做好突发事件新闻发布工作的核心。同时，发言人要注意以人性化的方式表达对事情的关心、对当事人的同情和关怀。①

当发生重大暴恐事件、劫持人质、重大交通事故、重大群体性事件时，媒体都会在第一时间到现场采访，如果公安机关不能及时提供信息，记者就会根据自己的采访和判断去采访报道，给事件处理带来不利影响。同时，在突发事件处置中，如果官方不及时发布消息，谣言和不实消息就可能满天飞。在突发事件现场，公安机关发言人应及时通报事件情况，发布真实权威消息，才能有效控制谣言，稳定人心。

突发事件新闻发布会因为准备时间仓促，现场情况复杂，召开时要注意以下事项：

（一）尽快搜集核实突发事件相关信息，迅速制定发布方案

虽然突发事件现场不可能马上得到大量信息，但已经核实的信息应尽快提供给媒体。新闻发布会时，陈述要准确、清楚，不能有任何模棱两可的说法，没有调查清楚的事件，可以说“正在调查”或“希望公众提供线索”等。提供给媒体的信息要确保真实、可靠，发言人尤其要注意，信息可以少而精，但绝不能信口开河。

（二）尽可能设置临时发布场所

突发事件现场通常比较混乱、无序，为了保证公安执法、执勤不受干扰，同时也为了保护记者的人身安全，方便记者获取信息，公安机关可以在现场附近适当的地方设置临时发布场所。如果设在室外，应该使用警戒带，设置隔离采访区。

（三）避免与媒体记者发生冲突

在突发事件现场，人员情绪容易受到现场气氛的影响，可能会产生激动情绪。另外，记者为了“抢新闻”，很可能影响、干扰执法行动，对此，公安机关要理性克制、慎重判断，如果记者的行为已经影响和干扰了事件及执法行动，要依法劝阻或制止，但不能简单粗暴，要说明理由，争取记者主动配合。

另外，在突发事件现场，发言人在召开新闻发布会或在现场接受记者采访时，一定要理性、平和，同时要注意自己的着装、站位、肢体语言、语调等，要与现场的氛围协调。比如，在特大交通事故现场，发言人依然是春风满面，显然是不妥的。

---

① 丁海宴、赵鸿燕等编著：《新闻发言人与媒体：沟通策略与技巧》，中国传媒大学出版社 2009 年版，第 47 页。

案例分析…

"高铁体"事件

2011年"7·23"甬温线动车追尾事故发生26小时之后，官方新闻发布会终于在温州举行。当铁道部新闻发言人王勇平被问到为何要掩埋车头时，王勇平解释原因后称，"至于你信不信，我反正信了"；被问到"为何救援宣告结束后仍发现一名生还儿童"时，他说，"这只能说是生命的奇迹"。

当时王勇平的原话是这样的："关于掩埋，后来他们(接机的同志)做这样的解释。因为当时在现场抢险的情况，环境非常复杂，下面是一个泥潭，施展开来很不方便，所以把那个车头埋在下面盖上土，主要是便于抢险。目前他的解释理由是这样，至于你信不信，我反正信了。"在讲这段话的时候，王勇平用力一甩脑袋，这段画面也被制作成GIF动画，在微博上广为传播。

王勇平这段话，以及新闻发布会上面带笑容的表情，让广大网友不满。在微博上，大家都用"至于你信不信，我反正信了"来表达对事故发生以及善后的质疑。

随着"至于你信不信，我反正信了"成为网络流行语，有人将该句式称为"高铁体"。

评析："7.23"动车事故的首场新闻发布会备受关注，伤亡情况、救援处置、事故原因等一系列问题被一齐抛向发言人。不过，导致这场发布会失利的最主要原因却不是信息量的不足，发言人的高亢情绪、多余动作和不当话语才是"致命"短板。

第二节　公安新闻传播的组织管理

一、关于媒体、记者和新闻

了解媒体的含义、类型、功能和手段，特别是新媒体的传播特点及其应用途径、方法，熟悉议程设置的程序，把握媒体传播环境的变化，熟悉新闻管理体制现状，了解新闻记者的工作特性，理解新闻的特性，这些都是公安民警应该具备的媒介素养。只有充分认识和理解媒体的运作规则和诉求，了解记者，理解新闻，才能与记者有良好的沟通、交流、合作，才能善用媒体为公安工作服务。

《人民日报》2011年6月16日发表评论员文章《"媒介素养"体现执政水平》，文章指出，舆情不是"敌情"，相反，媒体是社会的预警器，它对热点事件、敏感问题的反映和关注，"对于我们准确全面地体察民情，保持头脑清醒，大有益处"。评论员文章认为，如果没有必要的媒介素养，就没有回应关注的能力。文章提醒，"媒介素养不仅是能力，更是一种心态。媒介是政府与公众交流沟通的平台，对待媒体的态度，也就是对待公众的态度，这是执政水平和执政理念的一个具体体现和检验"。

媒体有两个方面的含义：一是扩大并延伸信息传送的工具；二是旨在加速并扩展信息交换的一种社会结构。换句话说，媒体既指社会机构用来传递信息的工具，如广播、电视、报纸、网络等，又指借助于工具传递信息的社会机构，如报社、广播电台、电视台、网站等。①

关于新闻记者，2009 年 10 月 15 日起施行的《新闻记者证管理办法》第四条规定：新闻记者是指新闻机构编制内或者经正式聘用，专职从事新闻采编岗位工作，并持有新闻记者证的采编人员。

记者依法享有新闻报道的权利，按照新闻规律和新闻从业人员的规范报道新闻。记者的新闻采访权实际上是公民的知情权、批评建议权和监督权的代表和延伸。②公安机关应尊重媒体，尊重记者的采访权。保障记者的采访权，就是保障公众的知情权。《新闻记者证管理办法》第五条规定，新闻记者持新闻记者证依法从事新闻采访活动受法律保护。各级人民政府及其职能部门、工作人员应为合法的新闻采访活动提供必要的便利和保障。任何组织或者个人不得干扰、阻挠新闻机构及其新闻记者合法的采访活动。

新闻的要素主要有：第一个要素是“相关性”。即新闻要跟社会利益、社会关系或社会观念发生某种直接的关联。人最关心的就是自己，相关性是构成新闻的一个前提和基础。比如，电视上的会议新闻一般不会引起观众的兴趣，但是，如果这条电视会议新闻里边有他本人，或他的家人、朋友，那他一定会留意关注。新闻的第二个要素是“强度”。新闻要有显著的影响力。新闻的第三个要素是“反常”。人们阅读新闻，是要解决认知上的不确定性。因此，只有那些具有显著影响的、与人相关的社会事实中“反常”的东西，媒体才会表示足够的兴趣和关注度。因此，不难理解为何新闻媒体、新闻记者常常“哪壶不开提哪壶”，这跟他的职业角色、职业使命有关。对于新闻的这些特性，要充分地加以理解。只有在理解的基础上，才能知道怎么说话、提供什么样的素材可以被媒体、被记者所关注，进而影响公众、影响社会。③

二、公安民警接受记者采访的纪律要求和注意事项

（一）纪律要求

公安民警接受记者采访须经过批准或得到授权，经批准和授权接受媒体记者采访的民警，要严格遵守国家有关保密规定和公安机关新闻宣传工作纪律，不得泄露国家秘密和警务工作秘密。不得在接受采访中擅自对案（事）件定性，不得描述侦破手段和审讯方案、方法，不得公开举报人、证人和未成年犯罪嫌疑人的姓名、住址及图像。不得提供涉及作案手段和血腥、暴力、色情的现场图片以及影像等资料。

对于媒体记者提出的不属于自己职权范围内的问题，不得透露相关信息。

---

① 叶皓：《政府新闻学——政府面对媒体的新学问》，江苏人民出版社，第 451 页。

② 彭耀春：《公安传播》，上海大学出版社 2013 年版，第 186 页。

③ 喻国明：《传播力、公信力及媒体沟通术》，载《全国公安机关新闻发言人工作读本》，中国人民公安大学出版社 2007 年版，第 281－283 页。

(二)接受采访时的注意事项

公安民警接受记者采访,一定要精心准备,认真对待每一次采访。

1. 接受采访前

接受记者采访前,要首先查验记者身份,掌握记者姓名、所属单位等相关信息。

《新闻记者证管理办法》第十六条规定:新闻采编人员从事新闻采访工作必须持有新闻记者证,并应在新闻采访中主动向采访对象出示。新闻机构中尚未领取新闻记者证的采编人员,必须在本新闻机构持有新闻记者证的记者带领下开展采访工作,不得单独从事新闻采访活动。

对记者的证件存疑时,可以登录中国记者网网站首页"新闻记者证查询"栏目查验真伪;2014 版的新闻记者证还可以通过扫描二维码核验记者身份真伪。如发现使用伪造的新闻记者证从事采访活动的违规行为,特别是假冒新闻记者身份从事敲诈勒索等违法活动,要及时依法依规处理,并向新闻出版行政部门通报。

其次,要了解记者采访的主要内容、意图。只有清楚采访的主要内容,才能决定是否接受采访,才能有针对性地进行准备。否则,采访时可能会陷入被动。

最后,针对记者采访的内容,拟定接受采访的口径,对涉及敏感案(事)件内容的,要及时上报审核。

2. 接受采访期间

公安民警接受记者采访时,要充分尊重媒体,坦诚对待记者,态度一定要平和理性,不卑不亢。

公安民警应对媒体除了需要正确的态度之外,接受记者采访时还要把握"说"的艺术。接受采访时,要客观陈述事实,语言要简明扼要,多说细节、数据,用事实说服人、感染人,多用艺术语言和讲故事的方式,把公安机关最希望媒体报道的内容用生动的故事和细节导入,努力讲好警察故事。对于涉及敏感事项不便立即回应或情况不明不能立即解答的,应约定采访时间,准备充分后再接受采访。

在接受记者采访时,有的话是禁说的,比如:假话,不负责任的话,不关心群众的话,伤害感情、冷漠生硬的话,内容涉及工作秘密或本人不了解的情况。

有些话需要慎说,例如:指责他人的话,反驳他人的话,指责上下级的话,指责新闻界的话,强调困难、没有信心的话,与他人和其他地区相比的话,评价他人和其他地区的话。

在接待记者时,可以谢绝采访、推迟采访,但要注意防止产生不负责任的印象;可以说明需要保密,同时小心防止谣言传播;可以保持沉默,同时小心防止造成对抗态势。

在接受采访时,公安民警如着警服,应该严格遵守公安民警着装规范,着便服时应该大方、得体,同时要特别注意自己的肢体语言(如眼神、表情、坐姿、声音等)。

3. 接受采访后

接受采访后,公安民警要感谢记者对公安工作的关心,询问新闻刊播的时间、栏目或版面,同时追踪刊播后的效果,监测媒体刊播的新闻有无断章取义,如有重大出入,还应与媒体交涉,及时采取补救措施。

三、警媒互动互信、合作共赢

传播是双向的，现代传播就是一种双向的互动过程。作为大众传播媒介的媒体和被报道方的公安机关之间也是一种双向的互动关系，为了各自的发展都需要对方的支持和合作，离开了彼此的配合，双方的工作都会受到一定的损害。在国家法律和政策允许的范围内，本着有利于社会和谐的目的，双方都应该尽量满足对方的需求，为对方工作的开展尽可能地创造有利的环境和条件。

警媒关系，其实也是警民关系的一部分。警媒之间互相善待、互动互信不仅是可行的，对于警方来说，也是必须的。公安工作是一项社会工作，需要全社会的理解、支持和配合，媒体则是帮助公安机关与公众沟通最直接、最有效的桥梁与纽带。公安机关应该积极加强与媒体的沟通协调，形成良性互动，促进警媒和谐。公安机关加强与媒体的沟通，策略主要有以下几种：

其一，“请进来”。为了让媒体更进一步了解公安机关的工作性质，了解公安民警的工作和生活状态，警方可以经常邀请媒体记者开展体验式采访，定期召开媒体记者座谈会，加强交流，听取记者对公安工作的意见和建议，增进互信，让记者切身感受公安工作的酸甜苦辣，促进警媒零距离沟通和交流。

其二，“走出去”。公安机关应主动与媒体沟通，主动向媒体介绍一段时期的公安中心工作，争取媒体的支持、配合。与此同时，针对媒体报道中有时出现的失实、偏听偏信等问题，警方应及时向媒体负责人反馈，建议媒体加强管理。警方也可以派员与记者、编辑一起座谈讨论双方合作事宜。

例如，安徽省合肥市公安局近年来积极构建和谐警媒关系，警媒双方互动互信，媒体为了让记者更好地了解公安工作、报道公安工作，主动邀请市公安局发言人到新闻媒体举办专题讲座。每到一处，警方发言人都会介绍合肥公安工作的基本情况以及媒体在公安工作中发挥的作用。在讲座中，警方发言人大量列举了部分媒体报道的实例，指出媒体在涉警报道中可能出现的“捕风捉影”、“偏听偏信”、“舆论导向不明”、“标题党”、泄露警务工作机密等现象，希望媒体在今后的报道工作中不能过度渲染犯罪情节、不能过细描述犯罪手段，防止发生“维特效应”①。同时，发言人就与媒体建立突发敏感案（事）件、涉警负面报道应急核查机制以及警媒关系等深入交换意见。通过讲座，编辑记者们对公安工作有了进一步了解，纷纷主动要求来市公安局体验公安工作，同时表示将进一步加强与警方的合作，完善双方的沟通交流机制，维护警方的执法公信力，为社会治安管理工作营造良好氛围，履行媒体的社会责任。

其三，共同策划选题。警方要与媒体主动沟通，寻找警媒双方共同的“兴趣点”、“新闻点”，共同加强选题策划。从公众和媒体的视角报道公安工作，寻找有创造性的途径突出警察形象，用与众不同的好创意吸引公众，变公安形象的“硬宣传”为具有亲和力、体验感和公

---

① 维特效应即自杀模仿现象。1774年德国文豪歌德发表小说《少年维特的烦恼》，该小说讲的是一个青年维特失恋而自杀的故事。小说发表后，造成极大的轰动，在欧洲引发了模仿维特自杀的风潮，“维特效应”因此得名。

众易于接受的“软宣传”；变传统的单项信息传输为警民(媒)双向沟通，强调受众亲身参与、情境体验以及警民(媒)互动交流，促进警媒关系和谐与融洽。

第三节　涉警舆情监测与研判

一、涉警舆情的特点

近年来，随着媒体的迅猛发展，尤其是3G、4G的普及，移动互联网时代真正来临，新媒体正深刻影响着社会生活的方方面面，重塑公众的价值观、思维方式和意识形态，全媒时代给公众舆论的形成和表达提供了极为有利的条件。

公安工作涉及千家万户，关乎民生问题，在社会矛盾凸显、利益冲突错综复杂、利益调整机制尚未完全建立的大背景下，公安机关站在维护社会稳定与安全的风口浪尖，应对矛盾冲突或直接成为矛盾冲突当事方的几率日益增大。另外，公安机关所办理和处理的刑事案件、治安案件、灾害事故、突发事件，以及民警在执法执勤过程中出现的问题和民警违法违纪案件，具有很强的刺激性和故事性，这些都是新闻媒体和公众所关注的“焦点”。

从人民网舆情监测中心每期“舆情地图”上所统计的热点话题来看，2014年每月舆情热点话题都在30个左右，而其中涉及公安机关职能的话题占了近一半。总的来说，涉警舆情近年来呈现出以下几个显著特点：

(一)涉警舆情事件持续高发

涉警舆情事件近年来一直居高不下，用“天天有新闻、周周有事件、月月有风暴”来形容并不为过。特别是2008年以来，随着互联网的快速发展，网民数量的急剧增长，信息传播格局产生了深刻变化，重大涉警舆情层出不穷，平均每周都有全国性的重大涉警热点事件出现。

2008年、2009年，全国涉警重大舆情事件尤为高发，相继发生了贵州瓮安事件、上海杨佳袭警事件、云南孟连事件、陕西府谷事件、浙江玉环事件、北京奥运门票预售现场警察与记者冲突事件、哈尔滨“六警察打死一名大学生”事件、云南“躲猫猫”事件、云南民警吉忠春连开三枪致人死亡事件、陕西“高中生受审猝死”事件、河南灵宝“跨省抓捕”事件、湖南罗彩霞事件、湖北邓玉娇事件、浙江“欺实马”事件、云南“小学生卖淫”事件、湖北石首事件等一系列重大涉警舆情事件。2009年后，经过全国公安机关的不懈努力，涉警负面舆情高发的情况有所好转，但仍呈高发态势。

(二)涉警舆情社会关注度高、影响大

由于公安工作的特殊性，涉警舆情事件一旦发生，社会关注度高。据统计，截至2014年12月，中国网民规模达已到6.49亿。网民人数的增多，导致主要依靠网络媒体表达的涉警舆论具有了极大的影响力。一旦现实生活中发生了公众不满意的涉警舆情，被上传到网络后，就会引发成千上万网民的点击、跟帖、转发，网上涉警舆情瞬间犹如潮涌。

(三)涉警舆情大都非传统媒体“首发”信息,肇始于网络

近年来,涉警舆情“导火索”的源头信息首发大多数由微博、微信、短信等非传统媒体完成,传统媒体获得线索后跟进介入。如贵州瓮安事件中,女中学生李树芬的死亡消息及谣言最早就是由网络、手机短信传播的。

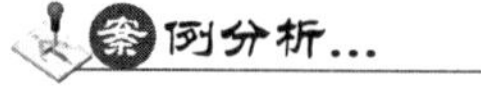

“太原警察打死讨薪女”事件

2014年12月13日,山西省太原市公安局龙城派出所民警王文军、郭铁伟在处置一起工地警情期间,发生了河南籍女民工周秀云非正常死亡案件。周秀云家属将此事通过网络媒体曝光,一则“警察打死讨薪女民工,倒地后仍遭脚踩头发”的图片消息在网络上广泛传播,引发关注。24日晚上,太原市检察院、太原市公安局先后在官网上发布通告,将周秀云之死定性为非正常死亡,对涉案民警王文军立案侦查并采取强制措施。

12月30日凌晨,王文军被批捕,第二天,涉案的另两名民警被批捕。2015年1月29日,受太原市人民检察院委托的湖北同济法医学司法鉴定中心出具了《法医学鉴定意见书》,认为周秀云系“因钝性暴力致闭合性颈部损伤(颈椎骨折、颈椎间盘断裂、颈髓挫伤),而死于急性呼吸循环功能衰竭”。据此,太原市小店区人民检察院对涉案民警王文军以涉嫌故意伤害罪(致死)继续侦查。

2015年5月18日,太原市中级人民法院公开开庭审理此案件,公诉机关指控,被告人王文军在执行公务过程中,故意伤害他人身体致一人死亡,其行为触犯《刑法》234条2款规定,构成故意伤害罪;被告人王文军、郭铁伟身为国家机关工作人员,在执行公务过程中滥用职权并致一人轻伤,构成滥用职权罪;被告人任海波故意伤害他人身体,致一人轻伤,构成故意伤害罪。

(资源来源于新华网,2015年5月18日)

评析:截至2015年6月19日,在百度搜索“王文军 周秀云”找到相关结果13.8万个。新华网、人民网、新浪、腾讯等网站均对该事件高度关注。王文军案舆情传播因2015年5月18日的庭审再次得到公众的广泛关注。《王文军无罪律师辩护词》一文在微信朋友圈和新浪微博的广泛传播为此案又烧了一把火。

(四)涉警舆情关联性、行动性强

在新媒体条件下,现在孤立发生的一起案(事)件,能联系到过去的若干起案(事)件;发生在一个地方的案(事)件,能够联系到全国所有的案(事)件;一件普通的警情,随时可能因为关联着普遍的社会情绪而成为社会舆论的焦点。2014年8月和9月,网络媒体接连报道了全国各地发生的20多起女青年失踪事件,这些事件本身毫无关联,都是当地孤立的一起事件,但经过网上集中报道和关联炒作,引发了公众普遍关注,引发了公众对社会治安的担忧。

涉警舆论往往掺杂着公众的不满情绪,是公众情绪化的表达,加之全媒时代网民联系便捷和快速,公安机关对涉警舆情如不及时的引导和处理,就会由网上的言论发展为网下的行动,由虚拟社会的不满和发泄变为现实社会的抗议甚至暴力行为。①

网络新媒体具有较强的参与性、互动性,不仅大范围传播舆论,而且容易形成强大的社会组织力量,更容易诱发社会冲突行为。西亚北非"阿拉伯之春"、美国弗格森枪击案引发的170个城市持续骚乱和中国香港的"占中"事件,均通过互联网发起。

(五)涉警舆情诱发性增强

近年来,因为媒体过多、过细报道,炒作一些刑事案件,引发同类案件高发的问题多次出现,"维特效应"得到了充分印证,最为典型的是杀害医生和杀害儿童案件。

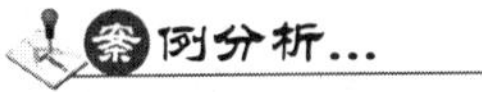

2010 年相继发生的弑童案件

2010 年 3 月 23 日,离职外科医生郑民生在福建省南平市南平实验小学杀死 8 人,重伤 5 人,受害者均为八九岁的小学生。此案经过媒体广泛报道后,不到两个月的时间,全国各地陆续发生了 5 起弑童事件:当年 4 月 12 日,广西合浦县西镇小学门前附近发生凶杀事件,两名死者中一名为 8 岁小学生;4 月 28 日,广东雷州市雷城第一小学停职教师陈某某挥刀砍伤学生教师共 19 人;4 月 29 日,一无业人员在江苏泰兴镇中心幼儿园持刀砍伤包括教师、儿童以及保安在内的 29 人;4 月 30 日,山东潍坊市尚庄小学,一名村民用铁锤打伤 5 名学生,然后自焚死亡;5 月 12 日,陕西汉中市一名 48 岁男子持刀闯入幼儿园袭击,杀死 8 人,其中包括 5 名男童、2 名女童、1 名女教师,另外,还有 11 名幼儿和 1 名成年人受伤。

二、涉警舆情监测和分析研判

舆情监测的目的是运用一些方法和技术获取舆情信息,了解社情民意,从而辅助决策,更好地为建设社会主义和谐社会服务,而不是为了监督和控制民意的表达。合法的舆情监测是各个国家为更好地服务公民都非常重视和积极推动的工作。②

涉警舆情监测的主要目的是通过分析研判,为公安整体工作服务。因此,要善于从宏观上、战略上把握媒介信息特别是涉警舆情分析的大方向和工作重点,运用科学合理的分析路径对媒介信息进行分析,尤其对涉警舆情诱发原因、具体内容、产生过程、发生途径、传播方式、影响程度等有清晰的分辨力,敏锐感知舆情可能发生的结果;要善于鉴别媒介信息真伪,学会从媒介信息的来源、时效性、价值性等方面进行分析判断;要学会区分涉警舆情主体层

① 魏永忠主编:《公安机关舆情分析与舆论引导》,中国法制出版社 2011 年版,第 134 页。
② 魏永忠主编:《公安机关舆情分析与舆论引导》,中国法制出版社 2011 年版,第 51 页。

次和不同层次涉警舆情态度，既要做“利益性”分析，还要做“政治性”分析，分析涉警舆情所包含的政治立场、政治态度。只有对媒介信息有准确的分析研判，才能为领导决策提供服务，才能增强和促进公安机关的舆论引导能力。①

（一）舆情监测的方法

1. 社会舆情的监测方法

社会中涉警舆情信息的监测方法主要有：一是通过公众向公安机关信访、督察等部门来信来访反映的各类诉求收集社会舆情；二是通过走访人大代表、政协委员、政风行风评议员、公安机关聘请的义务监督员，利用他们密切联系群众的优势，收集社会舆情；三是通过专题社会调查收集社会舆情；四是通过公安机关的互联网门户网站、微博、微信等自媒体和宣传阵地的投诉建议渠道，收集社会舆情，或针对群众关心的热点和难点问题，设置问卷调查，主动收集社会舆情；五是通过开展警察公共关系活动，采取召开“警民恳谈会”，开展“领导接待日”“向群众汇报工作”“大走访”等活动，收集社会中的舆情；六是通过公安机关接受群众报警求助、侦查办案、调解民事纠纷等工作中获取的信息收集社会舆情；七是从横向部门收集舆情，主要是从那些与群众利益相关性较强的部门，如检察院、法院、教育、城管、工商等，这些部门出台的相关政策和做法与群众利益密切相关，容易引起群众的思想波动和不满情绪，容易引起和诱发社会不稳定因素。

2. 传统媒体监测方法

相对于新媒体而言，报纸、电视、广播、杂志等被称为传统媒体。传统媒体是我们党和政府的重要宣传工具，是舆情的重要载体。传统媒体舆情监测的主要方法有：一是公安舆论引导部门组织专门的人员通过收听、收看、阅读传统媒体刊播的内容监测舆情；二是与媒体沟通协调，收集公众向媒体投诉的，媒体虽未刊播，但与公安工作和公安民警有关的事项来监测舆情；三是通过与记者、编辑沟通，了解记者在采访中掌握的有关社会舆情。

当前，网络和数字技术迅猛发展，也带来媒体格局的深刻变革。新媒体生成舆论、影响舆论的能力日渐增强，成为公众特别是年轻群体获取信息的主要渠道，传统媒体面临严峻挑战。为应对挑战，传统媒体也在积极推动和新媒体融合发展，数字化是传统媒体未来的发展趋势。各传统媒体现在纷纷推出电子版、微信公众号、手机新闻客户端等。对于已经数字化的传统媒体的舆情监测，可以运用新媒体的监测方法。

3. 新媒体监测方法

对于新媒体的界定，学界众说纷纭，至今没有定论。新传媒产业联盟秘书长王斌认为，新媒体是以数字信息技术为基础，以互动传播为特点，具有创新形态的媒体。联合国教科文组织对新媒体的界定是以数字技术为基础，以网络为载体进行信息传播的媒介。美国《连线杂志》将新媒体定义为“所有人对所有人的传播”。

对新媒体的监测主要有人工监测、系统监测两种。

（1）人工监测方法。人工监测主要有两种方式，一是主要依靠舆情监测员不间断浏览访

① 李敏蓉著：《公安领导者的媒介素养》，中国方正出版社2013年版，第10页。

问各大网站、论坛、博客、微博、微信、媒体新闻客户端等新媒体去获取内容，掌握第一手涉警舆情信息；二是舆情监测员设置关键词，利用搜索软件在网上不间断搜索有关涉警舆情。两种方式并用也较为常见。

(2)舆情监测系统监测。面对海量的网络新媒体舆情信息，如何进行快速搜集、深度挖掘、准确分析，是公安机关做好舆情监测的一道难题。现在，国内外推出了很多舆情监测系统，极大地提高了舆情监测的准确性、及时性，降低了人力成本。近年来，越来越多的公安机关着力尝试利用技术手段对新媒体舆情信息进行监测，代替人工阅读、浏览。

另外，作为对新媒体的舆情监测的补充，公安机关也可以购买专业舆情监测分析机构的舆情产品，定制个性化服务，弥补自身在舆情搜集和分析工作中的不足。

组建于2008年的人民网舆情监测室是国内最早从事互联网舆情监测、研究的专业机构之一，在舆情监测和分析研究领域处于国内领先地位。人民网舆情监测室创办了国家重点新闻网站首家舆情专业频道——人民网舆情频道(见图7-1)，出版了国内唯一一份有正式刊号的内参——《网络舆情》。

图7-1 人民网舆情频道页面

人民网舆情监测室旨在为政府和企业准确把握社情民意，提高危机管理水平，提供尽可能客观、科学的舆情参考数据和具有可操作性的舆论应对建议。当前舆情监测室工作人员已达到300人，其中数十名具有传播学、社会学、经济学、公共管理学、数理统计学等专业背景的舆情分析师，不仅能及时提供最新网络舆情资讯，对舆情热点事件进行专业的分析和统计，形成专业的舆情监测报告，而且擅长深层次挖掘网络舆论的起因、传播载体、传播路径规律。舆情监测室能够在舆情问题发生的第一时间，及时发出危机预警信号，进行舆论走向和社会心理定势的预测分析，提出舆论应对的咨询建议。

2011年，《人民公安报》旗下的中国警察网舆情中心成立。依托公安部和《人民公安报》

社丰富的信息资源和强力的技术支撑，中国警察网打造了先进的网络信息监测、分析、研判与应对的统一平台(见图7-2)。2013年，该舆情中心以涉警舆情为主要发力点，推出舆情产品《每日舆情要览》《涉警舆情分析》《舆情决策参考》《重大舆情专报》《重难热点专题研究》等电子杂志，力求快速全面掌握涉警舆情动态，对涉警舆情的走势进行预警、分析、研判，对重大突发涉警负面舆情在第一时间上传下达，及时提出危机管理建议，引导舆论走向。

图7-2 中国警察网舆情服务平台

中国警察网舆情中心拥有领先的专业舆情监测系统，具备公安相关专业及传播学、政治学、社会学、法学、情报学、统计学等专业背景的舆情分析研究人员，目前形成了一套较完整的网络舆情监测理论体系、工作方法、作业流程和应用技术，可为各级公安机关提供一整套涉警舆情产品服务。

(二)舆情分析的原则和要求

公安机关舆情分析工作水平的高低、正确与否，直接影响公安工作的开展。面对涉警负面舆情高发的舆情现状，公安机关要不断创新舆情分析工作思路，改进工作方法，不断提高舆情分析能力，增强和促进公安机关的舆情引导水平。舆情分析总体上应该遵循以下原则：

第一，全面、系统。舆情分析必须在全面、系统了解舆情的基础上再对舆情作出分析，舆情分析必须对涉警舆情完整、全面掌握，不能偏废。另外，分析舆情时，要将独立舆情的特性放到社会的大系统中整体看待，进行整体分析、关联分析。

第二，客观、理性。分析舆情要做到客观、理性，就要求舆情分析要在广泛占有舆情资料的基础上，充分调查研究，广泛听取意见，尊重客观事实，不能脱离现实环境，凭主观想象或个人感情作出判断和评价，必须坚持实事求是，结合问题产生的背景对舆情进行理性的分析判断。

第三，高效、快捷。分析舆情要做到高效、快捷，就要求舆情分析必须始终保持高度的敏锐、敏感，讲究工作效率，善于利用多种手段，能够在最短的时间内对舆情作出准确判断，采取应对措施，妥善处置舆情。

（三）舆情研判和早期处置

舆情研判是通过对舆情的系统综合分析和判断，得出一种价值判断和趋向判断，从而为舆论引导奠定基础的关键过程，是整个舆情工作中的重点和难点。对于舆情研判得出的结论，应在第一时间按照舆情的不同类型进行分类处置，争取将涉警负面舆情控制在萌芽状态。舆情研判和舆情分类处置应该着重做好以下两个方面的工作：

1. 科学研判舆情走势

舆情在一定程度上反映的就是公众对自身利益的诉求和表达。舆情分析要紧紧抓住“利益”这个核心，不仅要看公众意愿表达的方式和方法，还要看公众对这种意愿所包含的政治态度，唯如此，才能准确判断舆情变化的走势，才能准确发出“预警”，为做好处置工作打下基础。

2. 提出舆情应对工作建议

对于经过分析研判的舆情，公安机关舆论引导部门要通过适当的载体和方式，提出舆情应对工作建议，要求相关部门妥善处置。比如，进入夏季，某市小偷攀爬入室盗窃案件频发，一个小区甚至一晚几家被盗，本地媒体和网民都高度关注。舆情分析就应该提醒治安部门加强巡逻防范，提醒刑警部门破案后要及时对外宣传报道，消除市民恐慌情绪，同时也可以通过媒体向市民传授防范常识，提高市民的防范意识，减少发案。

现在，全国各地公安机关都高度重视舆情分析研判工作，舆情分析在舆情应对处置中发挥了重要作用。对于涉警舆情分析研判的载体，以及载体的栏目设置、内容等，公安机关目前并没有统一格式要求。

安徽省合肥市公安局“构建和谐警媒关系公关案例”曾荣获“第二届中国警察公共关系最佳案例大赛”金奖。该局自 2008 年，开始系统进行舆情分析，舆情分析载体在地市公安局中也具有一定的代表性。其载体名为《每日舆情动态》，每日一期，由该局新闻中心组织人员编写。“领导批示”栏目主要刊登有关领导关于舆情工作的各项批示要求；“舆情提醒”栏目主要刊登近期通过舆情分析得出的苗头性、倾向性治安问题和群众关注的热点问题，以及新闻中心提醒全市各级公安机关需要引起重视的相关事项；“近期宣传工作重点”栏目主要刊登新闻中心围绕市局中心工作对全市各级公安机关提出的宣传工作和舆论引导工作要求；“重点报道”栏目主要刊登中央、省、市媒体和网站关于该市公安工作的正面报道；“负面报道”栏目刊登媒体、门户网站刊播的关于该市公安机关的负面新闻；“本地涉警”栏目主要刊登媒体、网站刊播的涉及该市公安工作或与公安工作可能有关联的相关事项；“外地涉警”栏目主要刊登媒体、网站刊播的外地公安机关涉警新闻，以重大涉警事件和涉警负面舆情为主；“媒体关注”栏目主要刊登媒体关注的社会热点、焦点问题；“它山之石”栏目主要刊登媒体刊播的外地公安机关的先进经验和典型做法，为全市公安机关做好工作提供借鉴；“高层吹风”栏目主要刊登公安部关于公安工作、治安问题所做出的重大决策和部署；“媒体评论”栏目主要刊登媒体关于公安工作和热点问题的评论文章。

第四节　涉警舆论引导方法与策略

一、涉警舆论引导工作的必要性和引导目的

涉警舆论就是社会公众对公安机关和公安民警的意见、看法和评论。涉警舆论既有公众对公安机关和公安民警给予肯定和认可的正面舆论，也有批评、指责、不满的负面舆论。

涉警正面舆论对于展示公安机关和公安民警的良好形象，提升公安民警的亲和力，为进一步赢得公众对公安机关的理解、支持，密切警民关系，起到非常重要的作用。

2003 年，第二十次全国公安工作的会议报告中明确提出，地（市）以上公安机关要“主动引导舆论”。这是公安机关在正式文件中首次提出引导舆论的问题。

由于公安工作和警察执法具有影响力大、与民众生活密切相关、公众关注度高等特性，近年来围绕一系列涉警事件引发了多起影响波及全国的涉警舆论事件。涉警舆论是一把双刃剑，积极、有建设性的涉警舆论有助于促进公安工作的发展和公安事业进步，有助于提高队伍的执法能力和水平，而以炒作和丑化警察为目的的涉警舆论只能损害公安机关和人民警察的执法威信和形象，离间党群和政群关系，扰乱人心，破坏社会稳定。①

在全媒时代，由于涉警舆情的社会关注度高，关联性、行动性、诱发性强等特点，以及网上和现实生活中出现的“是警必错、逢警必骂”扭曲的舆论现象，以丑化、泄愤、炒作为目的，或者由于不实和歪曲报道而引发的涉警舆论层出不穷，决定了加强舆论引导工作十分必要和紧迫。

加强涉警舆论引导工作是公安机关完成繁重艰巨任务的需要。近年来，随着我国改革开放的不断深入，国内外的形势发生了深刻而巨大的变化，公安机关面临的维护社会治安和社会稳定的任务异常复杂和繁重。公安机关不仅要开辟打击违法犯罪的战场，同时要积极开辟占领舆论阵地和舆论引导的战场，两个战场都要开辟，两个战场都要打赢，只有这样，才能适应新阶段社会发展变化的要求，更好地履行所承担的社会责任和政治责任。

加强涉警舆论引导是为公安工作顺利开展，营造良好舆论环境的需要。舆论环境是影响公安工作不可忽视的一个重要外部环境，公安工作离不开公众的支持，而舆论环境影响着公众对公安机关的评价。加强舆论引导工作，营造一个积极的舆论环境对公安工作尤为重要。

加强涉警舆论引导是树立警察良好形象的需要。公众大都是通过媒体报道和人际传播来认识和感知警察形象的。大量的关于公安机关和公安民警的正面报道，有助于提升警察形象，进一步密切警民关系。但大量的涉警负面报道必将影响公安机关和公安民警在公众中的形象，可能在一夜之间把多年来公安机关和公安民警的付出和努力毁于一旦，可谓“一

---

① 魏永忠主编：《公安机关舆情分析与舆论引导》，中国法制出版社 2011 年版，第 126 页。

丑遮百俊”。公安机关要增强权威性和执法公信力,取得公众的认同和支持,就必须树立良好的形象,正确有效地引导涉警舆论对于树立警察形象具有重要意义。

2014 年 12 月 17 日至 19 日,公安部在北京举办全国公安新闻宣传与舆论引导培训班。中共中央政治局委员、中央政法委书记孟建柱作出批语强调:站在新的历史起点上,各级公安机关特别是领导干部要在做好公安工作的同时,从全局战略高度深刻认识舆论引导工作的重要性,要围绕中心、服务大局,坚持正确政治方向和舆论导向;要更加体现责任担当、强化统筹谋划、注重创新发展、突出能力提升;要切实加强组织领导,狠抓长效机制和专业队伍建设,努力实现公安新闻宣传和舆论引导工作新跨越;要不断适应党和国家事业发展新要求,为公安事业长远的发展进步作出新贡献。

国务委员、公安部部长郭声琨提出要求:要把新闻宣传和舆论引导作为事关公安工作全局的重要工作,切实增强政治敏感性、政治责任感,进一步加强领导、整合资源、强化培训、提升能力,把公安新闻宣传和舆论引导工作提高到一个新水平。要准确把握公安工作规律和现代新闻传播规律,创新理念机制和方法手段,建设一支高素质的新闻宣传和舆论引导队伍,打好主动仗,掌握主导权,努力凝聚推动公安事业发展的正能量,更好地服务党和国家工作大局。[①]

二、涉警突发敏感案(事)件舆论引导原则

根据 2007 年 8 月通过的《中华人民共和国突发事件应对法》第三条,突发事件是指“突然发生,造成或者可能造成严重社会危害,需要采取应急处置措施予以应对的自然灾害、事故灾难、公共卫生事件和社会安全事件”。

涉警突发敏感案(事)件是指突然发生的,涉及公安机关及其民警的案(事)件,已经或即将通过新闻媒体、互联网或人际等途径传播,可能在一定范围内形成舆论热点,可能直接或间接影响公安工作开展,损害公安机关形象,甚至造成社会恐慌、危及公共安全的案(事)件,包括暴力恐怖事件、个人极端暴力事件、重大群体性事件、涉外突发案(事)件,以及可能造成严重社会影响的重大刑事案件、敏感治安案件、公安民警违法违纪案件等。

涉警突发敏感案(事)件具有以下特征:一是突发性,突然发生的,很难预料;二是紧急性,突发事件必须马上处理,时间紧迫,否则会引发更大的后果;三是社会公众、舆论高度关注,已经或即将在一定范围内成为公众关注的热点、舆论关注的焦点;四是危害性,突发事件可能直接或间接影响公安工作开展,损害公安机关形象,甚至造成社会恐慌、危及公共安全。

涉警突发案(事)件舆论引导就是公安机关通过主动、及时、准确发布关于突发事件的权威信息,影响社会公众,最大限度地减少不和谐因素,保障和促进社会稳定,维护公安队伍整体执法形象的舆论管理行为。

突发敏感案(事)件的舆论引导工作要遵循有利于党和国家工作大局、有利于维护人民群众切身利益、有利于维护国家形象、有利于社会稳定和人心安定、有利于案(事)件妥善处

---

① 载于 2014 年 12 月 18 日《人民公安报》第一版。

置的原则，及时、主动、准确、统筹实施。负责案（事）件处置工作的各级公安机关要用好话语权，掌握舆论主导权，通过及时发布权威信息，公布案（事）件真相和处置工作进展，把社会舆论引导到健康、理性的轨道上来。

突发敏感案（事）件的舆论引导工作应按照属地管理、分级负责的原则，在当地党委、政府领导和上级公安机关指导下进行。

公安部负责统筹、协调、指导跨国、跨省以及在全国范围内产生重大影响的突发敏感案（事）件舆论引导工作。各省、自治区、直辖市公安厅、局负责组织、指导在本地区产生较大影响的突发敏感案（事）件舆论引导工作。地市和县级公安机关负责组织、实施在本地区发生的突发敏感案（事）件舆论引导工作。

涉警突发敏感案（事）件舆论引导工作应该坚持以下原则：

第一，及时主动、真实准确。来自政府的信息有着天然的权威性，是公众最想知道的，只要主动出击就能占得引导舆论的先机。[①]

涉警突发敏感案（事）件发生后，公安机关要高度敏锐敏感，第一时间全面搜集、分析、研判舆情，反应要迅速，出手要快，萌芽就治，力争第一时间发布真实、准确的权威信息，挤压谣言、流言生长的空间。

第二，区分情况、分类施策。突发敏感案（事）件的舆论引导要区分情况，分类施策，要根据案（事）件的不同性质、规模和发展趋势采取不同方式。对涉及公安工作、公安机关并可能造成重大影响的案（事）件，要尽快发布准确消息，边处理，边公布；对于情况复杂、正在处置调查过程中的案（事）件，发布信息可先简后繁，逐步披露；对各类矛盾交织，易引起社会连锁反应的案（事）件，要把握时机，视情适时开展舆论引导工作。

第三，快报事实、慎报原因。公安机关在及时主动发布权威、真实、准确信息的同时，也要注意慎说、善说，对于一时还没有查清的问题，警方不能随意表态，尤其是对敏感案（事）件的原因的定性，要特别慎重。原因的定性必须建立在广泛而缜密的调查或科学的鉴定结论基础上，必须事实清楚，证据确凿充分。

第四，依法规范、综合施治。突发敏感案（事）件的舆论引导要坚持部门协同、条块结合、整体联动，依法综合使用正面引导、行政管理、教育疏导、封堵删除和打击处置等措施，促进舆论引导工作的规范化、制度化、法治化。

第五，立足实战、加强建设。公安机关要将舆论引导能力作为公安机关能力建设的重要内容，进一步加大政务公开力度，加强公安机关网站建设和新闻发言人工作，定期开展培训活动，建立和培养舆论引导工作专业队伍，不断提高舆论引导工作能力和水平。

三、涉警突发敏感案（事）件的舆论引导策略

近年来，全国各地公安机关不断加强涉警舆论引导工作，提升舆论引导能力，有效应对了各类突发敏感案（事）件，取得了显著成绩。但部分公安机关和少数民警仍然存在着思想

---

① 叶皓著：《突发事件的舆论引导》，江苏人民出版社 2009 年版，第 137 页。

上不重视、观念上不适应、组织上不健全、机制上不完善，舆论引导手法单一、反应迟缓等问题。舆论引导不当或不力，主要表现为“捂盖子”、封锁消息，应对媒体不当、不会说，反应迟缓、不及时说，不说真话、前后矛盾，不善于表明态度等。舆论引导不当给突发敏感案（事）件的顺利处置造成了很大困难，同时也损害了公安机关和公安民警的形象和公信力。做好突发敏感案（事）件的舆论引导要注意以下策略：

（一）统一部署、同步推进

突发事件的处置与舆论引导工作要同步部署安排、同步推进落实，统筹制订案（事）件处置和舆论引导方案，同步推进应急处置、法律准备、舆论引导和社会面防控工作，及时启动快速反应机制，按照“快报事实，慎报原因”的原则，第一时间发布权威、真实、准确的舆情信息，有效引导舆论，防止谣言、流言蔓延、传播。

2009年6月17日，湖北省石首市永隆大酒店门前发现一具男尸，警方初步认定为自杀。但死者的家属对死因表示怀疑，将尸体停在酒店大厅，拒绝按照警方的要求收尸火化。事后两天，数千群众围观，部分群众因“保护尸体”与警方发生对抗。在长达80小时的时间里，官方对于死者涂某某的非正常死亡未能给出令家属和公众信服的解释，却强势要求家属立即火化尸体，甚至以举办多部门联合消防演习来搪塞外界。同时，官方的新闻发布语焉不详，错过了舆情发布的最关键时机，导致谣言、流言四起，最终酿成严重的社会危机，引发了较大规模的群体性事件。石首事件的深刻教训表明，舆论引导和事件处置应同部署、同落实，不可偏废。①

（二）未雨绸缪、防患未然

突发敏感案（事）件舆情处置工作中，舆情的搜集、分析、研判工作是一项非常重要的工作，对于判断舆情走势，准确评估事态状况、敏感程度和影响范围等具有重要意义。

要尽早化解危机，就必须注意第一时间识别那些在舆论场中能够引起公安机关形象受损、公信力下降、诱发社会群体性事件等方面的信息。针对不同类型的危机信息，通过舆情分析厘清真相、加以澄清，明确事件中相关部门及人员责任，纠正偏差，改进工作。对于预警的危机信息通过研判、归类，准确及时地提供给相关部门，确保事件得到快速、稳妥、正确的处置。对于一些错误信息，必须采取及时封堵和删除的方法，有力消解，同时通过权威发言予以澄清。②

突发敏感案（事）件处置失败的教训之一就是缺少媒体应急预案。事先没有设想和准备一套方案，临时抱佛脚，极容易出现应对失误，发生一失足成千古恨的事情。诸多案例表明，有媒体应急预案的，突发事件发生后，面对媒体就会从容得多，化险为夷的机会就大得多。反之，就会不知所措，频出昏招，不是躲着不出来，任凭舆论轰炸，就是推卸责任，甚至与媒体对抗，把事情越弄越糟。③

---

① 陆侠：《由石首事件看政府如何应对群体事件》，《人民日报》，2009年6月24日。
② 李敏蓉著：《公安领导者的媒介素养》，中国方正出版社2013年版，第43页。
③ 邹建华著：《突发事件舆论引导策略》，中共中央党校出版社2012年版，第10页。

(三)及时发声、抢占先机

涉警突发敏感案(事)件的舆论引导,从某种程度上讲,就是与谣言、流言在时间上赛跑的过程。谁在第一时间发声,谁就在第一时间抓住了受众,谁就引导了舆论和设定了公众的"认知议程"。不主动发布权威信息,就会给谣言、流言提供了生长、传播的空间。

对于受到媒体和公众高度关注的涉警突发敏感案(事)件,公安机关应持续不断地向媒体公众提供信息,主动回应社会关切,吸引媒体和公众关注,形成有利于突发事件处置的舆论氛围,压缩谣言、流言空间。

成都"6·5"公交车纵火案

2009年6月5日8时30分许,四川省成都市一辆9路公交车在川陕立交桥下桥处发生燃烧,造成27人死亡74人受伤的重大人员伤亡。事发后,成都市公安局立即启动突发公共事件应急处置预案,组织开展灭火救援、疏导交通、调查走访、现场勘验等工作。7月2日,该案告破,系犯罪嫌疑人故意纵火,嫌疑人张云良已当场死亡。

由于本案存在多因一果,性质认定较为困难,加之死伤多人,背景审查难,又有当事人素不相识,海量信息摸排甄别难等问题,如何迅速查明案(事)件原因,向社会公布真相,公安机关面临着巨大的社会压力。成都市公安局迎难而上,经艰苦奋战,成功侦破此案。同时,在市委、市政府的统一领导下,主动实施舆论引导,取得了较好的成效。

由于事发突然且伤亡严重,这一事件直接引发了舆论的强烈关注。当日10时40分,成都市政府召开第一次新闻发布会,公布了遇难人数,回应公众舆论对人员伤亡情况迫切知情的诉求,各媒体迅速予以报道。新华社、中央电视台、《人民日报》、《法制日报》、《中国青年报》、《人民公安报》等中央媒体及省市10余家主流媒体高度关注,大量记者赶赴成都。

事发后不久,媒体和网民的注意力开始由关注事件发生转到探求事发原因,舆情态势加速发展并明显扩大。

针对这一情况,成都市政府于6月5日14时50分、23时20分和6月6日17时,分别召开第二、三、四次新闻发布会,强调驾驶员曾号召附近群众参与救援,车内燃烧的汽油并非来自公交车等信息,并详细通报了燃烧公交车和驾驶员信息,回应了公众对驾驶员背景的质疑。《成都积极进行事故善后工作》《不惜一切代价抢救伤员 查清事故责任依法严处》《紧急救援的最初7小时》《人民的生命高于一切》等各类报道陆续见诸各个平面媒体,将公众的关注引向公安机关等政府部门开展的工作上。

6月7日23时,成都方面召开第五次新闻发布会,公布了"有人携带易燃物品上车,不排除过失或故意引起燃烧,但可以排除爆炸引发燃烧"的结论。次日,媒体对这一结论的报道非常踊跃,达到了989篇。这一结论的公布为调查画上了一个句号,也使得事件本身的话题到了高峰后开始走向下降趋势。

成都“6·5”公交车燃烧事件作为一起爆发于都市街头的恶性事件，可以说在一定程度上已经具备了蔓延成为谣言满天、群众激愤、发泄不满的恶性社会事件的外部条件，有关观察、描述、臆测、推断、注解、反应，必然经由无数传播者迅即传开，占领舆论场。但这起事件在市民惊悚之余，并没有诱发重大群体性事件，一度出现的谣言和猜疑也迅速消退，事件得以平稳落幕。之所以能有效掌控舆论，化险为夷，关键是当地公安机关和相关政府部门应对得当。

具体看，6月5日事发仅2小时，成都市公安机关配合相关政府部门抢在第一时间召开新闻发布会，并且当天连开三场发布会，不断公布伤亡、救治、现场等情况，让真相赶在传言前边跑。6日的第四场发布会主动回应市民有关疑问，使质疑声音减弱。网民曾怀疑的司机救援不力、公交公司未配备救生锤等问题，也被陆续披露的信息所否定。7日的第五场发布会认定“有人带油上车”，网民转而追查纵火者，民众的思路和情绪与政府逐渐合拍，同时也避免了事件之初即对公安机关形成过度集中的舆论压力。三天五场发布会，体现了一是反应迅速，二是公开透明。谣言止于公开，透明赢得人心，把涉及群众利益的公众事件真相原原本本提供给群众，换来的恰恰是享有知情权的民众的理解、谅解和支持，谣言也就自然失去了市场。

本案的舆论引导工作被中央政法委作为正面典型在全国推广，在人民网舆情监测室发布的“2009年上半年地方应对舆情能力排行榜”中，本案的应对能力位居榜首。

（部分资料来源于《瞭望》，廖智生，2009年7月13日）

评析：在整个事件处理过程中，成都市公安机关及相关政府部门做到了信息发布及时迅捷，同时能够准确把握公众舆论焦点，并通过政府回应淡化处理一些因素，巧妙地引导舆论焦点朝着对案（事）件处置有利的方向发展。其后又借助媒体的报道揭穿事故现场的造谣者，进一步化解公众的猜疑。整个事件的处理主动、果断又比较艺术，从而最大限度地减少了对政府公信力的伤害，避免了一场政府舆情危机的发生。

（四）抓住重点、善借外力

1972年，美国传播学者马克斯韦尔·麦考姆斯和唐纳德·肖首先提出议程设置理论。他们对议程设置功能理论假说的核心内容做了经典概括，即大众传媒对某些命题的着重强调和这些命题在受众中受重视的程度构成强烈的正比关系。这个观点也可以用这样的因果关系来表达：大众传播越是突出某个命题或某个事件，公众越注意这个命题或事件。更通俗地说，就是大众传媒报道什么，公众便关注什么；大众传媒越重视什么，受众就越关注什么。①

大众传媒，尤其是主流媒体，是公众获取信息的主要渠道，具有强大的“议程设置”功能。面对突发事件，公安机关在符合真实、准确的前提下，要善于充分发挥大众传媒的“议程设置”功能，充分发挥主流媒体的作用，满足公众的信息需求，影响公众对突发事件的认识和判断。

---

① 李敏蓉著：《公安领导者的媒介素养》，中国方正出版社2013年版，第17页。

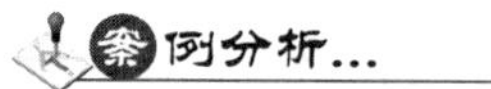

黑龙江庆安事件

2015年5月2日中午，黑龙江省庆安县45岁男子徐纯合在庆安县火车站拦截旅客，抛摔自己的女儿，抢夺前来制止的执勤民警的警具、配枪，被民警依法开枪击毙。

事发后，由于前期信息发布不完整，舆情应对不及时，经过10余天的发酵，引发舆论对民警用枪是否合理等展开讨论，同时引发了诸多舆情"次生灾害"。

5月14日10时45分起，中央电视台"新闻直播间""新闻30分""法治在线""共同关注"等栏目滚动播出20分钟专题片《真相调查：黑龙江庆安火车站枪击事件》，新华社播发新闻通稿《哈尔滨铁路公安局：庆安站民警开枪属正当履行职务》和深度报道《"庆安火车站事件"真相追踪》，通过实地探访调查事发现场和调取完整监控视频，采访关键当事人和多位目击者，还原事件来龙去脉，公布调查结果。报道迅速引发社会高度关注。14日晚至15日晨，《人民日报》、中央电视台"焦点访谈""东方时空""晚间新闻""24小时"等栏目，《工人日报》《中国青年报》《法制日报》《人民公安报》《新京报》、《京华时报》《南方都市报》等200余家中央和地方媒体继续集中报道事件调查结果和事发过程并发表评论，人民、新华、新浪、搜狐、腾讯、凤凰、网易等200余家网站首页显著位置分别以《庆安枪击案调查报告公布：警察开枪属正当履职》《官方通报庆安枪击案：民警开枪属正当履职》《监控视频曝光：徐纯合抢走防暴棍 抛摔女儿》《现场：死者扔孩子并夺棍砸警》《现场：暴力抗法摔女儿》《庆安开枪民警：手被打麻了 快握不住枪》等为题转载相关报道，@头条新闻、@央视新闻、@人民日报、@环球时报、@新华视点等知名微博转发。

媒体集中报道哈尔滨铁路公安局和检察机关的事件调查结果，认定民警开枪属依法执行公务。主要媒体报道称，5月2日黑龙江省庆安火车站派出所民警击毙一名暴力袭警犯罪嫌疑人。事发后，哈尔滨铁路公安局迅速组成调查组对相关情况开展全面调查。进行了现场勘查、尸体及枪弹检验，调取了现场视频资料，赴济南、大连、伊春、齐齐哈尔等十余个城市，走访近100名旅客群众，找到60多名现场目击证人，逐一调查取证。截至目前，调查工作已基本结束，事实已查清。经查，黑龙江省庆安县丰收乡农民徐纯合与其母亲权玉顺携3名子女去大连金州走亲戚。12时许，徐纯合在庆安站候车室进站入口处故意封堵通道，并将旅客推出候车室外，关闭大门，致使40余名旅客无法进站。保安人员制止无效后，到公安值勤室报警。民警李乐斌接报后前来处置，对徐进行口头警告，责令其立即停止违法行为。徐不听劝阻，辱骂并用矿泉水瓶投掷民警。民警随即对徐的双手进行控制，迫其闪开通道，让被阻旅客进站。在民警准备将其带到值勤室时，徐继续对民警辱骂并用拳头击打。当民警取出防暴棍制服徐过程中，徐抢夺防暴棍，并拳击民警头部。民警使用防暴棍和拳脚还击，但未能将其制服。其间，徐先将其母向民警方向猛推，后又将自己6岁的女儿举起向民警抛摔，致其女落地摔伤，徐趁机抢走防暴棍，抡打民警头部。危急情况下，民警取出佩枪，对徐口头警告，徐继续用防暴棍抡打民警持枪的手,在多次警告无效的情况下,民警开枪将徐击中。车站派出所随即拨打120呼救,25分钟左右120医生赶到现场,确认徐已死亡。调查认为,民警李乐斌开枪是正当履行职务行为,符合人民警察使用警械和武器条例及公安部相关规定。中央电视台“新闻1+1”“晚间新闻”栏目编导电话采访了哈尔滨铁路运输检察院检察长孙成毅。他表示,2日中午接到公安机关关于庆安火车站发生枪击事件的通知后,立即派员在第一时间赶赴事发现场,调查了解事件经过。检察机关成立专门工作组,独立开展调查核实工作,调取了事发现场监控录像、目击者证言、当事人陈述、警棍枪支等物证,警官证、配枪证、枪支使用交接记录等书证,伤亡鉴定和枪支弹道鉴定等100余份相关证据材料,并进行认真审查。在调查核实大量客观证据的基础上,检察机关认为,执勤民警为依法执行公务,其身份、配枪资质和枪支使用没有违反相关规定。

另外,媒体还深度报道了事件来龙去脉,澄清此前舆论质疑,明确指出事件起因并非截访,开枪必要且合法。

媒体同时发表评论认同事件调查结果,支持民警依法果断处置暴力抗法和袭警行为,呼吁公众尊重警察执法权威、敬畏法律威严。

(部分资料来源于《法制日报》,叶泉,2015年5月15日)

评析:近年来,群众当众辱骂甚至殴打民警的事情并不少见。对于群众打骂民警的事情频繁出现,而且不能得到有效的惩处,从某种程度上讲是对袭警行为的纵容。如果一定要挖掘事件背后的意义的话,那就是面对警察执法,民众不能任性,要自觉约束自己的行为。只有警察执法有权威,国家的法律才有尊严,人民的安全才有保障。

(五)充分挖潜、整合资源

在突发敏感案(事)件舆论引导实践中,警方要整合资源,形成合力,充分发挥公安微博、微信等自媒体的作用,善于运用自媒体随时能发布、能够保持发布内容原汁原味的特性,有效引导舆论。2014年7月5日,杭州警方成功引导公交车纵火案件舆情,公安微博在其中发挥了重要作用。

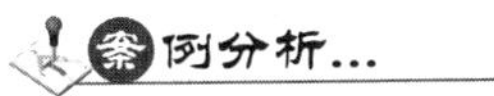

杭州“7·5”公交纵火事件舆情处置

2014年7月5日17时03分,杭州市一辆公交车突然起火燃烧,事发地是距西湖数百米的闹市区,又恰逢新疆乌鲁木齐“7·5事件”5周年的敏感节点,大量现场图片经过往群众拍摄迅速传至网上,各大网站首页紧急快报突发新闻,关于人员死亡、暴力恐怖袭击等各种猜测在坊间传播,一时间,事件引起全国媒体和网民的高度关注。杭州警方立即着手一方面快速处理案情,一方面密切对网上网下舆情进行监控,第一时间掌握动态。

当日20时,杭州警方于突发事件舆情引导黄金4小时内,通过“平安杭州”官方微博发布新闻通稿,通报警方迅速赶赴现场处置、事件伤者32人、无人员死亡的快讯。22

时13分，“平安杭州”辟谣，未发现与恐怖活动相关联线索。

7月6日5时28分，“平安杭州”第三次发声，确认该案系人为放火案件，初步锁定嫌疑人系公交车内被烧成重伤的一名男子。当日16时40分，杭州警方在市政府新闻发布会上通报案件调查进展情况，公布杭州交警提供的市民群众见义勇为灭火救人的监控视频。17时36分，杭州警方通过“平安杭州”公布：侦查发现嫌疑人放火细节、可燃物成分等情况。

7月7日9时，杭州警方再次发布新闻通稿，内容为上城警方悬赏协查嫌疑人身份的通报。16时，杭州警方在市政府新闻发布会继续通报案件调查进展情况，发布市见义勇为基金会次日将表彰见义勇为市民群众的预告。

7月8日零时，针对要求查明嫌疑人身份的舆论焦点，“平安杭州”发布案件“告破”、嫌疑人身份已确定的新闻通报。当日17时47分，针对要求查明嫌疑人作案动机的舆论焦点，“平安杭州”再度通报：嫌疑人伤情危重，曾流露效仿制造恶性事件扬名的念头。

（部分资料来源于“浙江在线”，刘子瑜，2014年7月11日）

评析：杭州警方通过“平安杭州”滚动发布信息6次，发布内容敢于直面舆论焦点和疑问，发布节奏及时、递进、张弛有度，有效占领了舆论制高点。

（六）依法管理、有序引导

在突发敏感案（事）件现场，警方应尽快明确媒体接待部门、确定新闻发布人员、媒体接待人员，查验记者证件，做好现场管理。为维护案（事）件现场秩序，公安机关可以通过划定警戒区、设置警戒线、带离相关人员等方式，将新闻媒体、围观群众以及案事件当事人迅速隔离开来，防止现场失控、警务工作部署外泄、负面舆情扩散等情况发生。

四、涉警突发敏感案（事）件舆论引导分类处置

涉警突发敏感案（事）件舆论引导工作在遵循总的舆论引导原则基础上，还应该根据暴力恐怖事件、个人极端暴力事件、重大群体性事件、涉外突发案（事）件，以及可能造成严重社会影响的重大刑事案件、敏感治安案件、公安民警违法违纪案件等案（事）件性质和舆情特点，制订《涉警突发敏感案（事）件舆论引导应急预案》，分类处置，追求舆论引导效果最大化。

发生暴力恐怖事件后，公安机关要在党委政府的统一领导下，积极协助反恐部门做好新闻发布和舆情引导工作。

发生个人极端暴力犯罪等恶性案件后，公安机关对外发布信息要及时，回应简洁，坚持淡化处理为主。特别是对涉校、涉医、涉公交地铁等恶性案件，在及时简要发布案情事实的同时，争取宣传部门和媒体的支持，坚持不滚动报道、不深度报道、不关联报道、不渲染炒作的原则，及时删除案件现场血腥图片，澄清不实传言，严防发生诱导效应。

发生重大群体性事件后，由参与处置的地市级公安机关在当地党委、政府统一领导下，配合有关主管部门开展舆论引导工作。对于有大量不明真相的非直接利害关系人参与的、

以情绪宣泄为主导的群体性事件，要在地方党委、政府领导下，配合有关主管部门，及时公布相关事件真相，澄清不实传言，避免矛盾激化、事态扩大；对于聚众围堵、冲击党政机关等要害部门和单位以及打砸抢烧等严重扰乱社会秩序、危害公共安全的群体性事件，要在地方党委、政府领导下，配合有关主管部门，发布权威信息、澄清事实真相，并适时公布依法打击惩处违法犯罪情况。

发生涉外突发案(事)件后，由负责处置的公安机关起草对外表态口径，征求政府外事部门意见，并报上级公安机关审核后适时对外公布。

发生重大刑事案件、敏感治安案件后，负责侦办、查处的公安机关要视情开展舆论引导工作。对于公安机关尚未发布信息而媒体已经进行报道或者引起社会关注的，要组织发布权威信息，说明案件调查进展情况；对于公安机关已经对外发布的，应根据舆情反应，视情开展后续舆论引导。

发生公安民警违法违纪案件或其他涉警事件后，负责查处的地方公安机关和涉事单位要及时监测舆情反应。对于媒体已经报道或者引起社会关注的案(事)件，要及时开展舆论引导工作。经查证属实的，要及时表明原则态度，适时公布调查处理进展情况或结果，严肃法纪；经查证属失实报道或者谣言的，要及时公布事件真相，以正视听，必要时依法维权，挽回声誉和影响；经查证民警无重大违法违纪行为，但确实存在执法不规范、工作作风不严谨等不当行为的，要及时公布处理结果和善后措施，表明改进态度。

第五节　警察公关危机中的传播管理

一、警察公关危机传播管理概述

危机传播管理中需要首先界定何为危机。国外研究者认为危机即“形势”、“事件”、“事故”或“过程”。比如，危机研究的先驱者赫尔曼将危机定义为一种形势，在这种形势中，决策者的目标受到威胁，反应时间有限，且形势常常向出乎意料的方向发展①；罗森塔尔等人认为，危机是对一个社会系统的基本价值和行为准则架构产生严重威胁，并且在时间压力和不确定性极高的情况下，必须对其作出关键决策的事件②。国内研究者将危机界定为“事件”、“状态”或“结构”。比如，从社会实践层面看，危机是由组织外部环境变化或内部系统失常造成的可能破坏正常发展秩序和目标，要求组织作出紧急决策、响应和行动的威胁性事件、状态或结构③。其中，“结构说”强调了危机是一种结构性的社会安排——现代社会在获得繁荣与进步的同时，也制造着多重矛盾和对立，风险强势介入社会发展，各类危机日益成为一种社会存在和公众的普遍焦虑。因此，危机的结构论观点毋宁说是教会人们面对危机秉

① See Charles F. Herman. *International Crisis: Insights from Behavioral Research*. New York: New York Press, 1972.

② 参见〔美〕罗伯特·希斯：《危机管理》，中信出版社 2001 年版。

③ 胡百精：《危机传播管理》(第三版)，中国人民大学出版社 2014 年版，第 5 页。

持一种理性、从容的态度。

（一）警察公关危机的内涵与特点

从危机的“事件、状态说”出发，警察公关危机是指：由公安机关内部问题导致或外部突发事件造成的公共关系紧张，警察形象、信誉遭受严重威胁，警务活动产生不利影响，需要迅速决策、响应和行动的紧急事件或状态。“公安机关内部问题或外部突发事件”是警察公关危机发生的原因；“公共关系紧张，警察形象、信誉遭受严重威胁，警务活动产生不利影响”是警察公关危机造成的破坏效应；“迅速决策、响应和行动”是警察公关危机管理的关键环节；“紧急事件或状态”是对警察公关危机的定性。

警察公关危机一般具有以下特点：一是突发性，危机随时发生，带有明显的不确定因素，因而难以预测。二是公共性，在互联网主导的信息传播格局下，无论何时何地警方发生怎样的危机，都会迅速转化为公共舆论空间内公众普遍关注的热议话题。三是破坏性，危机使公安机关面临形象、声誉的重创，在忽视、无力应对或仓促应战的情形下，警察形象和声誉难以短时间恢复，影响公安工作的顺利开展。四是持久性，从社会心理层面来说，当危机事件的影响形成负面意见板结化，集体记忆形成，标签效应出现，对公安机关的公信力将构成持续威胁，挫伤警察工作的积极性。五是可控性，面对危机，公安机关并非无力可为，比如在危机征兆期的预警与研判，可以控制危机发生几率；在危机爆发、蔓延期的处置与信息同步发布，能够引导舆论，稳定社会情绪；在危机衰退期的反思与恢复管理，有利于完善危机传播预案、信任重建等。

（二）警察公关危机的成因

警察公关危机的形成，与时代变革中大环境因素密不可分。我国目前正处于改革开放的关键期和社会转型期，各种利益诉求交织出现。作为政府的重要职能部门，公安机关在处理各种社会矛盾中常常处于第一线，容易成为社会公众不满情绪的发泄对象，警察公关危机的发生有客观性一面。除此之外，警察公关危机的诱发因素还主要存在以下五个方面：

1. 沟通观念滞后

公关理念是影响人们的思想和行为倾向的深层思想意识，是人们对公关活动的一种自觉的认识和理解。它影响和指导着个人或组织决策和行为的价值取向，并影响着公关状态。滞后的沟通观念也可能导致警察公关危机在不经意间发生。

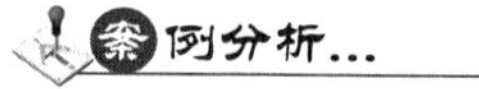

一张被异化的新闻图片

2004 年 3 月 14 日，云南《都市时报》在 A 6 版刊发了记者刘宗敏的报道《痴情女子为情轻生，消防兵绳降救下跳楼女》。后来两张照片中一张未能上版的照片被摄影记者黄兴能发至西祠胡同论坛的“摄影记者之家”，照片从此在网络上流传开来，渐渐变为“协警抓小姐”、“城管抓小姐”。2007 年 5 月 24 日，黄兴能在博客发表文章澄清事实。2008 年 11 月 3 日，网友“confu”在《都市时报》官方论坛“彩龙论坛”发表了这张照片的帖子，帖子中该照片被注明为“四川某地某晚抓小姐”。2008 年 11 月 5 日，彩龙论坛工作人员以网名“关中大侠”发表了声明纠正了网友 confu 的歪曲言论。2008 年 11 月 7 日，《都市时报》刊发了报道《联防救女 4 年转帖变“城管抓小姐”》，文中详细讲解了照片的来龙去脉，并呼吁“希望广大网友停止这种不负责任的转载”。2010 年 4 月 10 日，网友“雷疯日记”在微博以“艾神 798 艺术雕塑”为标题发出两张照片，再度引起网友关注。“协警救人”照片以讹传讹的 6 年中，只有拍摄者和媒体人出面澄清，当年参与救援的公安派出所和消防部门自始至终未能站出来戳破这一谣传。有评论称，不管是协警还是城管，均牵涉到重要的执法部门，网络上出现这样一个涉嫌侵犯公民权利的恶劣个案，按理说相关的部门没有理由沉默，可遗憾的是结果恰恰相反。一些政府部门对于网络舆论和社会公共事件的迟钝和冷漠，由此可见一斑。

（部分资料来源于《大河商报》，肖风伟，2010 年 5 月 4 日）

评析：此事件中的公安机关本该因迅速出警和成功救人收获肯定与点赞，然其“不言不语”让赞誉荡然无存，留下一片指责与谩骂，值得反思。

2. 执勤执法不当甚至违法

少数警察执勤执法工作与服务水平不高，成为警察公关危机的源头。“门难进、脸难看、话难听、事难办”，“冷、硬、横、推”，引发的警察言行争议事件屡见不鲜。更有甚者玩忽职守、滥用职权、刑讯逼供、贪污受贿等，各类民警的违法犯罪行为被媒体曝光，也进一步加剧了警察公关危机。

“涡阳遇袭少女被抛尸”引发关注

2012 年 3 月 11 日，安徽亳州市涡阳县 18 岁高中女生小黎返家路上遭遇歹徒，受害后赤身裸体奄奄一息。接到群众报警后，高公镇派出所民警不顾在场群众质疑女孩还活着，就草草盖棺定论为“流浪女尸”并予抛弃。3 月 19 日，安徽省级晚报《新安晚报》在醒目的封面位置用《噩梦两昼夜》的标题报道了涡阳高中女生被二次抛尸的新闻，被各网站转载高达 287 次。在 3 月 20 日的评论高峰期，舆论呈现倾倒性的批评态势，如“观点中国”头条《我们都有可能成为冷漠的牺牲品》、《华西都市报》评论《遇袭女被弃，拷问正派社会的“行权伦理”》等报道均表示谴责，集中批评社会冷漠与警方的不作为。

（部分资料来源于《新安晚报》，2012 年 3 月 19 日）

评析：执勤执法不当以及违法行为，一经媒体曝光，其放大效应会造成整个社会面的恶劣影响。除了执法思想、执法能力被诟病以外，对警察形象的重创也是不可小觑的。

3. 新闻报道失实

公众传播虚假信息以及媒体报道未经核实擅自发布的涉警新闻，使公安机关无奈“躺枪”。

网络失实报道让太原警方遭到凭空责难

2012年4月9日，一篇名为《18岁女孩在火车站被迷晕后遭囚禁，警察拒受理》的媒体报道在网络上被大量转载。文中提到，4月5日，18岁的山西女孩吕某在太原火车站失踪，吕某家人在她刚失踪时就已经报警，但警察不理。警察不予立案一事最早由其家人发布在微博上，随即此事被大量转发传播。有网友转帖，希望吕某尽早回家；更有大量评论，指责警方不作为。

单从新闻标题看就能赚足眼球："火车站被迷晕"拷问公共场所治安管理现状；"警察拒受理"直指警察渎职行为。那么，这名失踪的女孩究竟有着怎样的遭遇呢？警方是否真的不予立案？原因又是什么呢？5月5日，央视新闻频道《东方时空》"真相调查"栏目播出了《"蹊跷"的少女失踪案，警方是否不作为》，给予了详细调查，最终真相大白："失踪"及一系列遭遇只是吕某为独自一人外出游玩对家人和警方的假托之词。调查发现，之前在网络上广为流传的题为《18岁女孩子在火车站迷晕后遭囚禁，警察拒受理》报道存在严重失实。报道上只是单方面引用了指责警察不作为的内容及评论，并没有联系采访过太原警方。

（部分资料来源于"华声在线"，罗浩，2012年4月10日）

评析：央视调查的报道角度是呼吁网络时代的每个人都要对自己公开说的话负责任，但对于制止谎言、谣言的传播，法律约束以及警方加强与媒体的联络都是必不可少的。

4. 媒体应对乏力

媒体的竞争法则和警察的备受关注，决定了警察新闻和负面信息对媒体的"富矿"价值。而公安机关的思维和理念还没有完全从公安宣传的单向传播转向公共关系的双向互动，与媒体交往缺乏沟通机制和话语策略。

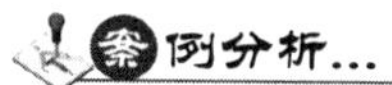

巧家爆炸案发布中的"雷人雷语"

2012年5月10日，云南昭通市巧家县发生一起爆炸案，造成4人死亡，16人受伤。案件发生后，当地政府在第一次通报案件时使用了"控制舆论"等敏感词语，经媒体报道后舆情迅速升温，造成公众对官方通报内容的不信任。当媒体质疑爆炸案发生后警方很快就锁定的"嫌疑人"是否就是真凶时，巧家县公安局局长杨某称："我作为一个公安局局长，面对这么多媒体，敢拿自己的职务、敢拿前程、敢拿法律、敢拿事实开玩笑吗？"事后证明，真凶另有其人。杨局长在新闻发布会上的表态迅速成为媒体批评的焦点。

（部分资料来源于《春城晚报》，普日里萱，2012年5月14日）

评析：新闻发布中，警方常常通过表明态度、阐明立场、作出承诺，回应公众关切，给予公众信心。但是，急于下结论加上不恰当的话语表达，必然适得其反。

5. 警力遭遇滥用

警力被过度使用甚至滥用，如动用警力解决利益纠纷、强制征税收费、阻止媒体合法采访、限制公民合法言论自由等，严重损害了政府和公安机关的形象与公信力，造成警察公共关系的危机状态。

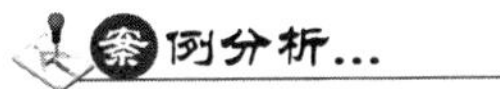

“王帅案”始末

2009年2月12日，河南灵宝人王帅以“王二宝”网名在天涯社区发帖《河南灵宝老农的抗旱绝招》，举报灵宝市政府违法征地。2月25日，灵宝市公安局以涉嫌诽谤罪对王帅立案侦查。3月6日，王帅被刑事拘留。3月13日，公安机关对王帅变更强制措施为取保候审。4月14日，三门峡市公安局联合调查组依法认定王帅发帖不符合诽谤罪构成要件，向灵宝市公安局下达《关于纠正灵宝市公安局办理“王帅案件”违法问题的通知书》。4月15日，灵宝市公安局作出决定，对王帅解除取保候审、撤销案件，并给予国家赔偿。此事在网上引发热议，网友大都认为王帅对地方政府做法提出质疑却因言获罪，此举伤害了公众正常表达诉求的权利。

（部分资料来源于《河南商报》，2009年4月17日）

评析：在“跨省抓捕”事件的发酵过程中，根据人民网、中国新闻网、网易、搜狐、21CN、《中国青年报》等媒体275篇抽样报道分析，近20%的报道指出，事件中灵宝市相关部门“感觉”王帅诽谤了政府名誉，实则是这些政府官员一步步将公信力耗尽。动用政法力量拘禁王帅不仅无法维护地方政府的名声，反而会让法律和政府蒙羞。几乎所有的媒体评论都将矛头指向灵宝市公安局“跨省抓捕”行为的不合法，认为这是借诽谤的名义打击举报者。

（三）警察公关危机传播管理的概念与功能

1. 警察公关危机传播管理的概念

公关危机传播管理，是危机管理的应有之意。公关危机传播管理侧重危机情景下组织与公众的信息沟通以及这些沟通的管理活动；既是组织的传播行为，也是一项管理职能，其管理目标在于通过有效的信息控制维护组织形象、声誉等无形资产；它不仅守望组织与公众长远关系，也主张在具体行为中利用“话语策略”建构叙事框架。

本书所述警察公关危机传播管理（警察危机公关），指以大众传媒或其他手段为中介，以优化警察公共关系为基础，有组织、有计划、有策略地开展系列传播与管理活动，其目的在于预防危机形成、降低危机影响和后果以及长久有效地维护警察的形象。

2. 警察公关危机传播管理的功能

2003 年“非典”对中国加快突发公共事件应急机制建设提出了迫切要求，从 2003 年《突发公共卫生事件应急条例》、2006 年《国家突发公共事件总体应急预案》的出台到《中华人民共和国突发事件应对法》的颁布，标志着我国政府正加快推进危机管理模式的创新。尽管《中华人民共和国突发事件应对法》的实施也并不能起到一劳永逸、无所不能的作用，但它为进一步推进我国政府危机管理模式转型创造了良好的法治环境。在此背景下，警察危机传播亦能最大程度地获得制度保障。美国著名管理学家诺曼·奥古斯丁指出，一次危机既包含了导致失败的根源，又蕴藏着成功的种子，发现、培育进而收获潜在的成功机会，是危机处理的精髓。①

科学的警察公关危机传播管理，既能有效预防警察公关危机的产生，还能使危机情境转“危”为“机”，获得新的发展，它的功能集中体现在以下三个方面：

一是有助于增强公众对公安机关的信任。涉警危机事件大多事发突然，引发危机的原因错综复杂，社会关注度高，公众出于对自身安全和利益的担忧，本能地急于想知道危机事件的前因后果，公安机关是否采取了措施，是否会影响自身的利益。如果警方能在第一时间满足公众的“信息饥渴”，满足公众的知情权，就会赢得公众的信任。二是有助于危机的成功处置和化解。涉警危机事件发生后，来自各方面的信息可能鱼目混杂，公安机关及时、准确地发布消息，不仅能够挤压谣言和流言生存的空间，增加公众对警方的信任，而且可以通过一定的传播技巧说服媒体和公众接受、认同警方采取的措施，通过引导舆论，有利于危机本身的化解与处置。三是有助于维护公安机关的良好形象。通过有效的危机传播管理活动，可以预防和减少涉警危机事件的发生，控制和减少危机对警察形象的负面影响，修复并塑造警察的良好形象。

二、警察公共关系危机传播管理程序

按照斯蒂芬·芬克的危机阶段理论，危机的生命周期包括四个阶段：第一阶段是征兆期，线索显示有潜在的危机可能发生；第二阶段是爆发期，具有伤害性的事件发生并引发危机；第三阶段是延续期，危机的影响持续，同时也是努力清除危机的过程；第四阶段是痊愈期，危机事件已经解决。基于这四个阶段，本书将警察公共关系危机传播管理的步骤分为常态预防、危机预警、处置化解、善后修复四个环节。这四个环节既相对独立，又紧密相连，是一个环环相扣又循环往复的程序链。

（一）常态预防

成功处置和化解涉警危机事件固然重要，但杜绝和防范发生涉警危机事件更为重要，这也是公安机关危机处置工作的终极目标。

由于公安机关处于打击犯罪、维稳处突的第一线，公安机关的工作特点决定了涉警危机事件的多发、高发，且具有不确定性，因此，要加强对涉警危机处置工作的组织领导，成立专

① 〔美〕诺曼·奥古斯丁：《控制危机的六个阶段》，载《经营者》，2005 年 6 月（第 11 期），第 109 - 111 页。

门的机构和专门的力量，在日常工作中加强危机的常态预防，第一时间发现和消除容易引发涉警危机事件的各种因素，杜绝涉警危机事件发生。

公安机关在加强涉警危机传播管理组织建设的同时，要不断适应舆情形势发展的需要，完善涉警危机传播的制度建设，抓好制度的落实，加强对全警公关危机传播能力的培训，全面提高全警处理与公众及媒介关系的能力，以及应急处置、快速反应的本领。

在日常工作中，公安机关要加强宣传，努力讲好警察故事，传播好警察声音，不断提升警察的亲和力，增强公众对公安机关的信任，提高公安机关的公信力和美誉度，以便在危机事件处置中赢得公众的理解和配合。

在危机的常态预防工作中，公安机关要高度重视与媒体、社会公众的沟通，尽可能准确把握公众的社会心理，了解一段时期内公众和社会关注的、媒体聚焦的热点问题，对涉警敏感案(事)件的舆情引导坚持抓早、抓小、抓萌芽，主动引导舆论，防止发生涉警危机事件。

此外，执法管理权威是警察公共关系危机管理的基础之一。公安机关要切实保障公安民警法定职责的有效施行，对民警依法履职被炒作的，要理直气壮予以支持和保护，全力维护民警权益，保障执法管理权威，不受舆论左右。

“交警持枪执法”之争

2013 年 4 月 4 日，广东陆丰市甲子镇交警中队接到 110 指令，称福源寺路段发生交通堵塞。交警林福源到现场后发现，造成拥堵的根源是两辆摩托车剐蹭事故引起的。虽然交警一直高喊着“不要吵了”，但现场的气氛仍然越来越紧张，甚至有人挥舞锄头，眼看就要打起来。此时，林福源拔出了手枪(没有上膛)。随后，现场情况慢慢好转，在他的疏导下，交通秩序逐渐恢复。

“交警持枪执法”事件先由微博引发热议，网络上出现大量针对交警持枪执法合法性、合理性的质疑。陆丰市公安局及时调查，向媒体明确表态，对于枪支管理是严格按照有关规定进行的，具有持枪证的民警才会在执行任务时配发手枪。林福源有持枪证，而且根据当时的情况，此次持枪示警并无不妥。中国人民公安大学教授王大伟接受央视采访时亦称，《人民警察法》、《人民警察使用警械和武器条例》以及《交通警察道路执勤执法工作规范》都对使用武器进行了明确的规范：“第一，我们使用武器是有法律依据的；第二，使用武器是有严格限制的；第三，在使用武器的过程中是有严格规定的。使用方针是果断和慎重相结合。”根据当时情况，“交警持枪执法”事件中警察执法并无不当，引发热议的微博与事实不符。权威回应迅速使舆论回归理性，此前发布交警拔枪现场图文信息的网友们很快删除了微博。

(部分资料来源于《南方日报》，谭林，2013 年 4 月 8 日)

(二)危机预警

危机预警是危机管理主体在危机未爆发或蔓延、升级之前，利用各种手段和技术收集及识别出危机的警兆、评估警情、预测趋势、广播危机信息，并采取积极的预防预控措施以消除或减少危机损害程度的管理活动。①

危机预警是危机管理体系中关键的一环，强调的是事前管理。结合涉警舆情的特点，全面完备的涉警危机预警系统主要由危机监测、危机评估、危机信息预报三个子系统构成。危机监测是基础，危机评估是关键，危机信息预报是核心。

危机监测是公安机关通过各种渠道，对危机诱因、危机征兆进行全面监测和严密观察，收集整理反映危机迹象的各种信息。危机预警监测作为危机预警的首要环节，是成功预警危机的基础。

危机评估是公安机关通过对监测到的危机征兆进行分析，预先对涉警危机事件爆发的可能性以及可能发生的涉警危机事件的危机类型和危害程度作出判断和估计。公安机关首先要对收集的各类危机征兆信息甄别信息真伪，对不同危机信息进行综合分析，判断危机隐患的成因，最后评估出潜在的危机并预警。

危机信息预报是公安机关根据信息搜集和危机评估的结果，按照危机的警示级别选择特定的渠道向目标公众及公安机关内部进行危机信息的发布和沟通。不同预警级别的危机预报和准备的情况是不同的，公安机关可以将危机分为不同级别，针对不同级别，设定危机预报的程度、范围和流程。

危机管理专家吴建华对危机预报提出的几点要求，具有重要的参考价值。一是预警所需的信息要全面，要求全方位、多渠道地监测自然或社会现象的变动；二是预警所需的信息要准确，既不能把不是危机的信号发布为危机信号，出现错误预警，也不能忽视任何危险的征兆，延误预警；三是危机预警发布要及时，使所有应接收到的人能及时收到；四是危机预警内容要准确，容易为接受者所理解，更不能有歧义；五是危机预警发布要权威，避免多种警报信号的相互干扰；六是危机预警系统的建立必须经济、合理。②

（三）处置化解

在现代信息呈飞沫式传播，开放的传播格局下，公安机关须高度重视对公关危机的处置，充分发挥公安宣传部门与内部各部门的团队协作、上下联动作用。引发警察公共关系危机的原因各有不同，造成的影响也各异，具体处置中必须分清危机类型，采取不同的策略，但不同类型危机的常用处置流程和方法存在共性。按工作程序大致可分为以下几个步骤：

1. 搜集信息

涉警危机发生后，公安机关应立即全面收集涉警危机事件现场的相关信息，在查清事实的基础上，对危机进行准确定性。此外，公安机关的指挥、宣传、网安等部门要全面监测传统媒体、网络媒体对涉警危机事件的报道、评论情况以及事件受害人、利益相关方的反应，准确把握危机事件中最关键的敏感、焦点问题，为事件的妥善处置和舆论引导做好准备。

---

① 范正清：《危机评估与管理》，中国社科出版社2013年版，第169页。

② 吴建华：《基于信息管理的公共危机预警研究》，载《档案学通讯》，2009年第3期。

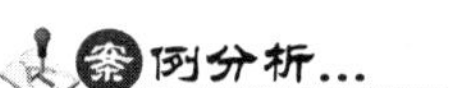

准确把握 正确回应——“少女毁容案”中的舆论引导

2012年2月24日，微博上一则《花季少女拒绝求爱遭官二代烧伤毁容，请广大网友救救我的孩子》消息一经发出，瞬间引起网友的广泛关注，短时间转发高达千万。据描述，2011年9月17日下午，与周某同在一所中学读书的学生陶某因求爱不成，携带打火机油来到周家，趁周某不备，拿出准备好的油浇到受害人头上并点燃焚烧。被焚烧后，周某经7天7夜的抢救治疗才脱离生命危险，但伤势已极为严重，其头面部、颈部、胸部等严重烧伤，一只耳朵也烧掉了，烧伤面积超过30%，烧伤深度达二度、三度，整个人“面目全非”。在陶某被贴上“官二代”的标签后，各种负面言论铺天盖地。在“安徽黄梅戏痛批合肥最狠官二代毁容事件”、“恶搞讽刺安徽官二代求爱不成火烧少女记”等大量网络视频和言论中，合肥市公安局敏锐地监测到三个议题与公安工作有关：陶某是否被取保候审，警方为何不做伤情鉴定，办案中有没有徇私枉法情节。2月25日凌晨，合肥市公安局官方微博立即予以正面回复，及时澄清了事实：①陶某于2011年9月18日以来，一直羁押在看守所，并未被取保候审；②因受害人受伤后长期住院治疗，且病情不稳定，无法及时鉴定伤情。近期，警方已对其伤情进行鉴定，鉴定结论出来后，警方将对外公布；③法律面前，人人平等。警方将依据案件事实，依法、公正处理此案。

（部分资料来源于《新安晚报》，向前，2012年2月29日）

评析：学者牛华勇在其微博中的评论：“合肥警方是我今年看到的政府微博中，说话最得体的一个了。事情处理得怎么样先不说，起码危机公关合格了。”危机公关应以对关键话题和敏感问题的充分、理性回应为切入口。

2. 查清事实

涉警危机传播处置工作要与案（事）件处置工作同步部署、同步推进、同步落实、同步开展。公安宣传部门要积极主动跟进案（事）件的调查进展，及时了解案（事）件的调查情况，同时注意留存处置过程中的各类第一手资料，用鲜活的事实材料积极回应质疑，稳定公众情绪，牢牢掌握舆论主动权，展现公安机关良好的组织形象。

留存抢险救援资料 及时化解舆情危机①

2012年7月21日至22日凌晨，北京普降特大暴雨。北京市公安局房山分局全体民警奋战在抢险救援第一线，与政府各部门密切合作开展救援工作，受到了社会各界的广泛关注与好评。房山分局公共关系科全体人员随警作战，在事情发生的一周内，采集

① 资料改编自韩秀杰《房山分局“7.21”特大暴雨自然灾害新闻宣传和舆情引导工作实例解析》，孙娟、赵大力、傅冰钢主编《警察公共关系优秀案例》第三卷，第239－246页。

了400多分钟视频素材,1000余张照片,撰写《房山多处山体滑坡全体民警停休参与抗洪抢险》、《多部门通力合作,429名师生成功获救》、《城关街道成功救援100余人》等新闻通稿,大力报道救援事实。面对关于"城关溃坝"、"京港澳高速南岗洼桥积水无人受理"等不实传言,房山分局组织调查、澄清传言,并通过媒体通风会介绍救援民警突出事迹,有力地回应了网络谣言炒作。

3. 启动预案

涉警危机预案,是指应对危机的准备计划或行动方案,是公安机关针对可能出现的各种危机事先设计和制定的,在发生涉警危机事件后如何开展警力调配、组织协调、资源调动、信息发布等工作的方案和计划。

"凡事预则立,不预则废。"面对涉警危机常态化的现状,公安机关要高度重视各类危机预案的制订工作,做到未雨绸缪,防患于未然。对于制订出的涉警危机传播预案,公安机关要加强对相关人员的培训,确保在发生危机时预案能够得到有效实施,同时通过实际操作和演练来不断完善和验证预案,监测预案的可行性和操作性。

4. 梯度发布

英国著名危机管理专家罗彻斯特曾提出了危机公关的3T原则,即主动告知、迅速告知和全部告知。① 国内有学者认为在危机中,特别是重大灾难性危机中,"全部告知"而发布多余流溢的信息,会增加公众作出选择的困难,甚至导致更大的危机。为此,"全部告知"被修正为"充分告知",即发布危机利益各方最关心、最有价值的信息。在主动、迅速、充分告知的前提下,信息发布还要遵循梯度规则。梯度发布客观上受制于危机事件调查处理的进展状况,而另一方面,它也是一种信息发布的框架结构,体现着危机管理者通过有意识地组织和架构所发布的信息,影响人们的认知、判断和决策,进而提高危机信息发布的传播效力。

涉警危机处置全过程中,公安机关应该始终高度重视与媒体的合作与沟通,主动扮演信息源的角色,影响媒体的设置议程,引导舆论朝积极健康的方向发展。

统筹运作 梯度发布——抢占舆论与道德的制高点

2014年5月6日11时许,一名男子在广州火车站西广场持刀追砍过往群众,造成6人受伤。在广场上执勤的民警迅速反应,连开两枪将凶徒制服。广州市公安局宣传部门与侦查部门捆绑作战,根据案件侦查工作进展,实时滚动对外发布权威信息。在"5.6"火车站伤害案中,宣传部门9小时内自动滚动发布4份通报以及1份通稿,部分媒体官方微博所发布的不实信息在公安机关的权威发布后自行删除,舆论导向效果明显。在事件处置基本完成后,广州市公安局宣传部门有步骤、有谋略地主动开展后续宣传工作,包括警

① See Michael Regester. *Crisis Management: How to Turn A Crisis into An Opportunity*. New York, Hutchinson Business, 1998.

方采取的针对性措施以及处置中指挥员和参战民警的典型事迹等，后续又通报了广州市公安局加强社会面治安防控工作，确保了治安大局稳定，进一步安定了民心；对参与成功处置的民警的情况发布新闻稿件，彰显了民警的机智、冷静和过硬的警务本领。这受到了媒体及网络的广泛关注，网友对广州民警英勇无畏、舍生忘死的崇高职业素养大加赞许。

（部分资料来源于《南方法治报》，谢晓丹，2015 年 3 月 2 日）

5. 后续引导

在危机事件处置后期，公安机关要继续加强与媒体的合作，通过媒体向公众发布危机处置的结果，向媒体介绍警方在处置危机过程中的辛苦努力、成效和优良表现，或警方的改进措施等，展示警方负责任的良好形象。对于危机事件中受害者和利益相关方，警方要坚持做好安抚、慰问、解释、沟通工作，体现公安机关的人文情怀，避免危机反弹。

知识拓展…

“17 岁盲女妈妈”事件舆情处置——快、真、诚①

2013 年 10 月 3 日，南宁市横县某论坛一条关于“17 岁盲女妈妈”的发帖引起了网民热议。帖文中“受害人双目失明”、“13 岁即生育”等内容本身极具敏感性。近年来，社会对未成年人被侵害案件关注度极高，容易引发严重的舆情风波，处置不当则可能引发群体性事件；13 岁生育，已育有一子一女，易被舆论指责为政府部门“不作为”。某知名网友在向横县 110 指挥中心求助前，已前往当地核实，计划通过微博滚动播出事件进展状况，并联系媒体前往采访。横县公安局立即启动危机公关机制，组织警力开展案件调查和舆情同步处置，在 24 小时内成功解救受害人。值得称道的是，横县公安局积极做好一系列善后事宜：比如横县公安局主动协调党委、政府及民政、计生、卫生等相关部门妥善安置受害人母子三人；刑侦大队依法办案，办好案、办铁案；受害人配合调查取证期间，刑侦大队把其母子三人安顿在一个比较安全的宾馆，并派女民警守护她们的安全，照顾好她们的起居；户政部门尽快落实受害人母子三人的户口问题；全局民警发起“爱心募捐”活动；派专人带受害人到某医院请权威专家进行眼睛检查。这些活动经媒体报道，多角度展现了警方以人为本的工作理念。

（四）善后修复

每一次涉警危机事件的处置，都是对公安机关战斗力的全方位检验。无论涉警危机事件处置成功与否，公安机关都应及时总结，分析得失，积累经验，汲取教训，重塑形象。

1. 及时总结

涉警危机事件处置结束后，公安机关的危机处置部门要对危机事件进行全面认真总结，

① 资料改编自农小龙、闭美华《舆情处置“快、真、诚” 危机事件转危为机——南宁市横县公安局成功处置“17 岁盲女妈妈”事件公关案例》，孙娟、赵大力、傅冰钢主编《警察公共关系优秀案例》第三卷，第 247 – 251 页。

提炼在危机事件处置过程中的成功做法，更要分析存在的问题，找准原因，举一反三，避免以后再犯同样的错误。同时，对危机预案在处置过程中暴露出来的问题进行修订。

2. 重塑形象

形象是公安机关最重要的资产，在涉警危机中，最容易受到损害的也是公安机关的形象。在危机处置的各个阶段，公安机关都要注意自身的形象管理。要对照危机产生的原因，迅速找出自身的问题和不足，立即加以改进和提高，以实际行动表明公安机关负责任、有担当的形象。同时，各级公安机关都要不断加强自身建设，进一步提升公安机关依法履职能力和队伍作风形象，严格、规范、公正、文明执法，不断提升公众的安全感和对公安机关的满意度，顺应公众对公安机关的新期待，以实际行动赢得公众的理解、支持。

三、警察公关危机传播管理策略

警察公关危机传播管理是贯穿警察公关危机始终的沟通管理行为。警察公关危机传播管理策略主要包括信息公开、议题设置、媒介管理、危机修辞、形象修复等。

（一）信息公开

信息公开在警察公关危机传播管理中具有基础性的作用。英国著名危机管理专家罗彻斯特指出，现代组织处在一个活动的透明度日益增大的时代。若一个组织不能就其发生的危机与公众进行合适的沟通，不能告诉社会它面对灾难局面正在采取什么措施，不能很好地表现它对所发生事故的态度，这无疑将给组织信誉带来致命的损害，并有可能导致组织的消亡。

在危机中，情境的变动难测和关系的易损不确定，给人带来极度的焦虑和不安，让人们对信息的需求比平时更加旺盛；而处在危机漩涡中心的组织和个人面临来自多方面的压力和危险，不得不立即作出决策、采取行动，尽管有时候组织自身对危机信息状况的了解程度也不够，但是在危机中保持沟通渠道的畅通，迅速、及时、公开透明地进行信息传播是遏制谣言产生、避免酿造次生危机、消除公众不安心理的关键要素。①

警察公关危机信息公开，应该贯彻以下三条原则：第一时间、公开透明、准确有效。

第一时间，就是要求公安机关提高信息传递能力，改变发布滞后的局面，在最短的时间内发布危机信息。

公开透明，就是公安机关将已知的相关信息公开、透明地告诉公众，不隐瞒、不蒙蔽公众。如果危机已经或即将发生，特别是危机涉及公众的切身利益，公安机关有义务将具体的情况告知公众或利益相关者，以便其采取行动进行自我防范和规避。公安机关如果为了自身形象或利益，采取压制或掩盖危机信息，不但不能达到目的，反而使危机更加恶化。2009年湖北石首事件就是典型反面的案例。石首事件发生后，在长达80多个小时里，警方对死者的非正常死亡原因未能给出令家属和公众信服的解释，甚至以举办多部门联合演习来搪塞公众，终于酿成严重的社会危机，政府陷入了极大被动。

---

① 汤景泰主编：《危机传播管理》，经济日报出版社2015年版，第12页。

准确有效,即公安机关在发布危机信息时要真实、准确,适时、适度,及时有效满足公众需求,答疑解惑。适时、适度发布,并不是封锁、控制消息,而是在真实、准确的基础上,对信息进行筛选,剔除虚假信息,对信息内容和修辞进行严格把关,在适当的时间、空间,运用适当的形式发布,以期达到最佳发布效果。比如,2009 年 6 月 5 日,成都发生的公交车纵火案件,造成重大人员伤亡,事发仅 2 小时,成都警方配合政府相关部门抢在第一时间召开新闻发布会,并且当天连开 3 场新闻发布会,不断公布伤亡人数、救治、现场等情况,让真相赶在谣言前面跑。6 日、7 日,又召开了 2 场发布会,主动回应市民有关疑问。成都警方及政府相关部门 3 天 5 场的新闻发布会,体现了第一时间、公开透明、准确有效的原则,取得了公众的理解、支持,挤压了谣言生存的空间。

(二)议程管理

公众在接受信息时,既可能是被动的,也可能是主动的,这取决于公众拥有的信息量和判断力,公众的情绪反过来又会影响政府的政策选择。在这个过程中,政府要通过媒体表达政治意图,媒体在权衡了声誉、市场和受众需求后,将信息传递给受众,受众在接收各种直接或间接信息后所形成的公众情绪又反过来影响政府,在政府、媒体和公众之间的信息传播形成一个微妙的心理过程。在这个过程中,政府意图可能会变成媒体的核心议题,媒体的核心议题可能会转化成公众的核心议题。[①]

学者胡百精认为,在公共关系领域,组织对媒介议程的影响、引导和把控,被称为议题管理。危机议题管理的核心是设置媒体议题和影响意见领袖的议题。

在危机事件中,公安机关要影响传统媒体的议程设置,主要通过以下途径:第一,积极与媒体沟通。要通过坦诚的态度,赢得媒体的支持,影响媒体的议程设置,同时要特别注意加强与掌握权威话语的具有较强影响力的主流媒体的沟通,占有更多更为关键的媒介资源就能更有效影响媒体的议程设置;第二,要善于第一时间发声。公安机关应积极行动,让警方成为媒介信息的第一提供者是影响媒体议程的重要方式。危机处置中,公安机关要善于说,主动扮演信息源的角色,根据危机事件的发展趋势,及时与媒体沟通,第一时间发布信息,影响媒体议程设置。

新媒体正日益成为涉警危机事件的首曝媒体。在新媒体环境下,议题的关注程度、持续时间、转化机制的不确定性增强,议程设置处于不断的快速变化之中,议程设置机制更加复杂,公安机关影响新媒体的议程设置难度变大。实践工作中,可以从以下三个方面加强工作:第一,要时刻高度关注民生、民意,关注互联网上公众的发帖与回帖、论坛互动情况,以及公众通过微博、微信等发布的内容,积极回应公众关切。提供的信息要清楚、切中要害、观点明确,让公众信服,为警方在新媒体的话语空间争取更多网民的支持。第二,要加强与新媒体意见领袖的沟通,影响和说服意见领袖,规划设置议题,借助他们的力量,在第一时间发出权威、准确的信息,引导议题的正面走向,压缩谣言空间。第三,不断加强公信力建设,培养自己的意见领袖,引导舆论。警方要持之以恒地通过不断加强自身建设,开展警察公共关系

---

① 李希光、顾小琛:《舆论引导力与文化软实力》,湖南大学出版社 2013 年,第 26 页。

活动，提高自身的公信力，通过公信力的建设，提高警方信息源的可信度。

胡百精等人通过调查发现，媒体、公众在危机之下最关切的问题中，三大议题最为重要：局面是否得到了控制，危机为何发生，受害人是否得到了妥善安置。

危机事件中，时间紧迫，情况变化很快，公安机关需要抓住重点议题，各个击破，有针对性地进行回应和应对，引导舆论走势，并通过议题转换，化被动为主动，让公安机关的行动与媒体传播的影响力相结合，在公众中形成讨论话题，实现合力效应。

（三）媒介管理

涉警危机发生后，公安机关要控制好对外发布的所有信息，对外发布的信息都必须经过精心准备、严格审核，确保信息输出的准确性和可控性。此外，公安机关还要做好危机中的媒介管理。危机媒介管理主要是指危机传播过程中，对传统媒体、新媒体等各类信息发布渠道的调控。

做好媒介管理，主要从以下几个方面着手：第一，应该根据涉警危机中目标对象的媒介使用情况、涉警危机舆情传播的主要载体，选择适当的信息渠道，善于利用广播、电视、报纸、网络媒体等各自的不同优势进行传播。如果涉警危机重大，影响面广，各种媒体都有反映，公安机关就应该选择多种媒体来进行传播。第二，应根据涉警事件的严重程度和影响范围来选择媒体参加新闻发布会，或主动向其提供信息。如果涉警危机事件的影响范围涉及公众利益，社会关注度高，警方就应该邀请在全国有影响的媒体参加新闻发布会；如果涉警事件的影响范围只限于本地，警方邀请当地媒体记者即可；如果涉警事件的专业性很强，发布会要注意邀请专业记者，这样更便于沟通。“公安对口”记者，对公安工作可能更了解。在选择媒体时，也要注意发挥公安微博、微信等自媒体的作用。第三，发生涉警危机事件后，要时刻监测传统媒体和新媒体的议程，积极加强与媒体、意见领袖的沟通、对话，施加影响，积极引导媒体议程，引导舆论朝有利于涉警危机事件处置的方向转变。

（四）危机修辞

公安机关在危机事件处置过程中，不仅要注意沟通的态度和内容，同时也要注意沟通传递信息的表达方式。

学者胡百精指出，在危机中，良好的修辞有助于发起和维系利益各方的对话，循证真相和真理，解释和解决问题，促进危机管理者和利益相关者的共识和互惠。修辞固然替代不了应急救困、价值救赎和利害补偿，但可以提升它们的效率和质量。事实上，良好的修辞未必拯救危机，而糟糕的修辞一定恶化危机。

在危机事件中，公安机关和民警恰当的危机修辞，可以减少公众对警方的指责，维护警察形象；反之，不当的危机修辞，会滋生新的热点话题或谣言，或进一步恶化涉警危机，破坏公安机关公信力。例如，2010 年 8 月 24 日，黑龙江伊春发生坠机事故。在伊春市殡仪馆附近，接连发生四起采访空难事故的记者遭警察扣留事件。事件发生后，在当地采访的十余家媒体记者，要求警方释放 4 名记者。两个小时后，被扣记者重获自由。伊春市公安局伊春区分局一崔姓局长向在场十余家媒体记者道歉时说，“我以我个人的名义，向在这次事件中受委屈的记者表示歉意。”“发生这次不愉快事件，谁都不愿意看见，我刑警出身，是个粗人，希望文化素质较高的记者们能够理解。”“刚刚发生过‘8·16’爆炸，又来了‘8·24’空难，连续工作的警员，包括我在内，心情都难免有些急躁。”他保证说，今后此类事件将不再发生。此案例中，崔姓局长的道歉不仅未能起到化解危机的作用，反而又引发了新的话题。

综合学者研究和涉警危机修辞实践，警方危机修辞中，应该坚持如下理念：第一，要真诚坦率，构建信任。在涉警危机中，公安机关要积极主动化解危机，在第一时间表明真诚坦率的声明，及时发布已经掌握并经核实的信息，承诺对涉警危机的依法处理，并及时向公众通报涉警危机事件的处理进度。第二，要体现人文关怀。危机事件发生后，公众往往处于恐惧和慌乱之中，公安机关应尽力展现对弱者和受害者及其家属的关心和同情。如果善于在修辞中合理运用情感原则，可以缓解媒体和公众的不满情绪，有利于危机的最终处置。第三，要逻辑清晰。涉警危机修辞要能够自圆其说，逻辑清晰，无懈可击，同时倾听各方意见。如果前后矛盾、语气生硬、态度生冷，必将引发新的危机。

此外，涉警危机修辞中，公安机关要善于使用故事化表达方式，善于讲好警察故事。胡百精认为讲故事的好处是明显的：其一，故事能设置媒体和公众议程，并成为媒体报道的核心内容与开展进一步采访的线索。合适的故事素材，能让公众主动传播，并能成为可以持久记忆的话题。其二，故事具有真实感，可以承载实时信息并能传达意见信息。故事比冰冷生硬的公文辞令更有现场感和参与感。其三，好的故事能够突出人性光辉，因而在情感动员方面有重要作用。在故事中，有血有肉的人格化组织形象得到凸显。公安机关从来不缺一流的故事，而是缺乏一流的表达。危机修辞中，警方要善于讲好警察故事，讲好故事有时会起到事半功倍的效果。

（五）形象修复

形象修复理论最初由美国传播学者班尼特提出。形象修复理论在危机传播领域有着重要的影响，其具体主张是，当组织面临危机时，首要目标就是恢复和保护组织形象。涉警危机发生后，警察组织的形象和公信力可能都会受到严重影响，危机形象修复工作非常重要。

胡百精认为，公众的态度及其对组织责任的认定，是影响组织形象修复的前提条件。倘若组织忽略了这一前提，想当然地承担或拒绝自己“事实上”的责任，则很难修复和改善自身形象。无论顺应、引导还是抗击，都存在一个“度”的问题，管理者应牢记“过犹不及”的古训。

涉警危机发生后，公安机关短期的修复策略主要包括表明态度、责任切割、公布真相。

面对危机，及时表明态度，并非低声下气，而是向公众展示一种负责任、有担当的组织形象。对于公安机关有明显责任的危机事件，应该第一时间诚恳认错，主动承担危机责任，不能找理由、找借口。比如，2009 年陕西丹凤“2·10”刑讯逼供致人死亡案发生后，公安机关未能在第一时间表明态度、公布事实，反而找借口，企图掩盖真相，最后引发舆论高度关注。

对于已经证实危机并不存在，或公安机关在危机中没有责任的情况，要利用各种必要手段，及时告知利益相关方危机并不存在，或者于己无关，但如果此次危机给公众造成了生命财产或其他方面的重大损失，警方应该表达同情，给予人文关怀，表达立场。

对暂时不能明确公安机关是否有责任的，公安机关可以作出一种假设，即如果责任在公安机关会如何，责任不在公安机关又将如何。比如，如果媒体质疑公安民警有重大违法犯罪嫌疑，在警方没有调查清楚之前，警方可以表明以下态度：如果经调查发现公安民警有违法犯罪行为，一定会依法查处，绝不姑息。

责任切割并非推卸责任，而是正确划分权责。危机发生后，在权责关系十分明确的基础上，公安机关要及时切割责任，防止代人受过、"躺着中枪"，同时也要注意防止舆论引导不当，"引火上身"。

第一时间表明态度、切割责任、积极调查，然后公布真相，这是形象修复的必经之路。

长期的形象修复则需要警方不断加强自身建设，提升公安机关的战斗力、亲和力，不断加强警察公共关系建设，积极构建和谐的警民关系，赢得公众的理解支持。

本章小结...

当前，公安机关面临执法环境的复杂性前所未有，各级公安机关和公安民警要深刻认识全媒时代做好舆论引导工作的重要性，坚持把正确引导社会舆论作为事关公安工作和队伍建设全局的大事来抓，妥善应对涉警突发敏感案（事）件舆情，密切跟踪社会舆情动态，健全完善舆情监测预测、分析研判、风险评估、部门协同、快速反应、新闻发布和危机传播管理等工作机制，提升全体公安民警对新闻媒介及媒介信息的综合认知、解读、评判以及舆论引导的基本素质和实际能力，努力形成公安舆论引导工作新常态，努力构建和谐警民（媒）关系。

课程思路...

公安新闻传播管理要坚持理论性和实践性相统一，自觉运用马克思主义新闻观和"对党忠诚、服务人民、执法公正、纪律严明"的核心价值观去辨别是非、引领工作创新。充分认识当下公安新闻传播工作取得的成绩和面临的风险挑战，不仅要从鲜活的个案中汲取经验知识，更要增强对公安新闻传播工作的政治认同、理论认同和价值认同。

思考与练习...

1. 当前涉警舆情有何特点？如何监测、研判涉警舆情？
2. 涉警信息发布的形式有哪些？组织一场新闻发布会应该注意哪些问题？
3. 思考一下涉警突发敏感案（事）件的舆论引导策略。
4. 了解涉警危机传播管理的程序和策略。
5. 阅读以下案例，以小组演练的方式模拟召开一场新闻发布会。

×年×月×日9时10分左右，×市交警一大队民警在对一辆车号为×的小型面包车例行检查时，该驾驶员不仅拒绝检查，反而加大油门冲卡，并持手枪威胁开枪。民警王××即向市公安局110指挥中心报告,要求增派警力。

在接到情况报告后,市公安局立即出警前往支援处置。该驾驶员(犯罪嫌疑人)突然掉头冲撞民警王××驾驶的警车,并向警车连开数枪,其中四枪打中警车,并伤及一名过路群众,犯罪嫌疑人一路狂奔。在民警追击至×大桥时,收到市公安局110指挥中心指令调度的市防巡支队三辆警车,迎头成功将犯罪嫌疑人车辆逼停。此时,犯罪嫌疑人跳下车,持枪挟持一名过路群众,与赶赴现场的民警对峙。随后,犯罪嫌疑人放弃过路挟持的人质,逃至×大桥南侧一网吧内,并劫持了网吧内11名人员。

经过7个多小时的劝说和谈判,犯罪嫌疑人李某于16时30分向警方缴械投降,11名人质均被成功解救。当场缴获仿六四手枪5只、土制手雷4枚、子弹31发。

本章核心问题？

警察公共关系人际沟通的基本原理是什么？警察公共关系人际沟通中有哪些基本的策略和技巧？警察公共关系人际沟通有哪些重要的礼仪？

第八章　警察公共关系的人际沟通与礼仪

第一节　警察公共关系人际沟通的基本原理

一、基本概念

(一)人际沟通

人际沟通是人类沟通活动中最基本的沟通形式之一,是“人们运用语言符号系统或非语言符号系统传递信息和情感的过程,其目的在于分享信息、传达思想、交流感情和表达意愿,通过沟通影响别人和调节自己的行为”。人际沟通带有极强的目的性,首先人际沟通是传递信息的行为,这些信息从传递者传递给受者,受者还要充分理解。良好的人际沟通不仅使沟通双方达成一致意见,而且要准确理解并传达信息的含义。因此人际沟通是指人们在互动过程中,通过某种途径和方式,传递信息、沟通思想和交流情感以实现自己某种既定目标的活动,是一个双向、互动、反馈与理解的过程。

PAC 人际交往理论

这种分析理论认为,个体的个性是由 3 种比重不同的心理状态构成,即“父母”(Parent)、“成人”(Adult)、“儿童”(Child)状态。取这 3 个英文单词的第 1 个字母,简称人格结构的 PAC 分析。“PAC”理论把个人的“自我”划分为“父母”、“成人”、“儿童”3

种状态，这3种状态在每个人身上都交互存在，也就是说这三者是构成人类多重天性的3种成分。

“父母”状态以权威和优越感为标志，通常表现为统治、训斥、责骂等家长制作风。当一个人的人格结构中P成分占优势时，这种人的行为表现为凭主观印象办事、独断独行、滥用权威，这种人讲起话来总是“你应该”“你不能”“你必须”……

“成人”状态表现为注重事实根据和善于进行客观理智的分析。这种人能从过去存储的经验中，估计各种可能性，然后作出决策。当一个人的人格结构中A成分占优势时，这种人的行为表现为：待人接物冷静，慎思明断，尊重别人。这种人讲起话来总是：“我个人的想法是……”

“儿童”状态像婴幼儿的冲动，表现为服从和任人摆布。一会儿逗人可爱，一会儿乱发脾气。当一个人的人格结构中C成分占优势时，其行为表现为遇事畏缩、感情用事、喜怒无常、不加考虑。这种人讲起话来总是“我猜想……”“我不知道……”

根据PAC理论，人与人相互作用时的心理状态有时是平行的，如父母——父母、成人——成人、儿童——儿童。在这种情况下，对话会无限制地继续下去。如果遇到相互交叉作用，出现父母——成人、父母——儿童、成人——儿童状态，人际交流就会受到影响，信息沟通就会出现中断。最理想的相互作用是成人刺激——成人反应。

根据PAC分析理论，以下10种类型人际交往比较常见：

(1)PP对PP型。在这种类型中，甲乙双方都表现出一种颐指气使的武断。如甲方说：“你把这任务完成一下。”乙方却说：“你不见我正忙着吗？找别人干去吧！”

(2)AA对AA型。在这种交流类型中，双方都能以理智的态度对待对方。如甲问：“你能把这项任务完成吗？”乙说：“如果没有什么干扰，我想是能够的。”

(3)CC对CC型。在这种类型中，甲乙双方都易诉之于感情。比如甲说：“过不到一起干脆离婚。”乙答：“离就离，谁离不开谁呢！”

(4)PC对CP型。在这种交流类型中，甲乙双方表现出权威和服从的行为，即甲方以长者自居对待乙方，乙方亦能服服帖帖不以为然。如甲作为上级对乙说：“这件事完不成要受批评。”乙作为下级回答：“真完不成，我甘愿接受批评。”

(5)CA对AC型。在这种交流类型中，一方表现为小孩子脾气，而另一方则表现为有理智的行为，这在同事之间、夫妻之间经常会发生。

(6)PA对AP型。在这种交流类型中，甲方表现为有理智，但又担心自己控制不住自己。为此，甲方经常要求乙方担任P的角色，起到对甲方的监督和防范作用。这在上下级、同事、夫妻之间经常会发生和利用这种类型的相互作用。

(7)PC对AA型。在这种交流类型中，甲方要求乙方以理智对待他，但乙方则以高压方式对待甲方，这在上下级、同事之间经常发生。

(8)CP对AA型。在这种交流类型中，甲方讲理智，而乙方却易感情用事，这种现象也经常发生在不同人之间的交流中。

(9)PC对PC型。在这种交流类型中，一方采取命令式而另一方不服，也采取同样方式回敬。这种交流方式必然会引起矛盾冲突。这经常表现在上下级、家长和子女之间。

(10)CP 对 CP 型。在这种交流型中,甲乙双方都把对方作为权威看待而表现出一种服从的意向,这在同事和朋友之间经常发生。

(二)警察公共关系人际沟通

警察公共关系人际沟通,是公安机关实现与公众的良性互动,争取公众的理解和支持,优化执法环境,提高影响力的活动。常见的警察公共关系人际沟通的方式有:面对面的沟通、书面沟通、电话沟通、网络沟通和会议沟通。

警方与公众的关系是警务训练中的一个重要方面,在警察公共关系中,人际沟通是警务人员需要学习的重要技能。警察公共关系的人际沟通是实现警察和公众良性互动的基本功之一。警察具备足够的人际沟通素养,有利于集思广益、作出正确决策;有利于联络感情,密切警民关系;有利于统一思想,营造团队氛围;有利于化解矛盾,维护社会稳定;有利于团结协作,提高工作绩效。总之,良好的警察公共关系人际沟通不但可以提高执法服务能力,还可以提高警察影响力,提高警察在公众心目中的地位和形象。

二、警察公共关系人际沟通的基本原理

(一)平等与尊重的人际沟通态度

人际沟通活动中,以什么样的态度开始沟通,或居高临下,或俯首帖耳,或盛气凌人,或平易近人,这是每个人在沟通开始前都在思考的问题。以下这些轻视沟通对象的想法都是违背平等精神的。"群众素质这么低,给他说什么他都难以理解!""这些人就是这样的,不识好歹,同他好好说是没有用的!""同这些人说话,不凶点不行!"出现这种沟通态度问题的关键在于需要清楚警察公共关系人际沟通的目是什么,弄清楚目的,态度的问题就迎刃而解了。

人们展开人际沟通活动的目的是实现信息的互通,情感的交流。换言之,就是要实现双向的沟通。既然要实现双向的沟通,那么就必须以平等的姿态展开对话。如果某一方处于弱势,那么就会有所顾忌,必不能"知无不言,言无不尽";同样,处于强势的一方,也会存有心理优越感。这导致的结果都一样,无法实现真正的沟通。因此,平等与自信是展开人际沟通活动的前提,缺少此前提,人际沟通将出现"沟而不通"的异化现象。需要把坚持平等沟通原则贯彻到警察公共关系工作始终,抛弃以自我为中心的旧的传统观念,根除以上对下、唯我独大的特权思想。

警察公共关系人际沟通的尊重是指尊重他人的人格和尊严,尊重他人的思想感情,尊重他人的风俗习惯等。以平等的态度与人交流,这是尊重的前提。

(二)法律性和服务性的沟通语言

法律性和服务性的沟通用语取决于警察的职业角色。公安机关是集执法、管理、服务多

元职能于一身的行政机关,承担着打击犯罪、维护治安、服务群众的神圣职责。警察是社会治安的卫士,它代表执政党、国家和政府执法。警察的警务用语能力,即在警务工作中使用语言的水平、在警务工作中塑造语言形象的能力,维系着国家与法律的尊严,事关大局。因此,警察语言的职业特性便体现出如下几个特点:

第一,法律性。法律性是警察语言的核心特征。警察是基层执法者,法律赋予其执法权力。这就要求警察在执法中必须始终坚持以事实为依据,以法律为准绳,在工作中使用"法言法语"。法律性还要求警察在执法中必须做到严肃、严谨、准确和公正。

第二,服务性。中国警察的工作对象是全员的,中国境内的所有公民都是警察组织管理与服务的对象。警察在完成各种警务工作的同时,还要设法建立警察组织与公众之间合作与和谐的关系。"警力有限,民力无穷"。公安工作迫切需要人民群众的大力支持与配合。在人际沟通用语方面,服务性主要体现为通俗、实用、礼貌与真诚。

(三)持续、及时和主动的人际沟通模式

警察公共关系人际沟通是不间断的,尤其在当下改革和危机多发时期更需如此。当公众需要获取信息却通过正当途径得不到时,会通过非正式渠道寻求。因此,为了防止小道消息和不实报道,必须保持人际沟通的持续、及时和主动。

此外,警察公共关系涉及公安机关的公信力,对外部公众的沟通也需要采取及时主动的人际沟通模式。例如,民警在处理群众投诉时,需要注意以下几点:一要主动热情接待投诉群众,二要在自己职责范围内尽力满足群众的要求,三要及时转告处理结果。对以信函或电话方式进行的投诉一定要及时处理,并将结果反馈给投诉群众。

警察公共关系的内部人际沟通一样需要及时和主动。下级向上级的请示汇报需要及时主动。只有及时主动的沟通,彼此才会相互了解、尊重和信任。同事之间的工作协作更需要及时和主动,只有及时主动的沟通,才可以更好地分工协作,提高工作效率。同时,同事之间的及时关怀会让生活充满人情味,工作之余的促膝谈心、重要日子的祝福和慰问往往可以减轻繁忙工作压力,成为工作的润滑剂。

(四)沟通质量上注重原则性和灵活性相统一

人民警察的活动准则和其他社会组织有明显的区别,具有明确的原则性。警察公共关系人际沟通的原则性首先体现在守纪。早在 2005 年,公安部先后发布《关于进一步加强和改进公安舆论引导工作的通知》和《关于加强和改进案件采访报道管理工作的通知》两个文件。这两个通知进一步规范了舆论引导工作,公安机关特别是领导干部应切实增强保密意识,严格公安新闻宣传纪律。警务人员接受媒体记者采访时,不得介绍侦查手段;不得过细介绍作案手段;不得泄露当事人的个人资料和隐私;不得擅自对案件定性;不得介绍审讯方法、策略和技巧,等等。当面对媒体记者的追问时,警务人员必须在严格遵循这些原则的基础上灵活应对,做到有理、有礼、有节。

警察公共关系人际沟通的原则性还体现为互利双赢。警务人员在与上级沟通时需要把握的原则有:尊重而不逢迎,服从而不盲从,自尊而不傲慢,到位而不越位。同事之间的沟通

需要把握的原则有:尊重而不轻蔑,宽容而不计较,配合而不越位,补台而不拆台。与下级沟通时需要把握的原则有:民主而不武断,信任而不猜疑,激励而不训斥,理解而不抱怨。

警察公共关系人际沟通的灵活性体现在:注意不同的对象,注意沟通的话题,注意沟通的场合。要依据对方的身份、职业、经历、文化素质、思想、性格、处境、心情等,采取不同的策略,用不同的语言表达。

原则性和灵活性的统一体现在警察公共关系的内部沟通和外部沟通中。比如,内部的人际沟通中,与领导沟通时,需要尊重其权威而不轻慢,遵守其指令而不违抗。汇报工作时,要开门见山、简明扼要,切勿拐弯抹角、拖泥带水,要开诚布公。与同事沟通时需要求同存异。就是通常所说的求大同,存小异。大同,是指同事间共同维护的重大原则,以及共同追求的基本目标、根本利益;小异,是指同事之间由于对同一事物的认识不一致而产生的意见分歧。与外部公众的沟通中,针对具体的沟通对象,采取不同的沟通策略,努力做到以诚感人、以情暖人、以理服人、以公信人、以智导人、以礼赢人。

第二节　警察公共关系人际沟通的策略与技巧

一、警察公共关系人际沟通的基本策略与技巧

警察公共关系建设中,说话是重要的人际沟通活动,在人际交往中一般需要考虑对方的知识水平、理解能力,观察对方的思想性格、精神状态,选择对方乐于接受的方式来表达,这样往往能收到良好的沟通效果。

(一)以恰当的话题展开交谈

交谈之前,选择恰当的话题是十分重要的,只有选对了话题,交谈才能继续进行。俗话说“话不投机半句多”。话题选择不对,那交谈将变成一个人的独白。特别是在彼此都不熟悉的情况下,比较难以选择话题。关于所选的话题,首先应选既定的话题,即双方已经约定,或一方先期准备好的话题,如征求意见、传递信息、研究工作等。其次,选择轻松的话题,包括天气状况、风土人情、休闲娱乐等。这类话题令人轻松愉快、身心放松,适用于非正式交谈,允许对话者各抒己见,任意发挥。公职人员关注的多是时政、国家大事,男人多关心事业、个人的专业,妇女对家庭、物价、孩子等更容易津津乐道。

当然,在交谈中,需要顾及谈话对象的个人忌讳。冒犯性的谈话、批评与抱怨是有损交谈的。冒犯会招致进一步的冒犯,由言语上的冒犯进而导致身体上的冒犯。不讲方法的批评与抱怨会带来消极的沟通。

注意用事实和数据说话。事实和数据是客观事物的具体表现,比任何描述和个人感受都更有说服力,同时也能增强自己的信心。

沟通中最好站在对方的角度,事先考虑好对方会提什么样的问题。另外需要扩大话题储备,关注社会现实生活,有意识地加以记忆和积累。

(二)不卑不亢,语气平静

语气平静,把握交谈的尺度。与领导交谈,不唯唯诺诺,一味地附和。与领导谈话时,要采取委婉的语气,不可意气用事,更不能放任自己的情绪。与同事沟通,看问题需要有自己的立场和观点,在必要的场合,只要是从工作出发,摆事实、讲道理,也不必害怕表达出自己的不同观点。在执法的过程中,与公众谈话也需要做到不卑不亢,不颐指气使,说话掷地有声,语气平静。

案例分析…

陈先生开车回家途中,不知道什么原因,交叉口处两位交警打手势让他直行。陈先生回家只有左转这条路便捷,别的路都不方便。所以陈先生就把车开到警察身边,想说他需要左转。陈先生刚把车窗摇下,还没等他开口,只见警察指着他的鼻子说:“你看不懂我让你直行的手势吗? 你到底是怎么回事?”

陈先生:“我回家必须左转,其他的路都不好走。”

警察:“让你走,你就走! 就是不让左转!”

陈先生:“那我怎么回家?”

警察:“你难道连调头都不会吗?”

很明显,这位警察选择的沟通方式是指责、命令、嘲讽。从开始到最后,他始终没有告诉对方为什么不能左转。

评析:如果这位警察用平静的口气说:“今天有特殊情况,不让左转,请在前方调头。”与前面的比较,沟通效果可能会截然相反。

(三)不回避冲突,谋求共赢

警察公共关系的人际沟通中,经常面临着人际冲突。当两个或更多的个体感觉到他们的态度、行为或偏好的目标是对立的时候,往往会产生人际冲突。角色冲突、角色模糊和人格差异是引起冲突的重要原因。了解到这一点,警务人员在面对冲突时,要不回避冲突,通过磋商式的谈判解决面临的问题。在谈判前需要弄清楚冲突的性质是什么?

为谋求共赢,需要做好充分的准备和计划,确定自己和对方达成协议的最佳方案和能接受的方案。制订出计划后,可以就谈判界定基本规则和程序,在相互交换了最初的观点后,和对方就自己的提议进行解释、阐明、澄清、论证和辩论。这一阶段不一定非是对抗性的,它可以是双方就问题进行交换信息。在谈判中,一般遵循以下准则:以积极主动的态度谈;构建开放和信任的气氛;针对问题,不针对人,把事情和人区分开来;坚持使用客观的标准,运用诸如专家意见、惯例或法律来讨论谈判的条件;寻求能够使自己和对方共赢的解决方法。

警察公共关系人际沟通本身就是沟通双方互相影响的过程。在充分考虑个人需求、充分表达自己想法的同时,又能设身处地替对方考虑,并使二者达到平衡。互利双赢不能简单理解为等价交换或物质、经济上的相互给予，而应当理解为双方互相支持、互相帮助。这里既有物质上的相互扶持，更有心理及情感上的相互慰藉和满足。

（四）注重说服的策略

在警察公共关系的人际沟通中，说服是指警察不直接依靠（或最低限度地保留）强制性权威而主要利用语言及其相关因素影响他人态度、行为的言语活动。说服是改变或者强化态度、信念或行为的过程。说服的过程是思想、观点的交锋，也是沟通的重要方面。说服不是辩论，但有时它的热烈程度却胜于辩论。说服需要把握和分析对方的心理，考虑对方的性格、素养，以乐于接受的形式说出来。

首先，需要用事实说话。说服的目的是要使对方由不知到知，由知到信，由信到服。因此说服需要运用大量事实，且必须是双方都能认同的事实。除了观点正确、事实清楚，还需要严密的逻辑。

其次，说服也需讲究方法策略，以生硬的语气去说服别人，得到的只能是失败，要选择对方乐于接受的方式去表达，动之以情晓之以理。

在说服艺术中，动之以情晓之以理是常用方法，但也是最难把握的方法。其一，动之以情，必须是自己的真情流露，才能打动对方；其二，晓之以理，必须自己先明白道理，才能准确向对方表达。

（五）注重拒绝的策略

拒绝是对他人意愿、行为的一种直接或间接的否定。实际上拒绝就是不接受，包括不接受对方希望你接受的观点（意见）、礼物和要（请）求等。拒绝可以采用以下几种方式：

一是直接拒绝。直接拒绝就是将拒绝之意当场讲明。采取此法时，重要的是应当避免态度生硬，并需要把拒绝的原因讲明白，有时还可以向对方致歉。例如，“对不起，谢谢，这样做对我不合适”，或“对不起，这次我真的无法帮忙”。

二是婉言拒绝。婉言拒绝就是运用委婉的语言，暗示对方无法完成请求。比如，有一位朋友不请自到，而此时你正忙于工作无法接待，可以在见面之初，一面真诚地对其表示欢迎，一面婉言相告：“我本来是要参加例会的，可您这位稀客驾到，我岂敢怠慢。所以专门告假5分钟，特来跟您叙一叙。”这句话的话外音就是暗示对方“只能谈5分钟时间”。

三是沉默拒绝。沉默拒绝就是在面对难以回答的问题时，暂时中止“发言”，一言不发，或者运用摆手、摇头、耸肩、皱眉、转身等身体语言表示自己拒绝的态度。

礼貌拒绝对方的方法还有很多，如让步拒绝法、预言拒绝法、提问拒绝法等。其实不论选择什么拒绝方法，关键要表明态度，同时做到不伤害对方的感情，保护自身形象。

（六）言辞幽默，调节气氛

幽默的言辞能使尴尬的场面变得轻松、缓和，能化解小矛盾；幽默的语言，具有愉悦、审美、批评、教育、讽刺等作用，能增强沟通的生动性和亲切感；幽默言辞的表现形式很多，如一语双关、正话反说、夸张渲染、借题发挥等。

案例分析…

一个小镇开了一家酒店，店老板脾气非常暴躁，听不得别人说半句坏话。一天中午，一个路人停下了吃饭，要了一瓶酒和一些菜。刚喝了一口酒，忍不住叫了起来："酒好酸！"酒店老板大怒，双方发生争执。一巡逻民警路过，看到老板要打客人连忙阻止，并询问店老板："老板为什么打人？"

老板说："我卖的酒远近闻名，这人偏说我的酒是酸的，你说该打不该打？"

那个顾客说："酒就是酸的，你还坑人。不信让警察尝尝，让他评评理。"

这可是一个难题。自家酿的酒本来就有酸味，可酸度多少从来没有一个标准，更何况此事关系各自的利益和面子。

只见这位警察说："让我尝尝。"

老板递给他一杯酒，警察刚尝了一口就连忙放下杯子，眼睛、眉毛都酸得皱在一起，脱口道："你还是把他放了，打我两棍子吧。"

一听这话，整个店的人都哄堂大笑起来。店老板也笑了。于是，一句诙谐幽默的话就把一场纷争给平息了。

评析：幽默的语言在某些场合下会产生神奇的效果。当矛盾发生时，只有那些缺少幽默感的人会把事情弄得越来越僵，而幽默者则能使胶着的气氛变得和顺、自然。

除此以外，在交谈中还有一些技巧，比如，表情生动与语调明朗展现个人魅力。表情代表人的心理活动，往往是多种情感交织的结果，在人际沟通活动中，表情生动说明其专注于沟通；明朗清晰的语调是性格的外化，能清晰表达观点，让对方理解说话人想传递的信息。生动的表情与明朗的语调往往能使人散发出独特的个人魅力。

例如，适当的沉默，以达到无声胜有声的效果。沉默是一种无声的回应，谈话进行过程中，适当的沉默留给自己充足的思考时间，同时往往也会让对方感受到尊重与压力，这样就能牢牢把握住交谈的主动权，以达到无声胜有声的效果。又如，融入感情，以真情打动人。情感是沟通的桥梁，以情感人，才能以理服人。交谈过程中，真诚的情感能产生巨大影响，能唤起对方的热情，有震撼人心的力量。有人提出，警察这个职业可被归类为"情感劳工"，因为他们需要在日常生活和不同场合中灵活运用自己的感情来完成工作。

二、与媒体沟通的策略和技巧

与媒体沟通，始终要关注的问题在于不仅要实现公安机关舆论引导的目的，而且要帮助媒体达到目标，而不是媒体能为公安机关做些什么，这就是共赢。公安机关与媒体沟通的目的是通过媒体树立公安机关的良好形象，赢得公众的理解和支持，促进公安工作的顺利开展。媒体与公安机关沟通的目的是获取有价值的新闻，扩大自身的影响力，增强其经济和社会效益，沟通双方的目标不同。因此，与媒体沟通更需要讲究策略和技巧。

（一）电话采访

警务人员尽量不要接受媒体记者的电话采访，因为在电话中无法确认对方的身份，效果

也难以控制。即使同意接受电话采访,也应该注意以下问题:

(1)不要立即同意或拒绝采访。可答复对方说:“对不起,我现在不便接受采访,请留下您的姓名、单位和联系方式,稍后我跟您联系。”然后准备相关材料或向上级请示。

(2)了解对方采访的目的以及准备报道的角度。

(3)接受电话采访时态度始终要友好、礼貌、诚实。

(4)尽量缩短电话采访时间,只谈一些总体性的框架,不要深入到细节。语气要保持职业化,不要说任何自己不想见报或被播出的话。

(5)遇到名称、术语、有歧义的词语等,要告诉对方怎么写,以免产生不必要的误解。

(6)如果不能接受对方的采访,要有礼貌地告诉对方不能接受采访的原因,并主动地向对方推荐其他潜在的信息来源或能够接受采访的人。

(二)面对面采访

1. 采访前与媒体记者沟通策略

在采访前,应尽力查明媒体记者的议程安排,研究他的刊物或广播电视节目的类型、记者的采访风格、新闻受众群体等。除此之外,还需要向打算采访的媒体记者提出以下几个问题:

(1)报道的意向是什么?了解这个问题,可以使自己收集、参考适当的资料,保证自己列举出的数字和事实论据可靠并具有针对性。

(2)是否采访其他人?如果记者还要采访自己所在单位的几位领导,那么就应当对自己的回答进行相应的调整。例如,“您可以向吴副局长了解这个问题,在我们单位,他分管这项工作,他是回答这个问题的权威。我主管的领域是……”

(3)采访需要占用多少时间?了解这一个问题可以对采访的长度作一个设计。

(4)文章篇幅或广播电视报道的时间是多少?这一信息可以为自己的回答建立合适的框架。如果篇幅不够或时间不多,那就要言简意赅地回答问题,如果篇幅或时间较为充裕,那就需要给出一个更长的、经过深思熟虑的答案。

(5)需要什么档案、照片或录像资料?事先准备一些有助于采访的档案、照片或录像资料,一方面可以给自己一些提示,另一方面在必要时可以呈现给媒体记者。

2. 采访时的言语沟通技巧

(1)与媒体沟通不要激怒记者,制造敌人。遵守公安机关新闻宣传的相关规定,说自己知道的,说自己可以说的和应当说的话,以真诚的态度对待记者,不漫不经心,不官气十足,不逃避采访。

(2)回答媒体记者的提问,要使自己的语言符合“三六九”原则的要求。三,是指发言要短,时间控制在30秒左右;六,是指六年级的小孩都能听得懂;九,是指语速最好保持在30秒90个字。

(3)表达数字的技巧。数字是非常有说服力的论据,要告诉记者这些数字的意义是什么。

(4)回答生疏棘手问题的技巧。当媒体记者提出一个自己不知道答案的问题时,不能猜测，更不要撒谎，应当如实告诉对方自己不知道，并主动提出愿意帮对方进行查询。

(5)应对恶意刁难问题的技巧。如果能够确认媒体记者完全是出于恶意刁难和故意诋毁而向我们提问，必须予以适当的还击，可以简单地回答："我非常尊重你，但我不尊重这个问题。"

(6)回避机密敏感问题的技巧。当媒体记者提出一个自己知道答案但却不能说的问题时，要委婉地说明原因，表明自己对记者的信任，而不要简单地采取"无可奉告"的态度。这种情况直接回答记者："对不起，案件正在调查，我现在还不能回答您的问题。"或"抱歉，我没有权利回答您的问题，建议您到市级公安机关新闻发言人办公室询问准确的情况"。当媒体记者提出一个敏感问题时，要委婉地回避，回答问题时宜简不宜繁，不纠缠细节，不具体应对，不直接评论。

案例分析…

有一媒体记者在某公安机关"扫黑除恶"专项行动新闻发布会上采访新闻发言人。记者问：目前，在"扫黑除恶"专项行动中，发现有多少公安民警作为黑恶势力的"保护伞"？新闻发言人：我不能保证我们的每一个民警都没有参与充当黑恶势力的"保护伞"，但我可以保证，我们公安机关对这个问题是严肃对待的，发现一个查处一个，绝不姑息。

评析：对这个问题的回答有很大的风险，要是说没有，可这方面的信息可能又恰恰被记者所掌握，就会当众说谎；要是说有，接下来记者会穷追猛打，"他们是谁"等问题会接踵而至，回答敏感问题的技巧之一是只谈原则，不谈细节。

三、与犯罪嫌疑人的沟通策略和技巧

有人认为："大多数犯罪嫌疑人拒绝认罪是因为他们羞于承认自己的行为以及不愿承担法律后果。如果要揭示真相，一定程度的欺骗和操控是必需的。"这种警方讯问思路已经被认为是导致冤案上升的罪魁祸首了，因此，讯问犯罪嫌疑人必须摆脱这种逼供式的沟通方式。

(一)保持开放的姿态和冷静

讯问嫌犯，时常会面临敌意。这些人也许不想和你交谈，至少一开始不想，所以他们会带有攻击性。重要的是，不要以眼还眼，以牙还牙，而是要打破这种冲突循环。保持冷静和开放的姿态，你的行为和态度会影响到他的行为和态度。你应该设法使他们冷静下来，因此，作为一个警察，你应该树立好的榜样，表现出合适的行为。巴特利模型(见图8-1)对于警察来说是一种在任何场合中都很有效的人际交往技能。

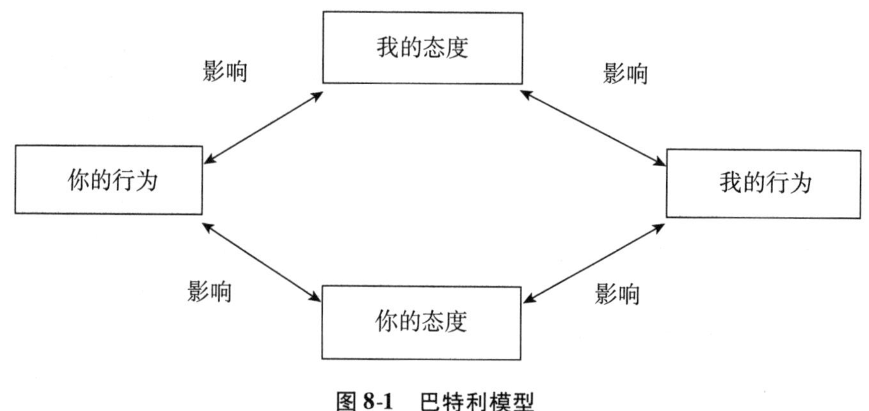

图 8-1　巴特利模型

巴特利模型又被称为冲突循环，是一个简单的模型，它说明了行为和态度的关系，具体来说，指的是一个人的行为和态度如何影响另一个人的行为和态度。

（二）最小化策略

最小化策略是通过对嫌犯表示同情，对其犯罪行为进行合理化解释，表示他人也会这么做，从认知上降低其犯罪行为的严重性、缩小其道德上的内疚感，以此减轻嫌犯的罪责感和畏罪的心理压力，并使嫌犯在心理上对讯问人员产生信任感和安全感，从而促使其向供述心理转化。这类似于动机访谈，它寻求的不是直接说服，而是消除嫌犯说出实话的担心，例如法律后果和羞耻感。使用动机访谈的策略，如弱化标签（可以给人安全感）、弱化消极因素（如惩罚）、利用对自我动机陈述的反思、强化个人选择、了解承认的困难，均有助于降低自我保护策略。

知识拓展…

在一次询问中，犯罪嫌疑人开始时态度蛮横、拒不合作，与警察针锋相对。但是，警察没有硬碰硬，而是采用了积极策略，关注犯罪嫌疑人的兴趣。谈及犯罪嫌疑人从知识青年到干部的身份转变，照顾了犯罪嫌疑人的心理，从而产生了积极效果。犯罪嫌疑人开始讲述自己的辉煌历史，对立气氛得以缓解。但是，当问到要害问题时，犯罪嫌疑人产生了动摇，侥幸心理开始作怪。犯罪嫌疑人低头犹豫不决。警察采用最小化策略，对其犯罪行为进行合理化解释。犯罪嫌疑人最终供述了犯罪事实。

犯罪嫌疑人：你说实话，你对我这人有什么看法？

警察：据我的观察，你聪明好学，多才多艺，珍重感情，注意名誉，讲义气。但也有缺点，有骄傲情绪和个人英雄主义。这件事的发生就事出有因。

犯罪嫌疑人：在这个时候，能得到你这样的理解和评价，虽死无憾。

（三）最大化策略

最大化策略是通过强化嫌犯不利的证据和犯罪后果的严重性，暗示警方已经掌握了相关的犯罪事实和犯罪证据,犯罪人供与不供都是无关紧要的,同时,诉诸嫌犯的利己之心和合作的重要性,改变嫌犯的内在认知,以增加嫌犯的罪责感和内在的焦虑感,从而击溃嫌犯的心理防线。

(四)换位思考,晓以利害

为实现沟通的目标,要站在对方的立场考虑,从对方的角度说明问题,进而使对方改变自己的态度,达到理想的说服效果。探析沟通对象的心理是一个较为重要的步骤,需要站在对方角度思考自己应该怎么做。

案例分析…

1977 年 8 月,克罗地亚人劫持了美国环球公司从纽约到芝加哥的一架班机,在劫持者与机组人员僵持不下之时,飞机兜了一个大圈,越过蒙特利尔、纽芬兰、伦敦,最终降落在巴黎市郊的机场。

在这里,法国警察打瘪了飞机轮胎。飞机停了 3 天,劫机者同警方僵持不下,法国警方向劫机者发出最后通牒:“喂,伙计们!你们能够做你们想做的任何事情,但美国警察已到了。如果你们放下武器同他们一块儿回美国去,你们将会被判处 2 ~4 年徒刑。”法国警察停顿片刻,目的是让劫机者将这些话听进去。接着又喊:“但是,如果我们不得不逮捕你们的话,按照我们的法律,你们将判死刑。那么你们愿意走哪条路呢?”劫机者被迫投降了。

评析:本例中法国警察在劝说中帮助劫机者冷静地分析客观形式,明确向对方指出了两条道路:投降或者顽抗,面对两条道路,早已心慌意乱的劫机者选择了投降,符合自己的利益。

(五)善于识别谎言

研究者发现,警察会由于刻板印象,在判断上容易犯错。能够识别欺骗并察觉嫌疑人说谎或说实话,这一点对警察来说帮助巨大。对说谎的行为线索的研究,发现说谎者会更倾向于避开目光(不敢看你的眼睛)、手脚乱动、坐立不安以及表现出其他的动作。但是也不尽然,无辜的嫌疑人在接受警方讯问时也可能会变得情绪不稳定,尤其是当他们感到讯问带有强制性和侵略性时更是如此。这时需要综合考虑一些因素。有研究发现,嫌犯说谎时语言中包括了更多错乱、更长的停顿,并且语速更慢。否认犯罪的嫌犯会给出与犯罪行为和犯罪时间无关的情景细节、合理化说辞和辩解。

知识拓展…

讯问的 PEACE 模式

这是一种从控告讯问模式向基于探寻真相、公平和搜集信息的询问模式的转变。

该模式强调要多采用开放式问题，这是伴随搜集证据途径的转变而发生的。PEACE 模式可被分解为：

P——准备（Preparation）和计划（Planning）：包括搜集案件信息，安排讯问并确保到场，以及确定适合的场所。

E——沟通（Engage）和解释（Explain）：这是讯问正式开始时的开场语，要符合法律程序并对其解释（例如告知其权利，解释讯问会涉及的内容等）。

A——说明（Account）：要求讯问对象提供关于事件的说明，并就某些关键点加以澄清和接受对质。

C——结束（Closure）：这个时候讯问者总结询问过程中的要点，并给嫌犯一个补充和更改的机会。

E——评估（Evaluate）：评估在讯问过程中所得到的说明和证据。

研究发现，PEACE 训练法能有效提高讯问技能。PEACE 模式仍然可以作为警察审讯犯罪嫌疑人的框架。

四、与受害者的沟通策略和技巧

提升公众满意度已经成为警察公共关系的一个重要方面，对于我国警察来说，与受害者进行良好的交往，有足够的人际沟通技能，向受害者提供其所需的帮助和建议，比以往任何时候都重要。

（一）建立融洽的关系

警察需要有良好的精神状态，集中精力，随时提醒自己到底要解决什么问题，可以用微笑、开放的姿态和提供保证等交往技巧与受害者建立融洽的关系。注意环境的作用，尝试创造一种轻松的环境，这样可以让受害者觉得他们将会与某些认真接纳他们观点和感受的人一起谈话或沟通。

（二）认知访谈

国外有专家认为认知访谈以有关记忆的研究和理论为基础，由四种记忆提取术构成。一是案件发生时人物与环境背景的“心理重建”，这将帮助对方在思维中重建原本事件的细节，然后更加清晰地回忆整个事件。二是报告所有的内容。鼓励受害者说出所有细节，因为某些人可能会觉得某些信息不重要，不需要报告。警方鼓励受害者和目击者说出所有的细节，哪怕是记忆碎片，而不要去考虑信息的重要性。三是用另一种顺序重新叙述事件。通常情况是按照时间顺序回忆事件，但也可以利用倒叙。四是从不同的角度来报告事件。鼓励对方从不同的角度来回顾案件。认知访谈能够大幅度提升目击者回忆信息的质量和数量。

（三）主动倾听

倾听能力是警察和受害者沟通的关键能力。对于受害者来说，有机会开口并得到倾听是非常重要的。给受害者一个平台，意味着他们更有可能对警方有一种正面的看法，从而更有可能配合警方的询问。

主动倾听须具备以下能力：一是共情。共情关系的建立能够让受害者感到被理解和被接受，有多种方法表达共情，检查是否理解了受害者的叙述，以他的立场来看待事物并将此传达给对方。注意你的姿态、音调和面部表情。尽量做到不打断说话者的话题，打断说话者的话题会导致对方心理上的变化，以至于影响整个沟通进程。但倾听时，也并不是一言不发，偶尔恰到好处的提问、必要的复述，以确定自己是否完全理解了信息都可以表达共情。二是真诚。真诚就是表里如一，不是心不在焉，是设身处地了解受害者的难处。这时语言和非语言交流要保持一致。进行眼神交流非常重要，同时还需要保持开放的心态，不心存偏见。听时，要充满热情，以期待的眼神让说话者了解你的真诚、热情，这样才能使说话者"知无不言，言无不尽"。用眼神注视着说话人，除表示尊重与用心外，还能体察说话者诚实与否。听时交叉手臂或跷起二郎腿也许是很舒服，但往往让人误以为不耐烦或高傲。三是尊重。尽力保证适宜的谈话场合，确保受害者感到舒服。重视受害者的想法、观点和感受，不对他们作出任何道德上的评判，不过早下结论。关注说话者提供的信息，而不是他们的外表、性格或者说话方式，不要因为这些因素给他们下定论，应根据他们提供的内容来判断信息的价值，也不要仅仅因为说话者的出色表达就对他们作出完全肯定的判断。另外，当你不同意说话者的看法时，在下结论前，还是应该听完他的话，只有听完了全部的信息，才可以彻底地检验并公正地评估说话者的观点。

第三节　警察公共关系人际沟通的礼仪

警察公共关系人际沟通礼仪是各级公安机关和全体公安民警，按照规定在工作时间和工作场合处理人际关系和对外交往中所应遵守的言行举止和必要礼节。它的基本要求有三点：一是以尊重为本，二是善于沟通，三是形式规范。公安民警在警务活动和人际交往中，必须严格按照有关规范和要求行事，使自己的言行举止与人民警察的礼仪规范相一致，一方面要自尊自重，另一方面要尊重他人。公安民警职业的特殊性，要求公安民警不仅要遵循日常社会生活的礼仪规范，也要遵守执法与管理工作中法定的程序。遵守公安民警礼仪的必要前提是保障警务活动的正常开展和公安民警的自身安全。

一、警察公共关系人际沟通中的基本礼仪

（一）日常行为举止

公安民警应当严格执行《公安机关人民警察内务条令》等规范性文件的要求，保持警容严整，仪表端庄，谈吐文明，姿态良好，举止规范。

公安民警应当保持仪容端庄。不得纹身，非特殊任务不得染彩发，不得理怪异发型。男性民警不得留长发、大鬓角、卷发（自然卷发除外）、剃光头或蓄胡须，女性民警的发辫（盘发）不得过肩，不得系扎围巾、佩戴首饰。

着警服时，应当规范缀钉，佩戴警衔、警号、胸徽、帽徽、领花、臂章等标志，不得佩戴、系挂与人民警察身份或执行公务无关的标志和物品。

着警服时，不得挽袖、卷裤腿、披衣敞怀，不得背手、袖手、插兜、搭肩、挽臂、揽腰等，不得染指甲、留长指甲、化浓妆。

晋见或遇见上级领导时，着警服的人民警察应当行举手礼；不便行举手礼时，应当行注目礼；晋见或遇见本单位经常接触的领导和其他同志时，应当相互致意。

参加庆典、集会等重大活动或升国旗时，着警服列队的公安民警应当自行立正、行注目礼，带队人员应当行举手礼；未列队的应当行注目礼。奏、唱国歌时，应当自行立正。

（二）自我介绍的礼仪

自我介绍时，应在不妨碍对方工作或交谈的情况下进行，主要介绍自己的姓名、工作单位、身份，如“×××（对方称呼），您好！我是×××单位的×××（姓名）”。自我介绍时，举止、表情、仪态要自然大方。自我介绍应避免如下做法：

◎ 过分夸张热情，用力握手，使对方感到诧异。

◎ 打断别人谈话，令人反感。

◎ 态度轻浮，不尊重对方。

◎ 希望认识某一个人，又不积极主动，而等着对方注意自己。

◎ 只结识特殊人物，不和其他人打交道。

◎ 以前已经介绍过的人，却又忘记了你的姓名，而你反复作出提醒式的询问。

（三）介绍他人

介绍的顺序应遵循“尊者优先了解”的原则，即先向长者介绍少者，先向职位高者介绍职位低者，先向客人介绍主人，先向女士介绍男士，先向已婚者介绍未婚者。介绍的基本要求：其一，先提某人的姓名是一种敬意，如“李局长，我来给您介绍一下张科长”。其二，介绍时，三人一般都要起立。其三，介绍时应有礼貌地用手示意，同时，眼神要随手势指向被介绍者，切不可用手指随便地指指点点。

（四）握手礼仪

1. 握手的顺序应遵循“尊者决定”的原则

上下级见面，由上级先伸手；男女见面，女士先伸手；宾主见面，主人应向客人先伸手；在机场或宾馆等场合接待来宾，不论对方是男是女，主人都应先伸手以示欢迎；长幼见面，年长者先伸手；朋友、平辈见面，谁手快谁更为有礼。

2. 握手时的要求

其一，握手时，握力、握距要适中。同时，身体前倾并可点头致意。其二，公安民警戴警帽与对方握手时，应先敬礼，然后再握手。其三，与女士握手，一般握指头部分即可，不能握得太紧，握的时间也不能太久。其四，如果女方不伸手，男方可点头或鞠躬致意。其五，握手时要精神集中，双目注视对方，微笑致意，熟人之间也可以一边握手一边互致问候。

二、公务礼仪

(一)公务会议主持礼仪

公务会议主持人的主要职责是把握会议中心议题、统筹会议全局,一般由具有一定职务的人来担任。其应注意的礼仪有:

1. 表情要庄重、严肃,举止大方

入场时步态要自信、自然,步幅适中。坐姿端正,面对正前方,腰宜挺,颈宜直,目视全场。一般落座后不宜再寒暄闲谈。整个会程应避免出现挠头、揉眼、搔脸、抖腿、抠鼻子等不雅观的动作。

2. 主持语言要得体,讲究分寸

会议主持人的语言要用词得当、语气适中、语速恰当。主持人的言谈要根据不同的会议气氛或庄重、或喜悦、或轻松,灵活地调节、控制会议的气氛和议题,如出现僵局或冷场时要及时引导。不要用动作、表情或语言等对不同意见者表示不满。

3. 称呼要恰当得体

在会议主持人宣布开会时,要有一种引起与会者注意的招呼方式。称呼的原则是:一要看对象,二要有概括性,三要有礼貌。一般在较正式的会议场合对与会者的称呼可以是“同志们”“来宾们”等。单位内部的工作会议,因为大家比较熟悉,常常用“请大家安静,现在开会”来作为开场语。

(二)参加公务会议礼仪

规范着装。参加公安系统的会议,大多要求统一着装。在参加会议前,要清楚着装要求,根据要求着装入场。进入会场后脱帽,并将帽子置于桌子左前方,帽顶向上,帽徽朝前。

准时到会。参加会议的所有人员应按时入场。

服从指挥。进入会场后,要按照会议组织者的安排入座。在会议中,要服从主持人的指示,不要在未征得主持人同意的情况下随意发言。

静听发言。在会议发言人发言时,要认真倾听,作好记录,不可与他人交头接耳,私下议论;要将手机等通信设备置于静音或关闭状态。

善始善终。会议结束前,一般不能随便离席。若有紧急事情需要离开,时间较短时应注意不影响其他与会者;如果时间较长或者需要提前离开,应向有关人员说明原委,并表示歉意,征得主持人同意后再离开。在会议结束离开会场时,要听从会议组织者的指挥,有序离开会场。

(三)正常请示、汇报工作礼仪

准备充分。汇报请示可以是预约的,也可以是临时的,但无论是哪一种,都应做到准备充分、心中有数,万不可匆忙前去,边想边说,杂乱无章。

把握时间。下级向上级领导汇报工作时应注意把握好时间。第一,临时的汇报请示要注意选择合适的时间,要事先了解领导的活动安排,选择领导不是很忙的时间前去,不要在领导忙于处理某一事情时前去打扰。第二,提前预约的汇报请示应按约定的时间准时到达。过早到达会打乱领导的安排,甚至会使领导因准备未毕而难堪;迟迟不到则会让领导等候过久,浪费领导的时间。第三,把握告辞的时间,一般是由领导提出结束汇报请示的要求,此时汇报请示者应及时礼貌地告辞。

内容求实。汇报工作应实事求是,不能夸大困难和矛盾,也不要报喜不报忧。要中心明确,要点突出,不宜长篇大论,面面俱到。要尊重领导,不要把汇报请示当作“诉苦”的机会,不要诽谤、中伤他人。

语言得体。语句准确、简明、通俗,语调平稳,语速适中,使听者感到轻松易懂为好。不要抢领导的话,如果需要插话或打断对方谈话时,应先征得对方的同意。当领导否定自己的意见时,要保持冷静,面部表情不应有较大的变化,更不要去顶撞、要挟对方。

举止文雅。应注意自己的举止,做到站有站相,坐有坐相,文雅大方,彬彬有礼。

(四)在非常状态下请示、汇报工作礼仪

公安工作由于其特殊性,除了正常情况下的日常工作之外,还常常会遇到一些紧急情况,如重大刑事案件、群体性事件、火灾等险情以及其他需要领导迅速知情并作出决断的事件。在非常状态下汇报请示时,需要注意以下一些问题:

汇报要迅速、及时。当有紧急情况出现时,要迅速、及时地报告有关领导,以便领导作出全面的安排和部署,避免贻误战机。

表达要准确、清晰。向领导汇报紧急事件的相关情况时,要做到准确、清晰,既高度提炼,又不失重要情节,以便领导全面地了解事件的真相。

神情要从容、镇静。无论情况有多紧急,汇报请示者都应做到从容、镇静。惊慌失措不仅不能使自己把情况汇报清楚,而且还会造成不必要的慌乱局面,扰乱领导的思路,影响领导处理问题的情绪。

(五)听取工作汇报礼仪

遵约守时。领导在听取下级汇报请示时应遵守约定的时间,作好准备。如果确实需要改变时间,应提前告知下级,并另约时间。

友好接待。汇报请示工作的同志到达后,应及时招呼其进门入座,并以礼相待,不可居高临下,盛气凌人。

耐心倾听。听取下级汇报请示时,应与之目光交流,配之以点头等表示自己认真倾听的体态动作,对汇报中不甚清楚的问题可及时要求汇报者重复、解释,也可以适当提问,但要注意所提的问题要合乎逻辑且不打断对方汇报的思路。听取汇报时,不要有频繁看表或打哈欠等不礼貌的行为。

礼貌送别。要求下级结束汇报时可以直接告诉对方,但不宜粗暴打断。下级告辞时,应起身相送,并握手告别。

(六)在工作期间接听、拨打电话的礼仪

言出有理。电话往来时要彬彬有礼,客气文雅,坚持用“您好”开头,“请”字当中,“谢

谢”“不客气”“再见”结尾。

语气友好。要把通电话当作与对方面谈一样，尽可能地注意自己的语气、腔调，使自己所发出的声音亲切悦耳，充满活力。

吐字清楚。说话要音量适中，语音清晰准确，避免因吐字含混不清造成误听。语速平缓适当，不要太快。

反应及时。要仔细聆听对方的讲话，并不时对对方所说的话作出反应，如“好”“对”“哦”“嗯”等。尽量让对方感到你认真、负责的态度。

通话限时。通话的时间不要过长，要避免打“马拉松”式的电话。

（七）公务接待礼仪

1. 迎送规格

公务迎送对象的身份、级别各不相同，迎送规格也应注意对等。如果是去机场、车站、码头迎送来宾，接待单位迎送人员的职务可比对方低一级；同级领导可在宾馆、招待所迎候。如果是在单位迎送来宾，一般来说，对上级公安机关主要领导同志的到来，单位的主要负责人应亲自出面迎送和陪同；兄弟公安机关负责同志的到来，单位的对口副职应出面陪同。贵宾的迎送应严格按警卫的等级实施各项保卫工作。

2. 迎送时间

迎接人员应在客人抵达之前到达机场、车站或码头，不能出现让客人等候的现象。如果由于气候条件等其他原因，客人不能按时抵达时，主人也应保证在客人抵达前到达迎接地点。送客时也应遵守约定的时间，不可过早，使客人有被逐的感觉；更不可迟到，怠慢客人。

3. 讲究迎送细节

如果客人是首次前来，互不认识，接待人员可事先制作特定的标志，如接站牌等，让客人容易看到，以便主动前来接洽。在客人到达后，迎接人员应上前握手，互致问候。相互介绍时，通常先由主人将前来欢迎的人一一介绍给客人，再由客人向主人介绍随行人员。安排接待人员时，应考虑周到，以相对固定为好，切忌随意更换，以免客人感到不便。接待人员应及时将客人住宿的宾馆（招待所）名称、地址、电话等联系卡发到每个来宾的手中，或通过对方的联络秘书转达，以便让客人心中有数。迎接级别较高的客人，要事先在迎接地点安排贵宾休息室，客人抵达后，应稍作休息，再开展其他活动。客人离开时，主人可到住地或机场、车站、码头送行。直接去机场、车站、码头送行时，应在客人登机（车、船）之前抵达，而且要留出足够时间，以保证客人办理有关手续。

三、接处警工作中的礼仪

（一）接待当事人报警礼仪

当报警人焦急、紧张时，接警民警应适当加快速度，从情绪上与之沟通和接近，并用“请不要着急，我们会通知民警尽快赶赴现场”等语言，使报警人得到安慰。

当报警人难以正确表述时，可适当加以引导，用“您讲的情况我已大致了解，还有××情况请您再讲一下好吗?”等语言进行问询。

如果报警人对询问不耐烦时,应告知其只有准确报警,公安机关才能及时、正确出警的道理。

当报警人重复报警或催促时,接警民警应耐心答复,可用“我们已经通知民警马上就到,我可以再催促一下。请放心!”等语言回答,不应表现出不耐烦情绪。

(二)接待非当事人报警礼仪

如果接到非当事人报警,接警民警应友好礼貌,主动对报警人说“谢谢您!感谢您对公安工作的支持”等。切忌用责问、质疑的口气询问,避免挫伤报警人的积极性。如果报警人对报警的内容确实有不清楚的地方,接警民警应当用协商的口吻,如“请您协助我们再了解清楚些好吗?”等。

(三)窗口单位接待群众的礼仪

警容严整。公安民警在接待与受理工作中应严格按照规定着装,警帽根据工作需要可戴上或按照规定挂在衣帽架或置放在办公桌前方。从事鉴定等技术专业的民警在接待、受理工作时,可着专业服装。“窗口”民警要精神饱满、举止端庄,严禁在接待室内嬉笑打闹、吃零食、聊天。

态度和蔼。接待民警应一切以方便群众为先。表情要自然、诚恳,目光平视对方,认真听取对方的谈话,不端架子,不耍威风。对老弱病残者,应主动搀扶就座,并予以优先照顾。

语言文明。在接待与受理工作中,民警一般应讲普通话,使用礼貌用语,语气谦和,不讲粗话、脏话。

一视同仁。在接待与受理工作中,民警应本着公平、公正、公开的原则秉公办事、不徇私情。不因为办事人的身份、地位、年龄、性别等不同而区别对待,不因为是生人或熟人而服务有所不同。

不予争执。办事群众提出意见时,接待民警首先要虚心接受,属于群众误解的,应表态:“对不起,是我没讲清楚”;确属民警工作失误的,应立即向群众致歉;当时不能解决的,可转由单位负责同志认真接待,并视情况作出登门道歉或进一步解释的处理。

讲究效率。对群众要求办理的事情,符合政策且手续齐全的应及时办理,不得推诿、搪塞,更不应讲任何条件;对办事程序和手续不甚清楚的群众,应耐心介绍,并当场开具告知单交给群众,以便其再次办理时能够顺利办妥。

拒绝请送。对群众的请客、送礼应婉言谢绝。无法返还的礼品,可上交组织,由组织出面捐送福利部门或公益事业,并应张榜公布。

申明权利。对接待及处理结果有异议的当事人,应耐心向其讲明其应有的权利、义务,并向其介绍解决的方法及程序。

(四)接警基本礼仪

精神饱满,情绪沉稳。群众报警时,一般都会紧张急迫,甚至情绪过激。接警的民警无论在什么情况下都要保持精神饱满,情绪沉稳,不急不躁,不应将个人情绪掺杂到接警工作中。

语言文明，以礼待人。接警民警在接到群众报警时，第一，要以礼相迎，通话中宜使用普通话："您好，请讲。"第二，要主动引导报警人讲清案由、事件、地点等要素。第三，用语要准确、简练，态度要热情，说话要客气，不得训斥和刁难报警人。

群众求助，及时帮助。接到群众的紧急求助电话，接警民警要尽力替群众着想，为群众排忧解难。其一，接警后要用"别着急，我们马上派民警去帮助您"或"我们马上通知有关部门去处理"等来回答求助群众。其二，如果群众所反映的事情不属于公安工作的范围，接警民警要以"很抱歉，这个问题不属于我们工作职责范围，但我们可以帮您联系一下，同时也请您向××（单位）求助"等话语诚恳地回应对方。对于群众一般的咨询电话，应尽力给予答复。

错打电话，礼貌告知。对确属误打的电话，接警民警要礼貌地告诉对方："这里是110接警服务台，您打错电话了。"对恶意拨打110电话的，应告知对方："这里是110报警服务台，没有紧急事情请不要拨打报警电话，以免影响群众报警，否则需承担法律后果。"

不忘道谢，表明态度。当群众报警完毕后，接警民警应向对方道谢。同时，要妥善表明态度，告知对方公安机关将及时处理，并请对方协助保护现场或稳定事态。

（五）处置一般纠纷的礼仪

平息事态。在处置一般纠纷时应做好先期处置工作。控制和平息事态后，能当场解决的当场解决，不能当场解决的，要按规范程序转交有关民警处理；属于其他部门管理权限的，应告知当事人解决的途径与方法。

有理有节。在处置一般纠纷时，应以有理有节、刚柔相济、得礼让人作为处置此类纠纷的基本方法。既要严肃规劝，不任由事态发展，也不应以势压人，任意指责。当矛盾双方各持己见、相持不下，甚至对民警无礼时，民警要保持冷静，始终针对主要矛盾果断处理，切不可抓住纠纷者对自己的态度问题不放，与之针锋相对，图一时之痛快，导致矛盾激化，事态扩大。

公平合理。处置一般纠纷应以公平合理为原则。民警应耐心地倾听双方的申辩，处理结果应取决于全面了解之后，即使确属一方过错，也应给其说话的机会，允许其申辩。民警的言语举止不能有偏袒任何一方的倾向，切忌主观臆断、偏听偏信而过早地下结论。

（六）处置治安案（事）件礼仪

及时控制局面，详细了解案情。先期到达现场的公安民警应严肃认真，动作迅捷，及时采取措施平息和控制事态的发展。了解案情时，要耐心专注地听取见证人或其他群众的陈述。民警在向群众或见证人做必要的调查、记录时，应先敬礼再询问，语言做到"请"字开头，"谢"字结尾。需要打断对方陈述时，须先示意。调查、了解情况时，切不可对群众或见证人冷言训斥、厉声责问。

严格遵守执法程序。对需要当场进行处罚和教育的当事人，民警应指明其行为违法及处理的法律依据。对需要带离现场的违法嫌疑人，须先申明对方如有抵抗或其他不配合的行为，可对其采取必要的强制措施。将其带离时，要注意采取一定的保护措施，防止群众出于义愤围打违法嫌疑人或者违法嫌疑人伤害群众的情况发生。

善待精神失控者。在处置精神病人闹扰、躺卧街面(场所)等情况时,公安民警应注意行为文明,方法得当,切忌态度粗暴。对于轻微精神病人或醉酒程度不深的人,尽量当场处理,请其监护人或家属将其带回加以监护、教育;如果现场不能处理的,可带至就近派出所处理。处置严重的精神病人或醉酒程度较深的人时,在不得已的情况下可按规定采取必要的约束措施。处置时要注意安全,避免对当事人造成人身伤害或财物损失。如果无法与当事人进行语言沟通时,不宜与之针锋相对,严禁对当事人进行侮辱性的人身攻击,而应采取迂回冷静的方法进行处置。

(七)处置一般刑事案件礼仪

尽力保护现场。先期到达犯罪现场的民警,其首要任务是组织力量保护现场,开展寻找证人等工作。进入现场必须小心谨慎,动作稳妥,切不可乱动现场物品,以免破坏现场痕迹,使侦破工作难以顺利进行或给受害方带来新的损失。

积极收集信息。先期到达犯罪现场的民警,要积极认真地听取和收集受害人、报警人或其他证人对案情的陈述,为下一步侦破工作提供第一手资料。

保护案情隐私。在等待现场勘查期间,现场先期处置应在保密的情况下进行。处警民警不得对案情妄加评论或无端散播信息,以免泄密或者造成不必要的混乱和猜疑。

保护受害群众。一要保护现场群众的安全,避免受害人及其家属、亲友遭受二次伤害。二要对受害人及其亲属予以同情和安抚,切不可表现懈怠、麻木,摆出一副事不关己的态度。

(八)处置重大暴力性案件、突发性事件礼仪

以人民利益为重。对正在发生的重大暴力性案件、突发性事件的现场处置,公安民警应在听从指挥的前提下,临危不惧、挺身而出,迅速、有效地制止犯罪、排除险情,最大限度地保护人民群众的生命安全和减少人民群众的财产损失,不可在暴力和灾害面前躲闪不前或无所作为。

以安民、利民为主。在进行警戒、救人、调查取证和擒拿犯罪嫌疑人等行动中,要尽量减少扰民现象。夜间工作应自觉减弱声响,行动迅速,不宜久拖。在居民区行动时,应主动缩小影响范围,以不打扰群众为原则。在公共场所及人多处应设法缩小活动范围,保持公共秩序的稳定。

内部协同配合。在处置重大案件或事故中,往往是多警种联合作战。因此,各警种、各部门应以大局为重,服从指挥,相互支持,主动支援,协同作战。要讲究礼节,不可为局部利益或其他原因发生争执,影响内部合作和处置任务的完成。

(九)询问证人基本礼仪

尊重证人,文明取证。询问证人时,工作态度要庄重而不失文明,严肃而和蔼。首次与证人接触时,用语要客气、诚恳。切忌有粗暴、盛气凌人或轻蔑的表现。

积极宣传,耐心引导。在询问中,应向证人宣传有关法律、法规,讲明公民的基本义务,引导和启发证人提供实情。收集证据必须依照法定程序进行,严禁采取威胁、利诱、欺骗以

及其他非法的方法和手段。

安全保密，减少压力。询问证人时，应单独进行，并尽可能创造保密安全的客观条件。讲究交谈的方式方法，给予适当的安慰和鼓励，减少其思想压力，努力营造知无不言、言无不尽的氛围，切忌使对方产生被审问的感觉。对于证人的隐私，应当为其保密。

精神鼓励，安抚情绪。对见义勇为者，应给予高度赞赏和精神安慰。对被害方，应做好必要的安抚工作，切忌只顾破案，不顾及对方的情绪。

（十）询问不同年龄的证人（知情人）应注意的礼仪

询问儿童知情人。询问儿童知情人时，应有儿童的监护人在场。一般应由女民警负责询问，使儿童产生安全感和信任感。民警的态度应和蔼可亲，多使用儿童所熟悉的语言。

询问青少年证人（知情人）。询问青少年证人（知情人）时，民警应考虑到他们特殊的年龄和行为特点，充分尊重他们的人格和名誉，避免使用轻视和不信任的语言。一方面，对他们表现出的热情态度和优点及时予以鼓励；另一方面，在矫正他们对犯罪嫌疑人的错误认识时，应多从正面加强教育引导。

询问老年证人（知情人）。对于老年证人（知情人），民警应表示出对长者的尊敬，以得到他们的支持与合作。询问时应注意放慢节奏，语言通俗明了，吐字清晰准确。对其不着边际的陈述，应以委婉的语言进行引导，尽量避免争论或者用生硬的语言打断对方的陈述。

（十一）询问女性证人应注意的礼仪

询问女性证人时，应尽量安排女民警进行。询问时，应注意其情绪的变化，避免使用可能激怒其情绪的提问方式。在她们激动时，不要以生硬的态度与其争吵。在证人处于怀孕期、哺乳期时，要考虑她们的生理、心理特点和实际情况，必要时可登门进行询问。

（十二）询问具有不同心理特点的证人应注意的礼仪

对有恐惧心理、害怕报复的证人进行询问，可在询问时间、地点、方式的选择上征求证人的意见来确定。如果其人身和财产确实存在危险的，应采取切实有效的保护措施，同时应向对方作出严格保密的承诺。询问时声音轻缓，态度温和。

对有抵触心理的证人进行询问，应真诚相待，以情理感动说服对方，尽力消除其抵触情绪，如先以“拉家常”的方式表示真诚的愿望，待对方的抵触情绪化解之后再进行询问。询问时可以向对方宣传相关法律、法规，讲明公民的基本义务，以消除其抵触情绪，引导和启发证人提供实情。严禁采取威胁、利诱、欺骗以及其他非法的手段和方法收集证据。

对有恻隐心理或讲江湖义气的证人进行询问，应由浅入深地阐明利害，晓之以义，明之以理，因势利导，提高对方的觉悟，如实作证。切忌造成询问气氛紧张，影响证人情绪和取证效果。

对有羞涩心理的证人进行询问，要注意准确掌握其特殊的心理。如果证人是受害方，民警应保持凝重的神情，表现出对犯罪的愤慨以及将竭尽全力予以破案的态度，并作出保密的承诺。如果证人是犯罪嫌疑人的亲友，要通过宣传法律、道义，启迪和唤醒其正义之心，并对他们申明大义的行为及时给予鼓励和感谢。对痛心疾首的悲伤者予以应有的同情，切不可将其置于对立面。

（十三）询问伤残证人应注意的礼仪

询问聋哑证人，公安民警可用笔谈，也可以通过通晓哑语手势的人与之交谈。应以真诚的态度做耐心细致的思想工作，与之建立良好的心理接触，不歧视、不冷淡。切不可因为难以达到询问目的而激动、发火或以粗暴的态度对待身有残疾的证人。

询问盲疾证人，民警应以礼貌的方式进行询问。要根据盲人所从事的职业和所受教育的程度，采取不同的询问方式、方法，特别要注意语言中不宜出现“瞎”等字眼，避免伤害盲人的自尊心。

询问有伤、病情较重的证人，要视其伤病情形适当进行。对处于病危或正在抢救的证人，应征得医生的同意，并尽量缩短询问时间或适当推迟询问。说话宜声音轻缓，态度宜耐心诚恳，充分考虑到对方的身体状况和承受能力。

（十四）讯问犯罪嫌疑人应注意的礼仪

保护权利，尊重人格。在讯问犯罪嫌疑人时，要依法保护其应有的权利，如自我辩护、核对讯问笔录和拒绝回答与本案无关的问题等权利。在其进行自我辩护的陈述时，不要随意打断或妄加指责，要耐心听取并做好笔录。在核对笔录时，对没有阅读能力的犯罪嫌疑人应如实向其宣读，对其指出的错误或遗漏的地方，应认真按其合理意见予以修改或补充；对其拒绝回答确与本案无关的问题时，不应再追问。

允许有误，及时纠正。当犯罪嫌疑人由于可以理解、合乎逻辑的原因，非故意造成口供与其他证据不相符时，要弄清其认识、记忆发生错误的原因，帮助其重新进行正确的回忆和客观全面的认识，给予其纠正的机会。不能不分青红皂白，对其一切都断然否定，更不能用恐吓、斥责、谩骂等侮辱性的言行伤害对方的人格尊严。

用语规范，讯问灵活。讯问应以对法律负责的态度提出问题，用语要符合法律规范要求。根据实际需要，可灵活运用讯问语言，以便与之沟通，使其接受讯问，予以配合。

（十五）纠正违法行为的礼仪

告知权利。对违法行为人进行处罚时，公安民警应先向其敬礼，然后对其说明所违反的条款和应接受的处罚，并请其配合接受处理，同时应告诉其享有申诉的权利。

处罚得当。对有轻微违法行为的公民，一般应以宣传教育为主，并提醒其今后注意。对必须处罚的当事人，应语言文明，态度和蔼，明确指出其违法的事实，尽量使其心服口服。

特殊情况特殊处理。对一些特殊情况，要力争处罚合法、合情、合理。

警务透明公开。处罚时要允许受罚者合理申辩，给对方解释的机会。实行警务公开，接受群众监督。

四、公安民警的接访和走访礼仪

（一）接待群众来访礼仪

态度诚恳。接待民警应面带微笑，主动招呼来访者入座，说话和气，态度诚恳。见面后应稍稍做些寒暄,如“家住哪里”等,以缓解和打消来访者畏惧或者对立等情绪。

控制情绪。接待来访者,无论其情绪如何激动,民警都应首先控制住自己的情绪,不要与其发生正面冲突。同时,要想方设法稳定住对方的情绪。要神情专注、认真耐心地倾听来访者的谈话,并做记录,以示重视和关心。对于某些情绪不稳定或喋喋不休的来访者,接待民警应有充分的思想准备,可使用同情、理解性的语言予以沟通,辅以安慰,耐心引导,切忌产生厌烦情绪。

适当提醒。民警在听取来访者陈述时,可根据具体情况适时给予对方必要的提示。可主动告知来访者尽量讲述要点,无关紧要的情况尽可能少说或不说。谈话中可启发对方讲出心里想说而又表述不清的话,如有必要,也可以让其写成书面材料进行反映。当来访者的陈述偏离话题时,可以婉转地告诉对方,尽可能地把问题讲得简洁明了,以免让后面来访者久等。

婉言相告。当来访者询问如何听取查处结果时,接待民警宜采用商量的方式和口吻,认真征询来访者的意见,并充分加以说明,同时告知来访者听取答复的途径和方式。切忌采取生硬的方式或判决的语气打发来访者。

晓之以理。对态度比较极端、带有明显对立情绪或有闹事倾向的来访者,接待民警应保持冷静的头脑,以理服人,以礼待人。语言表达要文明简洁,说话语气要稳重果断,说理透彻有据,措辞恰当完整,使来访者能以理解和协作的态度与接待民警合作交流。

礼貌送别。来访者告辞时,接待民警应起身相送。对年老体弱者应送至门外。对不熟悉交通路线者,应设法查清并告之。

(二)走访普通居民的礼仪

选时恰当,尊重群众。一般来说,最好避开居民群众吃饭和休息的时候去。走访时,民警应在居民门前稍事整理警容,再轻声敲门或轻按门铃。切忌大声喧嚷、猛力敲门或频按门铃。主人开门后,民警可先自我介绍或由陪同的居(村)委干部做介绍。未获得允许,不可入内。如果居民家中有客人,或正处理家务,不便接待时,可与主人约定时间再来走访。

仪态谦谨,举止文明。民警在走访群众时,应讲究自己的行为举止,注意相关礼仪。在进入居民家中之前要蹭净鞋底,主动询问是否需要更换拖鞋,如有雨具应将其放置在主人指定的地方,并轻声关上房门。居民主动倒水、敬茶时,可以饮用,但不宜自行倒水或讨要。不宜在居民家中吸烟、吃东西。在与居民交谈时,应面带笑容,态度诚恳,坐姿端正,目光正视对方。不能东张西望或有掏耳、挖鼻、抖腿等不雅举止。不宜随意使用居民的电话,如必须使用时,应征得主人的同意。递送警民联系卡时,要用双手,切忌用单手的食指和中指夹着送出。

交谈诚恳,把握话题。民警在与居民交谈时,应集中精力并有所表示,或点头首肯、微笑肯定,或语言鼓励。不可只顾自己滔滔不绝,强加于人。对于居民所谈话题不感兴趣或陌生时,要尽量耐心倾听,并根据工作需要循循善诱,巧妙转移话题。不应坐立不安或频频看表流露出厌烦的表情,不要随意打断对方的话头或自己抢话题。一般可根据居民的个性、爱好和兴趣展开话题。对欲言又止、思想顾虑者可作适当提示或引导。谈话中,除工作需要,一般不宜问及个人隐私问题。对居民不愿谈论和回答的话题,不宜继续追问。

热情服务,适时告辞。民警应视群众需要给予必要的服务和帮助。对居民群众提出的要求和咨询,能当场解决答复的要当场解决答复;不符合规定的,应将政策和规定交代清楚并婉言回绝;当场不能答复或须上级审批的,要详细说明,既不能简单回绝,也不宜满口答应,以免轻率失信。对居民生活上有困难的,要积极地给予力所能及的帮助和指点。走访时还要注意把握时间适时告辞。初次走访时,除主人有意愿和要求外,一般时间不宜过长,话题内容不宜太广,应掌握好时间,及时告辞。告辞时,应对居民的接待表示真诚的感谢。

(三)走访遭受不法侵害的居民应注意的礼仪

以同情和负责的态度待人。对居民的报案反应要及时、迅速,了解案情要深入、细致,同时应对受害居民给予安慰并积极协助居民查找隐患,切实做好补救工作。

注意影响,保护受害人的隐私。需要向群众宣传时,应顾及受害者的利益,除受害人及其家属许可的情况外,不宜指名道姓,以免给受害人及其家属带来不便。对于涉及隐私的案件,要注意保密,不得随意扩散、传播案情,不向无关的人透露受害人的具体情况。

(四)走访刑满释放、解除劳教人员和帮教对象应注意的礼仪

在走访中,民警不能简单地以“防范”“改造”的心态去对待他们。态度要温和,语言要诚恳,要从尊重其人格和坚持正面宣传教育的角度,鼓励、帮助他们建立起重新生活的信心和勇气;要关心和尽力帮助他们解决读书、就业、医疗和婚姻等实际问题;要善于挖掘和发挥他们的特长,鼓励和赞扬他们的点滴进步,为他们营造追求健康人生的良好环境和氛围;应特别注意不要在他人面前谈有损其尊严的话,不做伤害其感情的事,更不能对其使用侮辱性的语言、举止。

(五)走访机关、企事业单位应注意的礼仪

对口联系,尊重对方。民警在走访相关单位时,应事先与被访单位约定时间,不迟到,不违约,避免影响被访单位(领导)的正常工作,不给对方添麻烦。特殊情况需要突然走访时,应予说明,并表示歉意。会面时准备要充分,态度要诚恳,有的放矢,言简意赅。

遵礼守规,举止文明。在走访相关单位时,要注意该单位的内部规章制度。出入门时主动向管理人员出示证件,主动打招呼,按规定停放车辆;不搞特殊化,不耍特权;需要检查时,应由被访单位相关人员陪同。到“三资”企业向外方及港、澳、台人员了解情况时,应特别注意服装整洁,仪表端庄,举止文明,尊称对方为“先生”“女士”“经理”等,勿用“同志”“师傅”等称呼对方。

多予协商,以理服人。对走访单位内部安全防范工作进行指导和监督时,应从实际出发,注重实效,不搞形式主义,不强人所难。既要坚持依法监督,又要以理服人,尊重走访单位的自主权。

帮其所需,解其所忧。对走访单位,应积极宣传“谁主管,谁负责”的综合治理方针,经常向其通报治安形势和动态,帮助其建立健全安全保卫工作的各项规章制度,督促其加强要害部位安全防范,及时妥善地帮助其解决和化解各种不安定因素。

肯定成绩，友好道别。对走访单位在安全保卫工作中所取得的成绩和好做法，应及时予以表扬和鼓励，并认真总结他们的经验，予以恰当的宣传和奖励。走访结束时，不管走访单位成绩大小，也无论其是否有失误和缺点，都应友好道别，力争所走访的单位今后对公安工作予以更多的理解和支持。

（六）走访少数民族、宗教人士应注意的礼仪

在走访少数民族、宗教人士前，要充分了解他们的礼仪禁忌，访问中应注意尊重他们的风俗习惯，避免在走访中出现“犯忌”的情形。访问中要尽量不谈其忌讳的话题，不做其忌讳的举动，不在不适当的时间拜访。对宗教、民族敏感问题应尽量回避，不要妄自谈论，以免出现差错，甚至影响团结。

五、涉外礼仪

（一）国际交往中的称呼礼仪

普通男女的称呼。一般情况下，对男子不管其婚否都称为“先生”（Mister）；对于女士，已婚的称为“夫人”（Mistress），未婚的称“小姐”（Miss）；婚姻状况不明的，也可称为“Miss”。在外事交往中，为了表示对女性的尊重，也可将其称为“女士”（Madam）。

官方人士的称呼。对高级官员，称为“阁下”，也可称职衔或“先生”；对有地位的女士可称为“夫人”，对有高级官衔的妇女，也可称“阁下”；对其他官员，可称职衔或“先生”“女士”等。

皇家贵族的称呼。对君主制或君主立宪制国家的国王、王后，可称为“陛下”；王子、公主、亲王等可称为“殿下”；对有公、侯、伯、子、男等爵位的人士既可称其爵位，亦可称“阁下”，或称“先生”。

技术人员的称呼。对医生、教授、法官、律师以及有博士等职称、学位的人士，可称为“医生”“教授”“法官”“律师”“博士”等，也可加上姓氏或“先生”。

军人的称呼。一般称军衔，或军衔加“先生”，知道其姓名的可冠以姓与名。有的国家对将军、元帅等高级将领称“阁下”。

服务人员的称呼。一般情况下称“服务员”，如果知道其姓名的可单独称呼其名字，但现在越来越多的国家称服务员为“先生”“夫人”“小姐”。

教会人员的称呼。教会的神职人员，一般可称教会的职称或姓名加职称，也可以职称加“先生”，有时主教以上的神职人员也可称“阁下”。

（二）与外宾交往的“九不问”

在外事交往中，有些问题是不能随便提问的，因为这些都属于个人隐私，不宜侵犯。主要包括以下 9 个方面：

年龄。目前，人们普遍将自己的年龄视为“核心机密”，并且讳言年老。因此，不要当面询问对方的年龄，也不要绕弯从别处打听。

收入支出。在西方人看来，收入与支出问题，实际上与个人的能力和社会地位有关。因

此，在与其交谈时，不宜对此问题寻根问底。不仅如此，涉及住宅、财产、服饰等体现个人收入状况的问题也应回避。

恋爱婚姻。在西方，恋爱婚姻及家庭纯属个人隐私，一般都讳莫如深，询问是不礼貌的。若是向异性打听其婚否，则有对对方关心过甚之嫌。

身体状况。在国外特别是发达国家，人们普遍把个人健康状况视为自己立足于社会的重要“资本”，轻易不会将其实情告于外人。因此，在与对方交谈时，不宜涉及其个人的身体状况，不可与之交流有关“求医问药”的心得体会。对有体重问题的人，不要问其体重，不能随便说别人胖。

家庭住址。国际社会里，家庭被视为私人领域，对外不公开，一般不喜欢外人随便去其家里打扰。即便是私宅电话号码，也通常不轻易告知他人。

个人经历。西方人视个人经历为自己的底牌，如籍贯、学历、学位、职称、职业经历等是不会轻易让别人了解的。

信仰政见。在国际社会，宗教信仰和政治见解是非常严肃的问题。人们普遍提倡“超意识形态合作”，所以对交往对象的信仰政见不应冒昧地打探，更不宜对其政治见解、宗教信仰表现出过多的兴趣并评头论足、横加非议。

所忙何事。在外国人的心中，最近“所忙何事”纯属个人自由。如果向其询问此问题，将被视为“闲得无聊”或有意窥探其个人隐私。

生活习惯。外国人认为，生活习惯与别人无关；如果有人对其生活习惯过于感兴趣，将被视为别有用心。

（三）涉外活动及与外宾交往的礼仪

热情有度。公安民警与外方人士进行接触时，既要为人热情，以示友善之意，也要把握好分寸，切勿使自己对待对方的热情超出了对方所能接受的限度，令对方感到不快，甚至为对方平添了麻烦。

尊重隐私。公安民警在国际交往中要养成莫问隐私、保护隐私的习惯，尊重交往对象的个人隐私，不询问其个人秘密，不打探其不愿公开的私人事宜。

信守约定。在国际交往中，每一个人都必须遵守自己对他人所作出的承诺。在一切与时间有关的约定中，必须一丝不苟，不得马虎。

女士优先。在社交场合里，每一名有教养的成年男子都应积极主动地用实际行动去表示自己对妇女的尊敬之意，并应想方设法地在具体行动上为她们排忧解难。

尊重国格人格。公安民警在参与涉外活动时，必须自尊自爱，维护自己的国格人格。基本要求是：第一，维护政府形象和自身形象；第二，不卑不亢，从容不迫，待人真诚。

遵守外事纪律。在涉外活动中，公安民警必须严格遵守国家的外事纪律，不该说的话不能说，不该做的事不能做。

（四）走访外籍人士应注意的礼仪

应事先了解其所在国家（地区）的基本礼仪和风俗习惯，以及基本常识（地理、历史、政治、经济等），以便与对方进行感情交流，避免引起误会。与外籍人士谈话时应有一定的原则，举止应端庄大方，态度要热情友好，不卑不亢。对不同种族、民族、性别、经济状况的外国人要一视同仁，不偏不倚。

本章小结...

警察公共关系人际沟通的基本原理：平等与尊重的人际沟通态度，法律性和服务性的沟通语言，持续、及时和主动的人际沟通模式，沟通质量上注重原则性和灵活性相统一。警察公共关系人际沟通的基本策略与技巧：以恰当的话题展开交谈、不卑不亢，语气平静、不回避冲突，谋求双赢，注重说服的策略，注重拒绝的策略，言辞幽默，调节气氛。

课程思路...

中国自古就以礼仪之邦闻名世界，强调礼仪要双向往来，互相尊重。《礼记·礼曲上》就有"礼尚往来。往而不来非礼也，来而不往亦非礼也"的说法。警察公共关系服务社会职能从根本上说就是遵从社会服务规范的基础上的一种社会人际交往与人际沟通。警察公共关系沟通就是主客体按照一定礼仪规范建立社会关系，通过各种方式完成双向沟通，达到共赢目的。因公安工作的特殊性，公安机关的社会服务规范有着自身的特点，警察院校大学生作为未来的人民警察，应当了解这些特点，注重理解人际沟通的基本原理，掌握人际沟通的策略与技巧，更好地践行全心全意为人民服务的宗旨。

思考与练习...

1. 警察公共关系人际沟通与普通的人际沟通有何相同和不同的地方？
2. 警察公共关系人际沟通中与媒体面对面沟通的策略和技巧有哪些？
3. 警察在走访群众中应注意的礼仪有哪些？

参考文献

1. 廖为建主编:《政府公共关系》(第二版),中国人民大学出版社 2015 年版。

2.〔美〕詹姆斯·格鲁尼格等著,卫五名译:《卓越公共关系与传播管理》,北京大学出版社 2008 年版。

3. 孙娟等主编:《警察沟通艺术》,中国人民公安大学出版社 2012 年版。

4.〔英〕韦克菲尔德著,郭太生等译:《社会发展与警务革命》,中国人民公安大学出版社 2009 年版。

5.〔美〕皮克著,刘宏斌等译:《社区警务战略与实践》,中国人民公安大学出版社 2011 年版。

6. 王大伟:《第五次警务革命》,中国人民公安大学出版社 2012 年版。

7. 李祖华:《警察公共关系》,中国人民公安大学出版社 2012 年版。

8. 奚邦意:《警察公共关系学》,安徽师范大学出版社 2011 年版。

9. 郑永红:《警察公共关系理论与实务》,中国人民公安大学出版社 2014 年版。

10. 朱海松、李晓程主编:《微博微信政务——中国政务微博与政务微信的应用方法与原则》,南方日报出版社 2016 年版。

11. 李未柠、窦含章主编:《微时代危处理》,中共中央党校出版社 2011 年版。

12. 张志安、曹艳辉主编:《政务微博微信实用手册》,南方日报出版社 2014 年版。

13. 齐杏发主编:《网络公关实务》,华东师范大学出版社 2014 年版。

14. 西门柳上、马国良、刘清华著:《正在爆发的互联网革命》,机械工业出版社 2010 年版。

15. 窦含章、李未柠主编:《政府如何开微博》,中共中央党校出版社 2011 年版。

16. 胡百精著:《危机传播管理(第三版)》,中国人民大学出版社 2014 年版。

17. 孙娟、赵大力、傅冰钢主编:《警察公共关系优秀案例》(第三卷),中国人民公安大学出版社 2012 年版。

18. 李希光、顾小琛著:《舆论引导力与文化软实力》,湖南大学出版社 2013 年版。

19. 魏永忠主编:《公安机关舆情分析与舆论引导》,中国法制出版社 2011 年版。

20. 李敏蓉著:《公安领导者的媒介素养》,中国方正出版社 2013 年版。